学/者/文/库/系/列

物联网技术系统性研究与实际应用

刘连钢　孟祥忠　著

哈尔滨工程大学出版社
Harbin Engineering University Press

内容简介

本书系统解析物联网技术体系,以“感知层-网络层-平台层-应用层”四层架构为核心,全面涵盖传感器、射频识别、无线传感网、5G、云计算、大数据等关键技术,并深入探讨智能家居、工业物联网、智慧城市等典型场景。本书通过解析几十项关键技术、多种技术开发案例,完整呈现物联网从感知到智能决策的生态闭环,助力读者在万物互联时代提高核心技术竞争力。本书在理论层面,以四层架构揭示技术协同机制;在实践层面,融入开发案例(如 Z-Stack 组网等),提供代码级指导。书中每章附“本章小结”板块以提炼核心知识点,兼顾教学与实战需求。

本书可作为高校物联网工程、电子信息类专业教材,亦可为工程师、科研人员提供参考,助力读者掌握物联网生态构建与行业应用落地的核心能力。

图书在版编目(CIP)数据

物联网技术系统性研究与实际应用 / 刘连钢, 孟祥忠著. -- 哈尔滨 : 哈尔滨工程大学出版社, 2025. 8.
ISBN 978-7-5661-4959-6

Ⅰ. TP393.4;TP18

中国国家版本馆 CIP 数据核字第 2025HZ0310 号

物联网技术系统性研究与实际应用
WULIANWANG JISHU XITONGXING YANJIU YU SHIJI YINGYONG

选题策划 包国印
责任编辑 王丽华
封面设计 李海波

出版发行 哈尔滨工程大学出版社
社　　址 哈尔滨市南岗区南通大街 145 号
邮政编码 150001
电　　话 0451-82519989
经　　销 新华书店
印　　刷 哈尔滨午阳印刷有限公司
开　　本 787 mm×1 092 mm　1/16
印　　张 17.5
字　　数 438 千字
版　　次 2025 年 8 月第 1 版
印　　次 2025 年 8 月第 1 次印刷
书　　号 ISBN 978-7-5661-4959-6
定　　价 68.00 元

http://www.hrbeupress.com
E-mail:heupress@hrbeu.edu.cn

前　言

物联网的复杂性在于其多学科交叉性，它既需要硬件工程师设计低功耗传感器，又需要网络专家搭建高可靠通信，更需要软件开发者挖掘数据价值。为厘清这一庞大体系中各部分之间的关系，本书以体系化理论为根基、以实践应用为导向、以技术创新为驱动，采用“四层架构”作为逻辑主线，逐层解析技术模块及其协同关系。

本书具有如下特点。

在理论价值方面，本书系统构建了物联网技术的理论框架，从基础概念到核心技术，逐层深入解析物联网的体系架构与运行机制，为读者提供了完整的物联网知识图谱。

1. 物联网体系架构的系统化阐述

全书以物联网“四层架构”（感知层-网络层-平台层-应用层）为主线，将分散的技术模块整合为逻辑严密的体系。感知层详细探讨传感器技术、射频识别（RFID）、无线传感网（如 ZigBee 协议栈）及常用芯片（如 CC2530、STM32）的工作原理，揭示物理世界与数字世界的连接基础；网络层对比分析无线个域网（如蓝牙、Z-Wave）、局域网（如 Wi-Fi、以太网）、广域网（如 4G、5G）及低功耗广域网（如 NB-IOT、LoRa）的技术差异与适用场景，构建多维度通信网络理论；平台层聚焦云计算、大数据、存储技术与中间件，阐明数据聚合与智能处理的核心逻辑；应用层则从移动开发、嵌入式系统到安全协议，形成从数据到服务的完整闭环。

2. 关键技术的深度解析

本书突破传统技术手册的碎片化模式，强调技术间的关联性。例如，在无线传感器网络技术部分中，不仅解析 Z-Stack 协议栈的运行流程，还结合开发案例展示其在实际项目中的应用逻辑；在 5G 与物联网融合部分，探讨高带宽、低时延特性如何赋能工业物联网与车联网。此外，对新兴技术如边缘计算、数据仓库进行讨论，填补了传统教材的理论空白。

3. 技术演进与未来趋势的学术视角

第一章“物联网概述”从历史沿革切入，梳理技术从起源到 5G 时代的跃迁路径，并结合“十四五”规划中的物联网战略，展望 6G、AIOT（人工智能物联网）等前沿方向，为学术研究提供趋势参考。

在应用价值方面，本书立足实践，通过技术选型指南、开发案例与平台工具，为行业应用提供落地支持，兼具教材与工具书双重属性。

1. 多领域场景覆盖

书中列举了物联网在智能家居、工业监测、智慧城市、健康医疗等领域的应用实例。例如：

（1）在感知层技术部分中，详述如何根据环境需求选择温湿度传感器或光学传感器，并给出 STM32 芯片在工业控制中的开发要点；

(2)在网络层技术部分中,对比 LoRa 与 NB-IOT 在农业物联网中的部署成本与覆盖能力,助力读者制定最优方案;

(3)在平台层技术部分中,引入 ThingsBoard 与 Home Assistant 两大开源平台,演示设备管理、数据可视化的快速实现。

2. 开发实战指导

本书贯穿“理论-工具-案例”三位一体的实践路径。

(1)在无线传感器网络技术部分中,以 Z-Stack 协议栈为例,逐步讲解组网、数据采集与传输的代码实现;

(2)在移动端应用程序开发部分中,提供 Android 环境搭建、应用程序架构设计及 Qt 框架开发技术的跨平台界面开发指南;

(3)在物联网信息安全与隐私保护部分中,结合物联网各层级漏洞(如 RFID 信号劫持、云平台数据泄露),提出加密算法与访问控制策略。

在创新方面,本书在内容编排、技术融合与资源整合上实现多重突破,具有鲜明的独创性。

1. 技术谱系的横向整合

本书将碎片化的物联网技术按层级重新归类,并揭示其协同逻辑。

(1)感知层突出“精准感知”,详解传感器与 RFID 标签的选型标准;

(2)网络层强调“可靠连接”,将各种通信技术进行对比,以适用不同的需求场景;

(3)平台层注重“智能决策”,梳理大数据、云计算、数据存储、物联网平台等在物联网中的应用;

(4)应用层聚焦“用户体验”,通过对 Android 技术、嵌入式开发和 Qt 框架开发技术的讲解,聚集物联网应用层人机交互系统的开发。

2. 前沿技术的深度融入

本书专设“低功耗广域网技术”章节,系统比较 NB-IOT、LoRa 的技术特性,解决远距离覆盖难题;在安全领域,引入设备身份认证与数据防篡改技术,契合物联网去中心化趋势。

3. 教学与行业需求的双重适配

每章末的“本章小结”板块提炼核心知识点,适合高校教学;开发案例与企业级方案则可满足工程师的实战需求。

本书由刘连钢与孟祥忠共同撰写完成。第 1 章、第 4 章和第 5 章由刘连钢完成(约 23 万字);第 2 章和第 3 章由孟祥忠完成(约 21 万字)。

由于著者水平有限,书中难免存在不足之处,敬请读者批评指正。

著　者

2025 年 6 月

目　　录

第 1 章　物联网概述

在当今信息化和智能化飞速发展的时代,物联网(Internet of Things,IOT)作为一项革命性的技术,正在深刻地改变着我们的生活和工作方式。物联网通过将各种物理设备、车辆、家用电器及其他电子设备、软件、传感器、执行器和网络连接的物品互联起来,实现了信息的智能化识别、定位、跟踪、监控和管理。物联网系统概论思维导图如图 1-1 所示。

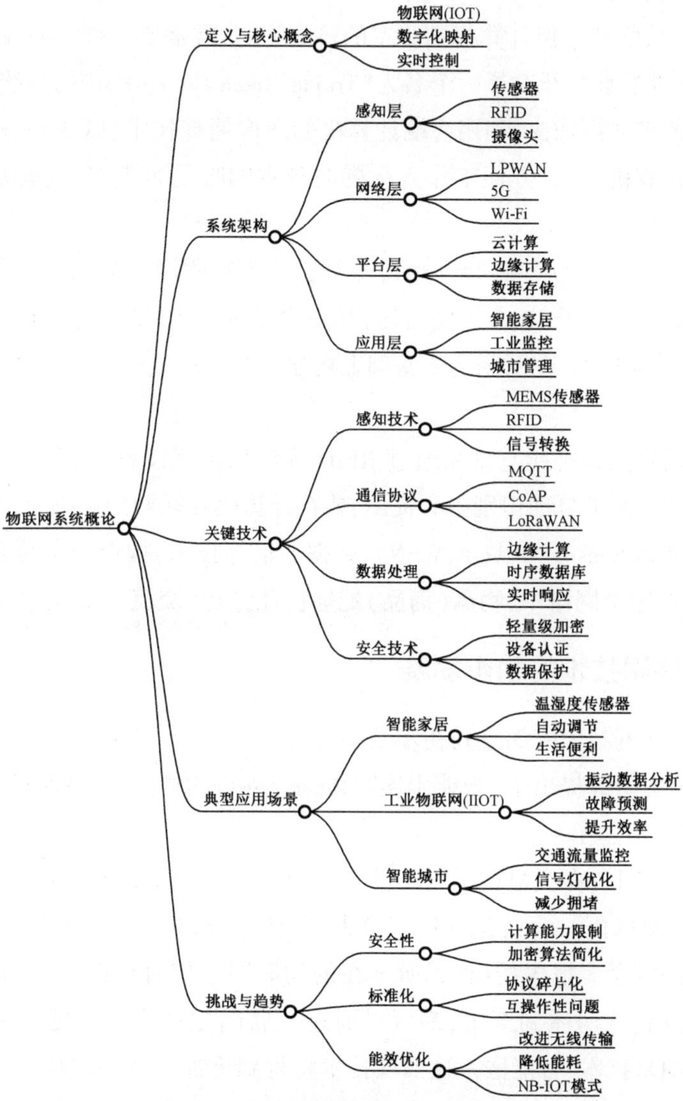

图 1-1　物联网系统概论思维导图

本书旨在全面阐述物联网的层次架构以及各层次的关键技术，为读者提供一个科学、系统地学习、了解、研究物联网技术的平台。

1.1 物联网发展的历史

1.1.1 物联网的起源

物联网的概念最早可以追溯到20世纪90年代初期，全球第一台隐含物联网概念的设备为位于卡内基梅隆大学的可乐贩卖机，它连接到互联网，可以在网络上检查库存，以确认还可供应的饮料数量。

1991年，剑桥大学特洛伊计算机实验室的科学家们，常常要下楼去看咖啡是否煮好，为了解决这个麻烦，科学家们开发了一个名为“Trojan Room Coffee Pot”的系统，他们在咖啡壶旁边安装了一个便携式摄像头，利用终端计算机的图像捕捉技术，以3帧/秒的速率将影像传递到实验室的计算机上，以方便工作人员随时查看咖啡是否煮好，这就是早期典型的物联网雏形。

事实上，人们在谈到物联网的起源时，通常会认为物联网的概念首先是由麻省理工学院(MIT)的Kevin Ashton于1991年提出的，其理念是基于RFID、产品电子代码(Electronic Product Code，EPC)等技术，在互联网的基础上构建一个实现全球物品信息实时共享的物体互联网——物联网。

此时物联网的定义是把所有物品通过RFID等信息传感设备与互联网连接起来，实现智能化识别和管理。MIT自动识别中心提出，要在计算机互联网的基础上，利用RFID、无线传感器网络(Wireless Sensor Network，WSN)、数据通信等技术，构造一个覆盖世界上万事万物的“物联网”。在这个网络中，物品(商品)能够彼此进行“交流”，而无须人的干预。

1.1.2 物联网技术的初步发展

21世纪初，物联网技术开始进入初步发展阶段。

2003年，美国国防部提出了“智能尘埃”(Smart Dust)的概念，旨在通过微型传感器网络实现环境监测和军事应用。

2005年11月17日，在突尼斯举行的信息社会世界峰会上，国际电信联盟发布了《ITU互联网报告2005：物联网》，系统地介绍了意大利、日本、韩国和新加坡等国家的案例，并正式引用了物联网的概念。报告指出，无所不在的物联网通信时代即将来临，世界上所有的物体，从轮胎到牙刷、从房屋到纸巾，都可以通过互联网主动进行数据交换。射频识别技术、传感器技术、纳米技术、智能嵌入这四项技术将得到更加广泛的应用。物联网概念的兴起，在很大程度上得益于国际电信联盟2005年以“物联网”为标题的年度互联网报告。然而，国际电信联盟的报告对物联网缺乏一个清晰的定义。据国际电信联盟的描述，物联网是指各类传感器、识别设备和现有的互联网相互衔接的一种新技术。过去人们一直是将物理基础设施和信息技术(IT)基础设施分开,一方面是机场、水库大坝、建筑物等存在物质世界,另一方面是对其进行管理的数据中心、个人电脑、宽带等 IT 基础设施。而在物联网时代,建筑物、电缆等将与芯片、宽带整合为统一的物联网基础设施。

2008 年,由美国次贷危机引发的国际金融危机席卷全球,世界经济进入一个较长的低迷、调整和变革期,全球经济增长快速下滑,能源、粮食价格大幅波动,全球失业率普遍上升。每一次经济危机,都会催生一些革命性的新技术,而新技术也成为使经济走出危机的巨大推动力。在危机之后,总会有新的产业或行业诞生,引领和支撑经济的复苏、发展,从而带动社会进入一个新的上升周期。因此,各国政府纷纷将物联网技术作为经济复苏的重要推动力。

2009 年 8 月 7 日,时任国务院总理温家宝到中国科学院无锡高新微纳传感网工程技术研发中心视察,在得知国内传感网核心技术不是处于全球最领先水平后,温总理表示,当计算机和互联网产业大规模发展时,我们因为没有掌握核心技术而走过一些弯路。在传感网发展中,要早一点谋划未来,早一点攻破核心技术。温总理指出,至少三件事情可以尽快去做:一是把传感系统和 3G 中的 TD(时分同步码分多址接入)技术结合起来;二是在国家重大科技专项中,加快推进传感网发展;三是尽快建立中国的传感信息中心,或者叫"感知中国"中心。温总理同时强调,必须依靠科技创新和提高人才素质,培育新的增长点,在经济发展和科技创新上占领制高点,这样才能保证国家可持续发展的能力和竞争力。2010 年 3 月 5 日,温总理在第十一届全国人民代表大会第三次会议上作政府工作报告时,明确指出物联网是我国战略性新兴产业之一。同时,《国家中长期科学和技术发展规划纲要(2006—2020 年)》和"新一代宽带移动无线通信网"国家科技重大专项中均将传感网列入重点研究领域。

从 2010 年开始,经过几年的发展,我国物联网在技术研发、标准研制、产业培育和行业应用等方面已具备一定基础,但仍然存在一些制约物联网发展的深层次问题需要解决。为了推进物联网有序健康发展,我国政府加强了对物联网发展方向和发展重点的规范引导,不断优化物联网发展的环境。

物联网顶层设计显著加强。我国政府高度重视物联网顶层设计。2012 年 8 月确立了物联网发展部际联席会议制度,相关部门协力推动物联网的发展。2013 年 2 月,国务院发布《关于推进物联网有序健康发展的指导意见》,针对物联网发展面临的突出问题以及长远发展的需要,从全局性和顶层设计的角度进行了系统考虑,确立了发展目标,明确了下一阶段的发展思路。同时,国家还成立了由 30 多名专家组成的物联网发展专家咨询委员会,为物联网发展战略、顶层设计、重大政策、重大问题等方面提供咨询,为政府决策和部际联席会议运行提供重要支撑。

十个物联网发展专项行动计划明确了主要工作任务。2013 年 9 月,国家发展改革委、工业和信息化部等 10 多个部门,以物联网发展部际联席会议的名义印发了顶层设计、标准制定、技术研发、应用推广、产业支撑、商业模式、安全保障、政府扶持措施、法律法规保障、人才培养十个物联网发展专项行动计划,为后续有计划、有进度、有分工地落实相关工作,切实促进物联网健康发展明确了方向目标和具体举措。

各部门积极推动物联网发展。国家发展改革委、工业和信息化部、财政部、科技部、国家标准委等各部门通过设立专项资金,为物联网应用示范工程、技术研发与产业化项目提供大力支持。国家发展改革委自 2011 年起先后启动了 28 项国家物联网重大应用示范工程,2013 年 10 月又发布了《国家发展改革委办公厅关于组织开展 2014—2016 年国家物联网重大应用示范工程区域试点工作的通知》。财政部会同工业和信息化部设立了物联网发展专项资金,自 2011 年起累计安排物联网专项资金 15 亿元,陆续支持了 500 多个研发项目,重点对以企业为主体的物联网技术研发和产业化项目进行扶持。科技部支持组建了物联网产业技术创新战略联盟。国家标准委联合国家发展改革委支持成立了物联网国家标准基础工作组和 5 个行业应用标准工作组。公安部、农业部等部门和部分中央企业实施了一批重大应用示范工程。多个地方政府加大投入力度,出台地方规划和行动方案,建立协同推进机制,积极推广物联网应用,取得了积极成效。

1.1.3 物联网技术的快速发展

2013 年以来,随着传感技术、云计算、大数据、移动互联网融合发展,全球物联网应用才真正进入实质推进阶段。

2013 年,谷歌以 32 亿美元收购了智能家居公司 Nest,标志着物联网技术开始进入消费市场。同年,中国发布了《物联网发展专项行动计划》,进一步推动了物联网技术的产业化发展。

2013 年 4 月,德国在汉诺威工业博览会上,正式发布了关于实施“工业 4.0”战略的建议。“工业 4.0”将软件、传感器和通信系统集成于信息物理系统(CPS),通过将物联网与服务引入制造业重构全新的生产体系,改变制造业发展范式,形成新的产业革命。德国“工业 4.0”发展趋势如图 1-2 所示。

在过去的十几年里,物联网技术得到了空前的关注和投资。各国政府纷纷出台政策扶持物联网产业的发展,企业界和学术界也积极参与物联网技术的研究与应用。至此,物联网技术已经渗透到智能家居、智能交通、智能医疗、智能工业等诸多领域。

截至 2025 年 3 月,全球物联网设备数量已达到 300 亿台以上,这一规模不仅标志着物联网技术在全球范围内的深度渗透和广泛应用,更标志着全球进入“万物互联” 的实质阶段。未来,随着 6G、量子通信等技术的发展,设备规模可能向万亿级迈进,进一步重塑经济和社会运行方式。

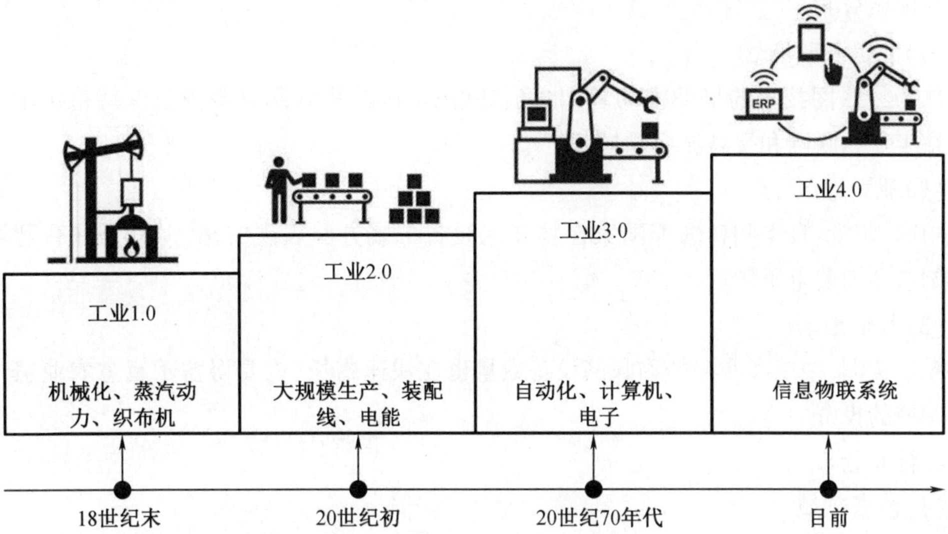

图 1-2　德国"工业 4.0"发展趋势

1. 设备数量增长趋势

自 2010 年以来，全球物联网设备数量呈现指数级增长。2010 年全球物联网设备数量约为 10 亿台，到 2020 年已增长至约 200 亿台。2021—2025 年，随着 5G 网络的普及、边缘计算的发展以及行业数字化转型的加速，物联网设备数量进一步快速增长。

2. 主要驱动因素

（1）5G 技术的商用化

5G 网络的高速率、低延迟和大连接特性为物联网设备的大规模部署提供了技术基础。

（2）数字化转型

工业物联网、智慧城市、智慧医疗、智慧农业等领域的快速发展，推动了物联网设备的广泛应用。

（3）消费级设备的普及

智能家居设备（如智能音箱、智能灯具、智能家电）和可穿戴设备（如智能手表、健康监测设备）的普及，显著增加了物联网设备的数量。

（4）边缘计算的广泛应用

边缘计算技术在物联网中的应用显著提高了数据处理的实时性和效率，减少了云端数据处理的负担。

（5）人工智能（AI）与物联网的深度融合

AI 技术的进步使得物联网设备能够进行更智能的数据分析和决策，提升了系统的自动化水平。

（6）区块链技术的集成

区块链技术在物联网中的应用增强了数据的安全性和可信度，解决了数据隐私和安全问题。

（7）成本下降与技术成熟

传感器、通信模块和计算芯片的成本持续下降，使得物联网设备的部署更加经济可行。

3. 区域分布

(1)北美和欧洲

作为物联网技术的早期推动者,北美和欧洲地区的物联网设备数量保持稳定增长,尤其是在工业物联网和智慧城市领域。

(2)亚太地区

中国、印度、日本和韩国等国家在物联网设备部署方面表现突出,尤其是在智慧城市、智能制造和消费电子领域。

(3)其他地区

拉丁美洲、中东和非洲的物联网设备数量也在快速增长,主要得益于智慧农业、智慧能源等领域的投资。

4. 行业分布

(1)消费领域

智能家居设备如智能音箱、智能灯光、智能安防系统等已经普及,用户可以通过手机或语音助手远程控制家中的各种设备。智能家居和可穿戴设备占据了物联网设备数量的很大比例。

(2)工业领域

工业物联网设备数量快速增长,尤其是在制造业、能源行业和物流行业。

(3)公共领域

智慧城市项目推动了公共基础设施中物联网设备的部署,如智能交通、智能电网和环境监测设备。

(4)智慧医疗

远程医疗、智能诊断、健康监测等应用在医疗领域得到了广泛应用,提升了医疗服务的效率和质量。

(5)智慧农业

智能灌溉、智能施肥、智能养殖等技术在农业中的应用,提高了农业生产的效率和可持续性。

1.1.4 中国在物联网技术发展上的规划

2021 年 9 月由工业和信息化部等八部门联合发布《物联网新型基础设施建设三年行动计划(2021—2023 年)》,旨在推动物联网新型基础设施建设,包括 5G、工业互联网、车联网等。目标是到 2023 年,初步建成覆盖广泛、连接高效的物联网基础设施。计划提出要在智慧城市、智慧农业、智慧医疗、智能家居等领域拓展物联网应用,推动物联网与各行各业的深度融合。

中国在"十四五"规划中明确提出要推动物联网的全面发展,尤其是在智能制造、智慧城市、智能交通等领域。目标是到 2025 年,物联网在经济社会各领域的应用更加广泛,形成一批具有国际竞争力的物联网企业。规划强调要加强物联网核心技术的自主研发,特别是在传感器、芯片、通信协议等关键技术领域,减少对外依赖。

1.1.5　物联网技术的未来发展趋势

全球极具权威的 IT 研究与顾问咨询公司 Gartner，发布了《2020 物联网技术成熟度模型》（*Hype Cycle for the Internet of Things, 2020*）报告，主要从物联网技术的萌芽期、过热期、低谷期、复苏期、成熟期五个阶段，对数十个行业及供应商做出分析。物联网技术成熟度曲线如图 1-3 所示。

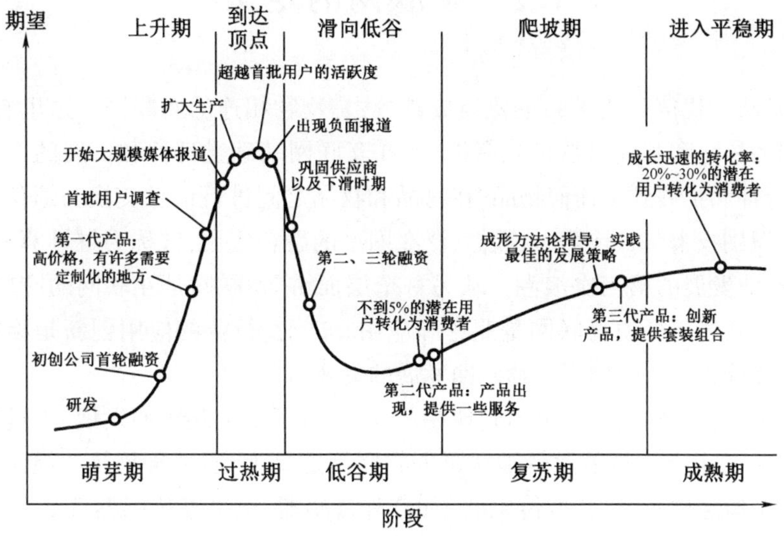

图 1-3　物联网技术成熟度曲线

在物联网技术成熟度曲线中，横轴表示技术的成熟度，纵轴表示技术受关注的程度。在相关领域里（比如物联网），每项技术的发展过程均可分为五个阶段：萌芽期、过热期、低谷期、复苏期、成熟期。

可以看到，物联网领域的许多相关技术仍远未达到成熟阶段，包括备受关注的物联网安全问题。根据 Gartner 数据预测，全球在物联网安全方面的支出继续增加。

尽管物联网技术取得了显著的进展，但在实际应用中仍面临诸多挑战。安全性问题是物联网面临的主要挑战之一。由于物联网设备数量庞大且分布广泛，容易成为网络攻击的目标。数据隐私保护也是一个重要问题，如何在数据采集和传输过程中保护用户隐私，是物联网发展必须解决的问题。标准化问题也是物联网发展的一大挑战。目前，物联网领域缺乏统一的标准和协议，导致不同厂商的设备之间难以互联互通。建立统一的物联网标准体系，是实现物联网大规模应用的关键。

未来，物联网的发展趋势将主要体现在以下几个方面。首先是技术的进一步融合与创新。随着 5G、人工智能、区块链等新技术的发展，物联网将与这些技术深度融合，推动物联网应用的智能化和自动化。其次是边缘计算的兴起。边缘计算通过在数据源附近进行数据处理，减少了数据传输的延迟和带宽压力，提高了物联网系统的实时性和可靠性。最后是物联网的普及与应用场景的拓展。随着技术的成熟和成本的降低，物联网将逐渐渗透到更多的行业和领域，如教育、金融、娱乐等，推动社会的全面智能化。

物联网技术从20世纪90年代的概念提出,到21世纪初的初步发展,再到如今的成熟与应用,经历了漫长而曲折的发展历程。物联网技术通过将各种物理设备、车辆、家用电器及其他嵌入电子设备、软件、传感器、执行器和网络连接的物品互联起来,实现了信息的智能化识别、定位、跟踪、监控和管理。尽管物联网在实际应用中仍面临诸多挑战,但随着技术的不断进步和应用的不断拓展,物联网必将迎来更加广阔的发展前景。

1.2 物联网的定义

物联网是新一代信息技术的重要组成部分,是物物相连的互联网。这里有两层含义:第一,物联网的核心和基础仍然是互联网,是在互联网基础上延伸和扩展的网络;第二,物联网用户端延伸和扩展到了任何物品,在物品和物品之间进行信息交换与通信。物联网通过智能感知、识别技术与云计算、大数据、泛在网络的融合应用,被称为继计算机、互联网之后世界信息产业发展的第三次浪潮。从另一个层面讲,物联网是互联网的应用拓展,与其说物联网是网络,还不如说物联网是业务和应用。产业、行业的应用创新是物联网发展的核心,以用户体验为核心的创新是物联网发展的灵魂。

从20世纪末物联网概念的提出到现在,已经经过了二十几年的发展,不过到现在还没有统一的、权威的定义。目前比较被认可的物联网定义为:通过条码及二维码、射频识别、激光扫描仪、全球定位系统、各类传感器(如红外传感器、温湿度传感器等)、无线传感器网络等物品识别和信息传感设备,按约定的协议,以有线或无线的方式,通过各种局域网、接入网、互联网将任何物品(包括人)连接起来,进行信息交换和通信处理,以实现智能化识别、定位、跟踪、监控和管理的一种网络。

中国物联网校企联盟将物联网定义为当下几乎所有技术与计算机、互联网技术的结合,实现物体与物体之间,环境以及状态信息的实时共享和智能化的收集、传递、处理、执行。广义上说,当下涉及信息技术的应用,都可以纳入物联网的范畴。而在该联盟著名的科技融合体模型中,提出了物联网是当下最接近该模型顶端的科技概念和应用。物联网是一个基于互联网、传统电信网等信息承载体,让所有能够被独立寻址的普通物理对象实现互联互通的网络,其具有智能、先进、互联三个重要特征。

国际电信联盟对物联网的定义:物联网主要解决物品与物品(Thing to Thing,T2T)、人与物品(Human to Thing,H2T)、人与人(Human to Human,H2H)之间的互连。该定义的重点在于,H2T是指人利用通用装置与物品之间连接,从而使人与物的连接更加简化;而H2H是指人之间不依赖于PC(包括智能手机)而进行的互连。因为互联网并没有考虑到对于任何物品连接的问题,所以使用物联网来解决这个传统意义上的问题。在讨论物联网的T2T、H2T和H2H时,经常会引入一个更为广泛使用的英文缩写M2M,可以理解为:人与人(Man to Man)或人与机器(Man to Machine)或机器与机器(Machine to Machine)之间的互连。

1.3 物联网的体系架构

物联网是通过感知设备、通信网络和数据处理平台,将物理世界与数字世界连接,实现物与物、物与人互联的智能化系统。其核心目标是实现物理世界的数字化映射与实时控制,通过数据采集、传输、分析与应用,提升效率或创造新服务。

具体而言,物联网通过以下方式实现功能:

①设备互联:将传统孤立设备(如家电、工业机械)嵌入传感器或通信模块,使其具备联网能力。

②数据交互:设备间通过互联网传输实时数据,例如温度传感器向云端发送监测值。

③智能控制:基于数据分析结果,系统可自动调整设备状态,如智能家居根据环境光线调节灯光亮度。

目前物联网的体系架构大致分为三层:感知层、网络层和应用层。也有将物联网的体系架构分为四层:感知层、网络层、处理层(平台层)和应用层。其与三层体系架构的主要区别是将三层体系架构中的云计算、大数据、智能信息处理等服务独立出来,在网络层和应用层之间抽象出处理层(平台层)。而有的可能将处理层拆分为中间件层和业务层。另外,安全层或管理层有时会被单独提出,作为支撑整个体系架构的重要组成部分,包括数据加密、身份认证、访问控制、隐私保护等安全机制,确保物联网系统可靠运行。

1.3.1 物联网四层架构

目前从行业应用情况,以及考虑系统分层带来的灵活性和可扩展性,比如模块化设计,各层职责分离,便于开发和维护等诸多因素,本书采用物联网体系架构四个层次进行研究,即感知层、网络层、处理层、应用层,其核心理由在于模块化设计、功能解耦和技术演进的适配性。物联网体系架构分为四个层次的优点如下:

1. 逻辑分层:确保功能边界清晰

(1)物理世界与数字世界的自然映射

①感知层直接与物理环境交互(如传感器采集数据),是物联网的“感官系统”;

②网络层负责连接“感官”与“大脑”(云端/边缘节点),类似人体的“神经系统”;

③处理层是数据存储与分析的“决策中枢”,类似人体的“大脑”;

④应用层将分析结果转化为实际服务,类似人体的“肢体动作反馈”。

示例:在工业设备故障预警中,感知层监测振动数据→网络层传输→处理层分析异常→应用层触发维修工单。

(2)降低系统复杂性

每层专注于单一功能,避免跨层耦合。例如,感知层无须关心数据如何传输,网络层无须处理数据语义。

2. 实践需求:适配多样化场景

(1)灵活应对异构设备与协议

①感知层需兼容各类传感器(如温度、图像、RFID 等);

②网络层需支持多协议(如低功耗的 LoRa、高速的 5G),分层后可通过网关统一协议转换,避免设备产生直接对接的混乱现象。

示例:在智慧农业中,土壤传感器与气象站通过网关统一接入云端。

(2)规模化与可扩展性

①处理层通过云计算/边缘计算弹性扩展算力,独立于感知层硬件规模;

②应用层可快速开发新服务(如新增智能家居场景),无须修改底层架构。

3. 技术兼容性:支持迭代与创新

(1)技术演进隔离

①感知层技术迭代(如新型生物传感器)不影响网络层协议;

②网络层升级(如 4G→5G)无须重写处理层算法。

示例:从传统 SQL 数据库迁移到时序数据库(如 InfluxDB),仅需调整处理层存储模块。

(2)安全与维护效率

①分层后可在网络层集中实施加密(如 TLS),在处理层设置访问控制,实现安全策略分层管理;

②故障排查时,可逐层定位问题(如数据未上传→检查网络层网关状态)。

4. 对比其他分层模型的合理性

为何不是三层或五层?原因如下:

①三层模型(感知层、网络层、应用层)可能忽略数据处理的关键性,导致分析能力薄弱。

②五层模型(如增加边缘层)本质是将处理层进一步细分,四层模型已涵盖核心功能。

③平衡原则:四层模型既能清晰划分职责,又能避免过度复杂化。

四层架构已被工业物联网、智慧城市等大规模场景验证,成为实现万物互联的基础范式。

1.3.2 物联网各层次的功能

根据上文阐述,本书将物联网体系架构分为感知层、网络层、处理层、应用层。物联网四层体系架构如图 1-4 所示。

1. 感知层

感知层又称设备层,负责信息采集和物体识别。感知层是让物体“说话”的先决条件。物联网感知层由数据采集子层、传感器网络组网和协同信息处理子层组成。数据采集子层通过各种类型的传感器获取物理世界中发生的物理事件和数据信息,例如标识信息、物理量信息、多媒体信息(音频、视频等)。具体涉及各种传感器(包括温湿度传感器、可燃气体传感器等)、二维码标签和识读器、RFID 电子标签和读写器、摄像头、GPS 等感知终端。数据采集子层除了对物体进行基础信息采集外,还接收上层网络送来的控制信息,完成相应执行动作。这相当于给物体赋予了嘴巴、耳朵和手,既能向网络表达自己的各种信息,又能接收来自网络的控制命令,完成相应动作。

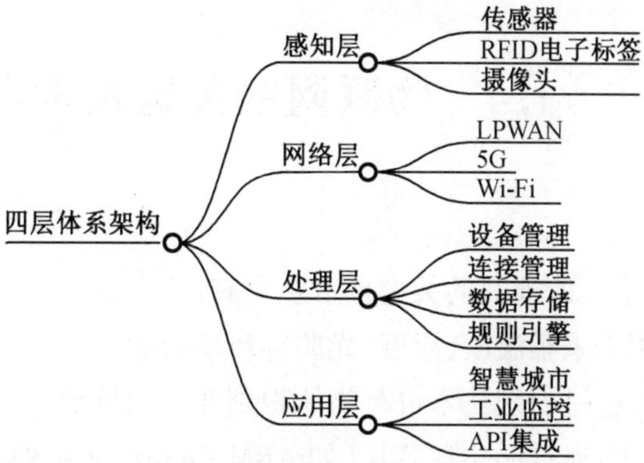

图 1-4　物联网四层体系架构

2. 网络层

网络层又称传输层，负责将感知层收集到的数据传输到处理中心。网络层将来自感知层的各类信息通过网络传输到应用层。网络层是由互联网、移动通信网、广电网、卫星网、行业专网等形成的融合网络，是整个物联网的中枢。网络层完成大范围的信息沟通，主要借助已有的广域网通信系统（3G/4G 移动网络、互联网等），把感知层感知到的信息快速、可靠、安全地传送到地球的各个地方，使物品能够进行远距离、大范围的通信，以实现地球范围内的沟通。当然，现有的公众网络是针对人的应用而设计的，当物联网大规模发展之后，能否完全满足物联网数据通信的要求还有待验证。不过经过了多年的快速发展，尤其是移动通信 4G、宽带光纤入户的迅速普及，在物联网的早期阶段基本能够满足物联网中数据传输的需要。

3. 处理层

处理层又称中间件层或平台层。这一层是物联网体系架构的"大脑"，提供了物联网系统的核心功能。这一层主要负责数据存储、数据处理、设备管理和连接管理等任务。通过云计算平台和物联网平台的支持，处理层能够存储和处理大规模的物联网数据，实现设备之间的互联互通，以及为上层应用提供稳定可靠的服务。处理层的技术和架构对于物联网系统的整体性能与可扩展性具有重要影响。

4. 应用层

应用层又称服务层，是物联网体系架构的最高层，直接面向用户和行业应用。它基于处理层的功能和数据，提供具体的应用和服务，如智能家居、智能交通、智能工厂、智能农业等。应用层通过运用人工智能、机器学习、数据分析等技术，对物联网数据进行深度挖掘和分析，为用户提供智能化的决策支持和服务。同时，应用层也是物联网系统创新和价值实现的关键所在，通过不断推出新的应用和服务，促进物联网技术的广泛应用和发展。

1.4 物联网的关键技术

1. 感知层(设备层)

其功能是数据采集。所涉及的关键技术主要有:

①传感器技术:用于采集温度、湿度、光照等环境数据。

②自动识别技术:通过识别技术进行物体识别和数据传输。

③嵌入式系统技术:通过低功耗芯片(如 ARM Cortex-M 系列)控制终端设备。

④短距离无线传输技术:如蓝牙、ZigBee 等。

⑤有线传输技术:如 RS-232/RS-485、CAN 总线等。

⑥图像采集技术:如摄像头、照相机等。

2. 网络层(传输层)

其功能是数据传输,将感知层采集到的数据通过有线/无线网络传输到云端或本地服务器。其协议转换是,通过网关设备统一不同通信协议(如将 ZigBee 数据转为 TCP/IP)。所涉及的关键技术主要有:

①短距离无线传输:如 Wi-Fi、Ad-hoc 等。

②广域网通信:如 4G/5G、NB-IOT、LoRa。

③网络协议:如 MQTT、CoAP、HTTP,用于设备与服务器之间的通信。

④边缘计算:在网络边缘进行数据处理,减少延迟和带宽消耗。

3. 处理层(平台层)

其功能是数据存储、数据处理和服务支持。利用分布式数据库(如 Hadoop、NoSQL)存储海量数据,通过云计算或边缘计算进行数据清洗、分析和建模,提供 API、设备管理、用户权限控制等功能。所涉及的关键技术主要有:

①云计算:提供大规模数据存储和计算能力。

②大数据技术:如 Hadoop、Spark,用于处理和分析海量数据。

③数据库技术:如 NoSQL、时序数据库,用于高效存储和查询物联网数据。

④设备管理平台:如 AWS IOT、Azure IOT Hub,用于提供设备注册、监控和管理功能。

⑤数据分析和机器学习:用于数据挖掘、预测分析和智能决策。

4. 应用层(服务层)

其功能是场景化服务,根据不同行业需求,提供定制化解决方案。

物联网系统的用户交互:通过移动应用、Web 界面或语音助手向用户呈现结果。所涉及的关键技术主要有:

①应用开发框架:如 Node-RED、ThingWorx,用于快速开发物联网应用。

②用户界面技术:如 Web、移动应用,用于提供用户交互界面。

③安全技术:如加密、认证、访问控制,确保数据和系统的安全性。

④智能算法:如 AI、机器学习,用于实现智能家居、智慧城市等应用场景。

1.5　物联网的应用领域

物联网的应用非常广泛,涵盖了智能家居、智慧城市、工业物联网、智慧医疗、智慧农业等多个领域。

智能家居是物联网的重要应用领域之一,通过将各种家用电器、安防设备、环境控制设备等连接到物联网,实现了家居环境的智能化管理和控制。智能家居的应用场景包括智能照明、智能安防、智能温控、智能家电等,提高了人们家居生活的舒适性和安全性。

智慧城市是物联网的另一个重要应用领域,通过将城市中的各种基础设施、公共服务、交通管理等连接到物联网,实现了城市运行的智能化管理和优化。智慧城市的应用场景包括智能交通、智能能源、智能环保、智能政务等,提高了城市管理的效率和市民的生活质量。

工业物联网是物联网在工业领域的应用,通过将各种工业设备、生产线、物流系统等连接到物联网,实现了工业生产的智能化管理和优化。工业物联网的应用场景包括智能制造、智能物流、智能维护等,提高了工业生产的效率和质量。

智慧医疗是物联网在医疗领域的应用,通过将各种医疗设备、健康监测设备、医疗信息系统等连接到物联网,实现了医疗服务的智能化管理和优化。智慧医疗的应用场景包括远程医疗、智能诊断、健康监测等,提高了医疗服务的效率和质量。

智慧农业是物联网在农业领域的应用,通过将各种农业设备、环境监测设备、农产品追溯系统等连接到物联网,实现了农业生产的智能化管理和优化。智慧农业的应用场景包括智能灌溉、智能施肥、智能养殖等,提高了农业生产的效率和质量。

1.6　本 章 小 结

本章从物联网技术的起源讲起,介绍了物联网的发展过程以及物联网发展的趋势,让读者全面了解物联网技术发展的脉络。

本章全面讲解了物联网的定义以及物联网的体系架构,为后续章节的研究奠定了基础。物联网有着清晰的体系架构,各层次有不同的技术支撑,通过对物联网层次的了解,读者可以科学、合理、全面地学习物联网技术。

第 2 章　物联网感知层技术

感知层是物联网体系架构的底层，主要负责采集和感知现实世界的数据。这一层通过各类传感器、RFID 电子标签等设备，将物理现象转换成电子信号，进而实现数据的收集。本章将全面介绍感知层相关技术，包括传感器技术、射频识别技术、有线传输技术和无线传感器网络技术等。

2.1　传感器技术

传感器是一种检测装置，能感受到被测量的信息，并能将感受到的信息按一定规律变换成为电信号或其他所需形式的信息输出，以满足信息的传输、处理、存储、显示、记录和控制等要求。传感器是物联网感知层获取信息的首要环节。

2.1.1　传感器基本概念

《传感器通用术语》（GB/T 7665—2005）对传感器下的定义是："能感受被测量并按照一定的规律转换成可用输出信号的器件或装置，通常由敏感元件和转换元件组成。"中国物联网校企联盟认为，传感器的存在和发展，让物体有了触觉、味觉和嗅觉等感官，让物体慢慢活了起来。人们为了从外界获取信息，必须借助感觉器官。而单靠人们自身的感觉器官，在研究自然现象和规律以及生产活动中，其功能已经远远不够。为适应这种情况，就需要传感器，使用传感器延展人类的五官，所以传感器又称电子五官。

新技术革命的到来，世界开始进入信息时代。在利用信息的过程中，首先要解决的问题就是如何准确可靠地获取信息，而传感器是获取自然和生产领域中的信息的主要途径与手段。在现代工业生产尤其是自动化生产过程中，人们要用各种传感器来监视和控制生产过程中的各个数据，使设备工作处于正常状态或最佳状态，并使产品达到最好的质量。因此可以说，没有众多优良的传感器，现代化生产也就失去了基础。传感器早已渗透到诸如工业生产、宇宙探索、海洋探测、环境保护、资源调查、医学诊断、生物工程、文物保护等领域。可以毫不夸张地说，从茫茫的太空到浩瀚的海洋，以至各种复杂的工程系统，几乎每一个现代化项目都离不开各种各样的传感器。

2.1.2　传感器分类

传感器按被测量、功能原理、材料、工艺、传感对象等有不同的分类方法。传感器种类繁多，同一被测量可以用不同原理的传感器来检测，而利用同一原理又可以制作出多种被测量传感器。

1. 按被测量分类

传感器按被测量分类,主要分为压力、位移、速度、温度、湿度、流量、气体成分和离子浓度等。我国现行国家标准也是按照被测量进行分类的,这种分类利于使用者选用产品,同时也方便进行产品水平和质量评价。需要说明的是,从大的范围看,传感器按被测量还可以分为物理量、化学量和生物量三大类。

2. 按功能原理分类

按转换原理,传感器分为物理传感器、化学传感器和生物传感器。按工作机理,传感器分为结构型(空间型)和物性型(材料型)两大类。结构型传感器是依靠传感器结构参数的变化实现信号变换,从而检测出被测量。结构型传感器还可分为机械式、磁电式和电热式。物性型传感器是利用材料本身的物性变化来实现被测量的变换,主要是以半导体、电解质、磁性体等作为敏感材料的固态器件。物性型传感器按物性效应可分为压阻式、压电式、压磁式、磁电式、热电式、光电式、电化学式等。

3. 按材料分类

传感器按材料分类,可分为半导体传感器、金属材料传感器、陶瓷传感器、高分子和电子聚合物传感器、光纤传感器、复合材料传感器等。

2.1.3　各类传感器简介

由于传感器涉及技术领域宽泛、学科交叉复杂,加之关于传感器原理、技术、设计、产品等介绍的书籍也很多,所以本节不再对传感器原理、技术和设计等做详细介绍,而是从不同角度选择一部分常用的传感器,简要介绍其相关知识。

1. 电阻式传感器

电阻式传感器是一种将非电学量(如温度、压力、位移等)转换为电阻变化的传感器。它大致分为电阻应变式传感器、压阻式传感器和变阻式传感器三类。

电阻式传感器的优点包括结构简单、成本低廉、稳定性好,适用于多种环境。但该传感器也有局限性,比如在极端环境下可能不够稳定,或者对某些物理量的响应速度较慢。下面将分别介绍上述三类传感器。

(1)电阻应变式传感器

电阻应变式传感器的工作原理:利用电阻应变片受力产生应变而使电阻值发生变化的原理来测量被测参数的大小。对于电桥而言,要实现电阻发生变化的功能,通常由一个能够感应形变的敏感元件和一个电阻应变片组成。当敏感元件发生形变时,应变片的电阻值会随之改变。电阻应变式传感器如图 2-1 所示。

(2)压阻式传感器

压阻式传感器是指利用单晶硅材料的压阻效应和集成电路技术制成的传感器。单晶硅材料在受到力的作用后,其电阻率发生变化,通过测量电路就可得到正比于力变化的电信号输出。压阻式传感器用于压力、拉力、压力差和可以转变为力的变化的其他物理量(如液位、加速度、质量、应变、流量、真空度)的测量和控制。硅压阻式压力传感器如图 2-2 所示。

图 2-1 电阻应变式传感器

图 2-2 硅压阻式压力传感器

压阻式传感器的工作原理：半导体材料受到应力作用时，其电阻率会发生变化，这种现象称为压阻效应。实际上，任何材料都会不同程度地呈现压阻效应，但半导体材料的这种效应特别强，能够改善应变式传感器灵敏度小的缺点。与金属应变片材料不同，对于半导体材料，因机械变形引起的电阻变化可以忽略，电阻的变化率主要是由电阻率引起的。

压阻式传感器的优、缺点如下：

①优点：灵敏度高、体积小、横向效应小，适合动态测量。

②缺点：温度稳定性和可重复性不如金属应变片，发生较大应变时非线性强。

(3)变阻式传感器

变阻式传感器是一种检测物理量变化并通过改变其电阻值来转换这些变化的设备。

变阻式传感器的工作原理：变阻式传感器的核心是一个可变电阻器，它通常由电阻材料制成，并具有可移动的接触点或导电区域，这个接触点或导电区域的位置会随着外部物理量的变化而变化。

①机械转换：传感器的机械部分，如杠杆或膜片，会响应外部的物理量(如压力、位移、力等)而发生移动。

②电阻变化：随着机械部分的移动，接触点在电阻材料上的位置也会发生变化，进而导致电阻值的变化。

③电路响应：电阻值的变化会引起电路中电流的变化，这种变化可以通过电路设计被转换成电压信号。

④信号处理：电压信号被放大、滤波、模数转换，最后转换成可以直接读取的数值或用于控制系统的信号。

变阻式传感器的优、缺点如下：

①优点：结构简单，价格低廉，受环境因素影响小，可实现输入-输出任意函数关系，一般不需放大。

②缺点:需要较大输入能量才能克服摩擦力,磨损会导致精度降低,动态响应较差。

2. 电容式传感器

电容式传感器是通过两个电极产生的电场来感应被测物体,将被测非电量的变化转换为电容量变化的一种传感器。电容式传感器结构简单、感应灵敏度高、可非接触测量,并能在高温、辐射和强烈振动等恶劣条件下工作,这些是它的独特优点。随着电子技术和光电技术的进步,以电场检测原理为基础的电容式传感器表现出良好的性能,得到迅速发展,目前这类产品已经成为最主要的技术种类。新一代的电容式传感器在技术方面的提高主要表现在可靠性、检测距离、使用寿命、动作频率方面的提高。随着集成电路技术和计算机技术的发展,电容式传感器更加小巧、灵活,其应用场合也更为广泛,逐渐成为一种很有发展前景的传感器。电容式接近传感器如图 2-3 所示。

图 2-3　电容式接近传感器

每个电容式传感器的感应元件都是由一个传感器电极和一个屏蔽层电极组成的。这两个同轴金属电极共同组成一个电容器。

当被测物体(金属或非金属)接近传感器表面时,它会扰动由两个电极构成的电场分布:金属物体,作为导体等效缩短极板间距,电容增大;非金属物体,通过介电常数变化改变电容值。这种电容变化会调制 RC 振荡器的输出(如频率或振幅),比较器电路检测到调制信号后,通过输出级电路转换为数字开关信号或模拟电压/电流信号。

由于其特殊的工作原理,电容式传感器可实现非接触的、独立的和无磨损的检测,并且对于导电材料和非导电材料均可实现可靠检测。因此,电容式传感器可以适用于某些电感式传感器无法检测的应用场合。

电容式传感器典型的应用是对距离和位置的测量,可以实现诸如弯曲强度、厚度、液位、料位、偏心度、同心度、形变、磨损和振动等物理量类型的检测。

3. 电感式传感器

电感式传感器是基于电磁感应原理,将位移、压力、振动等非电量转换为电感量变化的结构型传感器。根据工作原理,电感式传感器可分为利用自感原理的自感式传感器,利用互感原理的互感式传感器,利用压磁效应的压磁式传感器。

(1) 自感式传感器

自感式传感器工作原理:通过改变磁路中的磁阻来调整线圈的自感系数。自感式传感器可分为可变磁阻式传感器和差动自感传感器。

可变磁阻式传感器结构原理如图 2-4 所示，它由线圈、铁芯及活动衔铁等组成。

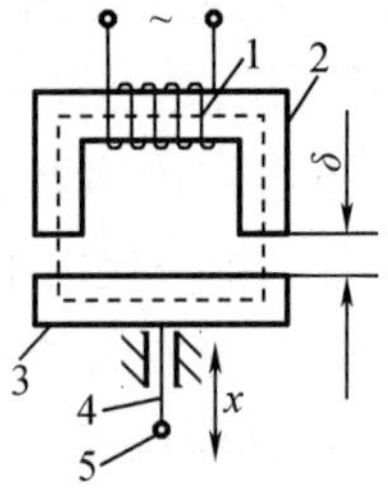

1—线圈；2—铁芯；3—活动衔铁；4—测杆；5—被测件；δ—空气隙。

图 2-4　可变磁阻式传感器结构原理图

当活动衔铁在被测参量带动下移动时，磁路中空气隙的磁阻发生变化，从而引起线圈电感的变化，把电感的变化通过测量电路转换为电压或电流的变化。根据所测电压或电流的变化过程确定被测量的变化。

对于差动自感传感器，其结构原理如图 2-5 所示。

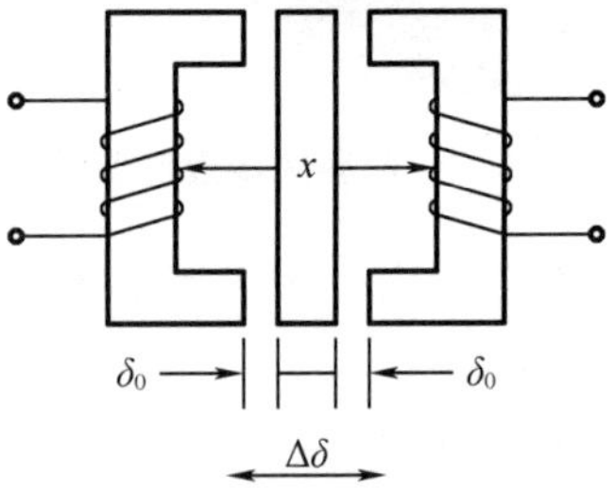

图 2-5　差动自感传感器结构原理图

①把两个相同的简单电感式传感器组合在一起而共用一个活动衔铁，构成差动式电感传感器。

②当活动衔铁处于中间位置时，两个线圈的电感量相等。

③若活动衔铁被带动移动 $\Delta\delta$ 距离时，两个线圈的电感量分别增大和减小 ΔL。

④将两个线圈接于电桥的相邻桥臂时，输出灵敏度提升 1 倍。

(2)互感式传感器

互感式传感器工作原理为利用电磁感应中的互感现象，将被测位移量转换成线圈互感的变化。其本身为一个变压器，一次线圈 L 接入交流电源，二次线圈为感应线圈，当一次线圈互感变化时，输出电压产生相应变化。由于常采用两次线圈组成差动式，故又称为差动变压器。其优点有：测量精度高，可达 0.1 μm；线性范围大，可达±100 mm。

(3)压磁式传感器

压磁式传感器是一种基于压磁效应的传感器，主要用于测量力、压力、扭矩等机械量。其核心原理是利用铁磁材料(如硅钢、镍合金)在机械应力作用下磁导率的变化，改变磁路的磁阻和电感，最终转换为电信号输出。压磁式传感器的优点是过载能力强、耐恶劣环境（高温、潮湿）；缺点是非线性显著，需专用补偿电路。

4. 光敏传感器

光敏传感器是利用光敏元件将光信号转换为电信号的传感器。它的种类繁多，主要有光电管传感器、光电倍增管传感器、光敏电阻传感器、光敏三极管传感器、太阳能电池传感器、红外线传感器、紫外线传感器、光纤式光电传感器、色彩传感器、CCD 和 CMOS 图像传感器等。光敏传感器的敏感波长在可见光波长附近，包括红外线波长和紫外线波长。光敏传感器不只局限于对光的探测，还可以作为探测元件组成其他传感器，对许多非电量进行检测，只要将这些非电量转换为光信号即可。

光敏传感器是目前产量最多、应用最广的传感器之一，它在自动控制和非电量电测技术应用中占有非常重要的地位。其主要应用于太阳能草坪灯、光控小夜灯、照相机、监控器、光控玩具、声光控开关、摄像头、防盗钱包、光控音乐盒、生日音乐蜡烛、音乐杯、人体感应灯、人体感应开关等电子产品光自动控制领域。光敏传感器如图 2-6 所示。

图 2-6　光敏传感器

5. 气敏传感器

气敏传感器是一种检测特定气体的传感器。它主要包括半导体气敏传感器、接触燃烧式气敏传感器和电化学气敏传感器等。其中用得最多的是半导体气敏传感器。气敏传感器的应用主要有一氧化碳气体的检测、瓦斯气体的检测、煤气的检测、氟利昂的检测、呼气中乙醇（酒精）的检测等。它将气体种类及其与浓度有关的信息转换成电信号，根据这些电信号的强弱就可以获得与待测气体在环境中的存在情况有关的信息，从而可以进行检测、监控、报警，还可以通过接口电路与计算机组成自动检测、控制和报警系统。

气敏传感器是在压电晶体表面涂覆一层选择性吸附某气体的气敏薄膜，当该气敏薄膜与待测气体相互作用（化学作用或生物作用或物理吸附），使得气敏薄膜的膜层质量和导电率发生变化时，引起压电晶体的声表面波频率发生漂移；气体浓度不同，膜层质量和导电率变化程度亦不同，即引起声表面波频率的变化也不同。通过测量声表面波频率的变化就可以获得准确的反应气体浓度的变化值。矿用一氧化碳传感器如图 2-7 所示，可燃气体传感器如图 2-8 所示，呼吸式酒精检测仪如图 2-9 所示。

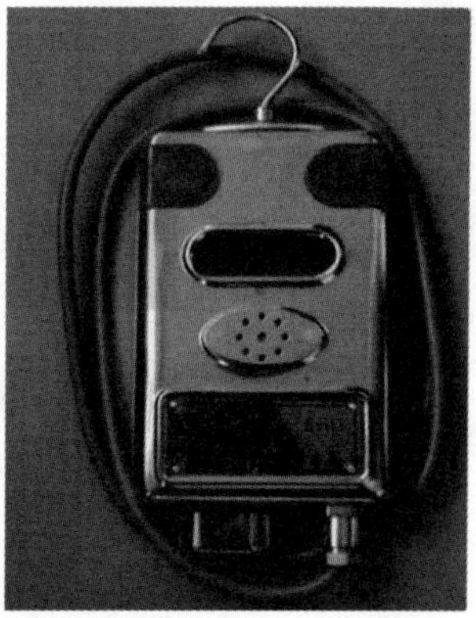

图 2-7 矿用一氧化碳传感器

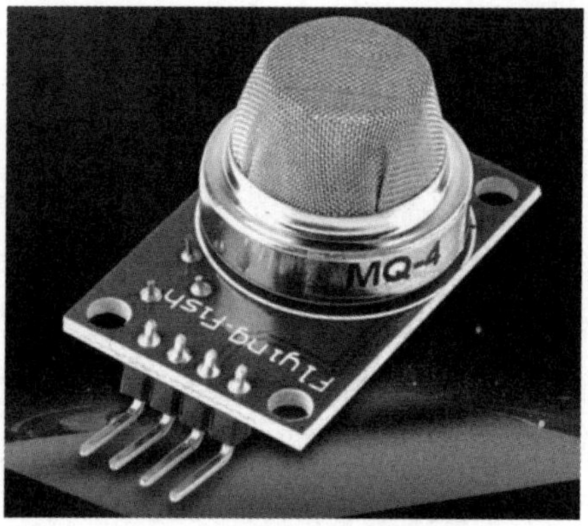

图 2-8 可燃气体传感器

6. 霍尔传感器

霍尔传感器(图 2-10)是根据霍尔效应制作的一种磁场传感器,广泛应用于工业自动化技术、检测技术及信息处理等方面。霍尔效应是研究半导体材料性能的基本方法。通过霍尔效应实验测定的霍尔系数,能够判断半导体材料的导电类型、载流子浓度及载流子迁移率等重要参数。

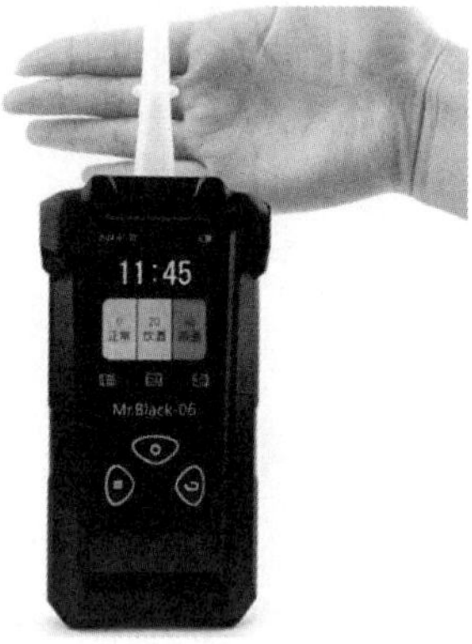

图 2-9 呼吸式酒精检测仪

图 2-10 霍尔传感器

霍尔传感器分为线性型霍尔传感器和开关型霍尔传感器两种。

①线性型霍尔传感器由霍尔元件、线性放大器和射极跟随器组成,输出模拟量。

②开关型霍尔传感器由稳压器、霍尔元件、差分放大器、斯密特触发器和输出电路组成,输出数字量。

7. 激光传感器

激光传感器是利用激光技术进行测量的传感器,它由激光器、激光检测器和测量电路组成。激光传感器是新型测量设备,它的优点是能实现无接触远距离测量,速度快,精度高,量程大,抗光、电干扰能力强等。

激光传感器工作时,先由激光发射二极管对准目标发射激光脉冲,经目标反射后激光向各方向散射,部分散射光返回到传感器接收器,被光学系统接收后成像到雪崩光电二极管上。雪崩光电二极管是一种内部具有放大功能的光学传感器,它能检测极其微弱的光信号,并将其转化为相应的电信号。激光传感器利用激光的高方向性、高单色性和高亮度等特点,可实现无接触远距离测量。激光传感器常用于长度、振动、速度、方位等物理量的测量。

8. 陀螺仪传感器

陀螺仪是用来固定一个方向的。就像旋转的陀螺放在一个平面上,不论将这个平面如何倾斜,陀螺的中心轴的方向总保持不变。陀螺仪的原理是,一个旋转物体的旋转轴所指的方向在不受外力影响时,是不会改变的。人们根据这个原理,制造出来的东西就叫陀螺仪。陀螺仪在工作时要给它一个力,使它快速旋转起来,一般能达到每分钟几十万转,可以工作很长时间。然后用多种方法读取轴所指示的方向,并自动将数据信号传给控制系统。

在手机里装陀螺仪传感器,就能固定一个方向,无论手机如何移动,这个方向总保持不变。例如在一些手机射击游戏中,射击准心就是不变的,手机使用者可以通过移动手机位置来瞄准目标。陀螺仪传感器原本被运用到直升机模型上,现在已经被广泛运用于手机这类移动便携设备上。最先将陀螺仪传感器引入手机的是苹果公司,后续各大手机厂商才纷纷跟进。陀螺仪传感器也是现代航空、航海、航天和国防工业应用中必不可少的控制装置。

9. 热红外人体感应器和热释电红外传感器

热红外人体感应器好像一只猫的眼睛,只要人接近到一定的距离,就能开启灯光或打开防盗报警。热红外人体感应器是一种可探测静止人体的红外热释感应器,由透镜、感光元件、感光电路、机械部分和机械控制部分组成。通过机械控制部分和机械部分,带动红外感应部分做微小的左右或圆周运动,使感应器和人体之间能形成相对的移动。所以无论人体是移动的还是静止的,感光元件都可产生极化压差,感光电路发出有人的识别信号,达到探测移动或静止人体的目的。热红外人体感应器如图 2-11 所示,热释电红外传感器如图 2-12 所示。

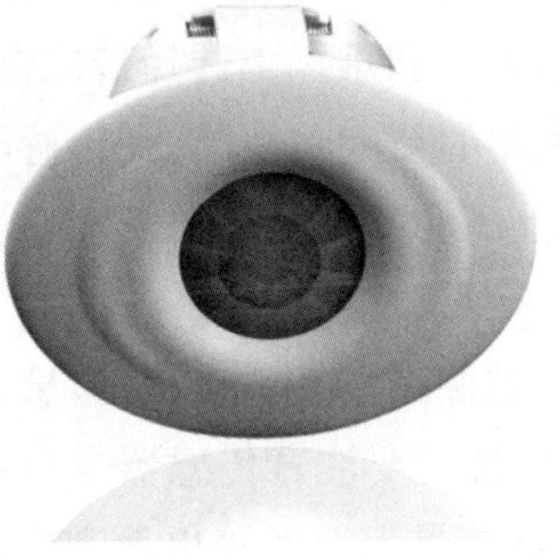

图 2-11　热红外人体感应器

图 2-12　热释电红外传感器

由探测元件将探测并接收到的红外辐射转换成微弱的电压信号,经装在探头内的场效应管放大后向外输出。为了提高探测器的探测灵敏度以增大探测距离,一般在探测器的前方装设一个菲涅尔透镜,该透镜用透明塑料制成,将透镜的上、下两部分各分成若干等份,制成一种具有特殊光学系统的透镜,它和放大电路相配合,这样就可以测出 20 米范围内人的行动。菲涅尔透镜利用透镜的特殊光学原理,在探测器前方产生一个交替变化的“盲区”和“高灵敏区”,以提高它的探测接收灵敏度。当有人从透镜前走过时,人体发出的红外线就不断地在“盲区”与“高灵敏区”之间交替，这样就使接收到的红外信号以忽强忽弱的脉冲形式输入，从而增强其能量幅度。人体辐射的红外线中心波长为 9~10 μm，而探测元件的波长灵敏度在 0.2~20 μm 范围内几乎保持不变。在传感器顶端开设了一个装有滤光片的窗口，这个滤光片可通过光的波长范围为 7~10 μm，正好适合于人体红外辐射的探测，而对其他波长的红外线由滤光片予以吸收，这样便形成了一种专门用作探测人体辐射的红外线传感器。

10. 超声波测距离传感器

超声波测距离传感器采用超声波回波测距原理，运用精确的时差测量技术，检测传感器与目标物之间的距离。采用小角度、小盲区的超声波传感器，具有测量准确、可无接触测量、防水、防腐蚀、低成本等优点，可用于液位、物位检测，工业过程控制等。超声波测距离传感器如图 2-13 所示。

图 2-13　超声波测距离传感器

2.1.4　如何选用传感器

传感器处于物联网应用系统的输入端，物联网应用系统性能的优劣，很大程度上取决于正确、合理地选择传感器。传感器种类繁多，性能又千差万别，对于某一被测量通常会有多种不同工作原理的传感器可供使用，如何根据系统参数要求和被测环境实际条件，合理地选择满足条件且质优价廉的传感器，是实际工作中的重点和难点。选择传感器，首先要考虑的是系统的参数要求，根据参数要求确定所选传感器的精度和性能，在传感器性能指标满足要求的情况下，还需要考虑价格低、易维护、可靠性高的产品。

1. 灵敏度

灵敏度高意味着传感器所能感知的变化量小，对于被测量的些许变化，传感器就有较大的输出响应。对于灵敏度高的传感器，在测试被测量时，需要注意传感器自身内部或周围存在各种与测量信号无关的干扰，因为即使微弱的干扰信号也会对输出量产生影响。所以在选用灵敏度高的传感器时，更要注重选择高信噪比的传感器，这样可以避免干扰信号对传感器测量结果的影响。

2. 精确度

精确度通常简称精度。传感器的精确度是反映传感器能否真实反映被测量的一个重要指标，是决定整个系统性能的关键因素。精度越高，说明被测值与真值越接近。传感器为了达到更高的精度，往往需要采用先进的技术和复杂的工艺，所以成本提升，价格也会更高。在选用传感器时，首先必须根据系统需求确定传感器精度要求（例如精度要求为 0.3

的温度传感器），在精度要求的范围内再选择合适的传感器。精度和灵敏度是反映传感器性能指标的两个参数，但人们常常容易将它们混淆，一种简单的理解方法是：精度表示的是误差的大小；灵敏度表示的是最小量程，能够显示、测量、分辨最小值。

3. 工作量程

理想的传感器是在很大的测量范围内，输出与输入之间保持良好的线性关系，因为这种线性关系的存在，才能保证测量范围内测量结果的准确性。实际上，传感器只能在一定范围内保持这种线性关系，而这里的"一定范围"即为传感器的工作量程（例如某温度传感器的工作量程为-10～50 ℃）。在真实情况下，即使在工作量程范围内，传感器输出与输入之间也不能保持绝对的线性关系，只是这种非线性关系导致的误差在允许的范围之内。

4. 延迟响应

传感器可以感受被测量信息，并将被测量信息输出给对应系统。我们总是希望传感器输出信号和输入信号随时间的变化曲线保持一致或基本相近，也就是说，被测量的变化能立刻体现到输出值的变化，但实际上很难做到这一点，传感器的延迟响应是不可避免的。在选用传感器的时候，需要根据传感器实际应用的场景，确定延迟响应的要求，选择合适的传感器。

5. 稳定性

在商业系统的应用中，传感器的稳定性是一个重要的指标，它直接决定着这个项目后期的维护成本。影响传感器稳定性的主要因素是环境和时间。工作环境的温度、湿度、尘埃、振动等都会影响传感器的稳定性，会使传感器的输出发生变化。所以，在选择传感器时，要首先了解传感器的使用环境，根据使用环境选择符合环境要求的传感器（例如开关量烟感探测器，工作温度为-10～50 ℃，相对湿度为小于等于95%），同时还要求传感器长期使用，不需要经常更换和校准。

以上是选用传感器时应考虑的一些主要因素。除此之外，还应考虑传感器的价格、体积、质量、安装方式、维护要求等方面因素。

2.2　射频识别技术

RFID技术又称无线射频识别，是一种通信技术，可通过无线电信号识别特定目标并读写相关数据，而无须识别系统与特定目标之间建立机械或光学接触。

2.2.1　RFID技术的特点

RFID技术具有体积小、信息量大、寿命长、可读写、保密性好、抗恶劣环境、不受方向和位置影响、识读速度快、识读距离远、可识别高速运动物体、可重复使用等特点，支持快速读写、非可视识别、多目标识别、定位及长期跟踪管理。RFID技术与网络定位和通信技术相结合，可实现全球范围内物资的实时管理跟踪与信息共享。

RFID是一种突破性技术：第一，可以识别单个的非常具体的物体，而不是像条码那样只能识别一类物体；第二，采用无线电射频，可以透过外部材料读取数据，而条码必须靠激光来读取信息;第三,可以同时对多个物体进行识读,而条码只能一个一个地读。此外,其存储的信息量也非常大。

条码和 RFID 电子标签的对比如表 2-1 所示。

表 2-1 条码和 RFID 电子标签的对比

特性	种类		
	RFID 电子标签	一维条码	二维条码
单价	较高(几角~几十元)	低(几分~几角)	低(几分~几角)
可读距离范围	较长距离(几厘米~几米),有些主动式电子标签可读距离可达几十米	短距离(小于 10 厘米)	短距离(几厘米~几十厘米)
数据的重和追加	可	不可	不可
小型化(多形状)	可	不可	不可
抗污能力	较强	弱	弱
障碍物穿透能力	较强	弱	弱
违法复制	极难	容易	较容易
一次性读取多个标签	可	不可	不可
数据存储量	大容量(几十~几十千字节),可根据需要进行扩容,有些可达到几兆字节	小容量(最多几十字节)	较小容量(最多几千字节)

2.2.2 RFID 系统构成

RFID 技术和条码技术类似,都属于自动识别技术范畴。对于条码技术而言,它是将已编码的条码附着于目标物,并利用专用的扫描识读器通过光信号将信息传送到扫描识读器。而 RFID 技术则利用专用的 RFID 读写器及专门的可附着于目标物的 RFID 电子标签,通用射频信号将信息在 RFID 电子标签与 RFID 读写器之间传送。

1. RFID 系统的构成

RFID 系统从广义来讲是利用了 RFID 技术的系统,大规模业务系统的数据采集可能包含很多不同数据识别采集技术,比如现阶段很多物流系统上条码和 RFID 电子标签并存,这样的只要是部分利用了 RFID 技术的系统就可以称为 RFID 系统。RFID 系统从狭义来讲是专注于处理 RFID 电子标签数据的系统。

在 RFID 系统中,识别信息存放在电子数据载体中,电子数据载体称为应答器。应答器中存放的信息由阅读器读出。阅读器不仅可以读出存放的信息,而且可以对其进行写入,读写过程通过双方之间的无线通信来实现。

一个典型的 RFID 系统结构如图 2-14 所示,主要由以下几部分构成。

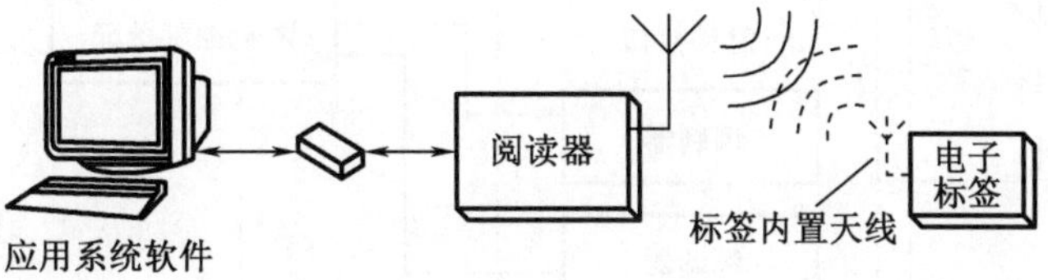

图 2-14　RFID 系统结构

(1)标签

标签一般由芯片和天线组成。每个 RFID 电子标签均具有唯一的电子编码,电子标签中存储着物体的相关信息,也称卡片。电子标签构成如图 2-15 所示。

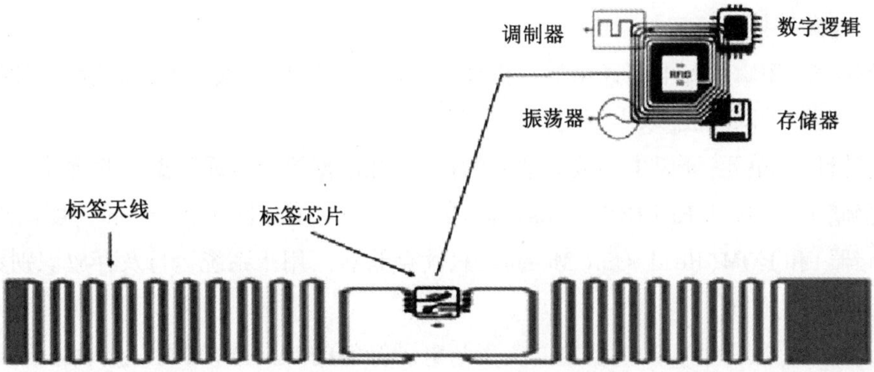

图 2-15　电子标签构成

(2)读写器

读写器又称阅读器,是可读取和写入标签内存信息的设备。其可以与计算机相连,由计算机网络构成的系统高层完成信息的存储、管理和控制。读写器本质上是射频无线数据采集设备。

(3)应用软件系统

在软件层面上,服务器和读写器的接口驱动程序、服务器的操作系统、数据库系统以及数据业务处理程序都是必不可少的。

2. 电子标签的构成

电子标签又称应答器、智能标签,是由 IC 芯片和无线通信天线组成的超微型的小标签,其内置的射频天线用于与阅读器进行通信。电子标签是 RFID 系统中真正的数据载体。系统工作时,阅读器发出查询(能量)信号,标签(无源)在收到查询(能量)信号后,将其一部分整流为直流电源供电子标签内的电路工作,一部分能量信号被电子标签内保存的数据信息调制后传送回阅读器。

电子标签的功能模块组成如图 2-16 所示,各模块具体功能如下所述。

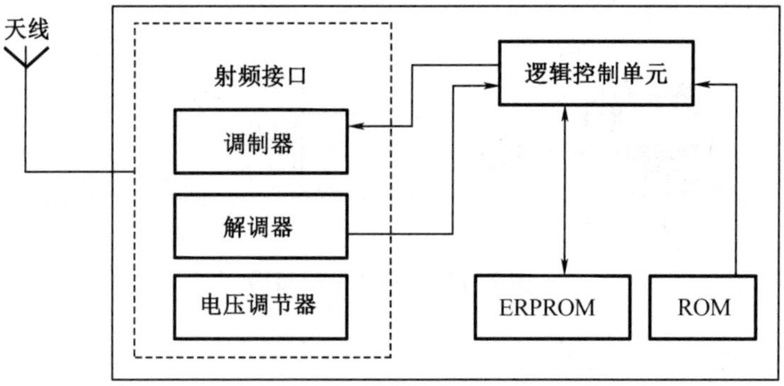

图 2-16　电子标签的功能模块组成

①天线:用来接收由阅读器送来的信号,并把要求的数据传送回阅读器。

②电压调节器:把由阅读器送来的射频信号转换为直流电源,并经大电容存储能量,再通过稳压电路以提供稳定的电源。

③调制器:逻辑控制电路送出的数据经调制电路调制后加载到天线返给阅读器。

④解调器:去除载波,取出调制信号。

⑤逻辑控制单元:译码由阅读器送来的信号,并依据要求返回数据给阅读器。

⑥存储单元:包括 ERPROM(Erasable Programmable Read-Only Memory,可擦除可编程只读存储器)和 ROM(Read-Only Memory,只读存储器),用于系统运行及存放识别数据。

3. 阅读器的构成

阅读器又称读写器。阅读器主要负责与电子标签的双向通信,同时接收来自主机系统的控制指令。阅读器的频率决定了 RFID 系统工作的频段,其功率决定了射频识别的有效距离。阅读器根据使用的结构和技术的不同可以是读或读/写装置,它是 RFID 系统信息控制和处理中心。阅读器通常由射频接口、逻辑控制单元和天线三部分组成。阅读器功能模块如图 2-17 所示。

(1)射频接口

射频接口模块的主要任务和功能:①产生高频发射能量,激活电子标签并为其提供能量;②对发射信号进行调制,将数据传输给电子标签;③接收并调制来自电子标签的射频信号。注意,在射频接口中有两个分隔开的信号通道,分别来往于电子标签和阅读器两个方向的数据传输。

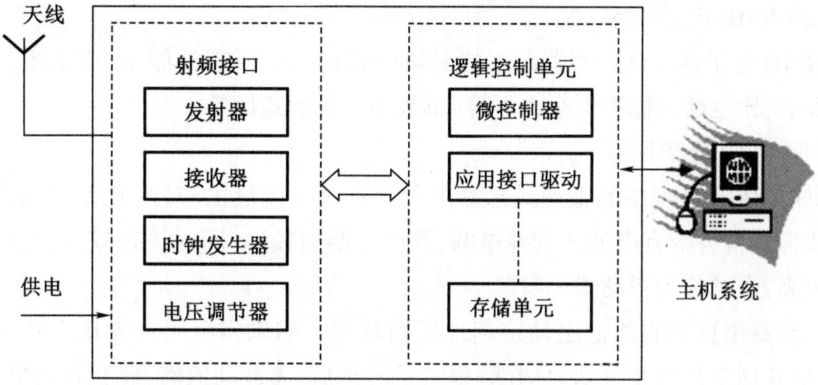

图 2-17　阅读器功能模块

(2)逻辑控制单元

逻辑控制单元也称读写模块,其主要任务和功能:①与应用系统软件进行通信,并执行从应用系统软件发送来的指令;②控制阅读器与电子标签的通信过程;③信号的编码与解码;④对阅读器和标签之间传输的数据进行加密和解密;⑤执行防碰撞算法;⑥对阅读器和标签的身份进行验证。

(3)天线

天线是一种能将接收到的电磁波转换为电流信号,或者将电流信号转换为电磁波发射出去的装置。在 RFID 系统中,阅读器必须通过天线来发射能量,形成电磁场,通过电磁场对电子标签进行识别。因此,阅读器天线所形成的电磁场范围即为阅读器的可读区域。

2.2.3　RFID 电子标签的分类

1. 按供电方式分类

按供电方式,RFID 电子标签可分为有源 RFID 电子标签与无源 RFID 电子标签。有源 RFID 电子标签内装有电池,无源 RFID 电子标签内没有电池。对于有源 RFID 电子标签来说,根据标签内装电池供电情况不同又可细分为有源 RFID 电子标签和半有源 RFID 电子标签。不同供电方式的 RFID 电子标签比较如表 2-2 所示。

表 2-2　不同供电方式的 RFID 电子标签比较

类型	特点	典型应用
无源 RFID 电子标签	无内置电池,依赖读写器发射的电磁场能量工作;寿命长、成本低,但读写距离短(<10 m)	物流追踪、门禁卡、零售商品标签
有源 RFID 电子标签	内置电池供电,主动发射信号;读写距离远(可达 100 m),但体积大、成本高,需定期更换电池	车辆定位、集装箱监控、资产追踪
半有源 RFID 电子标签	电池仅用于维持芯片待机,通信能量仍依赖读写器;平衡功耗与性能,中距离(10~30 m)	冷链温控、贵重物品管理

(1)无源 RFID 电子标签

无源 RFID 电子标签从读写器产生的磁场中获得工作所需的能量,成本很低并具有很长的使用寿命,比主动式标签更小也更轻,也被称为被动式标签。

(2)有源 RFID 电子标签

有源供电 RFID 系统中的主动式标签由于其自身有能量供应,因此无须阅读器提供能量。主动式标签自身带有电池或其他电源,其读写距离较远,同时体积较大,与被动式标签相比成本更高,也被称为主动式标签。

主动式标签用自身的能量主动定期地发射数据。如果将电子标签比作找人过程中被找的人,被动式标签只有在听到“你在哪里?”的呼声后,才被动地回答“我在这里!”;而主动式标签每隔一段时间就会主动地大声呼喊“我在这里!”。现阶段,被大量使用的是被动式标签,主动式标签由于成本高、电池寿命有限等原因,主要用于对人或特定设备的位置探查、定位管理等较特殊领域。其最典型的应用是高速公路不停车收费系统中的有源 ETC 电子标签。

RFID 电子标签按工作方式可分为被动式标签和主动式标签。无源 RFID 电子标签工作方式如图 2-18 所示,有源 RFID 电子标签工作方式如图 2-19 所示。

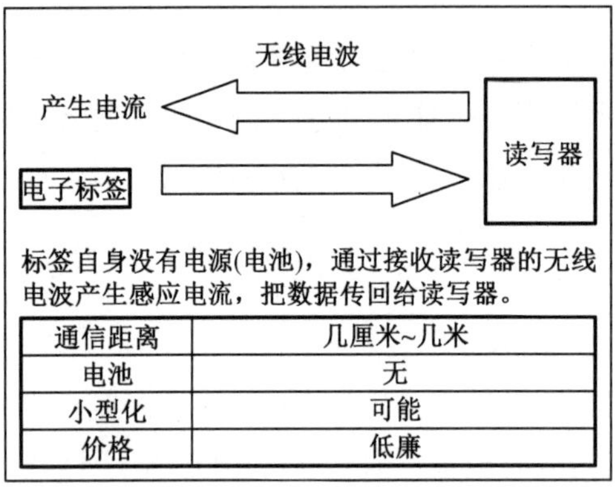

图 2-18 无源 RFID 电子标签工作方式

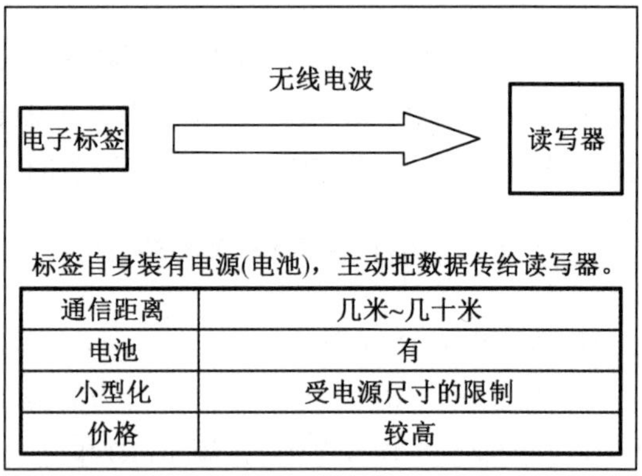

图 2-19 有源 RFID 电子标签工作方式

2. 按耦合方式分类

读写器与电子标签采用非接触式通信方式,电子标签通过无线电波与读写器进行数据交换。根据耦合方式、工作频率和作用距离的不同,RFID 电子标签可分为电感耦合标签和电磁反向散射耦合标签两种。

(1)电感耦合标签

读写器和电子标签之间的射频信号的传输为变压器原理模型,通过空间高频交变磁场实现耦合,读写器与电子标签通信依据的是电磁感应定律。电感耦合方式一般用于低、中高频工作的近距离 RFID 系统。电感耦合标签典型的工作频率为 125 kHz 和 13.56 MHz。该标签的识别距离小于 1 m,典型作用距离为 10~20 cm。

(2)电磁反向散射耦合标签

读写器和电子标签之间的射频信号的传输为雷达原理模型,发射出去的电磁波碰到目标后被反射，同时携带目标信息返回。读写器与电子标签通信依据的是电磁波的空间传输规律。电磁反向散射耦合标签一般适用于超高频、微波工作的远距离 RFID 系统。电磁反向散射耦合标签典型的工作频率为 433 MHz、915 MHz、2. 45 GHz 和 5. 8 GHz。该标签的识别距离大于 1 m，典型作用距离为 3～10 m。

3. 按工作频率分类

按工作频率，RFID 电子标签可分为低频、高频、超高频和微波标签。

RFID 工作频率如图 2-20 所示。

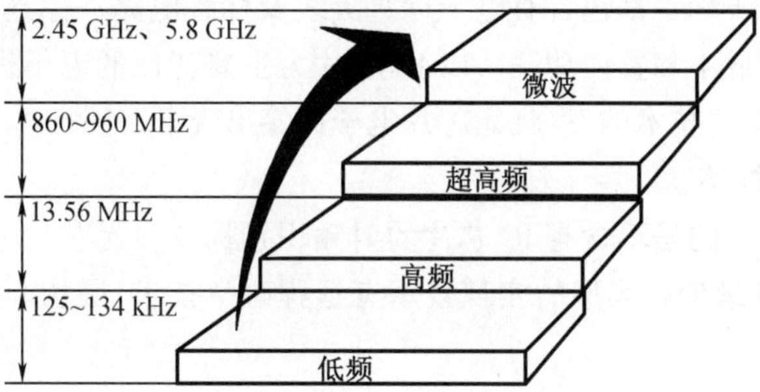

图 2-20　RFID 工作频率

（1）低频标签：135 kHz 以下，LF 段，典型的电感耦合型标签，天线多为线圈型。

（2）高频标签：13. 56 MHz，HF 段，工作频率高于低频标签，无线电波较长（一般为几米），是典型的电感耦合型标签，天线多为线圈型。

（3）超高频标签：433 MHz、860～960 MHz，UHF 段，工作频率远高于低频和高频标签，工作波长较短（分米级或厘米量级），工作方式为电磁反向散射耦合方式。

（4）微波标签：2. 45 GHz，5. 8 GHz，MW 段，工作方式为电磁反向散射耦合方式。

各频段电子标签比较如表 2-3 所示。

表 2-3　各频段电子标签比较

频段	低频	高频	超高频	微波
频率	125 kHz/135 kHz	13. 56 MHz	860～960 MHz	2. 45～5. 8 GHz
波长	2. 4 km/2. 2 km	22. 1 m	35. 7～31. 3 cm	12. 5～5. 17 cm
工作原理	电感耦合	电感耦合	电磁反向散射耦合	电磁反向散射耦合
识别距离	<60 cm	<1 m	1～8 m	1～15 m
一般特性	不太受环境影响	适合短距离多重标签识别应用	受环境影响较大，综合性能突出	受环境影响较大
标签类型	无源	无源	无源/有源	无源/有源
识别速度	低速⟶高速			

4. 按作用距离分类

按作用距离，RFID 电子标签可分为密耦合标签、近耦合标签、疏耦合标签和远距离标签。

①密耦合标签：作用距离小于 1 cm 的标签。

②近耦合标签：作用距离约为 15 cm 的标签。

③疏耦合标签：作用距离约为 1 m 的标签。

④远距离标签：作用距离从 1 m 到 10 m 甚至更远的标签。

5. 无芯片电子标签和声表面波 SAW 标签

一般意义上的电子标签都包含有电子标签天线及标签电路。标签电路经过集成后，降低了电子标签的生产成本和整体功耗。以 IC 芯片为主要特征的电子标签不是唯一的电子标签形式。近年来，随着技术的发展，无芯片电子标签出现了。

（1）无芯片电子标签

无芯片电子标签指的是不含有 IC 芯片的射频识别标签。无芯片电子标签的特点是超薄、低成本、存储数据量少。典型的实现技术有远程磁学技术、层状非晶体管电路技术、层状晶体管电路技术等。

（2）声表面波 SAW 标签

声表面波 SAW 标签以声表面波器件为核心，克服了 IC 芯片工作时要求直流电源供电的缺陷，同样实现了电子标签的数据保存功能及无接触空间无限通信的功能。

2.2.4 常用的几种电子标签

1. 低频标签——EM4100 卡

EM4100 是在射频感应卡片上广为使用的一种互补金属氧化物半导体（Complementary Metal Oxide Semiconductor，CMOS）集成电路微芯片。EM4100 芯片电路以被放在一个交变磁场上的外部天线线圈为电能驱动，并且经由线圈终端之一从该磁场得到它的时钟频率。另一线圈终端受芯片内部调制器影响，转变为电流型开关调制，以便向读卡机传送包含制造商预先程序排列的 64 bit 信息和命令。EM4100 有一些被用来定义代码类型和数据率的基本选择项。如每 bit 的数据率可为载波频率的 64、32 和 16 倍周期，其数据能作为曼彻斯特（Manchester）、双相（Biphase）或相位调制（PSK）调制格式来编码。芯片在多晶硅片联结状态时进行激光烧写编程，以便在每块芯片上存储唯一的代码。由于逻辑控制中心低微电量的消耗，无须提供缓冲电容。仅芯片运行的能量需要靠外部天线线圈获得，芯片内整合有一个与外部线圈并联的电容可获得谐振能量吸收。

（1）数据格式

EM4100 全部的数据位为 64 bit，它包含 9 个开始位（其值均为“1”）、40 个数据位（8 个厂商信息位+32 个数据位）、14 个行列校验位（10 个行校验+4 个列校验）和 1 个结束停止位。EM4100 在向读卡机或 PC 机传送信息时，首先传送 9 个开始位，接着传送 8 个芯片厂商信息位或版本代码，然后再传送 32 个数据位。其中 14 个行列校验位以及 1 个结束停止位用以跟踪包含厂商信息在内的 40 位数据。EM4100 芯片内部数据格式如图 2-21 所示。

1　1　1　1	1	1	1	1	1	9个头
8个厂商信息位	D_{00}	D_{01}	D_{02}	D_{03}	P_0	
	D_{10}	D_{11}	D_{12}	D_{13}	P_1	
32个数据位	D_{20}	D_{21}	D_{22}	D_{23}	P_2	10个行校验位
	D_{30}	D_{31}	D_{32}	D_{33}	P_3	
	D_{40}	D_{41}	D_{42}	D_{43}	P_4	
	D_{50}	D_{51}	D_{52}	D_{53}	P_5	
	D_{60}	D_{61}	D_{62}	D_{63}	P_6	
	D_{70}	D_{71}	D_{72}	D_{73}	P_7	
	D_{80}	D_{81}	D_{82}	D_{83}	P_8	
	D_{90}	D_{91}	D_{92}	D_{93}	P_9	
4个列校验位	PC_0	PC_1	PC_2	PC_3	S_0	停止位

图 2-21　EM4100 芯片内部数据格式

（2）典型应用

由于该芯片体积小，容易封装和方便移植，甚至可以嵌入产品内，其使用范围或涉及的应用领域非常宽广。例如：人员的身份识别、物品的信息管理、名酒的瓶盖内置标签、液化气容器安全标签、动物（如信鸽脚黄辨识标签）识别、酒店门禁卡、校园卡、工矿企业管理卡等，凡是可以使用唯一序列号来标识物件的主要属性，都可以使用它。需要说明的是，该芯片内部完全整合了高达 480 pF 的谐振电容，因此，外部的感应天线的电感量、天线线圈的匝数都可以大幅减少，这意味着在 125 kHz 的只读 ID 卡系列中，使用 EM4100 芯片可以制造出非常轻小、超薄的标签卡或体积小巧、方便携带的钥匙扣卡。

EM4100 系列卡片的通信指令如表 2-4 所示。

表 2-4　EM4100 系列卡片的通信指令

指令功能	→电脑发给单片机	←单片机发给电脑
1. 通信检测	→f6 b9 01	f6 b9 为同步头；01 为命令字
①通信成功	←a5 6d 01	a5 6d 为同步头；01 为命令字
②通信失败	←a5 6d fe	a5 6d 为同步头；fe 为命令字
2. 读信息	→f6 b9 02	f6 b9 为同步头；02 为命令字
①读信息成功	←a5 6d 02 11 xx xx xx xx…..xx xx xx xx	a5 6d 为同步头；02 为命令字 xx xx xx xx……xx xx xx xx 代表数据
②读信息失败	←a5 6d fa	a5 6d 为同步头；fa 为命令字

2. 低频标签——T5557 卡

T5557 是美国 Atmel 公司生产的多功能非接触式 R/W 辨识集成电路，适用于 125 kHz 频率范围。芯片需要连接一个天线线圈，该线圈被视为芯片电路的电力驱动补给和双向信息的沟通接口。天线和芯片一起构成感应卡片或标签。

该芯片共有 330 bit 的 EEPROM（分布为 10 个区块，每个区块 33 bit），能从 T5557 读写器上被读/写。区块 0 是被保留用于设置 T5557 操作模式的参数配置块。区块 7 可以作为用户数据块使用,亦可以为保护全部数据块而设置一组用户密码,用于避免未经许可的非法改写。当 IC 芯片接收到读写器的扫描场,便会在线圈的 2 个终端“1”和“2”感生出一个 RF 抵抗场强,再以 100%的振幅进行编译码调制,从而得到读写器的相关命令和数据以及返回读写器的卡信息。

(1)简要特征

①非接触方式的读/写数据传输;

②从 100 ~150 kHz 的无线电载波频率;

③与 E5550 产品兼容并扩展的应用模式;

④小容量,其结构与国际标准 ISO/IEC 11784/785 相容;

⑤在芯片之上有 75 pF 的谐振电容器;

⑥包括 32 bit 密码区在内的 7×32 bit 的 EEPROM 存储空间;

⑦单独开设有 64 bit 存储空间作为厂商可追溯的数据区。

32 bit 配置寄存器在 EEPROM 中可做如下设置:

①数据速率:RF/2 到 RF/128 或 E5550 的固定值(通常使用 RF/32 或 RF/64)。

②调制/编译码:FSK、PSK、曼彻斯特、双相、NRZ(典型为曼彻斯特)。

③其他选项:密码模式、最大区块特性、按请求回答(AOR)模式(默认值:PASS = 0、MAXB = 7、AOR = 0);反向数据输出、直接访问模式、序列终结符、写保护、OTP 功能等。

(2)存储体结构

存储体是 330 bit 的 EEPROM,安排在 0 和 1 页的 10 个块中,每个块(包含被同时规划的 1 bit 锁定位)有 33 bit。第 0 页有 8 个存储块,其中的块 0 包含配置/控制数据,在正常读操作期间是不被传输的。块 7 可以被用户当作写保护密码使用,与最大区块的显示值配合,可设置某些块值或第 7 块密码值不可见,只有知道密码的合法用户才能访问卡片中的数据块。每块存储体的位首,即第 0 bit,是该块不可查看但可一次性改写的锁块控制位(即 OTP 特性)。第 1 页的块 1 和块 2 包含可追溯数据,并且被 Atmel 在制造测试期间进行数据规划且锁定。

(3)应用举例

T5557 非接触式 R/W 辨识芯片的存储容量虽然小了些,除去用户不能使用的页 1,实际使用空间只有页 0 的 8 个块(264 bit),但其配置项以及工作模式特别丰富,是一种名副其实的多功能芯片。IC 较为灵活,例如可以设置直接访问、按请求模式访问、按密码模式访问等,并且同一张卡在不同配置或不同工作模式的 T5557 读写器上将不允许通信和数据交换,具有很好的保护性能。值得一提的是,该芯片在读写卡家族中具有很高的性价比。

T5557 主要升级替换早期的 E5550/5551 芯片,现在的升级替代产品为 T5567,该卡片被广泛应用于多种形式的身份识别,如酒店门锁卡、健康保险卡、校园一卡通、企业/工厂考勤卡、加油卡、上网卡、就餐卡、游戏卡、学生成绩卡、电话卡、戏院卡、娱乐卡等。

3. 高频卡——MF1 IC S50

MF1 IC S50 是由恩智浦半导体(NXP Semiconductors)开发的一款非接触式智能卡芯片,属于 MIFARE Classic 系列产品。自 1994 年推出以来,MF1 IC S50 已成为全球应用最广泛的非接触式智能卡芯片之一。

MF1 IC S50 采用 13.56 MHz 的工作频率，符合 ISO/IEC 14443 Type A 标准。其物理尺寸符合 ID-1 卡标准(85.6 mm×54 mm×0.76 mm)，可轻松集成到各种卡片设计中。该芯片的通信距离可达 10 cm，具体取决于读卡器的功率和天线的设计。MF1 IC S50 芯片构成如图 2-22 所示。

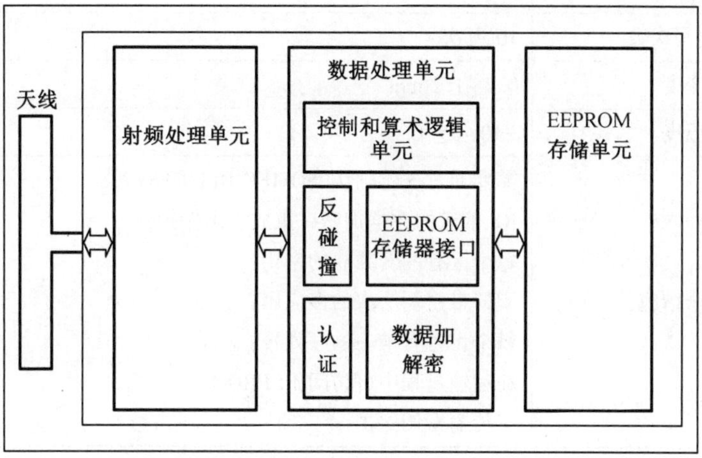

图 2-22　MF1 IC S50 芯片构成

在技术参数方面，MF1 IC S50 具有 1 KB 的 EEPROM 存储空间，分为 16 个扇区，每个扇区包含 4 个块，每个块可存储 16 B 数据。其数据传输速率可达 106 kbit/s，支持防冲突机制，允许多张卡同时进入读卡区域。芯片采用三重数据加密算法(DES)，提供基本的数据安全保护。此外，MF1 IC S50 还具有抗静电保护[2 kV HBM(带电人体放电模式)]和耐久性(写擦除次数可达 10 万次)等特点。MF1 IC S50 的性能特征如表 2-5 所示。

表 2-5　MF1 IC S50 的性能特征

性能	MF1 IC S50 特征参数
空中接口标准	ISO/IEC 14443 Type A
有源/无源	13.56 MHz
工作频率	无源
工作距离	最高可达 100 mm(由天线特性决定)
数据传输速度	106 kbit/s
数据可靠性	16 位 CRC(循环冗余校验)/奇偶校验
多标签读写防碰撞	智能可靠

表 2-5(续)

性能	MF1 IC S50 特征参数
典型应用处理时间	购票处理<100 ms
存储器容量	1 KB 分成 16 个区,每区又分成 4 段,每一段中有 16 B
数据存取控制	用户可以定义每一个区的访问条件
数据保存期限	10 年
数据可擦写次数	10 万次
天线厚度	0.2~1.2 mm
工作温度	-40~65 ℃
数据安全措施	需要通过 3 轮确认 ISO/IEC DIS 9798-2; RF 信道的数据加密有重放攻击保护; 每个区有两套独立的密钥; 支持带密钥层次的多应用; 每个设备有唯一的序列号; 在运输过程中可访问 EEPROM; 有传输密钥保护

Mifare S50 卡有 8 kbit EEPROM,分成 16 个区,每个区分成 4 个分组(Block 0~Block 3),每个分组有 16 B。MF1 IC S50 存储器构成如图 2-23 所示。

①每个扇区由 4 块(块 0、块 1、块 2、块 3)组成(也有的将 16 个区的 64 个块按绝对地址编号为 0~63)。

②第 0 扇区的块 0(即绝对地址 0 块)是一个特殊的块,该块存储了制造商代码,已经固化,不可更改。

③每个扇区的块 0、块 1、块 2 为数据块,用于存储数据,可以进行读写操作。

④每个扇区的块 3 为控制块,包括密钥 A、访问控制条件、密钥 B。

MF1 IC S50 广泛应用于公共交通、门禁控制、电子支付和身份识别等领域。在公共交通方面,MF1 IC S50 被用于地铁、公交车的非接触式票务系统。在门禁控制方面,该芯片可用于办公楼、学校、住宅小区的出入管理,提供便捷安全的访问控制。在电子支付方面,MF1 IC S50 支持小额支付应用,如校园卡、会员卡等。快速交易特性使其非常适合需要高吞吐量的场景。在身份识别方面,MF1 IC S50 可用于员工卡、学生证等,存储持卡人的基本信息并实现多种应用功能。此外,MF1 IC S50 还可应用于图书馆管理、物流追踪、电子票务等多个领域,展现了其广泛的应用潜力。

		块内字节																
扇区	块	0	1	2	3	4	5	6	7	8	9	10	11	12	13	14	15	存储对象
15	3	Key A						Access bit				Key B						控制块
	2																	数据
	1																	数据
	0																	数据
14	3	Key A						Access bit				Key B						控制块
	2																	数据
	1																	数据
	0																	数据
⋮	⋮																	⋮
1	3	Key A						Access bit				Key B						控制块
	2																	数据
	1																	数据
	0																	数据
0	3	Key A						Access bit				Key B						控制块
	2																	数据
	1																	数据
	0																	厂商段

图 2-23　MF1 IC S50 存储器构成

4. 高频卡——SL2 IC S20 卡

SL2 IC S20 是飞利浦(现恩智浦半导体)ICODE,工作在 13.56 MHz 频率的无源 IC 卡,符合 ISO/IEC 15693 标准。自推出以来,SL2 IC S20 卡因其优异的性能和可靠性,在物流、零售、图书馆管理等领域得到广泛应用,具有高度防冲突与长距离运作等优点,适合于高速、长距离应用。其包括 ICODE SLI-S、SL2-S 等多系列产品,目前 ICODE 是高频(HF)RFID 电子标签方案的业界标准。

(1)技术规格

SL2 IC S20 卡的物理尺寸灵活,可集成到各种标签和卡片设计中,满足不同应用场景的需求。该芯片的读取距离可达 1.5 m,具体取决于读卡器的功率和天线的设计,非常适合长距离读取。

在技术参数方面,SL2 IC S20 卡具有 2 KB 的用户存储空间,分为 64 个块,每个块可存储 4 B 数据。其数据传输速率可达 53 kbit/s,支持防冲突机制,允许多个标签同时进入读卡区域。芯片采用独特的识别码(UID)和可配置的访问权限,提供基本的数据安全保护。此外,SL2 IC S20 卡还具有抗静电保护(2 kV HBM)和耐久性(写擦除次数可达 10 万次)等特点,确保其在各种环境下的可靠运行。

ICODE SLI 系列 SL2 IC S20 芯片构成如图 2-24 所示。

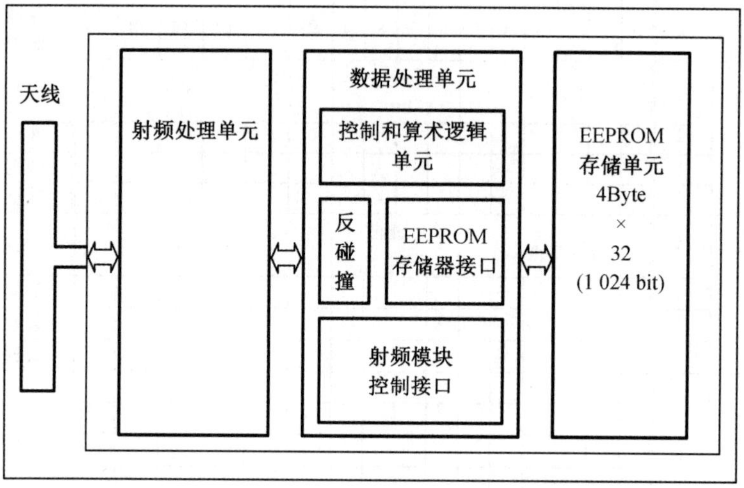

图 2-24　ICODE SLI 系列 SL2 IC S20 芯片构成

(2)应用领域

SL2 IC S20 卡被广泛应用于物流管理、零售、图书馆管理和资产管理等领域。在物流管理方面,该芯片用于货物追踪、库存管理和供应链优化,如大型仓库的自动化管理和运输过程中的货物追踪。在零售行业方面,SL2 IC S20 卡可用于商品防盗、库存管理和快速结账,提高了零售效率和客户体验。在图书馆管理方面,SL2 IC S20 卡被用于图书追踪、自助借还书系统和防盗系统,大大提高了图书馆的管理效率和服务质量。在资产管理领域,该芯片可用于追踪和管理高价值设备、工具和仪器,如医院设备管理、工厂工具管理等。此外,SL2 IC S20 卡还可应用于会议管理、门禁控制、动物识别等多个领域,展现了其广泛的应用潜力。

2.2.5　RFID 不同频率的工作系统

1. 低频 RFID 系统

低频 RFID 系统的工作频率为 30~300 kHz,常见的工作频率有 125 kHz 和 133 kHz,一般为无源标签,采用电磁感应方式进行通信。低频信号穿透性好,抗金属和液体干扰能力强,但难以屏蔽外界的低频干扰信号。一般来说,低频 RFID 电子标签读取距离小于 10 cm,读取距离与标签大小成正比。低频 RFID 电子标签一般在出厂时就初始化好了不可更改的编码。低频 RFID 电子标签主要应用在动物追踪与识别、门禁管理、电子闭锁防盗(带有内置应答器的汽车钥匙)和其他封闭式追踪系统中。低频 RFID 电子标签如图 2-25 所示。

常用的低频 RFID 电子标签一般具有以下性能:

①通常是近距离标签,距离为 10 cm 以下;

②主要应用于短距离、数据量低的 RFID 系统中;

③不能同时读取多个标签;

④价格很低、成本低廉;

⑤一般为只读性,安全性不高,很容易复制完全相同的 ID,所以此类卡片一般用在安全性和成本要求不高的场合。

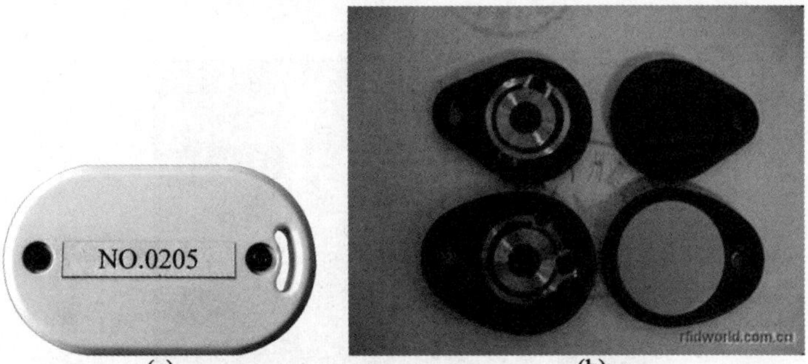

(a)　(b)

图 2-25　低频 RFID 电子标签

2. 高频 RFID 系统

高频 RFID 系统的工作频率为 3～30 MHz，常见的工作频率是 13.56 MHz。高频 RFID 系统采用电磁感应方式进行通信，并采用无源标签，具有良好的抗金属与液体干扰的性能，读取距离大多在 1 m 以内。高频 RFID 电子标签传输速度较高，但抗噪声干扰性较差，一般具备读写与防冲突功能。高频 RFID 电子标签如图 2-26 所示。

图 2-26　高频 RFID 电子标签

如今，高频 RFID 电子标签是 RFID 领域中应用最广泛的，如用于证、卡、票领域(二代身份证、公共交通卡、电子门票等)。其他的应用还包括门禁、图书馆、医药产业、智能货架等。

高频 RFID 电子标签按照 ISO 协议可分为以下三种类型：

①ISO 14443A：通信距离在 10 cm 以内，这种卡为逻辑加密卡；

②ISO 14443B：中国的二代身份证就是采用该协议的卡片，通信距离在 10 cm 以内；

③ISO 15693：该协议卡片的优点是通信距离可以达到 1 m，通常读写距离也在 10 cm 以内，可以用在物流管理上。

3. 超高频 RFID 系统

被动式超高频 RFID 电子标签工作频率为 860～960 MHz，主动式超高频 RFID 电子标签工作频率为 433 MHz。对于超高频的频段，由于各个国家无线电频谱的管制法令不同，所分配的频段也有所不同：美国是 902～928 MHz，中国是 840～845 MHz 和 920～925 MHz。超高频 RFID 电子标签传输距离远，具备防碰撞性能，并且具有锁定与消除标签的功能。被动式超高频 RFID 电子标签支持近场通信与远场通信。超高频 RFID 电子标签如图 2-27 所示。

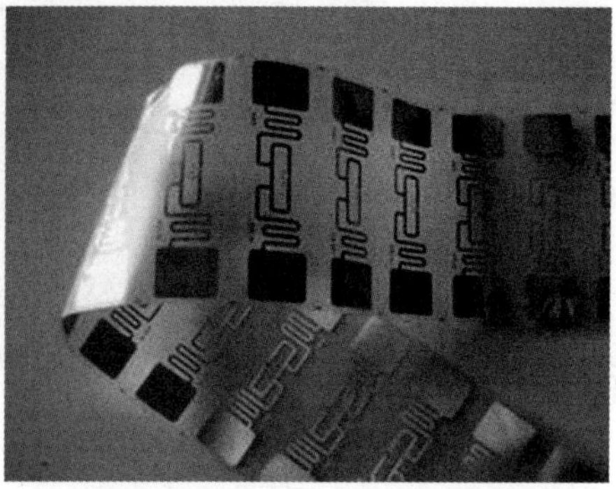

图 2-27　超高频 RFID 电子标签

远场被动式超高频 RFID 系统采用反向散射耦合方式进行通信，其最大的优点是读写距离远，一般是 3~5 m，最远可达 10 m。但是由于其抗金属与液体性差，所以较少用于单一物品的识别，主要应用于以箱或者托盘为单位的追踪管理、资产管理和防盗等场合。

近场被动式超高频 RFID 系统通信使用的天线与高频的相类似，但线圈数量只需要一圈，而且采用的是电磁感应方式而非反向散射耦合方式，也具备高频的抗金属、液体干扰的优点，其缺点是读取距离短，约为 5 cm。近场被动式超高频 RFID 系统通信主要应用于单一物品识别追踪，以取代目前高频的应用。

超高频的 ISO 标准主要有以下两种：

①ISO 18000-6B：这种标签包含 8 B 不可修改且唯一的 UID 号，包括 UID 在内共有 256 B 内存，但是相对于 ISO 18000-6C 标签，其价格较高；

②ISO 18000-6C：以 Gen2 电子标签为主，其优点是具有可以修改的 EPC 码，并且可以直接读取 EPC 码，而且价格便宜。

4. 微波 RFID 系统

微波 RFID 系统的主要工作频率为 2.45 GHz，有些则为 5.8 GHz，因其工作频率高，在 RFID 电子标签中传输速度最大，但抗金属、液体能力最差。被动式微波 RFID 电子标签主要使用反向散射耦合方式进行通信，传输距离较远，如果要加大传输距离还可以改为主动式。微波 RFID 电子标签非常适合用于高速公路等收费系统。

微波 RFID 电子标签读写速度快、读取数据的可靠性高，但使用频率接近 Wi-Fi 频率，容易受到周围 Wi-Fi 通信的干扰，主要应用于定位管理、集装箱管理等领域。

不同频率天线识读范围如图 2-28 所示。从图中可以看出，低频的识别空间范围像横放的橄榄球，高频的像排球，而超高频和微波的像竖立着的棒槌状物。这说明低频和高频标签较少受方向的影响（这里的方向指的是标签的正面位置偏离读写器天线正面的角度），超高频和微波标签则较多受方向的影响。四种不同工作频段 RFID 系统的性能比较如表 2-6 所示。

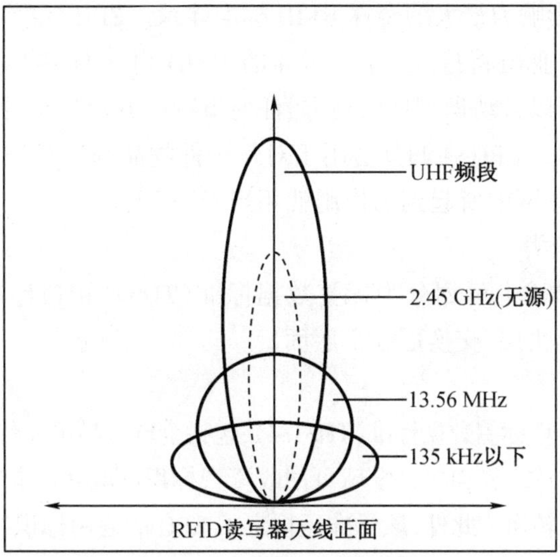

图 2-28　不同频率天线识读范围

表 2-6　四种不同工作频段 RFID 系统的性能比较

频率	频段	读取距离	优点	缺点	应用
低频	30~300 kHz	<0.5 m	对于金属与液态环境反应最佳	速度慢、读取距离近	动物追踪管理、门禁管理
高频	3~30 MHz	<1 m	世界标准、相对于低频速度较快	读取距离近	智能卡、图书管理、门禁管理、智慧货架
超高频	300~1 000 MHz	3~10 m	速度快、读取距离远	对于金属与液态环境反应差	物流与国防、货柜、托盘追踪
微波	2.45 GHz、5.8 GHz	<1 m	传输速度快	抗金属、液体能力最差,易受 Wi-Fi 信号干扰	高速公路电子收费系统、铁路

2.2.6　EPC 的 RFID 标准体系

EPC Global 是由美国统一代码委员会(UCC)和国际物品编码协会(EAN)于 2003 年 9 月共同成立的非营利性组织,其前身是 1999 年 10 月 1 日在美国麻省理工学院成立的非营利性组织 Auto-ID 中心。Auto-ID 中心以创建“物联网”为使命,与众多成员企业共同制订了一个统一的开放技术标准。旗下有沃尔玛集团、英国 TESCO 等 100 多家欧美的零售流通企业,同时有 IBM、微软、Auto-ID Lab 等公司为其提供技术研究支持。目前 EPC Global 已在加拿大、日本、中国等国建立了分支机构,专门负责 EPC 码段在这些国家的分配与管理、EPC 相关技术标准的制定、EPC 相关技术在该国的宣传普及以及推广应用等工作。

EPC Global 是全球专业的 RFID 标准研究开发机构,因此其标准体系相对专业和完善。EPC 的 RFID 标准体系既具有独创性,又博采众长地吸收了 ISO/IEC 专业标准化机构的经验,形成了 RFID 业内影响力最大的全球 RFID 标准体系。EPC 标准主要应用于全球供应链管理中的 RFID 应用,业内将应用 EPC 标准的 RFID 电子标签称为“EPC 标签”。EPC Global 旨在搭建一个可以自动识别任何地方、任何事物的开放性全球网络,即 EPC 系统,可以形象地称之为物联网。EPC 强调其适用于对每一件物品都进行编码的通用方案,每一件物品的 EPC 代码在物联网中所起到的作用就相当于一个索引。

1. EPC 标准体系分类

EPC 标准体系从技术上可划分为标签数据标准(TDS)、接口标准和认证标准,应用于 RFID 系统的标识层、采集层、交换层 3 个层面。

(1)标签数据标准

标签数据标准即 EPC 标签数据标准(TDS1.4),包括全球贸易单元代码(GTIN)、系列货运包装箱代码(SSCC)、全球位置码(GLN)、全球可回收资产标识(GRAI)、全球单个资产标识(GIAI)向 EPC 标签编码格式的转换。此外,该标准还规定了 EPC 的通用标识符 GID,以及美国国防部专用的 DoD 结构和原始 URI 十六进制表示法。该标准为用户应用界面标准。

(2)接口标准

接口标准是读写器与标签、读写器与软件之间的通信规则。它确保了不同厂商生产的硬件设备(标签、读写器)与软件能够相互通信和协作。其关键标准有空中接口协议、读写器协议 。

(3)认证标准

认证标准可确保信息源头的准确与统一。它定义了如何存储、查询和交换 EPC 数据,实现供应链中不同企业间信息的互联互通。其关键标准有 EPC 信息服务、发现服务。

2. EPC 系统构成

EPC 系统是一个非常先进的、综合性的和复杂的系统。其最终目标是为每一单品建立全球的、开放的标识标准。它由全球产品电子代码编码体系、射频识别系统及信息网络系统三部分组成。EPC 系统构成如表 2-7 所示。

表 2-7　EPC 系统构成

系统构成	名称	注释
全球产品电子代码编码体系	EPC 编码标准	识别目标的特定代码
射频识别系统	RFID 电子标签	电子标签贴在物品之上
	RFID 读写器	识读 EPC 标签
信息网络系统	EPC 中间件	EPC 系统的软件支持系统
	对象名称解析服务(ONS)	物品解析
	EPC 信息服务(EPCIS)	提供产品相关信息接口,采用实体标记语言(PML)进行信息描述

EPC 系统由 EPC 标签、读写器、EPC 中间件、Internet、对象名称解析服务器、EPC 信息服务器以及众多数据库组成。

(1)全球产品电子代码编码体系(EPC 编码体系)

EPC 编码作为全球统一标识系统 EAN · UCC 的延伸,有别于传统的条码。EPC 编码的一个重要特点是:该编码是针对单品的,能够为每个单品赋予一个唯一的数字代码,这个代码是全球唯一的,因此,即便是相同的商品,只要它们是独立的单品,其 EPC 编码也会不同。它的基础是 EAN · UCC,并在 EAN · UCC 基础上进行扩充。根据 EAN · UCC 体系,EPC 编码体系分为 5 种:

①SGTIN:系列化全球贸易标识代码;

②SGLN:系列化全球位置码;

③SSCC:系列货运包装箱代码;

④GRAI:全球可回收资产标识符;

⑤GIAI:全球个人资产标识符。

(2)射频识别系统

射频识别系统是实现 EPC 编码自动采集的功能模块,主要由射频标签和射频读写器组成。射频标签是产品电子代码的物理载体,附着于可跟踪的物品,可全球流通并对其进行识别和读写。射频读写器与信息系统相连,是读取标签中的 EPC 编码并将其输入网络信息系统的设备。

EPC 标签也称射频标签。EPC 相当于物联网的内核,EPC 编码以 RFID 电子标签为载体,通过物联网进行电子数据交换。每个物品都有唯一的 EPC 编码,这样可通过物联网查到其档案的情况。

EPC 标签功能分类如图 2-29 所示。

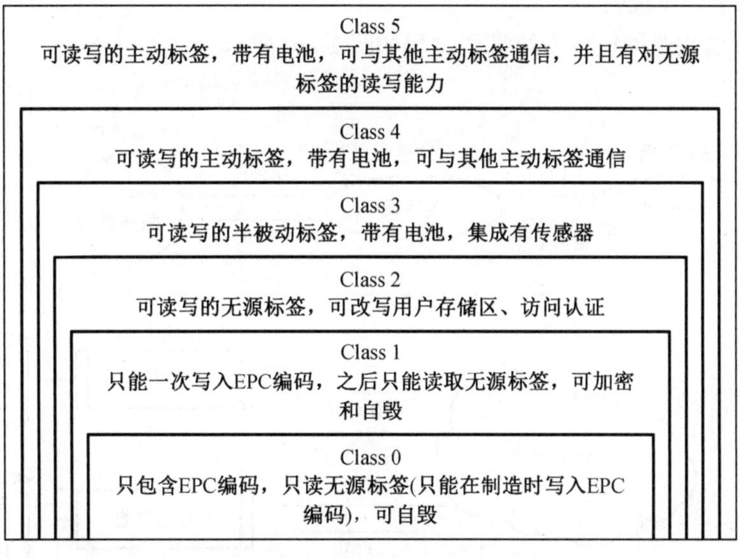

图 2-29　EPC 标签功能分类

EPC 读写器的功能要求如下：

①EPC 读写器必须支持和 EPC 标签相同的空中通信协议，能够读写不同厂家的 EPC 标签。

②EPC 读写器必须采取措施防止读写器的冲撞，防止受 EPC 系统多个读写器的干扰。

③EPC 读写器必须有网络连接功能，应该具有独立网络设备的功能，独立支持局域网、无线网、因特网等有关协议，无须经计算机这一中介就可以连接到网络上。

(3)信息网络系统

信息网络系统由本地网络和全球互联网组成，是实现信息管理和流通的功能模块。EPC 系统的信息网络系统是在全球互联网的基础上，通过 EPC 中间件、对象名称解析服务(ONS)和 EPC 信息服务(EPCIS)来实现全球"实物互联"。信息网络系统包含 3 个组件：

①EPC 中间件有一系列特定属性的"程序模块"或"服务"，被用户集成以满足其特定需求，EPC 中间件也称 Savant。EPC 中间件是用来加工处理来自读写器的所有信息和事件流的软件，主要任务是将数据送往应用程序之前进行标签数据校对、读写器协调等操作。

②ONS 是一个自动网络服务系统，类似于域名解析服务，ONS 给 EPC 中间件指明了存储产品相关信息的服务器。ONS 是联系 EPC 中间件和 EPC 信息服务的网络枢纽，且 ONS 涉及的架构也是以因特网域名解析服务为基础，因此可以使整个 EPC 网络以因特网为依托，迅速建立架构并顺利延伸到世界各地。

③EPCIS 提供了一个模块化、可扩展的数据服务接口，使得 EPC 的相关数据可以在企业内部或者企业之间共享，用于处理与 EPC 相关的各种信息。EPCIS 有两种运行模式，一种是 EPC 信息直接应用于已经激活的 EPCIS 应用程序；另一种是将 EPCIS 信息存储在资料档案库中，以备今后查询时进行检索。

PML 服务器为授权方的数据读写访问提供了一个标准的接口，以便于与电子产品码相关数据的访问和持久存储，它使用物理标识语言作为各个厂商产品数据表示的中间模型，并能够识别电子产品码。此服务器由各个厂商自行管理，存储各自产品的全部信息。

3. EPC 系统工作过程

基于 EPC 的物联网应用系统工作过程如图 2-30 所示。

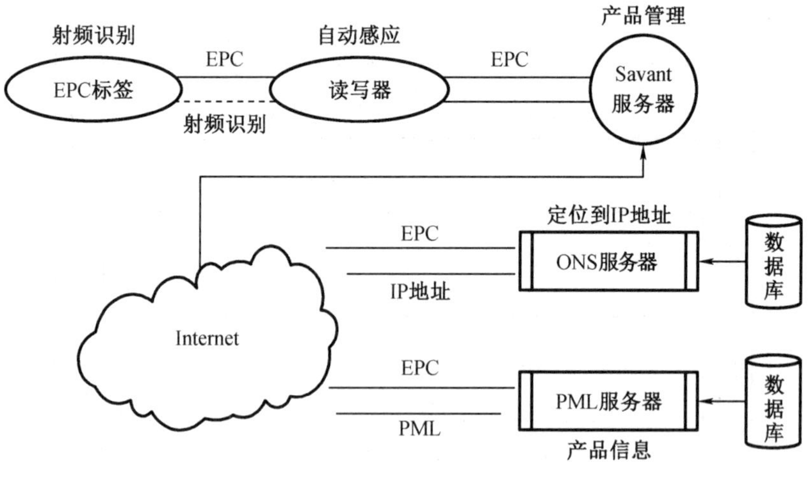

图 2-30　基于 EPC 的物联网应用系统工作过程图

(1)标签初始化

①编码写入:在 RFID 电子标签中写入 EPC 编码,该编码可为物品提供唯一标识。EPC 编码通常包含标头、管理者编号、对象类别和序列号等信息。

②附着标签:将 RFID 电子标签附着在物品上。该标签是无源的(被动式)或有源的(主动式),具体选择取决于应用场景和需求。

(2)数据采集

①读写器扫描:RFID 读写器通过无线电波扫描 RFID 电子标签,读取 EPC 编码。读写器可以固定安装在特定位置(如仓库入口)或手持移动使用。

②数据传输:读写器将读取到的 EPC 编码传输到中间件。其传输方式是有线的(如以太网)或无线的(如 Wi-Fi)。

(3)数据处理

①数据过滤:中间件对读写器传输的数据进行过滤,去除冗余和错误信息。过滤算法可以根据业务需求进行定制。

②数据整合:中间件将过滤后的数据整合成结构化信息。整合过程可能包括数据清洗、格式转换和数据聚合等操作。

(4)信息查询

①ONS 查询:中间件通过 ONS 查找与 EPC 编码相关的 EPCIS 服务。ONS 类似于 DNS,用于解析 EPC 编码对应的信息服务地址。

②EPCIS 访问:中间件访问 EPCIS,获取与 EPC 编码相关的详细信息,如生产日期、批次号、运输记录等。EPCIS 提供标准化的接口(如 RESTful API)供中间件调用。

3. EPC 系统的特点

(1)开放的结构体系

EPC 系统采用了全球最大的公用的 Internet 网络系统,这就避免了系统的复杂性,同时也大大降低了系统的成本,还有利于系统的升级。EPC 系统网络建立在 Internet 网络系统上,可以与 Internet 网络所有可能的组成部分协同工作。

(2)独立的平台与高度的互动性

EPC 系统识别的对象是一个十分广泛的实体对象,因此,不可能有哪一种技术适用于所有的识别对象。同时,不同地区、不同国家的射频识别技术标准也不相同,因此开放的结构体系必须具有独立的平台和交互操作性。

(3)灵活的可持续发展的体系

EPC 系统是一个灵活开放的可持续发展的体系,在不替换原有体系的情况下就可以将系统平滑升级。

2.3　物联网感知层常用芯片

物联网设备在进行感知层数据采集时,无论是传感器采集数据的处理传输,以及自动识别技术条码的识别读取,还是 RFID 电子标签数据的读取传输等都离不开单片机的使用。

本书结合网络层数据传输,重点围绕无线传感器网络技术、NB-IOT、LoRa 技术、Wi-Fi 技术等所使用的单片机,从技术层面进行研究分析。

2.3.1 CC2530 芯片

1. CC2530 芯片简介

CC2530 是 TI 公司开发的一款专门用于无线传感器网络中进行数据传输的集成芯片,可以用于 2.4 GHz IEEE 802.15.4、ZigBee 和 RF4CE 应用的一个真正的 SoC 解决方案。它能够以非常低的功耗和较低的成本来建立强大的无线传感器网络,可以帮助我们进行一些实际的工程开发,目前在军民领域有着广泛的应用。

CC2530 内部使用业界标准的增强型 8051 CPU,结合了领先的 RF 收发器,具有 8 KB 容量的 RAM,具备 32/64/128/256 KB 4 种不同容量的系统内可编程闪存和其他许多强大的功能。CC2530 根据内部闪存容量的不同分为 4 种不同型号:CC2530F32/64/128/256,F 后面的数值即表示该型号芯片具有的闪存容量级别。

CC2530 单片机采用 QFN40 封装,外观上是一个边长为 6 mm 的正方形芯片,每个边上有 10 个引脚,总共 40 个引脚。CC2530 的引脚布局如图 2-31 所示。

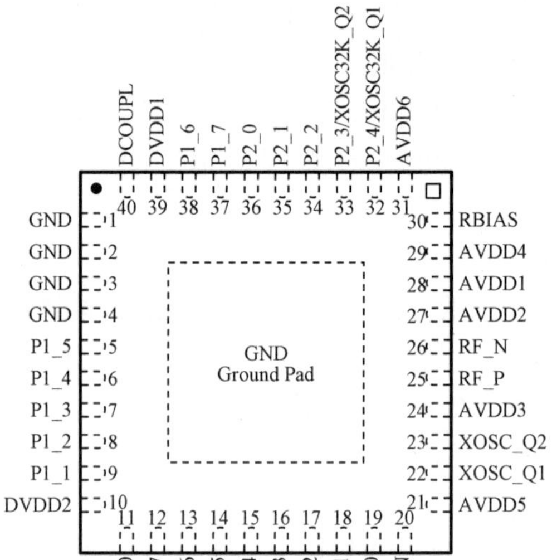

图 2-31　CC2530 的引脚布局

表 2-8 将 CC2530 的 40 个引脚按功能进行了分类,其中共有 21 个数字 I/O 引脚,这些引脚可以组成 3 个 8 位端口,分别为端口 0、端口 1 和端口 2,通常表示为 P0、P1 和 P2。其中,P0 和 P1 是完全的 8 位端口,而 P2 仅有 5 位可以使用。

表 2-8　引脚类型划分

引脚类型	包含引脚	功能简介
电源类引脚	AVDD1～6、DVDD1～2、GND、DCOUPL	为芯片内部供电
数字 I/O 引脚	P0_0～P0_7、P1_0～P1_7、P2_0～P2_4	数字信号输入/输出
时钟引脚	XOSC_Q1、XOSC_Q2	时钟信号输入
复位引脚	RESET_N	使芯片复位
RF 引脚	RF_N、RF_P	外接无线收发天线
其他引脚	RBIAS	外接偏置电阻

CC2530 内部结构如图 2-32 所示。从信号处理方面来划分，图中灰色表示该部分用来处理数字信号，白色表示该部分用来处理模拟信号，数字信号和模拟信号都进行处理的使用黑色表示。

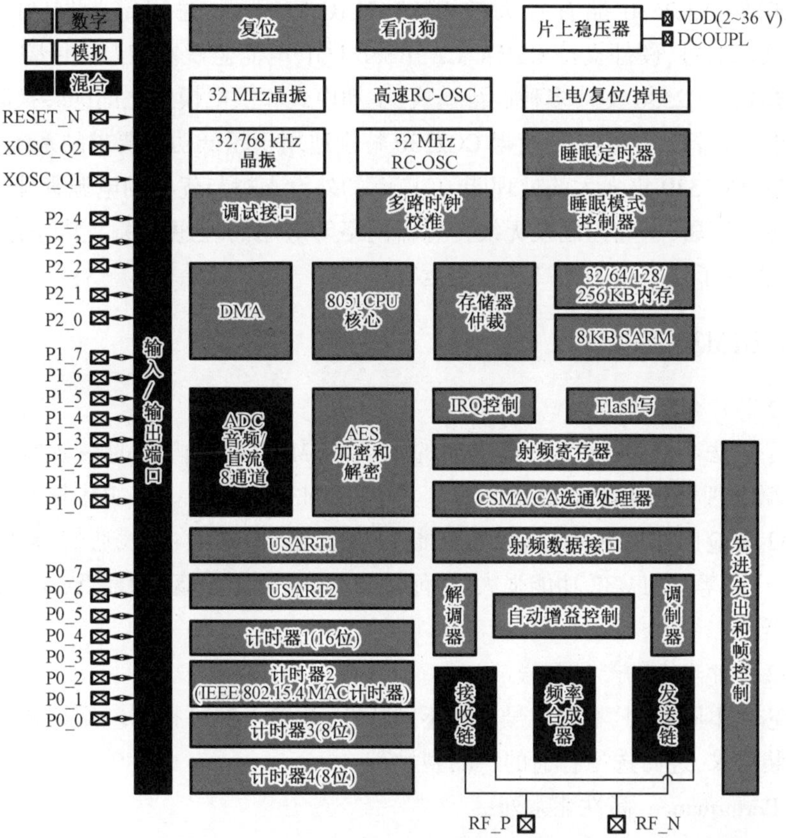

图 2-32　CC2530 内部结构

CC2530 提供了丰富的接口和外设，包括 UART、SPI、I2C、GPIO 等，便于与其他设备进行通信和交互。它还支持模拟和数字接口,能够连接各种传感器和执行器等外部设备。开发者可以利用 TI 提供的开发工具和软件支持,快速搭建稳定可靠的 ZigBee 通信系统,实现自定义应用。

总之,CC2530 单片机因其低功耗、高性能和强大的处理能力,广泛应用于家庭自动化、工业控制、传感器网络和物联网等领域。它的灵活性和可扩展性使其成为开发嵌入式 ZigBee 设备的理想选择。

2. CC2530 单片机功能

①CPU 与内存:CC2530 采用单周期 8051 兼容内核,具有三种内存访问总线,包括 SFR(特殊功能寄存器)、DATA(数据)和 CODE/XDATA(代码/外部数据)。该芯片还包括一个调试接口和一个具有 18 个输入的扩展中断单元。

②电源管理与复位:数字内核和外设由一个 1.8 V 的低差稳压器供电,提供多种电源管理模式,以实现低功耗运行。CC2530 有 5 种不同的复位源,确保系统能够在不同的条件下正确重置。

③无线功能:CC2530 具备一个 IEEE 802.15.4 兼容的无线收发器,RF 核心控制模拟无线模块,并提供 MCU 与无线设备之间的接口。极高的接收灵敏度和抗干扰性能使 CC2530 在无线传输方面表现卓越。

④外设功能:CC2530 拥有强大的 DMA、MAC 定时器,通用定时器,IR 发生电路,32.768 kHz 实时时钟,硬件支持 CSMA/CA、RSSI/LQI,电池监视器和温度传感器等外设。

⑤运行模式:CC2530 支持多种运行模式,主动模式和供电模式之间的转换时间短,确保了设备的低能耗运行。这些特性使得 CC2530 特别适用于超低功耗要求的系统。

综上所述,CC2530 集强大的处理能力、广泛的外设支持与优异的电源管理于一身,成为众多领域如智能家居、工业控制及无线传感器网络等应用的理想之选。其综合性能与灵活的功能配置,保证了各类应用的高效稳定运行。

2.3.2 STM32 芯片

1. STM32 芯片介绍

STM32 是意法半导体(ST)公司出品的基于 ARM-Cortex 内核的一系列 32 位微控制器(MCU)和微处理器(MPU)产品的统称。其中"STM32"表示基于 ARM 核心的 32 位微控制器。STM32 常应用在嵌入式领域,如智能车、无人机、机器人、无线通信、物联网、工业控制、娱乐电子产品等。STM32 功能强大、性能优异、片上资源丰富、功耗低,是一款经典的嵌入式微控制器。

2. STM32 芯片丰富的产品型号

STM32 芯片不同系列、不同型号具有不同特性,开发人员可根据应用需要,充分考虑功能、成本、封装需求,进而选择合适的产品型号。

①High Performance:高性能系列;

②Mainstream:主流系列;

③Ultra-low-power:超低功耗系列;

④Wireless:无线系列;

⑤CoreMark：内核跑分，分数越高，性能越好。

3. STM32 芯片命名规则

以 STM32F103C8T6 为例，命名规则：STM32 代表基于 ARM 核心的 32 位微控制器，F 代表通用类型，103 代表增强型，C 代表引脚数目是 48，8 代表 Flash 闪存容量是 64 K，T 代表封装类型是 LQFP，6 代表温度范围为-40～85 ℃。STM32 芯片命名规则如图 2-33 所示。

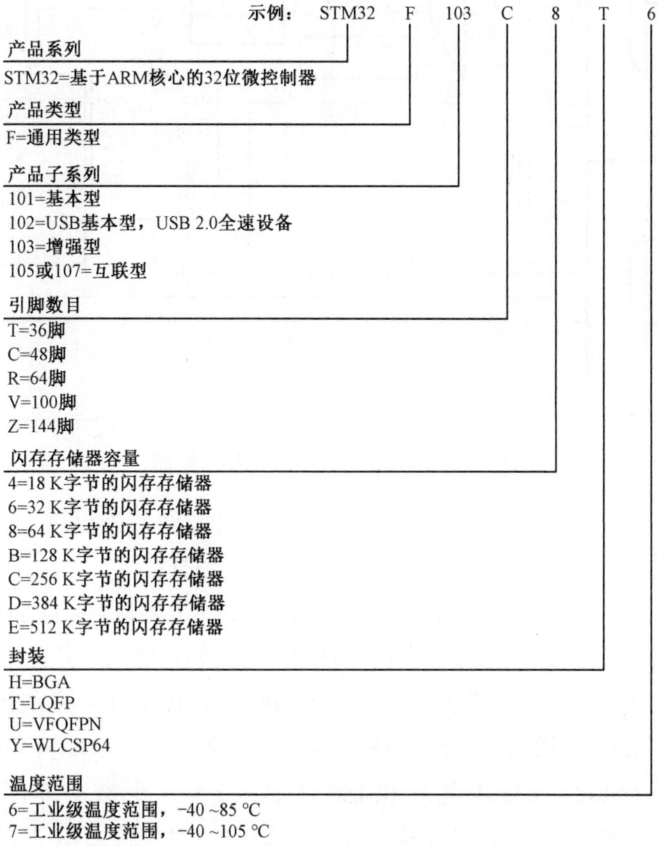

图 2-33　STM32 芯片命名规则

4. STM32 单片机内部外设

以 STM32F103 为例，内部集成了现在绝大多数的主流外设部件，如 USART、SPI、DMA 等，不同产品系列的内部外设资源。STM32 单片机内部外设图如图 2-34 所示。

STM32F103 在小容量、中容量和大容量产品中，主系统由以下部分构成：

①4 个驱动单元：Cortex-M3 内核 DCode 总线（D-bus）、系统总线（S-bus）、通用 DMA1、通用 DMA2。

②4 个被动单元：内部 SRAM、内部闪存存储器、FSMC、AHB 到 APB 的桥（AHB2APBx）。

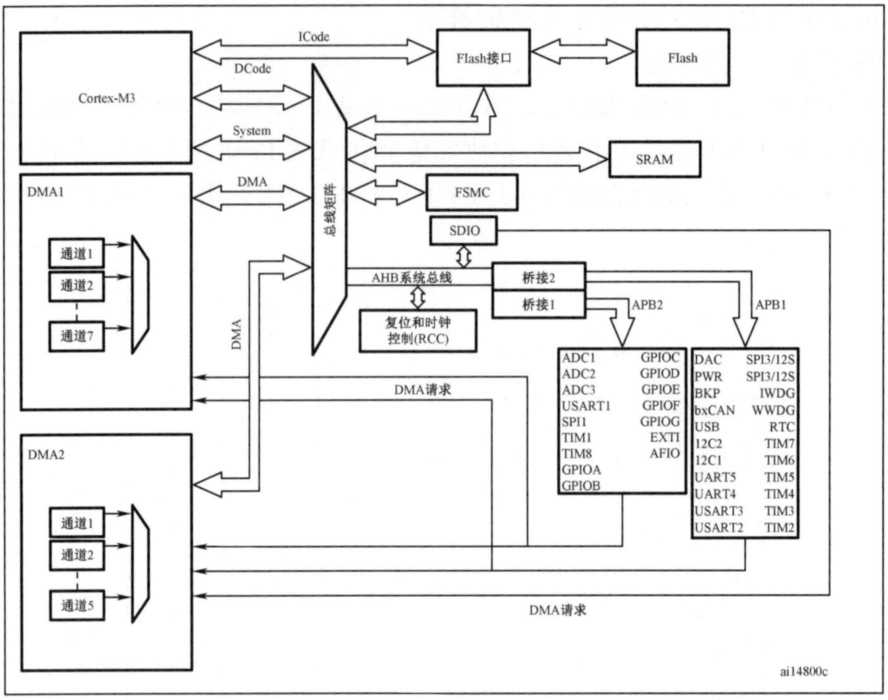

图 2-34　STM32 单片机内部外设图

Cortex-M3 核心主要通过 ICode、DCode、System 3 种总线与外设进行连接。ICode 总线直接连接到内部的 Flash 外设接口，指令预取在此总线上完成。

DCode 总线通过总线矩阵与闪存存储器的数据接口相连接（常量加载和调试访问）。System 总线（系统总线）通过总线矩阵协调着内核和 DMA 间的访问。其他内部外设和 Cortex-M3 内核之间的数据和访问交换，都是需要总线矩阵进行访问仲裁的。总线矩阵协调内核系统总线和 DMA 主控总线之间的访问仲裁，仲裁利用轮换算法。总线矩阵包含 4 个驱动部件（CPU 的 DCode、系统总线、DMA1 总线和 DMA2 总线）和 4 个被动部件［闪存存储器接口（FLITF）、SRAM、FSMC 和 AHB2APB 桥］。DMA 总线将 DMA 的 AHB 主控接口与总线矩阵相连，总线矩阵协调着 CPU 的 DCode 和 DMA 到 SRAM、闪存和外设的访问。AHB 外设通过总线矩阵与系统总线相连，允许 DMA 访问。2 个 AHB/APB 桥在 AHB 和 2 个 APB 总线间提供同步连接。APB1 操作速度限于 36 MHz，APB2 操作速度限于全速（最高 72 MHz）。

2.3.3　ESP8266 芯片

当谈及物联网和嵌入式系统开发时，ESP8266 这款芯片无疑是一颗耀眼的明星。由乐鑫科技推出的 ESP8266，以其出色的性能和极低的成本，成为无数物联网项目的首选芯片之一。

1. ESP8266 芯片简介

ESP8266 是一款由乐鑫科技开发的低成本的 Wi-Fi 微控制器芯片，它具有内置的 TCP/IP 网络协议栈，可以提供任何微控制器访问到 Wi-Fi 网络的能力。该芯片搭载了 Tensilica L106 32 位处理器，工作频率可达 80 MHz 或 160 MHz，这保证了它在处理各种任务时的高效性。与此同时,ESP8266 拥有 64 KB 的指令 RAM 和 96 KB 的数据 RAM,以及外部 QSPI 闪存,为开发者提供了充足的存储空间。

ESP8266 芯片的亮点在于其强大的 Wi-Fi 功能。支持标准 2.4G 频段 Wi-Fi,使得 ESP8266 能够轻松连接到现有的 Wi-Fi 网络,并可作为 Wi-Fi 接入点(AP)或站点(Station)运行。这为开发者提供了极大的灵活性,使得他们可以轻松地将 ESP8266 应用于各种物联网设备中。

除了硬件参数外,ESP8266 还具有低功耗特性,供电电压范围为 2.5~3.6 V,这使得它在电池供电的场景下表现出色。同时,ESP8266 还拥有丰富的接口,包括多个 GPIO 引脚、SPI、I2C、UART 等,为开发者提供了丰富的扩展能力。

2. ESP8266 开发方式

ESP8266 系列一般具有两种开发方式——AT 指令开发和 SDK 开发。

AT 指令开发:厂家在 ESP8266 出厂时预先在其芯片烧入好固件,封装好 Wi-Fi 的协议栈,内部已经实现透传,而用户只需要使用一个 USB 转 TTL 的模块或者单片机的串口就能实现与 Wi-Fi 模块的通信,发送 AT 指令来对 Wi-Fi 模块进行控制。

SDK 开发:ESP8266 本身即是可编程的芯片,可以把它视为一个带有无线通信的单片机,而用户需要在专门的 IDE 中编写对应的程序,然后通过烧写固件的方式将程序写入芯片。因此,想要实现 Wi-Fi 通信,需要自定义 Wi-Fi 协议栈,这对用户掌握的相关知识要求更高。

3. ESP8266 应用模式

ESP8266 支撑单 AP 模式、单 STA 模式和混合模式(可以在两种模式下切换的状态)。

在 AP 模式下,Wi-Fi 模块产生热点,提供无线接入服务,允许其他无线设备接入,提供数据访问。一般的无线路由/网桥工作在该模式下。该模式对应 TCP 传输协议中的服务端。

在 STA 模式下,Wi-Fi 模块为连接到无线网络的终端(站点),可以连接到 AP。一般无线网卡工作在 STA 模式下。该模式对应 TCP 传输协议中的客户端(TCP Client)。

简单来说,AP 模式可以将 ESP8266 作为热点,让其他的设备连接上它;STA 模式可以连接上当前环境下的 Wi-Fi 热点。

ESP8266 一般用于连接当前环境的热点,与服务器建立 TCP 连接,传输数据。其大致流程如下:

①AT+CWMODE=1:设置工作模式(STA 模式);

②AT+RST:模块重启(生效工作模式);

③AT+CWJAP="111","11111111":连接当前环境的 Wi-Fi 热点;

④AT+CIPMUX=0:设置单路连接模式;

⑤AT+CIPSTART="TCP","xxx.xxx.xxx.xxx",xxxx:建立 TCP 连接;

⑥AT+CIPMODE=1:开启透传模式;

⑦AT+CIPSEND:在透传模式下,传输数据;

⑧+++:退出透传模式。

4. ESP8266 功能与应用

①Wi-Fi 连接:ESP8266 可以作为 Wi-Fi 客户端连接到现有网络,也可以作为 Wi-Fi 热点提供网络连接。

②物联网设备:ESP8266 常用于智能家居、远程监控、环境监测、智能照明系统等物联网应用。

③MQTT 协议:在物联网项目中,ESP8266 经常结合 MQTT 协议进行通信,实现设备间高效的数据交换。

④Web 服务器:内置 HTTP 服务器功能,可以创建简单的网页控制和数据展示。

2.3.4 单片机开发工具

1. IAR Embedded Workbench 的安装和工程创建

IAR Embedded Workbench 是瑞典 IAR Systems 公司为微处理器开发的一个集成开发环境,支持 ARM、AVR、MSP430 等芯片内核平台。

嵌入式 IAR Embedded Workbench IDE 提供一个框架,任何可用的工具都可以完整地嵌入其中,这些工具包括:

①高度优化的 IAR AVR C/C++编译器;

②AVR IAR 汇编器;

③通用 IAR XLINK Linker;

④IAR XAR 库创建器和 IAR XLIB Librarian;

⑤一个强大的编辑器;

⑥一个工程管理器;

⑦TM IAR C-SPY 调试器;

⑧一个具有世界先进水平的高级语言调试器。

嵌入式 IAR Embedded Workbench 适用于大量 8 位、16 位以及 32 位的微处理器和微控制器,使用户在开发新的项目时也能在所熟悉的开发环境中进行。它为用户提供一个易学和具有最大量代码继承能力的开发环境,以及对大多数和特殊目标进行支持。嵌入式 IAR Embedded Workbench 可有效提高用户的工作效率,通过 IAR 工具,用户可以大大节省工作时间。我们称这个理念为:不同架构,同一解决方案。

IAR Embedded Workbench 主要完成系统的软件开发和调试。它提供了一整套的程序编制、维护、编译、调试环境,能将汇编语言和 C 语言程序编译成 HEX 可执行输出文件,并能将程序下载到目标 CC2530 上运行调试。

(1)IAR Embedded Workbench 的安装

①IAR Embedded Workbench 下载地址:http://supp. iar. com/updates/。

②安装 IAR 软件,双击“EW8051-EV-8103-Web. exe”,如图 2-35 所示。在弹出的对话框点击“Next”,安装界面如图 2-36 所示。推荐默认安装路径,按引导指示操作,直至安装完成即可。

图 2-35　打开 IAR 安装文件

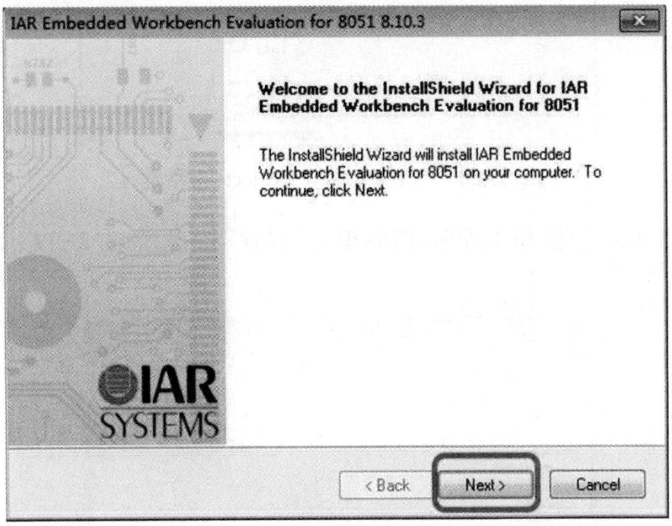

图 2-36　安装界面

(2)新建工程与工程配置

①建立一个新的工程

A. 打开 IAR 集成开发环境,单击菜单栏的“ Project”,在弹出的下拉菜单中选择“Create New Project…”命令,如图 2-37 所示。

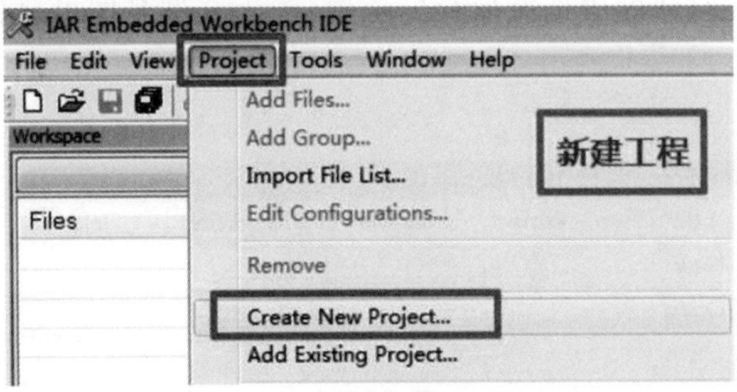

图 2-37　IAR 集成开发环境界面

B. 在弹出窗口选中“Empty project”再点击“OK”,如图 2-38 所示。

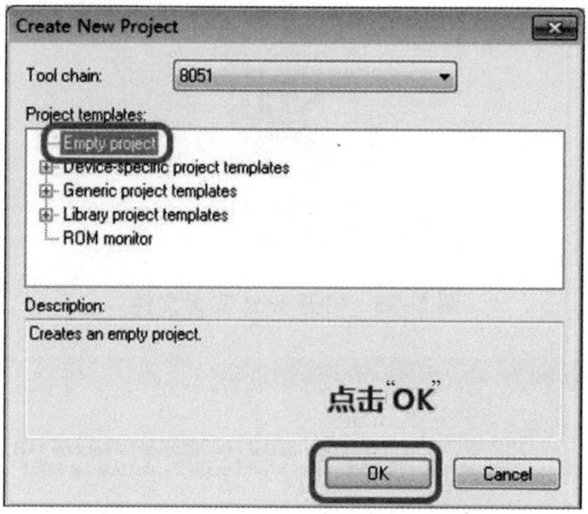

图 2-38 "Create New Project"对话框

C. 选择保存工程的位置和工程名,然后单击"保存"按钮,如图 2-39 所示。

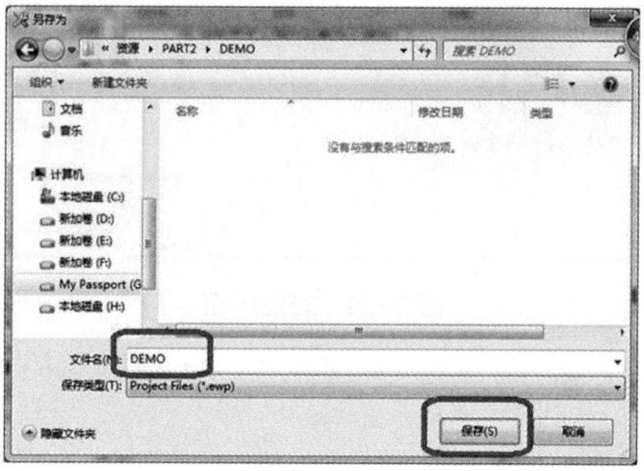

图 2-39 保存工程的位置和工程名

D. 选择菜单栏上的"File",在弹出的下拉菜单中选择"Save Workspace"。在弹出的"Save Workspace As"对话框中选择保存的位置,输入文件名即可,保存 Workspace,如图 2-40、图 2-41 所示。

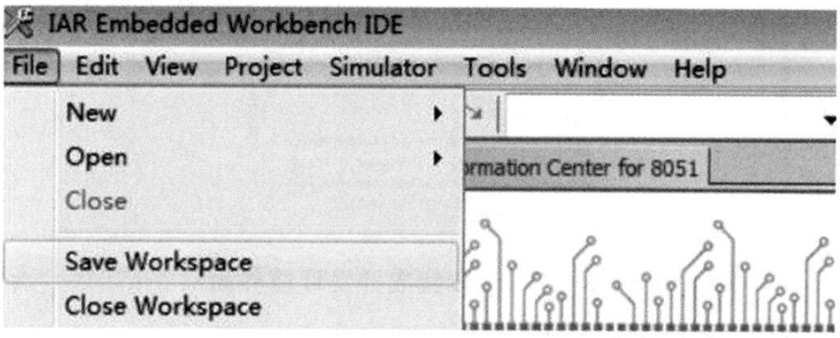

图 2-40 选择保存工作空间菜单

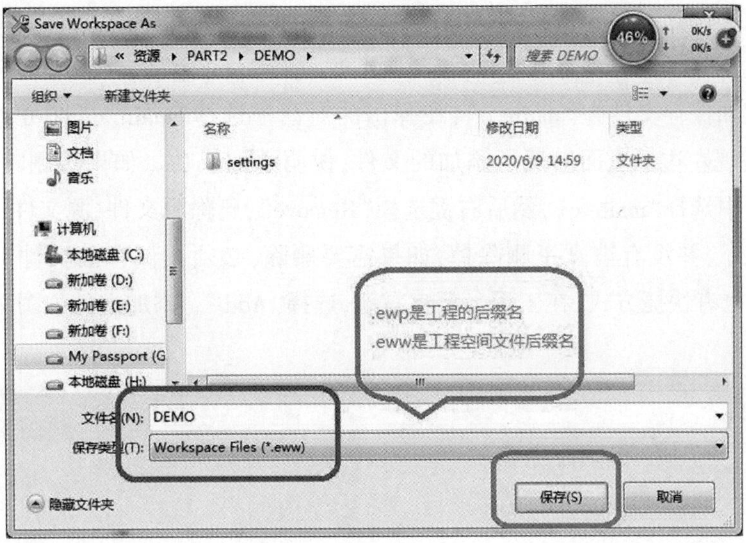

图 2-41　保存工作空间

②建立一个源文件

新建源文件，点击“File”选择“New”中的“File”，再点击“File”选择“Save”，填写好源文件的名称，点击“保存”即可。创建文件如图 2-42 所示，保存文件如图 2-43 所示。

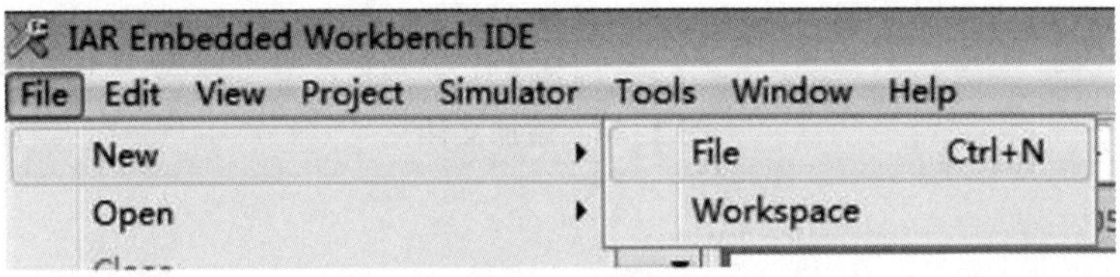

图 2-42　创建文件

图 2-43　保存文件

③添加源文件到工程

源文件建立好了还需要将其添加到工程里面，选择“project”的“Add File”，添加刚才保存的文件。比如保存文件为“main. c”，在弹出的对话框选择“main. c”即可，然后点击“打开”。这时，发现左边框里面出现了添加的文件，说明添加成功。如果想删除文件怎么办？在 Workspace 中选择“main. c”，然后右键选择“Remove”，删除源文件；源文件这时候只是在工程中被移除了，并没有被真正删除掉，如果需要删除，必须在保存的文件夹里面手动删除。添加文件也有快捷方式，在工程名上点右键，选择“Add”。添加文件如图 2-44 所示。

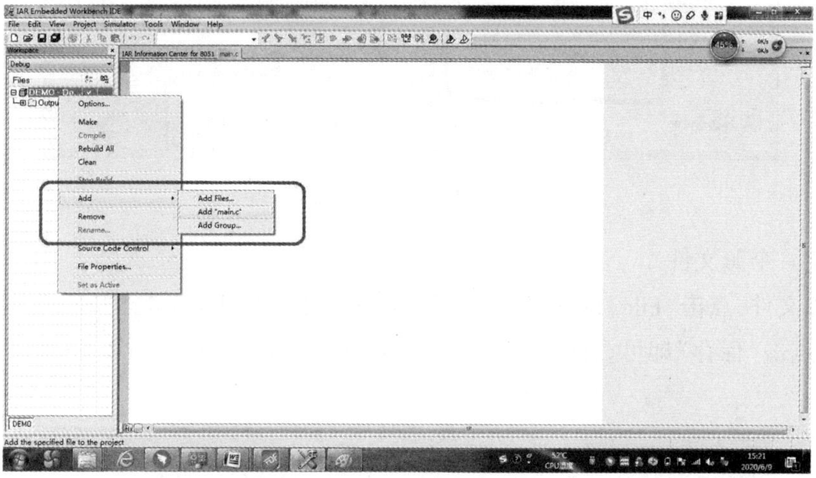

图 2-44　添加文件

④编写代码

参照以下代码输入“main. c”文件，本例中没有逻辑代码只有主函数，所以不对代码进行剖析。

```
#include "ioCC2530.h" // 引用 CC2530 头文件
void main(void)
{



}
```

2. MDK-ARM 介绍、安装

Keil 公司是一家微控制器软件开发工具的供应商，在 2005 年被 ARM 公司收购。通过这次收购，Keil 公司开始向 32 位微控制器市场提供完整的解决方案，推出了基于 μVision 界面，用于调试 ARM7、ARM9、Cortex-M 内核的 MDK-ARM 开发工具。

MDK-ARM 软件为基于 Cortex-M、Cortex-R4、ARM7、ARM9 处理器设备提供了一个完整的开发环境。

(1)下载安装包并安装

从 Keil 官网(图 2-45)下载 MDK-ARM 的安装包,如“MDK528A. EXE”,安装包下载完毕后,双击运行进入安装界面,根据向导提示点击“Next”按钮,安装目录保持默认即可。

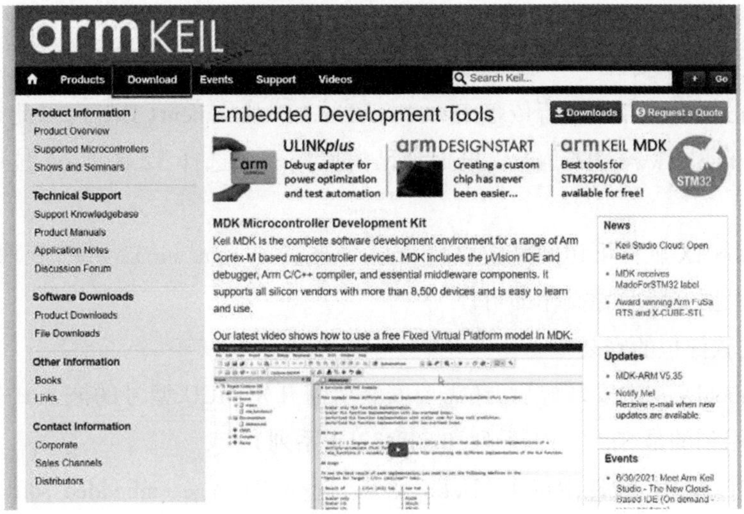

图 2-45　Keil 官网

(2)安装软件包

初次安装 MDK-ARM 后,将会进入软件包的安装主界面,在此可安装不同系列 MCU 的开发支持包。在窗口左半部的 Device 列表选择相应的 STM32 微控制器型号(如 STM32F103VE),然后点击右侧的“Intall”按钮进行在线安装。安装 MDK-ARM 后再需安装或升级支持包。

(3)ST-Link 驱动程序的安装

ST-Link 是 ST 公司官方出品的一款 STM32 系列单片机的程序下载调试工具,使用前应安装相应的驱动程序。MDK-ARM 的安装目录中包含了 ST-Link 下载调试工具的驱动程序,其位于“C:\Keil_v5\ARM\STLink\USBDriver”路径。

3. STM32CubeMX 介绍、安装

(1)STM32CubeMX 介绍

STM32CubeMX 是 ST 公司近年来大力发展和推荐的 STM32 芯片图形化配置工具,允许用户使用图形化向导生成 C 语言初始化代码,可以大大减少开发工作、时间和费用。STM32CubeMX 几乎覆盖了 STM32 全系列芯片。STM32CubeMX 软件是用于生成基于 HAL 库的工程代码,而实际上 STM32 程序编写和调试一般使用的是 Keil 或者 IAR 软件,所以安装 CubeMX 软件之前建议用户先安装 STM32 开发工具。

以往开发流程:建立开发工程→导入库文件→编写各模块初始化代码→编写功能代码。

使用 STM32CubeMX 开发流程:在 STM32CubeMX 中直接配置 MCU→生成开发工程→

编写功能代码。

STM32CubeMX 可以直接选择并配置 STM32 微控制器,能自动处理引脚冲突,动态确定参数设置的外围和中间件模式及初始化,最终生成可以在 Keil、IAR、GCC 等编程软件上面使用的工程。

(2)STM32CubeMX 安装

①下载安装包并安装

STM32CubeMX 软件的运行依赖 Java Run Time Environment(JRE),因此须在安装前到 Java 的官网 https://www. java. com,根据自己的操作系统选择 32 位或 64 位版本进行下载安装。

STM32CubeMX 软件可访问其主页(https://www. st. com/stm32cube)获取,其安装过程也比较简单,根据安装向导操作即可。

②嵌入式软件包的安装

STM32CubeMX 初次安装好后,还需要安装所需开发 MCU 型号的嵌入式软件包才能使用(我们后续用到的是 STM32F1 系列和 STM32L1 系列)。

在 STM32CubeMX 软件中点击“Help”菜单,选择“Manage embedded software packages”选项进入嵌入式软件包管理界面。选择要安装的系列最新版后,一般可直接在线安装(速度较慢),也可使用离线安装包安装(需提前下载)。

2.4 无线传感器网络技术

为了满足物联网海量的 M2M 的通信需求,传统的移动通信网络已很难独立支撑,尤其是在成本、功耗和灵活性方面。作为现代无线通信网络的重要补充,无线传感器网络应运而生。无线传感器网络是一种无线通信网络,和其他无线通信网络一样也是通过编码、调制技术把有用的数字信息通过无线电波发送出去,接收端通过解调、解码把信息恢复出来。无线传感器网络与移动通信网络最大的差别在于其传输的信息内容通常是物理世界的一些特征,如温度、压强、速度等,而不是语音、消息、邮件等,所以它是物联网感知层广泛采用的无线通信技术。

无线传感器网络就是由部署在监测区域内大量的廉价微型传感器节点组成,通过无线通信方式形成的一个多跳的自组织的网络系统。其目的是协作感知、采集和处理网络覆盖区域中被感知对象的信息,并发送给观察者。

2.4.1 无线传感器网络结构

无线传感器网络结构如图 2-46 所示。传感器网络系统通常包括传感器节点、汇聚节点和管理节点。大量传感器节点随机部署在监测区域内部或附近,能够通过自组织方式构成网络。

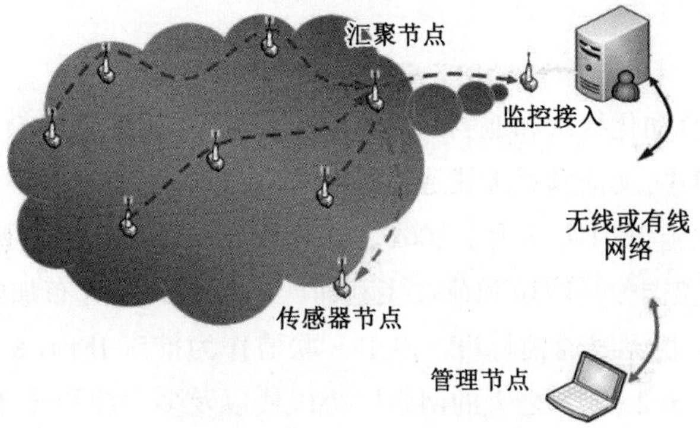

图 2-46　无线传感器网络结构

2.4.2　无线传感器网络特点

作为一种新型的无线通信技术,无线传感器网络具有非常显著的特点,其特点直接影响了该网络所承载的上层业务应用。

①自组织。无线传感器网络系统的节点具有自动组网功能,节点间能够相互通信协调工作。

②多跳路由。节点受通信距离、功率控制或节能的限制。当节点无法与网关直接通信时,需要由其他节点转发完成数据的传输,因此网络数据传输路由是多跳的。

③动态网络拓扑。在某些特殊的应用中,无线传感器网络是移动的,传感器节点可能会因能量消耗完或其他故障而终止工作,这些因素都会使网络拓扑发生变化。

④节点资源有限。节点微型化要求和有限的能量导致了节点硬件资源的有限性。

无线传感器网络具有众多类型的传感器,可探测包括地震,电磁,温度,湿度,噪声,光强度,压力,土壤成分,移动物体的大小、速度和方向等周边环境中多种多样的参数。潜在的应用领域可以归纳为:军事、航空、防爆、救灾、环境、医疗、保健、家居、工业、商业等领域。

2.4.3　无线传感器网络标准

无线传感器网络技术要想在市场上得到广泛应用,标准的统一是前提条件。无线传感器网络的产业发展是伴随着国际技术标准一起成长起来的。

1. IEEE 802.15

1999 年,美国电子电器工程师协议(IEEE)成立了旨在推动无线个域网络(WPAN)的标准组织 IEEE 802.15,为无线传感器网络标准的统一和演进奠定了基础。

IEEE 802.15 隶属于 IEEE 802 旗下的一个工作组,主要针对各类无线个域网络技术制定物理层和媒体访问控制层规范。IEEE 802.15 工作组先后制定了蓝牙 1.1 标准(IEEE 802.15.1)、超宽带标准(IEEE 802.15.3a)和低速率无线个域网标准(IEEE 802.15.4)。其中 IEEE 802.15.4 标准发展最快,成为无线传感器网络技术的首选方案。另外,依据 IEEE 802.15.4 标准生产出来的芯片(于2004年诞生)也得到了广泛使用,并且作为推广该技术的ZigBee联盟也获得了工业界的广泛参与。

2. ZigBee联盟

对于工业、家庭自动化控制和遥测遥控领域而言,选择蓝牙技术会显得太复杂,其功耗大、距离近、组网规模小,无法满足无线通信的需求。

ZigBee联盟成立于2001年8月。2002年下半年,英国英维思(后被法国施耐德公司收购)、日本三菱电气、美国摩托罗拉和荷兰飞利浦四大巨头共同宣布加盟ZigBee联盟,以研发名为ZigBee的下一代无线通信标准。ZigBee联盟作为推广IEEE 802.15.4技术规范的组织,还开发了IEEE 802.15.4之上的网络层协议栈以及多个应用子集,包括家庭自动化、智能能源、楼宇自动化、电信应用、健康护理和零售等。

2004年,ZigBee1.0标准诞生,它是ZigBee规范的第一个版本。ZigBee是一个最多可支持65 000个无线节点的无线传感器网络平台,每一个ZigBee网络节点(路由节点,不包括传感器节点)类似移动网络中的一个基站,它们之间可以相互通信。网络节点间的最大距离是75 m,经扩展后可以达到几百米,甚至上千米。每个ZigBee网络节点不仅本身可以与监控对象连接,例如与传感器连接进行数据采集和监控,还可以自动中转别的网络节点传过来的信息。每个ZigBee网络节点可以在自己覆盖的范围内,和多个不承担网络信息中转任务的节点(传感器节点)进行无线连接。

ZigBee1.0标准于2006年11月进行了修订,退出了ZigBee1.1版,即为ZigBee 2006版,在功能上相对完善。2007年10月,ZigBee再次完成修订,称为ZigBee 2007(ZigBee 2007规范定义了ZigBee和ZigBeePro两个特征集)版,新版的标准更关注以下三种应用类型的拓展:

①家庭自动化;

②建筑/商业自动化;

③高级抄表基础设施。

从2003年12月起,CHIPCON退出业界第一款ZigBee收发器CC2420之后,各大半导体厂商先后推出了多款ZigBee收发芯片,并且先后有多家厂商推出与ZigBee收发芯片相匹配的专业处理器。2004年12月,CHIPCON推出了全球第一个集成了一颗增强型的8051内核且性能卓越的ZigBee收发器CC2420;2005年12月,CHIPCON又推出了内嵌定位引擎的ZigBee解决方案CC2431。也许大家对CHIPCON公司不太熟悉,这是因为2006年2月,TI公司收购了CHIPCON公司,以巩固其在射频识别领域的龙头地位。之后TI公司在发布的ZigBee收发器以及无线单片机上进行不断修订,陆续开发出具有针对性的开发系统。

2006年10月,TI公司将自身的MSP430处理器用于对ZigBee收发器的控制,并于2007年5月推出整套CC2420+MSP430 ZigBee/IEEE 802.15.4 Development Kit开发包。2008年2月,TI公司推出第二代ZigBee/IEEE 802.15.4收发芯片CC2520,并于当年4月推出了ZigBee协处理器CC2480,6月推出了放大芯片CC2591。

2009年5月,TI公司推出CC2530,CC2530是用于2.4 GHz IEEE 802.15.4、ZigBee和RF4CE应用的一个真正的片上系统解决方案。它能够以非常低的总的材料成本建立强大的无线传感器网络节点。CC2530 结合了领先的 RF 收发器的优良性能、业界标准的增强型 8051CPU、系统内可编程闪存、8 KB RAM 和许多其他强大的功能。CC2530 有四种不同的闪存版本:CC2530F32/64/128/256,分别具有 32 KB、64 KB、128 KB、256 KB 的闪存。CC2530 具有不同的运行模式,使得它尤其适应超低功耗要求的系统。运行模式之间的转换时间短,进一步确保了低能源消耗。

除了硬件方面,TI 公司在软件方面的进展也很快,而且是唯一一家免费公开协议栈的公司。2007 年 1 月,TI 公司宣布推出 ZigBee 协议栈——Z-Stack,并于同年 4 月提供了免费下载版本。Z-Stack 符合 ZigBee 规范,支持多种平台,其中包括面向 IEEE 802.15.4/ZigBee 的 CC2530 片上系统解决方案,目前已为全球众多 ZigBee 开发商广泛采纳。

2.4.4 ZigBee 技术简介

ZigBee 是基于 IEEE 802.15.4 标准的低功耗局域网协议。根据国际标准规定,ZigBee 技术是一种短距离、低功耗的无线通信技术。ZigBee 又称紫蜂协议,来源于蜜蜂的八字舞,由于蜜蜂(bee)是靠飞翔和“嗡嗡”(zig)地抖动翅膀的“舞蹈”来与同伴传递花粉所在方位信息,也就是说,蜜蜂依靠这样的方式构成了群体中的通信网络。

ZigBee 是一种低速短距离传输的无线网络协议。ZigBee 协议从下到上分别为物理层、媒体访问控制层、传输层、网络层、应用层等。其中物理层和媒体访问控制层遵循 IEEE 802.15.4 标准的规定。

ZigBee 协议比蓝牙、高速率个人区域网络或 802.11x 无线局域网使用更简单。ZigBee 可以说是蓝牙的同族兄弟,它使用 2.4 GHz 波段,采用跳频技术。与蓝牙相比,ZigBee 更简单、速率更慢、功率及费用也更低,主要适合用于自动控制和远程控制领域,可以嵌入各种设备。简而言之,ZigBee 就是一种便宜的、低功耗的近距离无线组网通信技术。

1. ZigBee 技术特点

(1)低功耗

在低耗电待机模式下,2 节 5 号干电池可支持 1 个节点工作 6~24 个月,甚至更长。这是 ZigBee 的突出优势。相比较,蓝牙能工作数周,Wi-Fi 可工作数小时。

(2)低成本

ZigBee 技术通过大幅简化协议(不到蓝牙的 1/10),降低了对通信控制器的要求。按预测分析,以 8051 的 8 位微控制器测算,全功能的主节点需要 32 KB 代码,子功能节点至少需要 4 KB 代码,而且 ZigBee 免协议专利费,每块芯片的价格大约为 2 美元。

(3)低速率

ZigBee 工作在 20~250 kbps 的速率下,分别提供 250 kbps(2.4 GHz)、40 kbps(915 MHz)和 20 kbps(868 MHz)的原始数据吞吐率,可满足低速率传输数据的应用需求。

(4)近距离

ZigBee 的传输范围一般在 10~100 m,在增加发射功率后,亦可增加到 1~3 km(这指的是相邻节点间的距离)。如果通过路由和节点间通信的接力,传输距离将更远。

(5)短时延

ZigBee 的响应速度较快，一般从睡眠转入工作状态只需 15 ms，节点连接进入网络只需 30 ms，进一步节省了电能。相比较，蓝牙需要 3~10 s，Wi-Fi 需要 3 s。

(6)高容量

ZigBee 可采用星状、片状和网状网络结构，由一个主节点管理若干子节点，最多一个主节点可管理 254 个子节点；同时主节点还可由上一层网络节点管理，最多可组成 65 000 个节点的大网。

(7)高安全

ZigBee 提供了三级安全模式，包括无安全设定、使用访问控制清单(Access Control List，ACL)防止非法获取数据以及采用高级加密标准(AES 128)的对称密码，以灵活确定其安全属性。

(8)免执照频段

ZigBee 使用频段有：使用工业科学医疗(ISM)频段，868 MHz(欧洲)，915 MHz(美国)，2.4 GHz(全球)。

2. ZigBee 网络拓扑结构

ZigBee 技术具有强大的组网能力，可以形成星型、树型和 Mesh 网状，可以根据实际项目需要来选择合适的网络结构。ZigBee 网络结构图如图 2-47 所示。

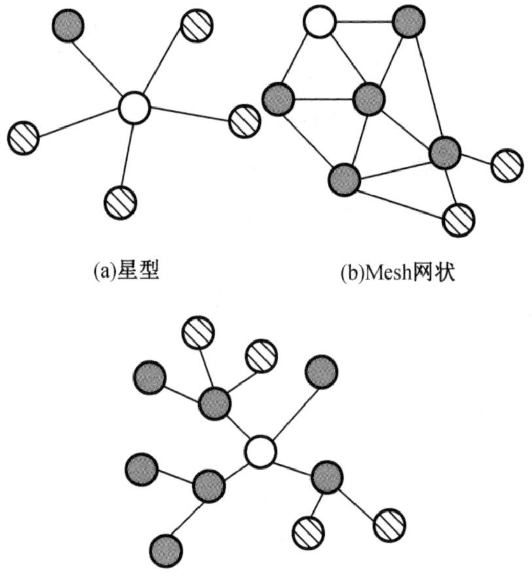

(a)星型　(b)Mesh网状

(c)树型

○=网络协调器；●=全功能设备；⊘=精简功能设备。

图 2-47　ZigBee 网络结构

Mesh 网状拓扑结构具有强大的功能，网络可以通过“多跳”的方式来通信；该拓扑结构还可以组成极为复杂的网络；网络还具备自组织、自愈功能。

星型和树型网络适合一点对多点、距离相对较近的应用。

3. ZigBee 网络信道

IEEE 802.15.4/ZigBee 工作在 ISM 频段,定义了两个工作频段,即 2.4 GHz 频段和 868 MHz、915 MHz 频段。在 IEEE 802.15.4 中,总共分配了 27 个具有 3 种速率的信道。ZigBee 在 868 MHz(欧洲)频段上有 1 个信道,信道编号为 0,信道带宽为 0.6 MHz;在 915 MHz(美国)频段上有 10 个信道,信道编号为 1~10,信道间隔为 2 MHz;在 2.4 GHz 频段上具有 16 个信道,在 2.405~2.480 GHz 上分布,信道编号为 11~26,信道间隔是 5 MHz,具有很强的信道抗干扰能力。ZigBee 信道分配如表 2-9 所示。

表 2-9　ZigBee 信道分配

信道编号(*k* 为信道数)	中心频率/MHz	信道间隔/MHz	频率上限/MHz	频率下限/MHz
$k=0$	868.3	0	868.6	868.0
$k=1,2,3,\cdots,10$	$906+2\times(k-1)$	2	928.0	902.0
$k=11,12,13,\cdots,26$	$2\ 401+5\times(k-11)$	5	2 483.5	2 400.0

ZigBee 信道分布示意图如图 2-48 所示。

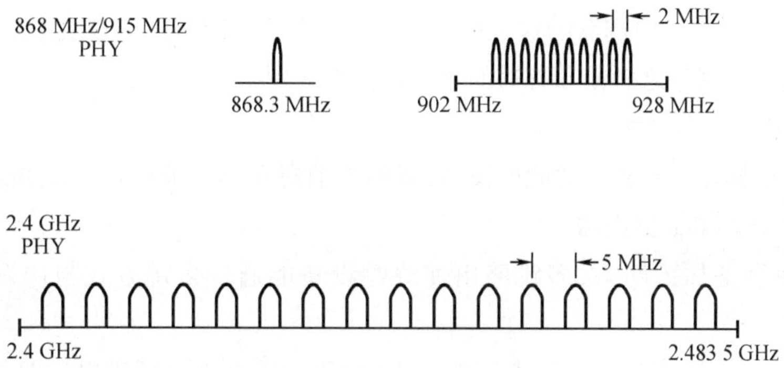

图 2-48　ZigBee 信道分布示意图

理论上,在 868 MHz 的物理层,数据传输速率为 20 kbit/s;在 915 MHz 的物理层,数据传输速率为 40 kbit/s;在 2.4 GHz 的物理层,数据传输速率为 250 kbit/s。实际上,除掉信道竞争应答和重传等消耗,真正能被应用的速率可能不足 100 kbit/s,并且余下的速率可能要被临近多个节点或同一个节点的应用瓜分。

一个 IEEE 802.15.4 可以根据 ISM 频段、可用性、拥挤状况和数据速率在 27 个信道中选择一个工作信道。从能量和成本效率来看,不同的数据速率能为不同的应用提供较好的选择。

注意,ZigBee 工作在 2.4 GHz 频段时,与其他通信协议的信道有冲突:15、20、25、26 信道与 Wi-Fi 信道冲突较小;蓝牙基本不会发生冲突;无线电话尽量不与 ZigBee 同时使用。

4. ZigBee 网络设备类型

在 ZigBee 网络中存在三种设备类型:协调器、路由器和终端设备。ZigBee 网络中只能有一个协调器,但可以有多个路由器和多个终端设备。

(1)协调器

ZigBee 协调器是启动和配置网络的一种设备。

协调器是每个独立的 ZigBee 网络中的核心设备,有唯一一个协调器设备,负责选择一个信道和一个网络 ID(也称 PAN ID),启动整个 ZigBee 网络。协调器也可以用来协助建立网络中安全层和应用层的绑定。

协调器的主要角色是负责建立和配置网络。由于 ZigBee 网络本身的分布特性,一旦 ZigBee 网络建立完成后,整个网络的操作就不再依赖协调器,与普通的路由器没有什么区别。

协调器在通电之后会进行信道扫描,以便查找附近是否还有别的 ZigBee 网络。如果协调器发现在同一信道中(即 11 信道)有别的 ZigBee 网络存在,那么协调器就会检查对方的网络地址和自己 ZDAPP_CONFIG_PAN_ID 所配置的网络地址是否冲突。假设网络 A 已经存在,它的网络地址为 0X1234,协调器 B 在通电之后想要组建网络 B,它和网络 A 使用同一个信道,默认的 ZDAPP_CONFIG_PAN_ID 配置为 0X1234。协调器 B 在检测到网络 A 的存在并获知 A 的网络地址和自己默认的网络地址一样,便会放弃 0X1234,转而考虑 0X1235。在发现 0X1235 并未被周围的网络所占用后,协调器 B 便以 0X1235 作为自己的网络标识,组建新的 ZigBee 网络。协调器的这一特性也注定了在一个网络之中有且只有一个协调器。协调器在组建完成网络之后便和普通的路由器没有区别了。

(2)路由器

ZigBee 路由器是一种支持关联的设备,能够将消息发到其他设备。ZigBee 网络或属性网络可以有多个 ZigBee 路由器。

允许其他设备加入网络,多跳路由使终端设备能通过多跳方式与协调器或其设备通信。

一般情况,路由器需要一直处于工作状态,必须使用电力电源供电。但是当路由器使用树型网络拓扑结构时,允许路由器间隔一定的周期操作一次,则路由器可以使用电池供电。

在 ZigBee 网络中,路由器起着非常关键的作用。ZigBee 自组织、自修复、拓扑网络结构等无一不是通过路由器来实现的,可以说,路由器是 ZigBee 的灵魂。在协调器完成网络组建之后,我们再为一个路由器通电,路由器的 ZDAPP_CONFIG_PAN_ID 被配置为 0X1235,在这种情况下,该路由器只能加入网络地址为 0X1235 的网络。即便是网络中只存在网络地址为 0X1234 的 A 网络的设备,该路由器也不会加入 A 网络中,它将一直处于网络搜寻状态,直到找到网络地址为 0X1235 的路由器设备并加入该网络。假如网络 B 中已经有了网络地址为 0X1235 的一个路由器和一个协调器,它们肯定是可以直接通信的。如果把协调器关闭再打开,等它再次组建好网络之后却发现协调器和路由器不能通信了,这是为何?

我们知道,协调器再次上电之后还是要组建网络的,当它搜寻周围网络环境发现了网络地址为 0X1235 的路由器,那么当它意识到存在网络地址为 0X1235 的网络时,将不会使用 0X1235 作为网络地址,而很可能会组建网络地址为 0X1236 的新网络 C,因此它也就不能和网络地址为 0X1235 的路由器通信了。

(3)终端设备

ZigBee 终端设备可以执行其他的相关功能,并使用 ZigBee 网络到达其他需要与之通信的设备,其存储器容量要求最少,可以用于 ZigBee 低功耗设计。

终端设备是 ZigBee 实现低功耗的核心,它的入网过程和路由器是一样的。终端设备没有维持网络结构的职责,所以它并不是时刻都处在接收状态的,大部分情况下它都将处于空闲或者低功耗休眠模式。因此,它可以由电池供电。

终端设备会定时同自己的父节点进行通信,询问是否有发给自己的消息,这个过程被形象地称为“心跳”。心跳周期也是在“f8wConfig. cfg”里配置的“:-DPOLL_RATE=1000”。Z-Stack 默认的心跳周期为 1 000 ms,终端节点每 1 s 会同自己的父节点进行一次通信,处理属于自己的信息。因此,终端的无线传输是有一定延迟的。对于终端节点来说,它在网络中的生命是依赖于自己的父节点的,当终端的父节点由于某种原因失效时,终端能够“感知”到脱离网络,开始搜索周围网络地址相同的路由器或协调器,重新加入网络,并将该设备认作自己新的父节点,保证自身无线数据收发的正常进行。

上述三种设备根据功能完整性可分为全功能设备(FFD)和精简功能设备(RFD)。其中 FFD 可作为协调器、路由器和终端设备,而 RFD 只能用于终端设备。一个 FFD 可与多个 RFD 或多个其他 FFD 通信,而一个 RFD 只能与一个 FFD 通信。

(1)FFD

可以担任网络协调者,形成网络,让其他的 FFD 或 RFD 连接。FFD 具备控制器的功能,可提供信息双向传输;附带由标准指定的全部 802. 15. 4 功能和所有特征。更多的存储器、计算机能力可使其在空闲时起网络路由作用,也可做终端设备。

(2)RFD

RFD 只能传送信息给 FFD 或从 FFD 接收信息,附带有限的功能来控制成本和复杂性。在网络中通常用作终端设备。RFD 由于省掉了内存和其他电路,降低了 ZigBee 部件成本,而简单的 8 位处理器和小协议栈也有助于降低成本。

2. 4. 5　ZigBee 协议的体系结构

ZigBee 协议栈结构由一组被称作层的模块组成。每一层为上面的层执行一组特定的服务:数据实体提供了数据传输服务,管理实体提供了所有其他服务。每个服务实体通过一个服务接入点(SAP)为上层提供一个接口,每个 SAP 支持多种服务原语来实现要求的功能。

1. ZigBee 协议

ZigBee 协议主要包括物理层(PHY)、媒体访问控制层(MAC)、网络层(NWK) 和 应用层(APL)。

IEEE 802.15.4 标准定义了两个较低层:PHY 层和 MAC 层。IEEE 802.15.4 有两个 PHY 层,这两个 PHY 层运行在两个不同的频率范围——868 MHz、915 MHz 和 2.4 GHz。IEEE 802.15.4 MAC 子层使用 CSMA-CA 机制来控制无线电信道的访问。其职责也可能包括传输信标帧,同步和提供一个可靠的传输机制。

ZigBee 协议建立在 IEEE 802.15 4 的 PHY 层和 MAC 子层规范之上。它实现了 NWK 层和 APL 层。APL 层架构由应用支持子层(Application Support Sub-layer,APS)、ZigBee 设备对象(ZigBee Device Obiect,ZDO)和制造商定义的应用对象组成。ZigBee 协议栈就是将各个层定义的协议都集合在一起,以函数的形式实现,并为用户提供 APL 层,用户可以直接调用。

在开发一个应用时,协议栈的下层与应用层是相互独立的,在协议栈中,上层实现的功能对下层来说是不知道的,上层可以调用下层提供的函数来实现某些功能。因此我们需要做的就只是在应用层进行相应的改动。

2. ZigBee 协议各层简介

(1)PHY 层

PHY 层定义了物理无线信道和 MAC 子层之间的接口,提供物理层数据服务和物理层管理服务。PHY 层功能包括:

①ZigBee 的激活;

②当前信道的能量检测;

③接收链路服务质量信息;

④ZigBee 信道接入方式;

⑤信道频率选择;

⑥数据传输和接收。

(2)MAC 层

MAC 层负责处理所有的物理无线信道访问,并产生网络信号、同步信号;支持 PAN 连接和分离,提供两个对等 MAC 层实体之间可靠的链路。MAC 层功能包括:

①网络协调器产生信标;

②与信标同步;

③支持 PAN(个域网)链路的建立和断开;

④为设备的安全性提供支持;

⑤信道接入方式采用免冲突载波检测多址接入(CSMA-CA)机制;

⑥处理和维护保护时隙(GTS)机制;

⑦在两个对等的 MAC 层实体之间提供一个可靠的通信链路。

(3)NWK 层

ZigBee 协议栈的核心部分在网络层。NWK 层主要实现节点加入或离开网络、接收或抛弃其他节点、路由查找及传送数据等功能。NWK 层功能包括:

①网络发现；

②网络形成；

③允许设备连接；

④路由器初始化；

⑤设备同网络连接；

⑥直接将设备同网络连接；

⑦断开网络连接；

⑧重新复位设备；

⑨接收机同步；

⑩信息库维护。

(4)APL 层

ZigBee 应用层框架包括应用支持层(APS)、ZigBee 设备对象(ZDO)和制造商所定义的应用对象。应用支持层的功能包括维持绑定表、在绑定的设备之间传送消息。

ZigBee 设备对象的功能包括:定义设备在网络中的角色(如 ZigBee 协调器和终端设备),发起和响应绑定请求,在网络设备之间建立安全机制。ZigBee 设备对象还负责发现网络中的设备,并且决定向它们提供何种应用服务。ZigBee 应用层除了提供一些必要函数以及为网络层提供合适的服务接口外,一个重要的功能是可在这层定义自己的应用对象。

(5)应用程序框架(AF)

运行在 ZigBee 协议栈上的应用程序实际上就是厂商自定义的应用对象,并且遵循规范运行在端点 1 ~ 240 上。ZigBee 应用可提供两种标准服务类型:键值对(KVP)或报文(MSG)。

(6)ZDO

ZDO 的功能不仅包括负责定义网络中设备的角色,还包括对绑定请求的初始化或者响应,在网络设备之间建立安全联系等。为实现这些功能,ZDO 可以使用 APS 层的 APSDE-SAP 和网络层的 NLME-SAP。ZDO 设备对象是运行在端口 0 的应用程序,对整个 ZigBee 设备进行配置和管理,用户应用程序可以通过端口 0 与 ZigBee 协议栈的应用程序支持子层、网络层进行通信,从而实现对这些层的初始化工作。

3. PANID

PANID 的全称是 Personal Area Network ID,一个 ZigBee 网络只有一个 PANID,主要用于区分不同的网络,从而允许同一地区可以同时存在多个不同 PANID 的 ZigBee 网络。

Z-Stack 默认的 ZDAPP_CONFIG_PAN_ID 设置为 0XFFFF,这并不是说设备会将 FFFF 作为自己的网络地址,而是说协调器会随机生成一个 16 位的网络地址。假如我们将 ZDAPP_CONFIG_PAN_ID 配置为 0x000A,那么协调器会“优先考虑”将 000A 作为自己的网络地址。

注意:在不同地区或者同一地区不同的信道可以使用同一 PANID。

2.4.6 Z-Stack 协议栈

1. Z-Stack 协议栈下载与安装

用户可登录 TI 公司的官方网站下载 Z-Stack 协议栈。

协议栈安装：双击"ZStack-CC2530-2.5.1a.exe"文件，即可进行协议栈的安装。Z-Stack 安装如图 2-49 所示，默认安装到 C 盘根目录下。

图 2-49 Z-Stack 安装

安装本质上就是解压所有协议栈的代码到本地的某个目录下。安装完成之后，在 C:\Texas Instruments\ZStack-CC2530-2.5.1a 目录下有 4 个文件夹，分别是 Documents、Projects、Tools 和 Components。

(1) Documents 文件夹

该文件夹内有很多 PDF 文档，主要是对整个协议栈进行说明，用户可以根据需要进行查阅。

(2) Projects 文件夹

该文件夹内包括用于 Z-Stack 功能演示的各个项目的例程，用户可以在这些例程的基础上进行开发。

(3) Tools 文件夹

该文件夹内包括 TI 公司提供的一些工具。

(4) Components 文件夹

Components 是一个非常重要的文件夹，该文件夹包括 Z-Stack 协议栈的各个功能函数，具体如下：

①hal 文件夹：为硬件平台的抽象层。

②mac 文件夹：包括 IEEE 802.15.4 物理协议所需要的头文件。TI 公司没有给出这部

分的具体源代码,而是以库文件的形式存在。

③mt 文件夹:包括 Z-tools 调试功能所需要的源文件。

④osal 文件夹:包括操作系统抽象层所需要的文件。

⑤services 文件夹:包括 Z-Stack 提供的两种服务所需要的文件,即寻址服务和数据服务。

⑥stack 文件夹:是 Components 文件夹最核心的部分,是 ZigBee 协议栈的具体实现部分。在该文件夹下,包括 7 个文件夹,分别是 af(应用框架)、nwk(网络层)、sapi(简单应用程序接口)、sec(安全)、sys(系统头文件)、zcl(ZigBee 簇库)和 zdo(ZigBee 设备对象)。

⑦zmac 文件夹:包括 Z-Stack MAC 导出层文件。

2. Z-Stack 协议栈工程文件架构

在路径 C:\Texas Instruments\ZStack-CC2530-2.5.1a\Projects\zstack\Samples\SampleApp\CC2530DB 目录下找到 SampleApp.eww 工程,打开该工程后,可以看到 SampleApp.eww 工程文件布局。SampleApp.eww 工程文件布局如图 2-50 所示。

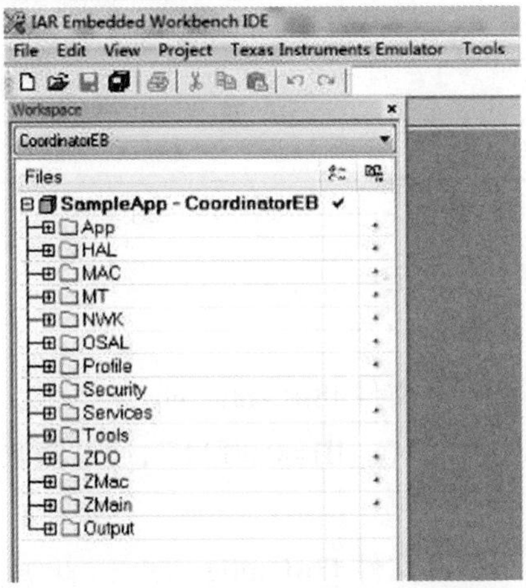

图 2-50 SampleApp.eww 工程文件布局

①App。应用层目录,这是用户创建各种不同工程的区域,在这个目录中包含了应用层的内容和这个项目的主要内容,在协议栈里面一般是以操作系统的任务实现的。

②HAL。硬件层目录,包含有与硬件相关的配置和驱动及操作函数。

③MAC。MAC 层目录,包含 MAC 层的参数配置文件及其 MAC 层的 LIB 库的函数接口文件。

④MT。监控调试层,主要用于调试目的,即实现通过串口调试各层,与各层进行直接交互。

⑤NWK。网络层目录,包含网络层配置参数文件及网络层库的函数接口文件、APS 层库的函数接口。

⑥OSAL。协议栈的操作系统。

⑦Profile。AF 层目录,包含 AF 层处理函数文件。

⑧Security。安全层目录,安全层处理函数接口文件,比如加密函数等。

⑨Services。地址处理函数目录,包括地址模式的定义及地址处理函数。

⑩Tools。工程配置目录,包括空间划分和 Z-stack 相关的配置信息。

⑪ZDO。ZigBee 设备对象目录。

⑫ZMac。MAC 层目录,包括 MAC 层参数配置及 MAC 层 LIB 库函数回调处理函数。

⑬ZMain。主函数目录,包括入口函数 main()及硬件配置文件。

⑭Output。输出文件目录,这是由 EW8051 IDE 自主设计的。

Z-Stack 协议栈分层结构与协议栈代码文件夹对应关系表如表 2-10 所示。

表 2-10 Z-Stack 协议栈分层结构与协议栈代码文件夹对应关系表

协议栈体系分层架构	协议栈代码文件夹
物理层(PHY)	硬件层目录(HAL)
媒体访问控制层(MAC)	链路层目录(MAC 和 ZMac)
网络层(NWK)	网络层目录 (NWK)
应用支持层(APS)	网络层目录(NWK)
应用程序框架(AF)	配置文件目录(Profile)
ZigBee 设备对象(ZDO)	设备对象目录(ZDO)

3. PANID 与信道的设置

(1)PANID 设置

打开工程,在 Tools 分组下打开文件 f8wConfig. cfg。

找到语句“DZDAPP_CONFIG_PAN_ID=0xFFFF”,通过修改该值,修改 PANID。

(2)信道设置

打开工程,在 Tools 分组下打开文件 f8wConfig. cfg。

找到语句“DDEFAULT_CHANLIST=0x00000800 // 11 - 0x0B”,即默认选择 11 号信道,通过删除、添加注释符选择信道。若选择 12 信道可进行如下操作:

```
-DDEFAULT_CHANLIST=0x00001000  // 12 - 0x0C
//-DDEFAULT_CHANLIST=0x00000800  // 11 - 0x0B
```

2.4.7 Z-Stack 协议栈运行流程

Z-Stack 采用基于一个轮转查询式操作系统,该操作系统命名为 OSAL,中文为“操作系统抽象层”。Z-Stack 协议栈将底层、网络层等复杂部分屏蔽掉,让程序员通过 API 函数就可以轻松地开发一套 ZigBee 系统。

整个 Z-stack 的主要工作流程大致分为系统启动、驱动初始化、OSAL 初始化和启动、进入任务轮循几个阶段。Z-Stack 协议栈软件流程如图 2-51 所示。

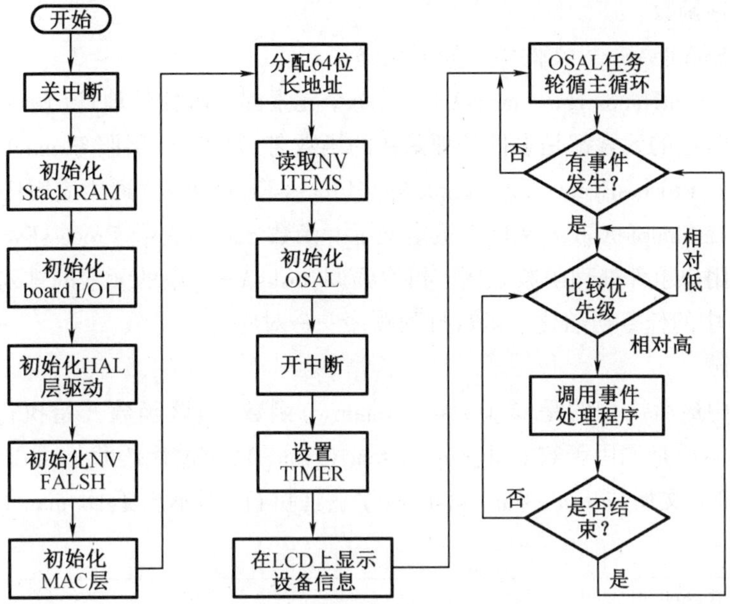

图 2-51　Z-Stack 协议栈软件流程

1. 系统初始化

系统上电后，通过执行 ZMain 文件夹中 ZMain. c 的 int main( ) 函数实现硬件的初始化，其中包括关总中断 osal_int_disable (INTS_ALL)、初始化板上硬件设置 HAL_BOARD_INIT( )、初始化 I/O InitBoard(OB_COLD)、初始化 HAL 层驱动 HalDriverInit( )、初始化非易失性存储器 osal_nv_init(NULL)、初始化 MAC 层 ZMacInit( )、分配 64 位地址 zmain_ext_addr( )、初始化操作系统 osal_init_system( ) 等。硬件初始化需要根据 HAL 文件夹中的 hal_board_cfg. h 文件配置 8051 的寄存器。TI 官方发布 Z-Stack 的配置是针对 TI 官方的开发板 CC2530EB 等，如采用其他开发板，则需根据原理图设计改变。

当顺利完成上述初始化时，执行 osal_start_system( ) 函数开始运行 OSAL 系统。在 Z-stack 协议栈中，OSAL 负责调度各个任务运行，如果有事件发生，就会调用相应的任务事件处理函数进行处理。osal_start_system( ) 一旦执行，则不再返回 main( ) 函数。

2. OSAL 任务初始化

在运行 OSAL 操作系统之前，主函数中调用了初始化操作系统函数 osal_init_system( )，在该函数中又调用了 void osalInitTasks( ) 函数，该函数对系统的所有任务和事件进行初始化工作。

voidosalInitTasks( ) 函数通过调用 osal_mem_alloc( ) 函数给各个任务分配内存空间，在函数中定义了一个初始值为 0 的变量 taskID 作为任务编号，并以此为参数，调用各个任务的初始化子函数。每初始化一个任务 taskID 加一。在 TI 官方版本 Z-stack 协议栈中，定义了 8 个系统任务，并在其后初始化一个用户任务 SamlpeApp，SampleApp_Init(D taskID) 是这个任务的初始化函数。该函数在 SampleApp. c 文件中实现。

我们可以在该任务后面，继续定义其他新的用户任务并进行初始化。osalInitTasks( ) 中的任务初始化子函数的排列顺序必须要与 tasksArr[ ] 中的元素排列顺序一一对应。

3. 事件处理函数

在 OSAL_SampleApp. c 文件中有如下代码:

constpTaskEventHandlerFn tasksArr[ ] ,每个元素都是函数的地址(用函数名表示函数的地址),即该数组的元素都是事件处理函数的函数名,如 MAC 层服务 macEventLoop、用户服务 SampleApp_ProcessEvent 等。SampleApp_ProcessEvent 就是"通用应用任务事件处理函数名",该函数在 SampleApp. c 文件中被定义了。函数 SampleApp_ProcessEvent 是官方模板为我们提供的用户事件处理函数范例。再次强调,tasksArr[ ]中的元素的排列顺序必须要与 osalInitTasks( )中的任务初始化子函数排列顺序一一对应。

4. 任务轮循

在主函数中最后执行的是 osal_start_system( ) 函数,当该函数开始执行,即开始运行 OSAL 系统,其本质是调用函数 osal_run_system (void),通过代码我们可以看到该函数是一个死循环,即上文所讲 osal_start_system( )一旦执行,则不再返回 main( ) 函数。如下所示:

```
void osal_start_system( void )
{
#if ! defined ( ZBIT ) && ! defined ( UBIT )
  for(;;)   // Forever Loop
#endif
  {
    osal_run_system();
  }
}
```

那么,我们的关注重点就放到了函数 osal_run_system( )上,下面我们重点讲解该函数,即任务轮循。该函数源码如下:

```
void osal_run_system( void )
{
uint8 idx = 0;                                  // 初始化查询任务编号
osalTimeUpdate();                               // 更新系统时钟
  Hal_ProcessPoll();                            // 查看硬件实践
  do {
    if (tasksEvents[idx])                       // 查看当前任务是否有事件发生
    {
      break;
    }
  } while (++idx <tasksCnt);                    // 查询的数量小于任务总数
  if (idx <tasksCnt)
  {
```

```
    uint16 events;
    halIntState_t intState;
    HAL_ENTER_CRITICAL_SECTION(intState); /*保存当前总中断值并关闭总中断*/
events =tasksEvents[idx];                   // 读取当前任务对应的事件表的值
tasksEvents[idx] = 0;                       // 清除当前任务对应事件表的值
HAL_EXIT_CRITICAL_SECTION(intState);        // 恢复先前的中断状态
activeTaskID = idx;                         // 保存当前任务 ID 号
events = (tasksArr[idx])( idx, events );    /*调用相对应的任务事件处理函数,每次调用只
                                            处理一个事件,若一个任务有多个事件响应,则把
                                            返回未处理的任务事件添加到当前任务中再进行
                                            处理*/
activeTaskID = TASK_NO_TASK;
    HAL_ENTER_CRITICAL_SECTION(intState);
tasksEvents[idx] |= events;                 // 将未处理的事件添加回当前任务
    HAL_EXIT_CRITICAL_SECTION(intState);
  }  }
```

通过上述代码的注释我们可以清楚地看到代码的主要工作是轮循 tasksEvents[idx]是否有值,不判断为何值。若有值,则执行数组 tasksArr[idx]所对应的事件处理函数,传入参数为当前的任务号以及事件值。在上述代码中出现了三个非常重要的变量,任务总数、事件表和事件处理函数的关系如图 2-52 所示。

①tasksCnt:这是一个字节类型的变量,保存了任务的总数量。

②tasksEvents:这是一个指针,指向了事件列表的首地址。

③tasksArr:这是一个数组名,元素是函数指针,指向事件处理函数表。

当某一事件发生时,则查找函数表找到对应的事件处理函数。

图 2-52　任务总数、事件表和事件处理函数的关系

5. 事件和消息

(1)事件

ZigBee 协议栈是由各个层组成的,每一层都要处理各种事件,所以就为每一层定义了一个事件处理函数,可以把这个处理函数理解为任务,任务从消息队列中提取消息,从消息中提取所发生的具体事件,调用相应的具体事件处理函数,比如按键处理函数等。

在 ZigBee 协议栈中,事件可以是用户定义的事件,也可以是协议栈内部已经定义的事件,SYS_EVENT_MSG 就是协议栈内部定义的事件之一。SYS_EVENT_MSG 定义如下:

#define SYS_EVENT_MSG 0x8000

由协议栈定的事件为系统强制事件(Mandatory Events),SYS_EVENT_MSG 是一个事件集合,主要包括以下几个事件:

①AF_INCOMING_MSG_CMD:表示收到了一个新的无线数据事件。

②ZDO_STATE_CHANGE:表示当网络状态发生变化时,会产生该事件。如节点加入网络时,该事件就有效,还可以进一步判断加入的设备是否为协调器、路由器或终端。

③KEY_CHANGE:表示按键事件。

④ZDO_CB_MSG:表示每一个注册的 ZDO 响应消息。

⑤AF_DATA_CONFIRM_CMD:调用 AF_DataRequest( )发送数据时,有时需要确认信息,该事件与此有关。

事件变量是 16 位的二进制变量(uint16 占 2 个字节)。如:在 ZComDef. h 文件中,定义无线新数据接收事件 AF_INCOMING_MSG_CMD 为 0x1A; 在 MT. h 文件中,定义串口接收事件 CMD_SERIAL_MSG 为 0x01。不同的任务,事件值可以相同。例如,tasksEvents[0] = 0x01,tasksEvents[1] = 0x01,这都是可行的,但表示的意义不同,前者表示第 1 个任务的事件为 0x01,后者表示第 2 个任务的事件为 0x01。一个 OSAL 任务除了可以定义强制事件外,还可以定义 15 个事件。

(2)消息

消息是收到的事件和数据的一个封装,比如发生了一个事件(收到别的节点发的消息),这时就会把这个事件所对应的事件号及收到的数据封装成消息,放入消息队列中。

OSAL 消息队列:通常某些事件的发生,又伴随着一些附加数据的产生,这就需要将事件和数据封装成一个消息,将消息发送到消息队列中,然后使用 osal _ msg _ receive (SampleApp_TaskID)函数从消息队列中得到消息。

OSAL 维护一个消息队列,每个消息都会被放入该消息队列中,每个消息都包括一个消息头 osal_msg_hdr_t 和用户自定义的消息。在 OSAL. h 中 osal_msg_hdr_t 结构体的定义如下:

```
typedef struct
{   void    * next;
    uint16 len;
    uint8   dest_id;
} osal_msg_hdr_t;
```

6. 单播、组播与广播

ZigBee 网络中进行数据通信主要有三种类型:单播、组播、广播。

单播即传送数据包只发送给一个设备;组播即传送数据包给一组设备;而广播数据包则要发送给整个网络的所有节点。无论哪种数据发送模式,都必须要有发送地址模式参数。

在 AF. h 文件中定义了结构体 afAddrType_t,通过配置该结构体变量的参数来设置发送地址模式参数,如下所示:

```
typedef struct
{
  union
  {
    uint16        shortAddr;          // 用于标识该节点网络地址的变量
    ZLongAddr_t extAddr;
  }addr;
  afAddrMode_t addrMode;              // 用于指定数据传送模式,单播、组播还是广播
  uint8 endPoint;
  uint16 panId;                       // used for the INTER_PAN feature
}afAddrType_t;
```

在上述结构体中成员 addrMode 的值为枚举类型,如下所示:

```
typedef enum
{
  afAddrNotPresent  = AddrNotPresent,     // 表示通过绑定关系指定目的地址
  afAddr16Bit       = Addr16Bit,          // 短地址单播发送
  afAddr64Bit       = Addr64Bit,          // 长地址单播发送
  afAddrGroup       = AddrGroup,          // 组播
  afAddrBroadcast   = AddrBroadcast       // 广播
}afAddrMode_t;
```

(1)单播

直接指定目标地址的单播传输:是标准寻址模式,它将数据包发送给一个已经知道网络地址的网络设备,将 afAddrMode 设置为 Addr16 Bit,并且在数据包中携带目标设备地址。协调器地址是 0x0000。

```
afAddrType_t my_DstAddr;
my_DstAddr. addrMode = (afAddrMode_t) Addr16Bit;        // 单播发送
my_DstAddr. endPoint = SAMPLEAPP_ENDPOINT;              // 目的端口号
my_DstAddr. addr. shortAddr = 0x0000;                   // 目标设备网络地址
```

(2)组播

当应用程序需要将数据包发送给网络上的一组设备时,使用该模式。地址模式设置为 afAddrGroup,并且 addr. shortAddr 设置为组 ID。使用组播的方式需要加入特定的组。定义 afAddrType_t 类型变量 SampleApp_Flash_DstAddr。

①首先声明一个组对象 aps_Group_t　SampleApp_Group。

aps_Group_t 结构体的定义如下:

```
typedef struct
{
  uint16 ID;                      // Unique to this table
  uint8  name[APS_GROUP_NAME_LEN];
} aps_Group_t;
```

每个组有个特定的 ID 与组名，组名被存放在 name 数组中。

②为 SampleApp_Group 赋值。

SampleApp_Group. ID = 0x0001;

osal_memcpy(SampleApp_Group. name, “Group 1”,7)。

③在本任务里将端点加入组中。

aps_AddGroup(SAMPLEAPP_ENDPOINT, &SampleApp_Group)。

④设定通信的目标地址及模式。

SampleApp_Flash_DstAddr. addrMode = (afAddrMode_t)afAddrGroup;

SampleApp_Flash_DstAddr. endPoint = SAMPLEAPP_ENDPOINT;

SampleApp_Flash_DstAddr. addr. shortAddr = SampleApp_Group. ID。

通信时，发送设备的输出 cluster 设定为接收设备的输入 cluster，另外 profileID 设定相同，即可通信。

⑤若要把一个设备加入到组中的端点并从组中移除，调用 aps_RemoveGroup：

```
aps_Group_t    * grp;
grp = aps_FindGroup( SAMPLEAPP_ENDPOINT, SAMPLEAPP_FLASH_GROUP );
if (grp )
{
   // Remove from the group
   aps_RemoveGroup( SAMPLEAPP_ENDPOINT, SAMPLEAPP_FLASH_GROUP );
}
```

注意组可以用来关联间接寻址。再绑定表中找到的目标地址可能是单点传送或者是一个组地址。另外，广播发送可以看作一个组寻址的特例。

(3)广播

当应用程序需要将数据包发送给网络的每一个设备时，使用这种模式。地址模式设置为 AddrBroadcast。定义 afAddrType_t 类型变量 SampleApp_Periodic_DstAddr。

目标地址 SampleApp_Periodic_DstAddr. addr. shortAddr 可以根据需求设置为下面广播地址的一种：

①NWK_BROADCAST_SHORTADDR_DEVALL(0xFFFF)——数据包将被传送到网络上的所有设备，包括睡眠中的设备。对于睡眠中的设备，数据包将被保留在其父亲节点直到查询到它，或者消息超时(NWK_INDIRECT_MSG_TIMEOUT 在 f8wConifg. cfg 中设置)。

②NWK_BROADCAST_SHORTADDR_DEVRXON(0xFFFD)——数据包将被传送到网络上的所有在空闲时打开接收的设备(RXONWHENIDLE)，也就是说，除了睡眠中的所有设备。

③NWK_BROADCAST_SHORTADDR_DEVZCZR(0xFFFC)——数据包发送给所有的路由器，包括协调器。

SampleApp_Periodic_DstAddr. addrMode = (afAddrMode_t)AddrBroadcast;

SampleApp_Periodic_DstAddr. endPoint = SAMPLEAPP_ENDPOINT;

SampleApp_Periodic_DstAddr. addr. shortAddr = 0xFFFF。

7. SampleApp_Init( )函数解析

在 TI 官方版本的 Z-stack 协议栈中,定义好了一个用户任务 SampleApp,这个任务的初始化子函数是 SampleApp_Init( )。开发人员在进行应用开发的时候,可能需要对 SampleApp_Init( )进行修改,或者添加新的任务,编写新的任务初始化子函数。不管是哪种情况,你都要明确在任务初始化中需要做些什么工作,怎样通过代码来实现这些工作。通过深入剖析 SampleApp_Init( )函数,搞清楚任务初始化的程序流程,才能更好地进行开发工作。

SampleApp_Init( )函数最关键部分的代码如下:

```
void SampleApp_Init( uint8 task_id )
{
  SampleApp_TaskID = task_id;                  // 初始化任务编号,即任务优先级
  SampleApp_NwkState = DEV_INIT;               // 设备状态初始化
  SampleApp_TransID = 0;                       // 将发送数据包的序列号初始化为 0

  // 广播发送模式设置
  SampleApp_Periodic_DstAddr. addrMode = (afAddrMode_t) AddrBroadcast;
  SampleApp_Periodic_DstAddr. endPoint = SAMPLEAPP_ENDPOINT;
  SampleApp_Periodic_DstAddr. addr. shortAddr = 0xFFFF;

  // 组播发送模式设置
  SampleApp_Flash_DstAddr. addrMode = (afAddrMode_t) afAddrGroup;
  SampleApp_Flash_DstAddr. endPoint = SAMPLEAPP_ENDPOINT;
  SampleApp_Flash_DstAddr. addr. shortAddr = SAMPLEAPP_FLASH_GROUP;

  // 对节点描述符进行初始化,初始化格式较为固定,一般不需要修改
  // 端点号为 1-40,由用户定义
  SampleApp_epDesc. endPoint = SAMPLEAPP_ENDPOINT;
  // 任务编号的指针,指向消息传递的地址
  SampleApp_epDesc. task_id = &SampleApp_TaskID;
  // 指向端点简单描述符的指针
  SampleApp_epDesc. simpleDesc
              = (SimpleDescriptionFormat_t * )&SampleApp_SimpleDesc;
   // 必须用 noLatencyReqs 来填充
  SampleApp_epDesc. latencyReq = noLatencyReqs;

  // 使用 afRegister 函数将节点描述符进行注册,只有注册后 OSAL 提供服务
  afRegister( &SampleApp_epDesc );

  // 对按键事件进行注册
  RegisterForKeys( SampleApp_TaskID );
```

```
    // 设置组播的组号和组名,并将端点加入组中
    SampleApp_Group.ID = 0x0001;
    osal_memcpy( SampleApp_Group.name, "Group 1", 7  );
    aps_AddGroup( SAMPLEAPP_ENDPOINT, &SampleApp_Group );
}
```

大部分代码已通过注释的方式进行功能说明。在 ZigBee 协议中每个设备都被看作一个端点,每个节点都有物理地址(长地址)和 网络地址(短地址),长地址或短地址用来作为其他节点发送数据的目的地址。端点是协议栈应用层的入口,即入口地址,也可以理解为应用对象存在的地方,它是为实现一个设备描述而定义的一组群集。端点 0 预留,用于整个 ZigBee 设备的配置和管理;端点 255 用于向所有的端点进行广播,端点 1~240 被应用层分配,每个端点是可寻址的。

每一个端点的实现由端点描述符来完成,由结构体 afAddrType_t 来实现,在端点描述符中又包含了一个简单描述符 SimpleDescriptionFormat_t,端点的简单描述符结构体在 AF.h 文件中定义。每一个端点必有一个 ZigBee 简单描述符,其他设备通过查询这个端点的简单描述符来获得设备的一些信息。

在端点配置成功后,需要调用 afRegister()函数在 AF 层注册端点,这个函数在 AF.c 文件中定义,其功能是在应用层中将一个新的端点注册到 AF 层。

端点的主要作用可以总结为以下两个方面:

①数据发送和接收:当一个设备发送数据时,必须指定发送目的节点的长地址或短地址以及端点来进行数据的发送和接收,并且发送方和接收方所使用的端点号必须一致。

②设备绑定:如果设备之间需要绑定,那么在 ZigBee 的网络层必须注册一个或者多个端点来进行数据的发送和接收以及绑定表的建立。

8. SampleApp_ProcessEvent( )函数解析

这个函数是用户自定义任务 SampleApp 的事件处理函数,其总体功能是:首先调用 osal_msg_receive(SampleApp_TaskID)函数从消息队列中接收一个消息(消息包括事件和相关的数据),然后使用 if 语句或 switch-case 语句判断事件类型,从而调用相应的事件处理函数。

所有任务的事件处理函数代码的设计思路和执行流程基本差不多,我们通过了解 SampleApp_ProcessEvent()函数的程序结构和设计思路,举一反三,学会事件处理函数的程序设计方法。SampleApp_ProcessEvent()函数代码如下:

```
uint16 SampleApp_ProcessEvent( uint8 task_id, uint16 events )
{
  afIncomingMSGPacket_t * MSGpkt;          // 定义消息结构体指针变量
  if ( events & SYS_EVENT_MSG )            // 判断是否为系统强制事件
  {
    MSGpkt = (afIncomingMSGPacket_t * )osal_msg_receive( SampleApp_TaskID );
                                           // 从消息队列接收消息
    while (MSGpkt )                        // 如果有消息
```

```
        {
          switch ( MSGpkt->hdr. event )                    // 判断事件
          {
            // 处理按键事件
            case KEY_CHANGE:
              SampleApp_HandleKeys( ((keyChange_t *)MSGpkt)->state, ((keyChange_t *)MSGpkt)->keys );
              break;
            // 处理收到无线数据事件
            case AF_INCOMING_MSG_CMD:
              SampleApp_MessageMSGCB( MSGpkt );
              break;

            // 处理网络状态发生改变事件
            case ZDO_STATE_CHANGE:
              SampleApp_NwkState = (devStates_t)(MSGpkt->hdr. status);
              if ( (SampleApp_NwkState == DEV_ZB_COORD)
                  || (SampleApp_NwkState == DEV_ROUTER)
                  || (SampleApp_NwkState == DEV_END_DEVICE) )
              {
                // 添加定期发送消息事件到本任务
                osal_start_timerEx( SampleApp_TaskID, SAMPLEAPP_SEND_PERIODIC_MSG_EVT, SAMPLEAPP_SEND_PERIODIC_MSG_TIMEOUT );
              }
              else
              {
                // Device is no longer in the network
              }
              break;

            default:
              break;
          }

          // 释放已接收消息所占空间
          osal_msg_deallocate( (uint8 *)MSGpkt );

          // 接收当前任务的下一个消息
          MSGpkt = (afIncomingMSGPacket_t *)osal_msg_receive( SampleApp_TaskID );
        }
```

```
        // 返回未处理的事件
        return (events ^SYS_EVENT_MSG);
    }

    // 判断是否有周期性事件
    if ( events & SAMPLEAPP_SEND_PERIODIC_MSG_EVT )
    {
        // Send the periodic message
        SampleApp_SendPeriodicMessage();
        // 添加定期发送消息事件到本任务
        osal_start_timerEx( SampleApp_TaskID, SAMPLEAPP_SEND_PERIODIC_MSG_EVT,
            (SAMPLEAPP_SEND_PERIODIC_MSG_TIMEOUT + (osal_rand() & 0x00FF)) );

        // 返回未处理的事件
        return (events ^SAMPLEAPP_SEND_PERIODIC_MSG_EVT);
    }
    // Discard unknown events
    return 0;
}
```

首先调用 osal_msg_receive(SampleApp_TaskID)函数从消息队列中接收一个消息,存放在变量 MSGpkt 中,消息包括事件和相关的数据。同一个任务可能发生多个事件。在函数中,先用 if 语句对事件变量 events 进行判断, SYS_EVENT_MSG 是一个事件集合,所以还要通过 switch-case 语句进行不同事件的再次判断,当事件处理完毕,再从消息队列中接收有效消息,然后再返回 while (MSGpkt)重新处理事件,直到没有等待消息为止。当一个事件处理完毕之后,需要通过异或运算,清除已处理完的事件,留下未处理的事件,并将未处理的事件返回给事件变量 events。

9. 数据收发函数解析

Z-Stack 协议栈数据的发送和接收是通过定义在 AF 层的数据发送和接收 API 来实现的。

(1)数据发送函数 AF_DataRequest()

在事件处理函数 SampleApp_ProcessEvent()里面,有一个事件 SAMPLEAPP_SEND_PERIODIC_MSG_EVT,该事件是由 osal_start_timerEx()函数经过参数设定的时间向参数设定的任务产生的。在这个事件的处理过程中,调用了数据发送函数。

数据的发送,只要调用在 AF.c 文件中定义的 AF_DataRequest()数据发送函数即可实现。数据包被发送到一个注册过的端点,函数原型如下:

```
afStatus_t AF_DataRequest( afAddrType_t * dstAddr, // 指向发送目的地址指针
          endPointDesc_t * srcEP,          // 指向目的端点的端点描述符指针
          uint16 cID,                      // 指定的有效群集 ID
          uint16 len,                      // 发送字节长度
          uint8 * buf,                     // 发送数据缓存的地址
          uint8 * transID,                 // 数据发送序列号指针
          uint8 options,                   // 发送选项
          uint8 radius )                   // 最大跳数半径,通常设置为默认
```

(2)数据接收函数 SampleApp_MessageMSGCB( )

在应用层通过 OSAL 事件处理函数中的接收信息事件 AF_INCOMING_MSG_CMD 来处理数据的接收。数据的接收是通过结构体 afIncomingMSGPacket_t 来进行,这个结构体的定义在 AF. h 文件中。数据的接收过程是通过判断 afIncomingMSGPacket_t 结构体中的 cluster ID 来进行判断是否为所需要接收的数据,如果是需要接收的数据,那么就做进一步的分析和处理。数据在 pkt-> cmd. Data 数组中。

10. 其他几个重要 API 解析

ZigBee 协议栈支持多任务运行,那任务间同步、互斥等都需要相应的 API 来支持。总体来说,OSAL 提供了 8 个方面的 API,它们分别是消息管理、任务同步、时间管理、中断管理、任务管理、内存管理、电源管理和非易失性闪存管理。由于 API 函数很多,下面只选取部分经典的 API 进行介绍。

(1)消息管理 API

消息管理 API 主要用于处理任务间消息的交换,主要包括为任务分配消息缓存、释放消息缓存、发送消息和接收消息等 API 函数。

①为任务分配消息缓存

函数原型:uint8 * osal_msg_allocat(uint16 len)

功能描述:为消息分配缓存空间,函数中的形参 len 表示需要分配存储空间的大小。

②释放消息缓存

函数原型:uint8 osal_msg_deallocate(uint8 * msg_ptr)

功能描述:为消息释放空间,函数中的形参 msg_ptr 表示消息的指针。

③发送消息

函数原型:uint8 osal_msg_send(uint8 destination_task, uint8 * msg_ptr)

功能描述:把一个任务的消息发送到消息队列。

④接收消息

函数原型:uint8 * osal_msg_receive(uint8 task_id)

功能描述:一个任务从消息队列中接收属于自己的消息。

(2)任务同步 API

任务同步 API 主要用于任务间的同步,允许一个任务等待某个事件的发生。

函数原型:uint8 osal_set_event(uint8 task_id, uint16 event_flag)

功能描述:运行一个任务,设置某一事件。

(3)时间管理 API

时间管理 API 用于开启和关闭定时器,定时时间一般为毫秒级定时,使用该 API,用户不必关心底层定时器是如何初始化的,只需要调用即可,因为在 ZigBee 协议栈物理层已经将定时器初始化了。

①设置时间

函数原型:uint8 osal_start_timerEx(uint8 taskID, uint16 event_id, uint16 timeout_value)

功能描述:设置一个定时时间,定时时间到后相应的事件被设置。

注意:定时是一次有效,不会周期性定时。

②停止定时

函数原型:uint8 osal_stop_timerEx(uint8 task_id, uint16 event_id)

功能描述:停止已经启动的定时器。

11. OSAL 添加新任务和事件

在 ZigBee 协议栈应用程序开发时,经常添加新的任务及其对应的事件,方法如下:

(1)在任务的函数表中添加新任务

在 OSAL_SampleApp. c 文件中,找到任务的函数表代码。

说明:在数组 tasksArr[ ]的最后添加代码,代码是新任务的事件处理函数名。

(2)编写新任务的初始化函数

在 OSAL_SampleApp. c 文件中,找到任务初始化函数。

说明:将新任务的初始化函数添加在 osalInitTasks(void)函数的最后。值得注意的是,任务的函数表 tasksArr[ ]中的元素(事件处理函数名)排列顺序与任务的初始化函数 osalInitTasks(void)中的任务初始化子函数排列顺序是一一对应的,不允许错位。变量 taskID 是任务编号,有非常严格的自上而下的递增,最后一个任务的 taskID 值不需要++,因为接下来没有任务。

(3)定义新任务全局变量和事件

为了保证 osalInitTasks(void)函数能分配到任务 ID,必须给每个任务定义一个全局变量。所以在 SampleApp. c 文件中,定义了 uint8 SampleApp_TaskID 变量,并在 void SampleApp_Init(taskID)函数中被赋值,即 SampleApp_TaskID = task_id。

在 SampleApp. h 文件中定义事件,格式如下:

#defineSAMPLEAPP_SEND_PERIODIC_MSG_EVT 0x0001

(4)编写新任务的事件处理函数

在 SampleApp_ProcessEvent( )函数中编写事件处理代码,详见之前对该函数的分析。

2.5　基于 Z-Stack 协议栈的开发案例

1. 案例系统功能

基于 Z-Stack 协议栈构建无线传感器数据采集系统,分别采集开关量数据和模拟量数据。采用 3 个 ZigBee 模块,节点 A 作为协调器使用,负责组建网络并将路由点 B 和末端节点 C 采集的数据上传给 PC 机,路由节点 B 收集开关量传感器数据,末端节点 C 收集模拟量传感器数据, PC 机可通过串口助手软件查看接收到的传感器数据。本应用可拓展为 *N* 个节点。

2. 自定义传感器上传数据格式

在本例中自定义了简单的传感器上传数据格式,由于本案例未涉及上位机开发,所以在协调器中解析数据,通过串口显示相关信息。

自定义传感器上传数据格式如表 2-11 所示。

表 2-11　自定义传感器上传数据格式

HEAD	LEN	STYPE	SDATA	
1 字节	1 字节	1 字节	1 字节	1 字节
数据头,固定为 0xFE	数据包长度:从 HEAD 到 SDATA	传感器类型:0x01 代表开关量;0x02 代表模拟量	传感器数据低 8 位	传感器数据高 8 位

3. 开关量传感器数据采集模块

(1)开关量传感器数据采集

在单片机 CC2530 开发中,通过 I/O 口采集传感器的数据,如传感器没有采集到数据,引脚状态为高电平;如传感器采集到数据,引脚状态为低电平。

根据此原理,我们在本任务中通过按键模拟开关量传感器的数据采集,只不过传感器是自动采集数据,此任务是手动模拟,其原理是一致的。

在具体的工作中需要根据自己使用设备进行相应配置,可自行编写初始化函数,根据掌握的 CC2530 单片机知识可直接配置寄存器,完成按键引脚初始化,以及通过扫描引脚或通过外部中断方式查看引脚输入状态。例如我们可编写如下函数:

```
uint8 get_swsensor(void)
{
    P0SEL &= ~( 1 <<1);            // 设置 P0.1 为普通 I/ O 口
    P0DIR &= ~( 1 <<1);            // 设置 P0.1 为输入方向
    return P0_1;                   // 返回 P0.1 电平
}
```

(2)编写开关量传感器模块新任务的事件处理函数

通过函数 osal_start_timerEx()将 SAMPLEAPP_SEND_PERIODIC_MSG_EVT 事件定时 5 秒后设置。

根据自定义指令格式,第一个字节为数据头,固定为 0xFE;第二个字节为发送数据长度 0x05;第三个字节为开关量传感器值 0x01;第四个字节为传感器数据,若按下按键传输 0x00,否则传输 0xEE;第五个字节自定义为 0xEE。代码如下所示:

```
void SampleApp_SendPeriodicMessage( void )
{
    uint8  Switch_Data[5] = {0xFE, 0x05, 0x01, 0xEE, 0xEE};
     if( get_swsensor() = = 0)
     {
        Switch_Data[3] = 0x00;    // 00 代表采集到数据
     }

  if ( AF_DataRequest( &SampleApp_Periodic_DstAddr, &SampleApp_epDesc,
                       SAMPLEAPP_PERIODIC_CLUSTERID,
                       5,
                       Switch_Data,
                       &SampleApp_TransID,
                       AF_DISCV_ROUTE,
                       AF_DEFAULT_RADIUS )  = =afStatus_SUCCESS )
  {
    HalLedBlink(HAL_LED_2, 0, 50, 500);
  }
  else
  {
    // Error occurred in request to send.
  }
}
```

4. 模拟量传感器采集模块

(1)模拟量传感器数据采集

在本任务中,我们通过 CC2530 芯片的 ADC 模块获取片内温度,将节点的片内温度传输给协调器。在实际的工作中可根据具体电路配置 ADC 的相关寄存器。本例获取片内温度代码如下:

```
#include "ioCC2530.h"
#include "hal_defs.h"
#include "hal_types.h"
#include "get_adc.h"
uint16 get_adc(void)
```

```
{
  uint32 value;
  ADCIF = 0;                                  // 清 ADC 中断标志
  // 采用内部参考电压,128 抽取率,获取片内温度,启动 AD 转化
  ADCCON3 = (0x00 | 0x10 | 0x0E);
  while ( ! ADCIF )
  {
    ;                                         // 等待 AD 转化结束
  }
  value = ADCL;                               // ADC 转换结果的低位部分存入 value 中
  value |= (((uint16)ADCH)<< 8);              // 取得最终转换结果存入 value 中
  value = value * 330;
  value = value >> 15;                        // 根据计算公式算出结果值
  return (uint16)value;
```

（2）编写模拟量传感器模块新任务的事件处理函数

通过函数 osal_start_timerEx( )将 SAMPLEAPP_SEND_PERIODIC_MSG_EVT 事件定时 5 秒后设置。

根据自定义指令格式,第一个字节为数据头,固定为 0xFE;第二个字节为发送数据长度 0x05;第三个字节为模拟量传感器值 0x02;第四个字节为传感器数据低 8 位;第五个字节为传感器数据高 8 位。代码如下所示:

```
void SampleApp_SendPeriodicMessage( void )
{
   uint16 sensor_val;
   uint8   Analog_Data[5] = {0xFE, 0x05, 0x02, 0x00, 0x00};
   sensor_val = get_adc();
   Analog_Data[3] =sensor_val&0x00ff;
   Analog_Data[4] =sensor_val>>8&0x00ff;

   if ( AF_DataRequest( &SampleApp_Periodic_DstAddr, &SampleApp_epDesc,
                        SAMPLEAPP_PERIODIC_CLUSTERID,
                        5,
                        Analog_Data,
                        &SampleApp_TransID,
                        AF_DISCV_ROUTE,
                        AF_DEFAULT_RADIUS ) = =afStatus_SUCCESS )
   {
     HalLedBlink(HAL_LED_2, 0, 50, 500);
   }
   else
   {
```

```
        // Error occurred in request to send.
    }
}
```

5. 协调器模块

(1)任务初始化函数

由于协调器需要通过串口将数据传输给 PC 机,所以需要进行串口初始化以及串口注册,其余代码配置按工程模板编写即可。代码如下所示:

```
  MT_UartInit();
  MT_UartRegisterTaskID(task_id);                    // 任务注册
HalUARTWrite(0,"WSN_SYSTEM \n",11);                  // 系统提示信息
```

(2)编写协调器模块新任务的事件处理函数

当协调器检查到一个新的无线数据事件时,调用 SampleApp_MessageMSGCB(MSGpkt)函数。接收处理数据,本模块收到路由节点和末端节点传来的数据,在协调器端对数据进行处理,以便 PC 机串口查看。代码如下所示:

```
void SampleApp_MessageMSGCB( afIncomingMSGPacket_t  * pkt )
{
  uint16 flashTime;
  uint8   uTxData[6];
  uint16   temp = 0;
  switch (pkt->clusterId )
  {
    case SAMPLEAPP_PERIODIC_CLUSTERID:
       if(pkt-> cmd. Data[2] = = 0x01)
             {
               HalUARTWrite(0,"Switch_sensor: ",14);   // 发送数据

               if(pkt-> cmd. Data[3] = = 0x00)
               {
                 HalUARTWrite(0,"yes \n",4);   // 发送数据 halUartWrite("yes \n",4);
               }else
               {
                 HalUARTWrite(0,"no \n",3);
               }
             }else if(pkt-> cmd. Data[2] = = 0x02)
             {
```

```
                temp=(pkt->cmd.Data[3]&0x00ff)|(pkt->cmd.Data[4]&0x00ff<<8);
                uTxData[0]=temp/100+0x30;
                uTxData[1]='.';
                uTxData[2]=temp%100/10+0x30;
                uTxData[3]=temp%10+0x30;
                uTxData[4]='v';
                uTxData[5]='\n';
                HalUARTWrite(0,"Analog_sensor:",14);
                HalUARTWrite(0,uTxData,6);
            }
        break;
      case SAMPLEAPP_FLASH_CLUSTERID:
        flashTime = BUILD_UINT16(pkt->cmd.Data[1], pkt->cmd.Data[2] );
        HalLedBlink( HAL_LED_4, 4, 50, (flashTime / 4) );
        break;
    }
  }
```

2.6 本章小结

本章对物联网感知层技术进行了全面的梳理研究。主要围绕物联网数据采集中用到传感器、射频识别技术、无线传感器网络技术进行研究讲解，同时详细地介绍了物联网感知层常用到的几种数据采集的芯片，以及单片机常用的开发工具。

在进行无线传感器网络技术研究时，详细地介绍了 ZigBee 技术，以及实现 ZigBee 技术的 Z-Stack 协议栈，全面翔实地讲解了 Z-Stack 协议栈的运行机制，并通过具体案例实现了无线传感器网络数据的采集和传输。

第 3 章　物联网网络技术

物联网网络层的主要功能就是传输信息，将感知层获得的数据传送至指定目的地。

在物联网领域，嵌入式程序相当于人的大脑，在信息采集完成之后，大脑就会给通信模块发布指令，比如把这个信息传给某某某，网络层会涉及你选用什么样的通信网络，以及采用什么样的通信机制来传送信息。

物联网中的“网”字其实包含了两个部分：接入网络、互联网。

以前的互联网只是打通了人与人之间的信息交互，但是没有打通人与物或物与物之间的交互，因为物本身不具有联网能力。

后来发展出将物连接入网的技术，我们称其为设备接入网，通过这一网络可以将物与互联网打通，实现人与物和物与物之间的信息交互，大大增加了信息互通的边界，更有利于通过大数据、云计算、AI（人工智能）等先进技术来丰富人类世界。

目前主要有两种方式的接入网：一种是有线网络接入，一种是无线网络接入。无线网络接入又分为近距离无线、短距离无线和长距离无线通信。本章将在上一章的基础上，详细介绍感知层之上的网络层技术。物联网网络结构图如图 3-1 所示。

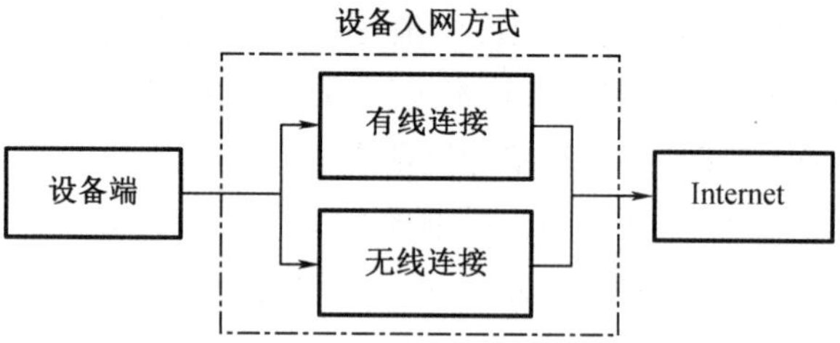

图 3-1　物联网网络结构图

3.1　物联网网络技术分类

物联网网络技术分类的方式有很多种，可根据覆盖范围、应用场景和技术特点进行分类。

1. 按覆盖范围分类

(1)个域网（Personal Area Network，PAN）

①范围：通常在 10 米以内。

②应用：智能手表、蓝牙耳机等。

③技术：蓝牙、ZigBee、Z-Wave。

(2)局域网(Local Area Network,LAN)

①范围:覆盖一个建筑物或小区域,通常在 100 米以内。

②应用:智能家居、办公室自动化。

③技术:Wi-Fi、以太网、ZigBee。

(3)城域网(Metropolitan Area Network,MAN)

①范围:覆盖一个城市或大区域,通常在几千米到几十千米。

②应用:智能城市、交通管理。

③技术:LTE、5G、LoRaWAN。

(4)广域网(Wide Area Network,WAN)

①范围:覆盖全国或全球。

②应用:远程监控、全球物流跟踪。

③技术:蜂窝网络(3G/4G/5G)、卫星通信、NB-IOT。

2. 按应用场景分类

(1)工业物联网

①应用:工业自动化、设备监控、预测性维护。

②技术:Modbus、OPC UA、MQTT。

(2)消费物联网(Consumer Internet of Things,CIOT)

①应用:智能家居、可穿戴设备、智能家电。

②技术:Wi-Fi、蓝牙、ZigBee。

(3)车联网(Internet of Vehicles,IOV)

①应用:智能交通、自动驾驶、车辆监控。

②技术:DSRC、C-V2X、5G。

(4)医疗物联网(Internet of Medical Things,IOMT)

①应用:远程医疗、健康监测、医疗设备管理。

②技术:Bluetooth Low Energy(BLE)、ZigBee、Wi-Fi。

3. 按技术特点分类

(1)低功耗广域网(Low Power Wide Area Network,LPWAN)

①特点:低功耗、长距离、低数据速率。

②应用:智能电表、环境监测。

③技术:LoRa、Sigfox、NB-IOT。

(2)短距离无线通信

①特点:高数据速率、短距离。

②应用:智能家居、个人设备互联。

③技术:Wi-Fi、蓝牙、ZigBee。

(3)蜂窝物联网

①特点:广覆盖、高可靠性。

②应用:智能城市、远程监控。

③技术:LTE-M、NB-IOT、5G。

4. 按网络拓扑结构分类

(1)星型网络

①特点:所有设备通过中央节点通信。

②应用:智能家居、办公室网络。

③技术:Wi-Fi、ZigBee。

(2)网状网络(Mesh Network)

①特点:设备间可直接通信,自组织网络。

②应用:工业物联网、智能城市。

③技术:ZigBee、Z-Wave、Thread。

(3)总线型网络

①特点:所有设备共享一条通信线路。

②应用:工业控制、汽车网络。

③技术:CAN 总线、Modbus。

5. 按通信协议分类

(1)基于 IP 的物联网

①特点:使用互联网协议进行通信。

②应用:智能城市、远程监控。

③技术:IPv6、6LoWPAN。

(2)非 IP 的物联网

①特点:使用专用协议进行通信。

②应用:工业控制、智能家居。

③技术:MQTT、CoAP、AMQP。

本书从按覆盖范围分类这个角度对物联网网络层技术进行介绍,将详细介绍蓝牙、ZigBee、Z-Wave、Wi-Fi、以太网、LoRaWAN、NB-IOT 等。

3.2 无线个域网技术

无线个域网(WPAN)主要解决的是最后几十米的通信问题。无线个域网主要采用 RFID 技术、ZigBee 技术、蓝牙技术、Z-Wave 技术、NFC(近距离通信)、UWB 技术和红外通信等技术,通常具有的特点是:低成本、低功耗和短距离。需要注意的是,无线个域网技术虽然属于网络技术,但在物联网的体系结构中,通常划分在感知层,在上一章物联网感知层技术中重点介绍了 RFID 技术和 ZigBee 技术,本章将对其他几种个域网技术做简单的介绍。

3.2.1 蓝牙技术

1. 蓝牙技术简介

蓝牙是一种短距离的无线通信技术,可实现固定设备、移动设备之间的数据交换。一般将蓝牙 3.0 之前的 BR/EDR 蓝牙称为传统蓝牙,而将蓝牙 4.0 规范下的 BLE 蓝牙称为低功耗蓝牙。

蓝牙是一种支持设备短距离通信(一般是10 m之内)的低功耗、低成本无线电技术。能在包括移动电话、PDA、无线耳机、笔记本电脑、相关外设等众多设备之间进行无线信息交换。它利用短程无线链路取代专用电缆,不但免去相互之间连接的麻烦,而且便于人们在室内或户外流动操作,具有广泛的应用前景,正受到全球各界的广泛关注。新兴的蓝牙技术已从萌芽期进入了壮大发展期,在无线通信、消费类电子和汽车电子以及工业控制领域得到广泛的应用。

"蓝牙"原是一位在10世纪统一丹麦的国王,他将当时的瑞典、芬兰与丹麦统一起来。用他的名字来命名这种新的技术标准,含有将四分五裂的局面统一起来的意思。蓝牙技术使用高速跳频(FH,Frequency Hopping)和时分多址(TDMA)等先进技术,在近距离内最廉价地将几台数字化设备(各种移动设备、固定通信设备、计算机及其终端设备、各种数字数据系统,如数字照相机、数字摄像机等,甚至各种家用电器、自动化设备)呈网状链接起来。蓝牙技术将是网络中各种外围设备接口的统一桥梁,它消除了设备之间的连线,取而代之以无线连接。

蓝牙是一种短距的无线通信技术,它的标准是IEEE802.15,工作在2.4 GHz频带,带宽为1 Mbit/s。电子装置彼此可以透过蓝牙而连接起来,省去了传统的电线。透过芯片上的无线接收器,配有蓝牙技术的电子产品能够在十米的距离内彼此相通,传输速度可以达到每秒钟1兆字节。以往红外线接口的传输技术需要电子装置在视线之内的距离,而现在有了蓝牙技术,这样的麻烦也可以免除了。

蓝牙是由东芝、爱立信、IBM、Intel和诺基亚于1998年5月共同提出的短距离无线数字通信的技术标准。其目标是实现最高数据传输速度1 Mbit/s(有效传输速度为721 kbit/s)、最大传输距离为10 m,用户不必经过申请便可利用2.4 GHz的ISM(工业、科学、医学)频带,在其上设立79个带宽为1 MHz的信道,用每秒钟切换1 600次的频率、滚齿方式的频谱扩散技术来实现电波的收发。

2. 蓝牙网络拓扑结构

(1)微微网

微微网(Piconet)是由采用蓝牙技术的设备以特定方式组成的网络。微微网的建立是由两台设备(如便携式电脑和蜂窝电话)的连接开始,最多由8台设备构成。所有的蓝牙设备都是对等的,以同样的方式工作。然而,当一个微微网建立时,只有一台主设备,其他均为从设备,而且在一个微微网存在期间将一直维持这一状况。

所有的用户都共享同一可以达到的资源(数据速率)。从设备最多只能有3个面向同步的连接(SCO)和一个面向异步的连接(ACL)同时进行。

(2)散射网

散射网(Scatternet)是由多个独立、非同步的微微网形成的。由多个独立的非同步的微微网组成的。它靠跳频顺序识别每个微微网。同一微微网所有用户都与这个跳频顺序同步。一个分布网络中,在带有10个全负载的独立的微微网的情况下,全双工数据速率超过6 Mbit/s。

3. 蓝牙协议体系

蓝牙协议体系结构可以分为底层硬件模块、核心协议层、高端应用层三大部分。

(1)底层硬件模块

链路管理(LM)、基带(BB)和射频(RF)构成了蓝牙的物理模块。RF 通过 2.4 GHz 的 ISM 频段,实现数据位流的传输,它主要定义了蓝牙收发器应满足的条件。基带负责跳频和蓝牙数据与信息帧的传输。基带就是蓝牙的物理层,它负责管理物理信道和链路中除了错误纠正、数据处理、调频选择和蓝牙安全之外的所有业务。基带在蓝牙协议栈中位于蓝牙无线电之上,基本上起链路控制和链路管理的作用,比如承载链路连接和功率控制这类链路级路由等。基带还管理异步和同步链路、处理数据包、寻呼、查询接入和查询蓝牙设备等。基带收发器采用时分双工 TDD 方案(交替发送和接收),因此除了不同的跳频之外(频分),时间都被划分为时隙。在正常的连接模式下,主单元总是以偶数时隙启动,而从单元则总是从奇数时隙启动(尽管它们可以不考虑时隙的序数而持续传输)。

链路管理负责连接的建立和拆除以及链路的安全和控制,它们为上层软件模块提供了不同的访问入口,但是 2 个模块接口直接的消息和数据传输必须通过蓝牙主机控制器(HCI)的解析。也就是说,HCI 就是蓝牙协议中软件和硬件接口的部分。它提供了一个调用下层的基带、链路管理器、状态和控制寄存器等硬件的同一命令接口。

HCI 以上的协议软件实体运行在主机上,而 HCI 以下的功能由蓝牙设备来完成,二者直接通过传输层进行交互。

(2)核心协议层

设计协议和协议栈的主要原则是尽可能地利用现有各种高层协议,保证现有协议与蓝牙技术的融合以及各种应用之间的互通性;充分利用兼容蓝牙技术规范的软硬件系统和蓝牙技术规范的开放性,便于开发新的应用。蓝牙标准包括 Core 和 Profiles 两大部分。Core 是蓝牙的核心,主要定义蓝牙的技术细节;Profiles 定义了在蓝牙的各种应用中的协议栈组成,并定义了相应的实现协议栈。

核心协议层是蓝牙协议的关键部分。包括实现物理层数据传输、管理底层链路功能的基带/链路控制器协议;用于链路的建立、安全和控制的链路管理器协议(LMP);定义主机与控制器间的命令接口协议;支持高层协议复用、帧的组装和拆分的逻辑链路控制与分配协议(L2CAP);实现发现蓝牙设备提供服务的服务发现协议(SDP)等。

①连接管理协议(LMP):负责蓝牙各设备间连接的建立。它通过连接的发起、交换、核实,进行身份验证和加密,通过协商确定基带数据分组大小;它还控制无线设备的电源模式和工作周期,以及微微网内设备单元的连接状态。

②逻辑链路控制和适配协议(L2CAP):是基带的上层协议,可以认为它与 LMP 并行工作。它们的区别在于当业务数据不经过 LMP 时,L2CAP 为上层提供服务。L2CAP 向上层提供面向连接的和无连接的数据服务,它采用了多路技术、分割和重组技术、群提取技术。L2CAP 允许高层协议以 64 K 字节收发数据分组。虽然基带协议提供了 SCO 和 ACL 两种连接类型,但 L2CAP 只支持 ACL。

③服务发现协议(SDP):发现服务在蓝牙技术框架中起到至关重要的作用,它是所有用

户模式的基础。使用 SDP,可以查询到设备信息和服务类型,从而在蓝牙设备间建立相应的连接。

(3)高端应用层

①RFCOMM 电缆替代协议:它是一种仿真协议,在蓝牙基带协议上仿真 RS-232 控制和数据信号,为上层协议提供服务。

②TCS 电话控制协议:它是面向比特的协议,定义蓝牙设备间建立数据和话音呼叫的控制信令和处理蓝牙 TCS 设备群的移动管理进程;AT-Command 控制命令集是定义在多用户模式下控制移动电话、调制解调器和用于仿真的命令集。

③与 Internet 相关的高层协议:它定义了与 Internet 相关的 PPP、UDP、TCP/IP 协议及无线应用协议 WAP。两个蓝牙设备必须具有相同的协议组才能进行通信。

④无线应用协议(WAP):是由无线应用协议论坛制定的,它融合了各种广域无线网络技术,其目的是将互联网内容和电话债券的业务传送到数字蜂窝电话和其他无线终端上。选用 WAP,可以充分利用为无线应用环境(WAE)开发的高层应用软件。

⑤点对点协议(PPP):在蓝牙协议栈中,点对点协议(PPP)位于 RFCOMM 之上,构成完整的串行端口仿真体系,完成点对点的连接。

⑥对象交换协议(OBEX):OBEX 是由红外数据协会制定的会话层协议,它采用简单的和自发的方式交换目标。OBEX 是一种类似于 HTTP 的协议,假设传输层是可靠的,采用客户机/服务器模式,独立于传输机制和传输应用程序接口(API)。电子名片交换格式(vCard)、电子日历及日程交换格式(vCal)都是开放性规范,它们都没有定义传输机制,而只是定义了数据传输模式。SIG 采用 vCard/vCal 规范,是为了进一步促进个人信息交换。

⑦TCP/UDP/IP 协议:TCP/UDP/IP 协议是由互联网工程任务组(IETF)制定的,广泛应用于互联网通信的协议。在蓝牙设备中使用这些协议,是为了与互联网相连接的设备进行通信。

4. 频率范围和信道

蓝牙系统工作在 2.45 GHz 的免授权 ISM 频段,因此需要与其他无线通信标准(如 WLAN)共享频段。不同国家的信道划分如下:在北美和欧洲使用 79 个间隔为 1 MHz 的频道,载频为 $2402+k$ MHz($k=0,1,\cdots,78$);在日本、法国、西班牙使用 23 个间隔为 1 MHz 的频道(早期规范,现逐步被淘汰),载频分别为:日本载频为 $2473+k$ MHz($k=0.1,\cdots,22$),法国载频为 $2454+k$ MHz($k=0.1,\cdots,22$),西班牙载频为 $2449+k$ MHz($k=0,1,\cdots,22$)。信道由在 79 个或者 23 个 RF 信道中跳变的 PN 跳变序列识别。

5. 跳频序列和跳频机制

2.4 GHz 的 ISM 频段中还有 802.11b、HomeRF 及微波炉、无绳电话等电子设备,为了与这些设备兼容,以及有效利用频谱、防止通信设备之间相互干扰,蓝牙采用了自适应跳频 AFH(Adaptive Frequency Hopping)、先听后说 LBT(Listen Before Talk)、功率控制等一系列独特的措施来克服干扰、避免冲突。

(1)跳频周期

每个微微网的跳变序列是唯一的,由主设备的蓝牙设备地址决定。跳变序列的相位由主设备的时钟确定。在微微网中,所有设备的时间基准和跳频频率均与主设备保持同步。信道被划分为连续的时隙,每个时隙固定为 625 μs,对应一个跳频频率,标准跳频速率为 1 600 跳/秒。系统采用时分双工机制实现主从设备交替传输。

(2)自适应跳频技术

自适应跳频技术是建立在自动信道质量分析基础上的一种频率自适应和功率自适应控制相结合的技术。它能使跳频通信过程自动避开被干扰的跳频频点,并以最小的发射功率、最低的被截获概率,达到在无干扰的跳频信道上长时间保持优质通信的目的。所谓频率自适应控制是在跳频通信过程中,拒绝使用那些曾经用过但是传输不成功的跳频频率集中的频点,即实时去除跳频频率集中被干扰的频点,使跳频通信在无干扰的可使用的频点上进行,从而大大提高跳频通信中接收信号的质量。

蓝牙 AFH 的步骤由设备识别、信道分类、分类信息交换、自适应跳频 4 部分组成。蓝牙 AFH 的步骤图如图 3-2 所示。

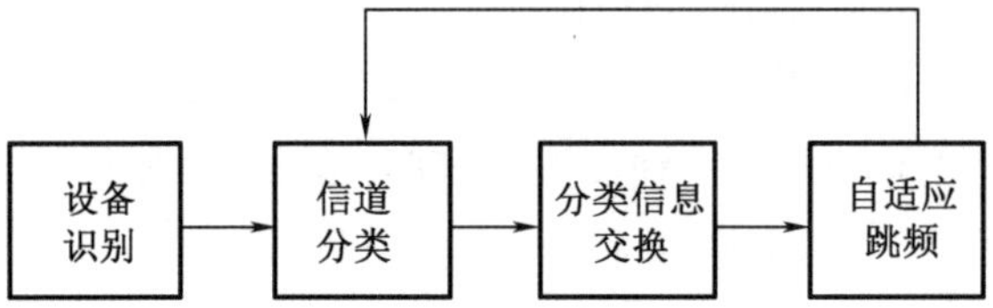

图 3-2　蓝牙 AFH 的步骤图

①设备识别:当一个从设备接入微微网时,在进行通信之前,首先由链路管理协议交换信息,以确定通信双方的设备是否支持 AFH 模式。LMP 信息中包含了二者通信应使用的最小信道数。主机按 LMP 协议先询问从设备是否支持 AFH,当从设备回答后,再进行 AFH 通信。

②信道分类:根据某一准则,按传输质量对信道进行分类。按 LMP 的格式形成一个分类表,在主设备和从设备之间交换信息后,以此分类表为依据进行自适应跳频。分类方法采用时分的形式,以保证抗瞬间的干扰。按信道的质量,把信道分成“好”信道与“坏”信道。可以用以下方法对信道的质量进行评估:首先接收设备对包损率 PLRs(Packet Loss Ratios)、有效载荷的 CRC、HEC、FEC 误差等参数进行测量。在测量 PLR 时,如果 PLR 超过了系统定义的门限,则宣布此信道为坏信道。从设备测量 CRC 时,也会自动检测此包的有效载荷的 CRC,如果校验码正确,则说明接收正确的包,否则宣布包丢失。

③分类信息交换:通过 LMP 命令通知网络中的成员,交换 AFH 的消息。主设备通过分类,把信道分为“好”信道、“坏”信道、未用信道,然后把信道分类情况通知从设备。同时,从设备把自己的情况通知主设备。主从设备之间建立联系,确定哪些信道可用、哪些不可用,为下一步自适应频率的产生做准备,执行 AFH 先进行跳频编辑,以选择合适的跳频频率。由于微微网中经常有新的通信建立或撤销,信道在不断变化,所以必须进行信道维护,周期性地重新对信道进行估计,及时发现不能用的信道。当微微网中工作设备较少时,还能自动调整功率,节省能量。

④自适应跳频：先进行跳频编辑，以选择合适的跳频频率。由于微微网中经常有新的通信建立或撤销，信道在不断变化，所以必须进行信道维护，周期性地重新对信道进行估计，及时发现不能用的信道。当微微网中的工作设备较少时，还能自动调整功率，节省能量。

6. 蓝牙状态

(1)蓝牙待命状态

蓝牙控制器主要运行在以下两种状态：待命(standby)和连接(connection)。微微网内总共有 7 种子状态可用于增加从单元或者实现连接。这些状态是寻呼(page)、寻呼扫描(page scan)、查询(inquiry)、查询扫描(inquiry scan)、主单元响应(master response)、从单元响应(slave response)和查询响应(inquiry response)。蓝牙待命状态如表 3-1 所示。

表 3-1　蓝牙待命状态

子状态	描述	触发条件
寻呼	主单元通过跳频信道发送从单元的设备接入码(DAC)，用于激活和连接从单元	主设备主动发起连接
寻呼扫描	从单元在扫描窗口内侦听自身的 DAC，使用单一跳频(源自寻呼跳频序列)	从设备处于可连接模式(等待主设备寻呼)
从单元响应	从单元响应主单元的寻呼消息，接收主单元的 FHS 数据包后进入连接状态	从设备检测到匹配的 DAC 并成功解码寻呼消息
主单元响应	主单元收到从单元响应后，发送 FHS 数据包给从单元，随后进入连接状态	主设备收到从设备的寻呼响应
查询	主单元通过广播查询消息(GIAC/DIAC)，发现周边蓝牙设备的地址和时钟信息	主设备主动发起设备发现(如手机搜索耳机)
查询扫描	设备侦听其他设备的查询消息(GIAC 或 DIAC)，可被发现的设备需处于此状态	从设备开启可发现模式(如耳机进入配对状态)
查询响应	从单元用 FHS 数据包响应查询，包含设备地址、时钟等信息。仅从单元可响应，主单元不响应	从设备检测到匹配的查询消息(GIAC/DIAC)

(2)连接状态

连接状态开始于主单元发送 POLL 数据包，通过这个数据包，主单元即可检查从单元是否已经交换到了主单元的时序和跳频信道，从单元即可以任何类型的数据包响应。

连接状态的蓝牙设备可以处于以下 4 种状态之下：激活、保持、休眠和监听模式。蓝牙技术中一个显著的技术难点就是如何实现这些状态之间的迁移，特别是从监听到活动(或者反之)更是相当有难度。蓝牙连接状态比较如表 3-2 所示。

表 3-2　蓝牙连接状态比较

激活	该模式下，主单元和从单元通过侦听、发送或者接收数据包而主动参与信道操作。主单元和从单元相互保持同步
休眠	该模式下，为了获得主单元发送给自己的消息而侦听每个时隙的从单元在指定的时隙上嗅探。结果从单元可以在空时隙睡眠而节约功率
保持	该模式下，某台设备可以临时不支持 ACL 数据包并进入低功耗睡眠模式，从而为寻呼、扫描等操作提供可用信道
监听	当某台从单元无须使用微微网信道却又打算维持和信道同步时，它可以进入监听模式，这种模式是一种低功耗模式，几乎没有任何活动。设备被赋予一个监听成员地址（Parking Member Address，PM ADDR）并失去其活动成员地址（Active Member Address，AM ADDR）

(3)蓝牙状态转换

蓝牙各种子状态可以相互转换，在待机模式下，如果设备有数据传输的需求，可以有两种方式进入连接模式。第一，如果主设备知道从设备的蓝牙地址，可以采用直接寻呼的方式进入连接状态。第二，这个时候主设备不知道从设备的地址，通过查询来获得从设备的蓝牙地址，再进行寻呼，进入连接状态；也可以从连接状态进入各种低功耗模式。但是在进行射频测试中，我们必须要进入蓝牙的测试模式。

在微微网建立之前，所有设备都处于就绪状态。在该状态下，未连接的设备每隔 1.28 秒监听一次消息，设备一旦被唤醒，就在预先设定的 32 个跳频频率上监听信息。跳频数目因地区而异，但 32 个跳频频率为绝大多数国家所采用。

连接进程由主设备初始化。如果一个设备的地址已知，就采用页信息建立连接；如果地址未知，就采用紧随页信息的查询信息建立连接。查询信息主要用来查询地址未知的设备（如公用打印机、传真机等），它与页信息类似，但需要附加一个周期来收集所有的应答。在初始页状态，主设备在 16 个跳频频率上发送一串相同的页信息给从设备，如果没有收到应答，主设备就在另外的 16 个跳频频率上发送页信息。主设备到从设备的最大时延为两个唤醒周期（2.56 s），平均时延为半个唤醒周期（0.64 s）。

在微微网中，无数据传输的设备转入节能工作状态。主设备可将从设备设置为保持方式，此时，只有内部定时器工作；从设备也可以要求转入保持方式。设备由保持方式转出后，可以立即恢复数据传输。连接几个微微网或管理低功耗器件（如温度传感器）时，常使用保持方式。监听方式和休眠方式是另外两种低功耗工作方式。在监听方式下，从设备监听网络的时间间隔增大，其间隔大小视应用情况由编程确定；在休眠方式下，设备放弃了 MAC 地址，仅偶尔监听网络同步信息和检查广播信息。各节能方式依电源效率高低排列为：休眠方式→保持方式→监听方式。

7. CC2541 低功率蓝牙片上系统

CC2541 是德州仪器（TI）推出的一款针对低功耗、私有 2.4 GHz 应用的功率优化的蓝牙 4.0 片上系统（SoC）解决方案，它使得使用低成本建立强健的蓝牙 4.0 网络节点成为可能,以充分满足消费类医疗、运动健身、安全、娱乐以及家庭自动化对蓝牙智能传感器的应用需求。CC2541 将射频收发器的出色性能和业界标准的增强型 8051MCU、系统内可编程闪存存储器、8KRAM 和很多其他功能强大的特性和外设组合在一起。CC2541 功耗比 CC2540(德州仪器上一代蓝牙 4.0 片上系统)降低 33%,且与 CC2540 引脚兼容,使得设备制造商可以通过轻松移植现有设计来充分发挥功耗优势。同时,CC2541 还配套提供 CC2541EMK 开发套件,可进一步简化新型蓝牙智能器件的设计,缩短开发时间。下面列出 CC2541 片上系统解决方案的部分特性,供参考。

(1)射频

①2.4 GHz 频率;

②支持 250 kbps、500 kbps、1 Mbps、2 Mbps 的数据速率。

(2)布局

①极少的外部组件;

②6 mm×6 mm 方形扁平无引脚封装;

③与 CC2540 引脚兼容(当不使用 USB 或者 I2C 时)。

(3)功率

①工作模式 RX:17.9 mA;

②工作模式 TX(0 dBm):18.2 mA;

③宽泛的电源电压范围(2 V~3.6 V)。

(4)微处理器

①具有代码预取功能的高性能、低功率 8051 微控制内核;

②128 K 或 256 K 系统可编程内存;

③在所有功率模式下具有保持功能的 8 KRAM;

④支持硬件调试。

(5)外设

①功能强大的 5 通道直接内存访问(DMA);

②通用定时器(1 个 16 位,2 个 8 位);

③红外(IR)生成电路;

④具有捕捉功能的 32 kHz 睡眠定时器;

⑤电池监视器和温度传感器;

⑥含 8 通道和可配置分辨率的 12 位模数转换器(ADC);

⑦高级加密标准(AES)安全协处理器;

⑧2 个功能强大的支持几个串行协议的通用异步接收发器(UART)I2C 接口。

(6)开发工具

①CC2541 评估模块工具包(CC2541EMK);

②CC2541 小型开发工具包(CC2541DK-MINI);

③SmartRF 软件;

④提供 IAR 嵌入式 Workbench3.2.2UWB 技术。

3.2.2 UWB 技术

1. UWB 简介

UWB 是一种无载波通信技术,利用纳秒至微微秒级的非正弦波窄脉冲传输数据。2002年4月,美国联邦通信委员会(FCC)发布了民用 UWB 设备使用频谱和功率的初步规定。规定中将相对带宽(信号带宽/中心频率)大于20%或在传输的任何时刻带宽大于500 MHz的通信系统称为 UWB 系统。FCC 对 UWB 系统所使用的频谱范围规定为3.1~10.6 GHz,发射器的发射功率不得高于41.3 dBm/MHz。由于 UWB 发射功率受限,进而限制了其传输距离,UWB 信号的有效传输距离在10 m 以内,所以普遍定位于无线局域网或无线个域网范畴。UWB 早期被用来应用在近距离高速数据传输,近年来开始利用其亚纳秒级超窄脉冲来做近距离精确室内定位。

2. UWB 通信方式

传统通信方式使用的是连续波信号,即本地振荡器产生连续的高频载波,需要传送信息通过例如调幅,调频等方式加载于载波之上,通过天线进行发送。现在的无线广播、4G 通信、Wi-Fi 等都是采用该方式进行无线通信。连续波信号产生示意图如图3-3所示。

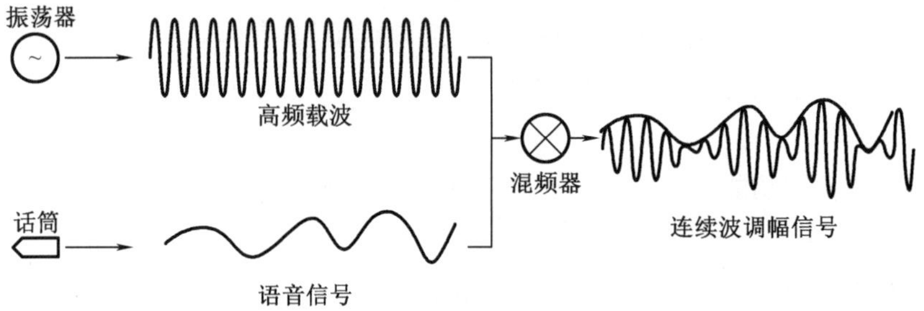

图 3-3 连续波信号产生示意图

UWB 信号不需要产生连续的高频载波,仅仅需要产生一个时间短至 nS 级以下的脉冲,便可通过天线进行发送。需要传送信息可以通过改变脉冲的幅度、时间、相位进行加载,进而实现信息传输。使用相位调制方式传输二进制归零码的 UWB 信号产生示意图如图3-4所示。

短脉冲信号机制是基于一种非常短且快速的脉冲信号来传输数据。这些脉冲信号的持续时间非常短,通常只有几纳秒到数百皮秒,而且它们的幅度也很低。

在 UWB 技术中,数据被编码为一系列的短脉冲,每个脉冲代表一个二进制位。这些脉冲信号可以通过调整它们的形状、幅度或频率来表示不同的数据。

当发送端想要传输数据时,它会生成一系列的短脉冲信号,并将它们发送出去。接收端会检测到这些脉冲信号,并根据它们的形状、幅度或频率来解码数据。

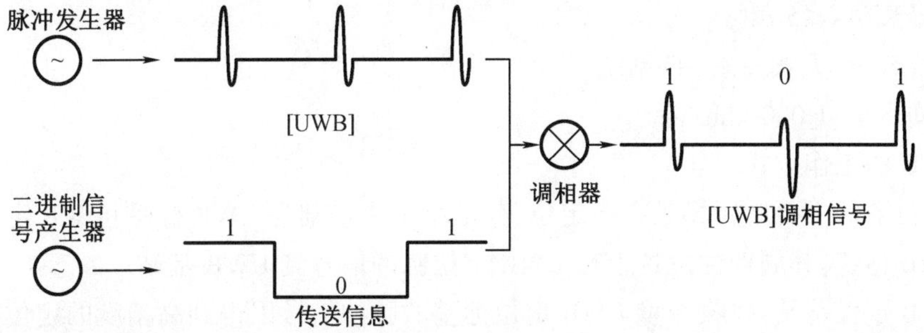

图 3-4　IR-UWB 信号产生示意图

由于这些脉冲信号的持续时间非常短,它们具有非常高的带宽,因此可以在非常短的时间内传输大量的数据。同时,由于这些脉冲信号的幅度很低,它们的能量也很小,因此在传输数据时需要的能量也非常少,从而降低了功耗和干扰。

总的来说,UWB 技术的短脉冲信号机制是一种非常有效的数据传输方式,它具有高带宽和低功耗的特点,使得 UWB 技术在高速数据传输、精确定位和跟踪、物体探测和通信安全等领域中具有广泛的应用前景。

3. UWB 的频域

UWB 无线通信的传输功率峰值不仅低于其他通信方式,而且其设定值低于美国联邦通信委员会(FCC)规定的无线电设备电磁噪声辐射限值[41.3 dBm/MHz(75 nW/MHz)]。UWB 无线通信方式与其他通信方式的功率谱密度带宽定性比较示意图如图 3-5 所示。

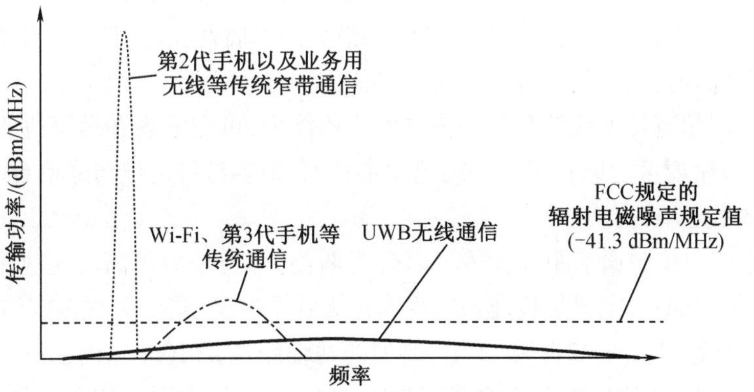

图 3-5　UWB 无线通信方式与其他通信方式的功率谱密度带宽定性比较示意图

4. UWB 的主要指标

①频率范围:3.1~10.6 GHz;

②系统功耗:1~4 mW;

③脉冲宽度:0.2~1.5 ns;

④重复周期:25 ns~1 ms;

⑤发射功率:<-41.3 dBm/MHz;

⑥数据速率:几十到几百 Mbit/s;

⑦分解多路径时延:≤1 ns;

⑧多径衰落:≤5 dB;

⑨系统容量:大大高于 3G 系统;

⑩空间容量:1 000 kbit/m^2。

5. UWB 的工作方式

UWB 目前的主要应用场景在于定位,其最小工作基础为 UWB 标签+UWB 定位基站。

①UWB 标签:其周期性发送上行 UWB 定位脉冲信号到 UWB 基站。

②UWB 定位基站:接收测量 UWB 定位标签的脉冲信号以得到高精度的定位数据。

6. 主要特点

①结构简单:当前的无线通信技术所使用的通信载波是连续的电波,载波的频率和功率在一定范围内变化,从而利用载波的状态变化来传输信息。UWB 不使用载波,它通过发送纳秒级脉冲来传输数据信号。UWB 收发器不需要复杂的载频调制解调电路和滤波器,它只需要一种数字方式来产生超短窄脉冲。因此,其可以大大降低系统复杂度,减少收发器的体积和功耗,系统结构的实现比较简单。

②高速度:在民用 UWB 系统中,UWB 信号的传输范围为 10m 以内,其传输速率可达 500 Mbit/s,是实现高速无线个域网的一种有效方式。

③低功耗:UWB 系统使用间歇的脉冲来发送数据,脉冲持续时间很短,占空比极低,系统耗电可以做到很低,在高速通信时系统的耗电量仅为几百 μW 到几十 mW。

④高安全性:由于 UWB 信号通常把信号能量弥散在极宽的频带范围内,对一般通信系统,UWB 信号相当于白噪声信号,并且在大多数情况下,UWB 信号的功率谱密度低于自然的电子噪声,从电子噪声中将脉冲信号检测出来是一件非常困难的事。

⑤抗多径能力强:UWB 发射的是持续时间极短的单周期脉冲,且占空比极低,多径信号在时间上是可分离的,因此具有很强的抗多径能力。

⑥定位精确:超宽带无线信号具有极强的穿透能力,可在室内和地下进行精确定位(相对位置),其定位精度可达厘米级。采用超宽带技术,很容易将定位与通信合一。

7. UWB 技术应用

UWB 技术应用按照通信距离大体可以分为两类:一类是短距离高速应用,数据传输速率可以达到数百 Mbit/s,主要是构建短距离高速无线个域网、家庭无线多媒体网络以及替代高速短程有线连接,如无线 USB 和 DVD,典型的通信距离是 10m 以内;另一类是中长距离(几十米以上)低速率应用,通常传输速率为 1 Mbit/s 量级,主要应用于无线传感器网络和低速率连接。

UWB 技术的重点应用领域包括:

①在雷达成像应用中,主要以 UWB 穿墙成像雷达为主。目前已有用于军事、抢险、反恐、资源探测方面的 UWB 穿墙成像雷达产品。UWB 穿墙成像技术产品往往都是利用持续时间极为短暂的 UWB 信号脉冲穿过一定厚度的墙壁,通过设置在成像设备上的信息屏幕,获取墙壁另一侧的物体(运动)信息。此外,大地探测雷达也可以应用 UWB 技术,其工作原理与穿墙雷达是相仿的。

②精确定位应用。UWB 由于其高分辨率,在精确测量定位系统中得到了广泛应用,汽车防碰雷达系统(车载 UWB 雷达)就是一个典型的例子。

③高速无线通信应用。UWB 可以作为一种短距离高速传输的无线接入手段,非常适合无线个域网的应用。UWB 将通过支持无线 USB 的应用,取代传统的无线接入手段,使无线高速 USB 应用成为可能。UWB 可应用于移动通信、计算机及其外设、消费电子、信息安全等诸多方面,如家用高清电视图像传送、数字家庭宽带无线连接、消费电子中高速数据传输。

3.2.3　Z-Wave 技术

1. Z-Wave 简介

Z-Wave 是由丹麦公司 Zensys(Zensys 在 2008 年被 SigmaDesigns 收购)所主导的无线组网规格,Z-Wave 联盟推动其发展,联盟成员多为智能家居领域厂商,涵盖全球多个国家和地区。尤其是国际大厂思科与英特尔的加入,强化了 Z-Wave 在智能家居领域的地位。就市场占有率而言,Z-Wave 技术在欧美普及率比较高。

Z-Wave 是一种新兴的基于射频的、低成本、低功耗、高可靠、适于网络的短距离无线通信技术。Z-Wave 采用低于 1 GHz 的频率,不同地区的 Z-Wave 频率有所不同,欧洲采用的是 868.42 MHz,美国采用的是 908.42 MHz,澳大利亚和巴西采用的是 921.42 MHz。Z-Wave 采用 FSK(频移键控)调制方式,支持 9.6 kbps 和 40 kbps 两种数据传输速率。其信号覆盖范围在室内约 30 m、室外可超过 100 m。相对于现有的各种无线通信技术,Z-Wave 技术是最低功耗和最低成本的技术,有力地推动着低速率无线个域网的发展。

协议支持 Z-Wave 和 Z-WaveLR 两种模式。Z-Wave 是 Mesh 网络,Z-WaveLR 是星型网络,这两种网络可以无缝兼容,100%共存。Z-Wave 网络最多可包含 232 个节点。节点可以重传消息以保证传递。两个节点之间的典型通信范围是 100 米。Z-WaveLR 可以包含 4 000 个节点。在 14 dBm(最大 30 dBm)的输出功率下可达 1.6 km 的直线距离。Z-Wave 技术具有强大的自组织网状网络能力,这意味着网络中的每个设备都可以作为中继器,帮助其他设备扩展信号范围,从而确保整个家庭的全面覆盖。Z-Wave 基本特性如表 3-3 所示。

表 3-3　Z-Wave 基本特性

特性	说明
频段	美国:908.42 MHz(免许可 ISM 频段) 欧洲:868.42 MHz 中国:868.4 MHz(部分地区)
通信方式	双向无线通信(全双工)
传输距离	室内 30~50 米(视环境而定),支持 Mesh 组网扩展
数据速率	9.6/40/100 kbps(Z-Wave1000 系列可达 100 kbps)
功耗	低功耗(电池设备可运行数年)
网络容量	最多 232 个节点(Z-WaveLR 可支持数千个节点)
安全性	AES-128 加密,支持安全配对(S2 安全框架)

Z-Wave 技术设计用于住宅、照明商业控制以及状态读取应用,例如抄表、照明及家电控制、供热通风与空气调节、接入控制、防盗及火灾检测等。Z-Wave 可将任何独立的设备转换为智能网络设备,从而可以实现控制和无线监测。Z-Wave 技术在最初设计时,就定位于智能家居无线控制领域。采用小数据格式传输,40 kbps 的传输速率就足以应对,早期甚至使用 9.6 kbps 的速率传输。与同类的其他无线技术相比,拥有相对较低的传输频率、相对较远的传输距离和一定的价格优势。

目前已有众多 Z-Wave 产品上市,涵盖多种智能设备,市场上有超过 4 700 种不同的 Z-Wave 产品,来自 300 家公司的超 1 200 种产品已通过认证,可前后兼容。

随着物联网发展和 Z-Wave 技术的升级完善,如 Z-Wave Plus 标准的推出,在智能家居领域应用会更广泛深入,还可能拓展到酒店控制系统、工业自动化、农业自动化等多个领域。

2. Z-wave 网络结构

Z-Wave 采用 Mesh 网络结构,设备之间可以互相通信并中继信号,从而扩大覆盖范围,增强可靠性。其网络结构主要包括设备角色、网络拓扑、编址方式等核心组成部分。

Z-wave 网络的节点分为三个等级。最高等级的节点是控制节点。它存储网络中的所有节点的拓扑信息,计算信息传输的路径,规定网络中所有节点的路由地址,在网络中可充当中继器。第二等级的节点是路由节点。与控制节点不同的是,路由节点只储存与它相关的部分网络拓扑信息,定义部分节点的路由地址,在网络中也可以充当中继器。最低等级的节点是从节点,它不存储拓扑信息,也不计算信息传输的路径,只是响应控制节点和路由节点传来的命令,并将反馈信息沿原路传回。从节点固定在 Z-Wave 网络的某一位置,必须时刻侦听网络命令,在网络中充当中继器。每一个 Z-Wave 网络都拥有自己独立的 32 位的网络地址,网络内每个节点的 8 位节点地址(Node ID)由控制节点分配。每个网络最多容纳 232 个节点,包括控制节点在内。Z-Wave 设备类型如表 3-4 所示。

表 3-4　Z-Wave 设备类型

设备类型	功能
控制器	主控设备(如智能家居 Hub),负责管理网络
路由从设备	可转发信号(如插座、开关)
非路由设备	仅接收和发送自身数据(如传感器)

Z-Wave 网络中的节点具有双向应答机制,当一个节点被分配了网络地址和节点地址并接入 Z-Wave 网络之后,节点能够自动寻找周围的邻居节点,邻居节点也会向这个新节点发送确认信息。控制节点发出寻找节点的信息后,获取新加入节点 A 的信息,然后分配地址给节点 A,节点 A 反馈信息给控制节点,确认加入 Z-Wave 网络。Z-Wave 组网如图 3-6 所示。

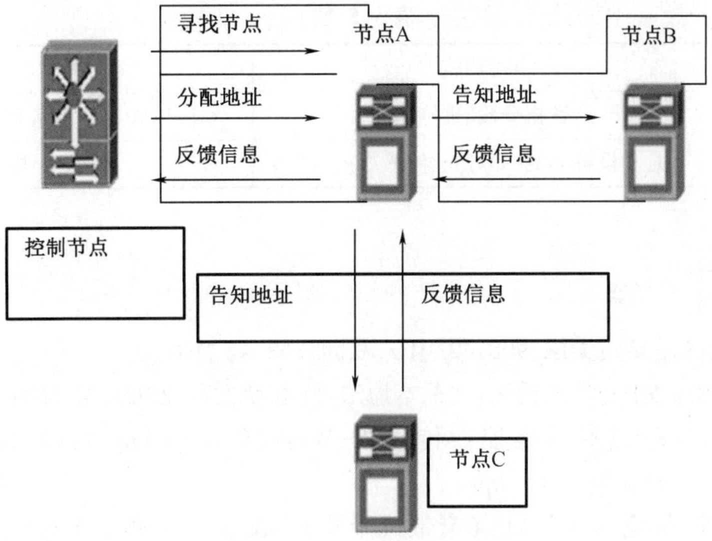

图 3-6　Z-Wave 组网

3. 节点管理与编址

(1) Home ID

①每个 Z-Wave 网络有唯一的 Home ID(32 位),由主控制器分配。

②用于区分不同网络(如邻居的 Z-Wave 设备不会干扰你的网络)。

(2) Node ID

①每个设备在网络内有唯一的 Node ID(8 位,范围 1~232)。

②主控制器固定为 Node ID 1,后续设备依次分配。

(3) 网络扩容

①Z-Wave 标准网络:最多 232 个节点(含控制器)。

②Z-Wave Long Range(LR):支持数千个节点,适用于大型商业场景。

4. Z-Wave 通信协议

Z-Wave 是一种专为智能家居和物联网设计的低功耗无线通信协议,工作在 Sub-1 GHz 频段(如 868 MHz、908 MHz),采用 Mesh 网状网络实现设备间通信。其协议栈分为物理层、媒体访问控制层、网络层、传输层和应用层,并支持 AES-128 加密保障安全性。

(1) Z-Wave 协议栈分层

Z-Wave 协议栈基于 ITU-TG. 9959 标准,Z-Wave 协议栈分层结构如表 3-5 所示。

表 3-5　Z-Wave 协议栈分层结构

协议层	功能	关键技术
物理层	调制信号、频段管理、数据传输	FSK/GFSK 调制,Sub-1 GHz 频段
媒体访问控制层	媒体访问控制,避免冲突,管理设备唤醒	CSMA/CA,Beam Routing(Z-Wave 700+)
网络层	路由管理、Mesh 组网、数据包转发	源路由(Source Routing)

表 3-5(续)

协议层	功能	关键技术
传输层	数据分段、重传、流控	ACK/NACK 确认机制
应用层	定义设备类型(如灯光、传感器)、指令集	Z-Wave 指令集

(2) 物理层

频段与调制:

①频段(地区差异):美国:908.42 MHz;欧洲:868.42 MHz。

②中国:868.4 MHz;其他地区:适配本地法规(如澳大利亚 921.42 MHz)。

③调制方式:FSK(频移键控),传统 Z-Wave(9.6/40 kbps);GFSK(高斯频移键控),Z-Wave500/700 系列(100 kbps)。

④信号特性:带宽约 400 kHz(窄带抗干扰)。发射功率通常 1 mW(0 dBm),最大 10 mW(10 dBm)。传输距离:室内为 30~50 米(视障碍物而定);室外为 100 米以上(Z-WaveLR 可达 1 千米)。

(3)媒体访问控制层

信道访问机制:

①CSMA/CA(载波侦听多路访问/冲突避免):发送数据前先监听信道,避免冲突。检测到信道繁忙时随机退避。

②FLiRS(Frequently Listening Routing Slave):适用于电池供电设备(如智能门锁);设备周期性唤醒并监听控制指令,实现节能与快速响应的平衡。Beam Routing(Z-Wave 700 及以上版本支持):采用定向信号传输技术,有效增强网络覆盖范围和通信可靠性。

帧结构:

Z-Wave 数据帧格式如表 3-6 所示。

表 3-6 Z-Wave 数据帧格式

字段	长度	说明
前导码	4 字节	同步接收方时钟
帧头	1 字节	帧类型(单播/组播/广播)
Home ID	4 字节	网络唯一标识
Node ID	1 字节	设备地址(1~232)
Payload	1~64 字节	数据(加密后)
CRC	2 字节	校验位

(4) 网络层(路由与 Mesh 组网)

路由机制:

①源路由(Source Routing):控制器预先计算路径,写入数据包头部。中间节点按路径转发,无须自主决策。

②路由表维护：控制器存储各节点间的跳数和链路质量。如信号强度发生变化时，路由表动态更新。

Mesh 网络特性：

①自修复：某节点失效时，自动选择备用路径。

②多跳中继：路由设备（如插座）可转发信号。

③限制：最多 4 跳（避免延迟过大），非路由设备（如传感器）不参与中继。

(5)传输层（可靠性保障）

数据分段与重组：

①大数据包（>64 字节）分片传输，接收方重组。

②每片需单独确认（ACK）。

确认与重传：

①ACK/NACK 机制：接收方成功解码后回复 ACK；超时未收到 ACK 则重传(最多 3 次)。

②优先级队列：安全指令（如门锁控制）优先传输。

(6)应用层（设备交互）

指令集（Command Classes）：

Z-Wave 通过标准化指令集控制设备。Z-Wave 标准化指令（部分）如表 3-7 所示。

表 3-7　Z-Wave 标准化指令（部分）

指令类	功能	示例指令
Basic	基础开关控制	Basic Set（开/关）
Switch Binary	二进制开关（灯、插座）	Switch On/Off
Sensor Multilevel	多级传感器数据（温、湿度）	Sensor Report
Door Lock	智能门锁控制	Door Lock Operation Set
Association	设备分组联动	Association Set

设备类型（Device Classes）：

①每个设备需声明类型（如 Light Dimmer、Thermostat）。

②控制器根据类型调用对应指令集。

(7)安全机制

加密与认证：

①AES-128 加密：所有通信数据加密。

②安全层级：S0（Legacy Security）级，早期版本，采用静态密钥，安全性较低（易受中间人攻击）。

③S2 级（推荐）：现代标准，支持 AES-128、安全配对（Secure Inclusion）加密钥交换（Diffie-Hellman）验证（防伪造）。

5. 技术优势

Z-Wave 联盟不断推动技术发展，如 Z-Wave Long Range 技术可允许高达+30 dBm 的发射功率,使传输距离大幅增加,利用现有的调制技术扩展了 Z-Wave 协议的覆盖范围,消除了对网络中继器或路由器的需求,还优化了电池寿命,提高了可扩展性。

Z-Wave 使用 Security2(S2)框架为智能家居设备和控制器提供端到端加密的高级安全性,认证可确保生态系统中的产品能相互配合使用,无论类型、品牌、制造商或版本如何,这在注重安全和设备兼容的智能家居市场中是重要优势。

(1)成本低

开发上采用集成化将多种器件集成在单个芯片上;设计安装时,系统设计相对简单;使用时,控制及信息交换通信量低,带宽仅 9.6 kbps,功耗低。

(2)覆盖性和稳定性良好

采用小数据格式传输,低传输频率使信号波衍射能力强,可绕过障碍物;支持网状网络拓扑,动态路由机制让设备可将信号重传,保证传输覆盖;双向传输,采用双向应答式传送机制、压缩帧格式、随机式逆演算法减少失真和干扰,且点对点通信网络不会因一个节点故障而影响其他节点。

(3)操作灵活便捷

将多种器件集成在小芯片上,易集成到尺寸要求严格的产品中,产品兼容互通性好;采用统一规格和标准,产品操作使用方式基本相同,组网操作简单。

(4)安全性高

使用行业标准的 AES128 加密,与网上银行协议相同,认证过程确保网络和设备免受黑客攻击。

6. 不足之处

(1)竞争压力较大

智能家居领域通信技术众多,如 Wi-Fi、蓝牙、ZigBee 等,各有优势和适用场景。Wi-Fi 覆盖广、速度快;蓝牙连接便捷,常用于短距离设备连接;ZigBee 组网能力强。Z-Wave 需不断创新升级以保持竞争力。

(2)市场碎片化问题

智能家居市场品牌和产品众多,各厂商标准和协议不同,导致市场碎片化。Z-Wave 虽有自身标准,但在与其他非 Z-Wave 设备和系统集成时,可能面临兼容性和互操作性挑战。

(3)用户认知和成本问题

部分消费者对 Z-Wave 技术了解有限,在选择智能家居产品时更关注品牌、功能和价格等。

(4)传输速度相对较慢

Z-Wave 的传输速率通常在 9.6 kbps 到 100 kbps 之间,相比 Wi-Fi 等技术,其数据传输速度较慢。这意味着在传输大量数据,如高清视频监控数据时会受到限制,可能导致视频卡顿、不流畅等情况,无法满足对实时性和数据量要求较高的应用场景。

(5)成本问题

Z-Wave 设备通常需要内置 Z-Wave 芯片等相关模块,这使得 Z-Wave 设备的生产成本相对较高。较高的成本会反映在产品价格上,导致消费者购买 Z-Wave 智能家居设备的成本增加,一定程度上影响了其市场普及程度。

(6)兼容性存在挑战

虽然 Z-Wave 有自己的标准协议,但在实际应用中,不同厂商生产的 Z-Wave 设备之间可能存在兼容性问题。此外,与其他非 Z-Wave 通信技术的设备进行集成时,也可能会遇到困难,需要额外的网关或转换设备来实现互联互通,增加了系统的复杂性和成本。

7. 应用领域

(1)家庭自动化

能实现照明、家电、窗帘等设备的远程和自动化控制,可设置不同场景模式,一键调整设备状态。可将家庭中的电视、音响、投影仪等音视频设备连接起来,通过一个智能终端实现对所有设备的统一控制。用户可以用手机或平板电脑轻松切换电视频道、调节音量、播放音乐或视频等,无须使用多个遥控器。结合灯光、窗帘等设备,创建不同的娱乐场景。例如,在观影模式下,自动关闭主灯、拉上窗帘、打开投影仪和音响,并将电视切换到合适的输入源;在音乐模式下,调暗灯光,将音响设置为合适的音效模式,营造出舒适的娱乐氛围。

(2)安全与监控

支持智能门锁等多种开锁方式,可远程控制和查看记录;连接安防设备,在异常时发送信号和开启录像;烟雾和气体探测器通过时可及时传输危险信息。

(3)环境与能源管理

连接温湿度传感器和相关设备,自动调节室内温湿度;智能插座可查看用电情况和远程控制开关,实现节能。

(4)医疗设备互联

可将家庭中的一些医疗监测设备,如智能血压计、血糖仪、体脂秤等连接起来,实现数据的自动采集和传输。患者测量完数据后,设备通过 Z-Wave 网络将数据同步到手机或家庭医疗终端上,方便患者及家人随时查看,也可上传至云端供医生远程诊断。

(5)智能护理设备控制

对于有特殊需求的家庭,如照顾行动不便的老人或病人,Z-Wave 可以控制智能护理床的升降、角度调节等功能,还能与呼叫按钮等设备连接,方便患者随时呼叫家人或医护人员。

(6)灌溉系统自动化

应用于家庭花园或小型温室的灌溉系统中,通过连接土壤湿度传感器和智能灌溉控制器,Z-Wave 技术可以根据土壤湿度自动控制灌溉设备的开启和关闭。当传感器检测到土壤湿度低于设定值时,自动启动浇水设备,保持土壤适宜的湿度,实现精准灌溉,节约水资源。

(7)环境监测与设备控制

可以连接温度、光照、二氧化碳等环境传感器,实时监测花园或温室的环境数据。根据监测数据,自动控制通风设备、遮阳帘等设备,为植物生长创造最佳环境条件。例如,当温度过高时,自动开启通风扇;当光照过强时,自动放下遮阳帘。

(8)宠物喂食与饮水设备控制

能与智能宠物喂食器和饮水机连接,主人可以通过手机远程控制喂食器的出粮时间和出粮量,以及饮水机的换水和加水时间;还可以设置定时任务,确保宠物按时获得食物和水。

(9)宠物活动监测与安全防护

在宠物项圈或宠物屋中安装Z-Wave传感器,可实时监测宠物的活动状态和位置信息。当宠物离开设定的安全区域时,主人会收到手机提醒。此外,还可以与宠物屋的智能门锁连接,控制宠物屋的开关,为宠物提供一个安全舒适的生活环境。

3.3 局域网技术

局域网的研究开始于20世纪70年代初,一些大学和研究机构提出了不同的局域网技术设计思想。1975年,美国施乐公司研制出了基于总线的局域网产品——以太网。到了20世纪80年代,局域网已经得到了广泛的应用,占主导地位的技术主要有以太网、令牌环网和令牌总线网三种。这三种数据格式和控制方式各不相同。为了解决标准化问题,美国电气和电子工程师协会(IEEE)成立了局域网标准委员会(简称IEEE 802委员会),主要研究局域网内部的数据传输和控制,不考虑路由和交换机,针对OSI参考模型里的数据链路层和物理层。

1. 局域网概述

局域网是指在一个小范围内(如家庭、办公室、学校等)连接计算机和其他设备的网络。局域网技术是现代通信技术的重要组成部分,它为数据的快速传输、资源共享以及设备间的通信提供了基础架构。随着互联网和物联网的快速发展,局域网技术也在不断创新和完善,从传统的有线网络到现代的无线网络,它已经成为现代通信中不可或缺的一部分。

局域网是一种局部的、限制在一定区域内的计算机网络。它通常用于连接同一地理区域内的设备,例如办公室中的计算机、打印机、交换机、路由器、无线接入点等。局域网的主要特点是高数据传输速率、较短的传输距离和相对较低的成本。

局域网通常采用星型、总线型、环型等拓扑结构,并且使用不同的网络协议和传输介质来实现设备间的通信。

2. 局域网的组成

局域网由多个组成部分共同构成,包括硬件、软件和通信协议等。以下是局域网的主要组成部分:

(1)网络设备

局域网中的网络设备有助于实现设备间的通信,数据的转发、交换和控制等。

①交换机(Switch):交换机是局域网中常用的网络设备,它用于连接各个计算机、服务器和其他设备。交换机根据MAC地址来转发数据包,并且只将数据发送给目标设备,从而提高了网络的效率和带宽利用率。

②路由器(Router):路由器用于连接不同的网络,通常在局域网与广域网(例如互联网)之间起到桥接作用。它根据IP地址将数据包从一个网络路由到另一个网络。

③集线器(Hub):集线器是最早的网络设备,作用是将多个设备连接到同一网络上,但它不具备智能,只是简单地广播数据,其效率低,容易导致冲突。现代网络中集线器已被交

换机取代。

④网关(Gateway):网关通常用于不同网络协议之间的转换,它能够连接不同类型的网络,如局域网与广域网之间、IPv4与IPv6之间的转换。

⑤无线接入点(Access Point):无线接入点是提供无线局域网接入服务的设备,允许无线设备(如手机、笔记本等)通过Wi-Fi连接到局域网。

(2)传输介质

传输介质是局域网中的物理媒介,用于传输数据。根据传输介质的不同,局域网可以分为有线局域网和无线局域网。

①有线局域网

双绞线(Twisted Pair Cable):最常见的局域网传输介质之一,分为UTP(非屏蔽双绞线)和STP(屏蔽双绞线)。双绞线常用于连接交换机、路由器和计算机。

光纤(Fiber Optic Cable):用于高带宽、大距离的传输,具有较高的抗干扰性,适用于需要高速、长距离传输的场景。

同轴电缆(Coaxial Cable):较老的传输介质,现在在局域网中的使用逐渐减少,主要用于有线电视传输。

②无线局域网

Wi-Fi:是一种基于IEEE 802.11标准的无线通信技术,通过无线电波实现设备间的无线通信。Wi-Fi广泛应用于家庭、办公室和公共场所,提供灵活的连接方式。

蓝牙:是一种短距离无线通信技术,主要用于设备之间的近距离通信,如连接耳机、键盘、鼠标等设备。

3. 局域网协议与标准

局域网中使用各种协议来确保数据的有效传输和设备的互操作性。以下是一些常见的局域网协议和标准:

(1)IEEE 802标准

IEEE 802标准是局域网和城域网中设备互联的基本标准,涵盖了局域网的各个层次。

①IEEE 802.3:以太网标准,定义了局域网中数据链路层和物理层的通信协议,是目前最广泛使用的局域网协议。以太网协议通过MAC地址标识设备,通过CSMA/CD机制来处理设备间的数据冲突。

②IEEE 802.11:Wi-Fi标准,规定了无线局域网的物理层和数据链路层通信规范。它支持不同的数据速率(如802.11b/g/n/ac),并在频段、信号强度和安全性等方面进行规定。

③IEEE 802.15:定义了无线个人局域网,如蓝牙标准,它规定了低功耗、短距离无线通信协议。

(2)TCP/IP协议族

局域网中的通信协议大多数基于TCP/IP协议族,特别是IPv4和IPv6协议。

①IPv4:局域网中常用的IP地址协议,提供32位地址,支持约42亿个IP地址。

②IPv6:IPv4地址空间接近枯竭,IPv6采用128位地址,支持更多的IP地址,并具备更好的安全性和更高的效率。

③TCP/UDP:传输控制协议(TCP)和用户数据报协议(UDP)是局域网中数据传输的核心协

议。TCP 是面向连接的协议,提供可靠的数据传输;UDP 是无连接的协议,适用于实时通信。

4. 局域网拓扑结构

局域网的拓扑结构决定了网络中设备的连接方式和数据传输路径。常见的局域网拓扑结构有以下几种:

(1) 星型拓扑(star Topology)

①特点:在星型拓扑中,所有的设备通过交换机或集线器连接到中心节点。中心节点充当数据传输的中介,设备间的通信需要通过中心节点进行。

②优点:易于管理,单个设备故障不会影响到其他设备,扩展方便。

③缺点:中心节点故障会导致整个网络瘫痪。

(2) 总线拓扑(bus topology)

①特点:所有设备通过一条共享的传输线(总线)连接,数据在总线上广播传输。

②优点:布线简单,成本低。

③缺点:如果总线出现故障,整个网络都将受到影响,数据传输的效率较低。

(3)环型拓扑(ring topology)

①特点:设备形成一个闭环,数据沿着环路传递,直至到达目标设备。

②优点:数据传输有序,适用于小型网络。

③缺点:任何一台设备或环路的断裂都会导致整个网络瘫痪。

(4) 网状拓扑(mesh topology)

①特点:每个设备与网络中的其他设备都有直接的连接路径,适用于需要高可靠性和冗余的网络环境。

②优点:冗余多,可靠性高。

③缺点:布线复杂,成本较高。

5. 局域网的管理与安全

局域网的管理和安全是保障网络正常运行的关键。

(1) 网络管理

①网络拓扑管理:监控局域网中设备的连接和数据流动,优化网络性能。

②带宽管理:通过流量控制和带宽限制,保证关键应用的带宽需求。

③故障监测与排除:通过网络监控工具(如 SNMP)检测网络中的故障并进行排除。

(2) 网络安全

①防火墙:防火墙用于监控和控制进出局域网的数据流,防止未经授权的访问。

②入侵检测与防御系统(IDS/IPS):用于监测和防止网络入侵、恶意攻击和不安全的行为。

③加密与认证:通过加密技术保护网络中传输的数据,并通过认证机制确保只有授权设备能够访问网络资源。

3.3.1 以太网

1. 以太网简介

以太网协议(Ethernet Protocol)是一种广泛应用于局域网(LAN)和广域网(WAN)的计

算机网络通信协议。它是一种基于共享介质的局域网技术,最早由 Xerox、Intel 和 Digital Equipment Corporation(DEC)于 20 世纪 70 年代开发,并在 20 世纪 80 年代初由 IEEE 标准化为 IEEE 802.3。以太网根据最大传输速率的不同可以分为标准的以太网(10 Mbit/s)、快速以太网(100 Mbit/s)、千兆以太网(1 000 Mbit/s)和万兆以太网(10 Gbit/s)。

2. 计算机网络模型

为了实现网络通信的标准化,普及网络应用,国际标准化组织(ISO)将整个以太网通信结构制定了 OSI(Open System Interconnection)模型。OSI 定义了网络互连的七层框架(物理层、数据链路层、网络层、传输层、会话层、表示层、应用层),即 OSI 开放互联系统参考模型。每个层功能不同,网络通信中各司其职,整个模型包括硬件和软件定义。OSI 参考模型如图 3-7 所示。

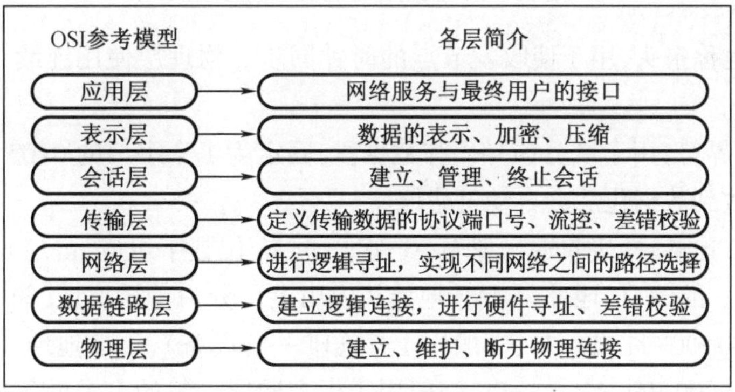

图 3-7　OSI 参考模型

在一定程度上参考了 OSI 模型后,产生了 TCP/IP 协议。TCP/IP 协议是指能够在多个不同网络间实现信息传输的协议簇。TCP/IP 协议不仅仅指的 TCP 和 IP 两个协议,而是指一个由 FTPSMTP、TCP、UDP、IP 等协议构成的协议簇,只是因为在 TCP/P 协议中 TCP 协议和 IP 协议最具代表性,所以被称为 TCP/IP 协议。

在 TCP/IP 协议中,OSI 七层参考模型被简化为五层,TCP/IP 五层模型如图 3-8 所示。

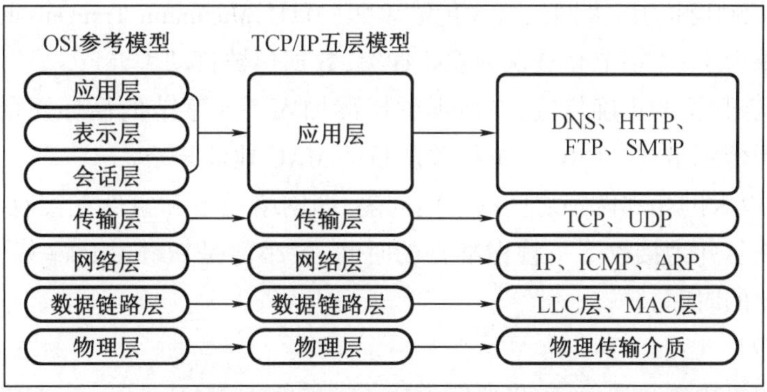

图 3-8　TCP/IP 五层模型

在 TCP/IP 五层参考模型中,数据链路层又被分为 LLC 层(逻辑链路层)和 MAC 层(媒体介质访问层)。LLC 层和 MAC 层是软、硬件的分界线。如 PC 的网卡主要负责实现参考模型中的 MAC 子层和物理层。

3. 以太网传输格式

IEEE 802.3 规定了以太网传输数据包的帧格式:前导码、帧起始界定符、目的 MAC 地址、源 MAC 地址、类型/长度、数据、校验位。以太网传输数据包的帧格式如图 3-9 所示。

前导码	SFD	DA	SA	Type/Length	DATA	FCS
前导码+帧起始界定符 7 Byte+1 Byte		目的MAC地址 6 Byte	源MAC地址 6 Byte	类型/长度 2 Byte	数据 46~1 500 Byte	校验 4 Byte

图 3-9　以太网传输数据包的帧格式

①前导码:也称报头,用于使收发节点的时钟同步。物理层使用连续 7 个字节的 0x55 实现数据的同步。

②帧起始定界符:用于区分前导码与数据段,固定为 1 个字节的 0xD5。字段和帧起始界定符在 MAC 收到数据包后会自动过滤掉。

③目的 MAC 地址:即接收端物理 MAC 地址,由 48 位数字组成,占用 6 个字节,每个设备都有且仅有唯一的 MAC 地址。MAC 地址从应用上可分为单播地址(第一个字节的最低位为 0,比如 0-00-00-11-11-11,一般用于标志唯一的设备)、组播地址(第一个字节的最低位为 1,比如 01-00-00-11-11-11,一般用于标志同属一组的多个设备)和广播地址(所有 48 bit 全为 1,即 FF-FF-FF-FF-FF-FF,用于标志同一网段中的所有设备)。

④源 MAC 地址:即发送端物理 MAC 地址,占用 6 个字节。

⑤数据包类型/长度:2 字节,当这两个字节的值小于 1 536(十六进制为 0x0600)时代表该以太网中数据段的长度;如果这 2 个字节的值大于 1 536,则表示与以太网帧相关的 MAC 客户端协议的类型,例如 0x0800 代表 IP 协议(网际协议)、0x0806 代表 ARP 协议(地址解析协议)等。

⑥数据:数据是 MAC 包的核心内容,它包含的数据来自 MAC 的上层,长度为 46~1 500 字节。最大值 1 500 称为以太网的最大传输单元(MTU,Maximum Transmission Unit)。接收到的数据包如果少于 64 字节会被认为发生冲突,数据包被自动丢弃。

⑦校验:确保数据的正确传输,在数据的尾部加入了 4 字节的循环冗余校验码(CRC)来检验数据是否传输错误。CRC 数据校验从目的 MAC 地址开始。

⑧帧间隙:以太网相邻两帧之间的时间间隔,即网络设备和组件在接收一帧之后,需要短暂的时间来恢复并为接收下一帧做准备的时间,最小值是 96 bit time(媒介中发送 96 位原始数据所需要的时间)。

4. ARP 协议

在以太网中要想进行通信,首先要知道接收端的物理 MAC 地址,而 ARP 协议就是根据目的设备的 IP 地址(逻辑地址)获取 MAC 地址的一种 TCP/IP 协议。

ARP 协议分为 ARP 请求和 ARP 应答,源主机发起查询目的 MAC 地址的报文称为

ARP 请求,目的主机响应源主机并发送包含本地 MAC 地址的报文称为 ARP 应答。

当主机需要找出网络中的另一个主机的物理地址时,它就可以发送一个 ARP 请求报文,这个报文包含了发送方的 MAC 地址和 IP 地址以及接收方的 IP 地址。因为发送方不知道接收方的物理地址,所以这个查询分组会在网络层中进行广播,即 ARP 请求时发送的接收方物理地址为广播地址。此时局域网中的所有主机都会进行接收并处理这个 ARP 请求报文,然后进行验证,查看接收方的 IP 地址是不是自己的地址。是,则返回 ARP 应答报文(含接收方的 IP 地址和物理地址);不是,则不响应。

主机 B 利用收到的 ARP 请求报文中的请求方物理地址,以单播的方式直接发送给主机 A,主机 A 将收到的 ARP 应答报文中的目的 MAC 地址解析出来,将目的 MAC 地址和目的 IP 地址更新至 ARP 缓存表中。当再次和主机 A 通信时,可以直接从 ARP 缓存表中获取,而不用重新发起 ARP 请求报文。ARP 缓存表中的表项有过期时间(一般为 20 分钟),过期之后,需要重新发起 ARP 请求以获取目的 MAC 地址。以太网 ARP 数据包格式如图 3-10 所示。

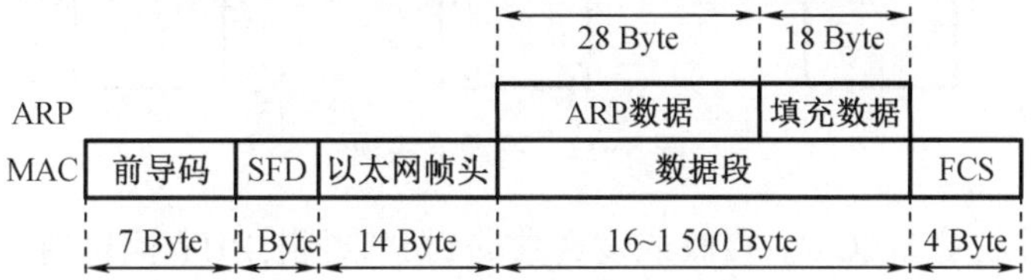

图 3-10　以太网 ARP 数据包格式

ARP 数据位于以太网帧格式的数据段中。28 字节的 ARP 数据位于以太网格式的数据段。由于以太网数据段最少为 46 个字节,而 ARP 数据包总长度为 28 个字节,因此在 ARP 数据段后面需要填充 18 字节的数据,以满足以太网传输格式的要求,填充的数据可以为任意值,但一般为 0。ARP 数据包格式如图 3-11 所示。

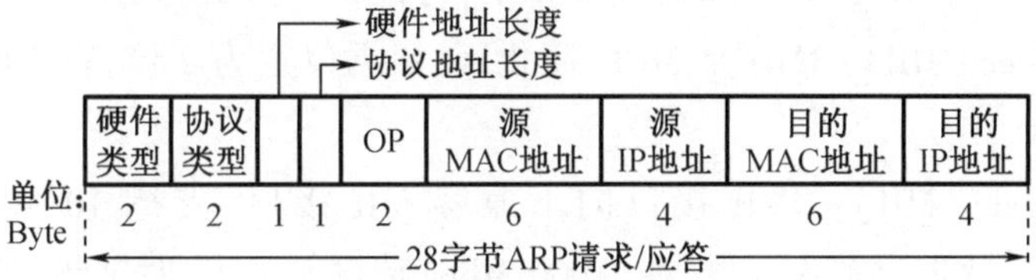

图 3-11　ARP 数据包格式

①硬件类型(Hardware type):硬件地址的类型,1 表示以太网地址。

②协议类型(Protocol type):要映射的协议地址类型,ARP 协议的上层协议为 IP 协议,因此该协议类型为 IP 协议,其值为 0x0800。

③硬件地址长度(Hardware size):硬件地址(MAC 地址)的长度,以字节为单位。对于以太网上 IP 地址的 ARP 请求或者应答来说,该值为 6。

④协议地址长度(Protocol size):IP 地址的长度,以字节为单位。对于以太网上 IP 地址的 ARP 请求或者应答来说,该值为 4。

⑤OP(Opcode):操作码,用于表示该数据包为 ARP 请求或者 ARP 应答。1 表示 ARP 请求,2 表示 ARP 应答。

⑥源 MAC 地址:发送端的硬件地址。

⑦源 IP 地址:发送端的协议(IP)地址,如 192.168.1.102。

⑧目的 MAC 地址:接收端的硬件地址,在 ARP 请求时由于不知道接收端 MAC 地址,因此该字段为广播地址。

5. RGMII 接口

在物理层,由 IEEE 802.3 标准规定了以太网使用的传输介质、传输速度、数据编码方式和冲突检测机制,物理层一般是通过一个 PHY 芯片实现其功能的。物理层实现如图 3-12 所示。

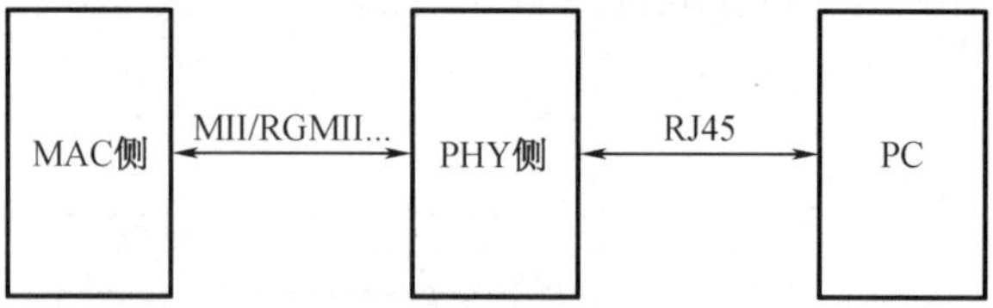

图 3-12　物理层实现

FPGA 可以看成是 MAC 侧,接收或发送数据到 PHY 侧,PHY 侧再通过网线接口和其他设备进行连接。PHY 层在发送数据的时候,接收 MAC 层发过来的数据,把并行数据转化为串行流数据,按照物理层的编码规则把数据编码转换为模拟信号发送出去,收数据时的流程反之。

MII 为媒体独立接口,用以连接以太网 MAC 层和 PHY 芯片,常用接口有 MII、RMII、GMII、RGMII。

①MII(Medium Independent Interface,媒体独立接口):MII 支持 10 Mbps 和 100 Mbps 的操作,数据位宽为 4 位,在 100 Mbps 传输速率下,时钟频率为 25 MHz。

②RMII(Reduced MII):RMII 是 MI 的简化版,数据位宽为 2 位,在 100 Mbps 传输速率下,时钟频率为 50 MHz。

③GMII (Gigabit MII):GMII 接口向下兼容 MII 接口,支持 10 Mbps、100 Mbps 和 1000 Mbps 的操作,数据位宽为 8 位,在 1 000 Mbps 传输速率下,时钟频率为 125 MHz。

④RGMII (Reduced GMII):RGMII 是 GMII 的简化版,数据位宽为 4 位,在 1 000 Mbps 传输速率下,时钟频率为 125 MHz,在时钟的上下沿同时采样数据。在 100 Mbps 和 10 Mbps 通信速率下,为单个时钟沿采样。

在千兆以太网中,常用的接口为 RGMI 和 GMII 接口。RGMII 接口的优势是同时适用于 10 Mbps/100 Mbps/1 000 Mbps 通信速率,同时占用的引脚数较少。但 RGMII 接口在 PCB 布线时需要尽可能对时钟、控制和数据线进行等长处理,且时序约束相对也更为严格。RGMII 接口连线图如图 3-13 所示。

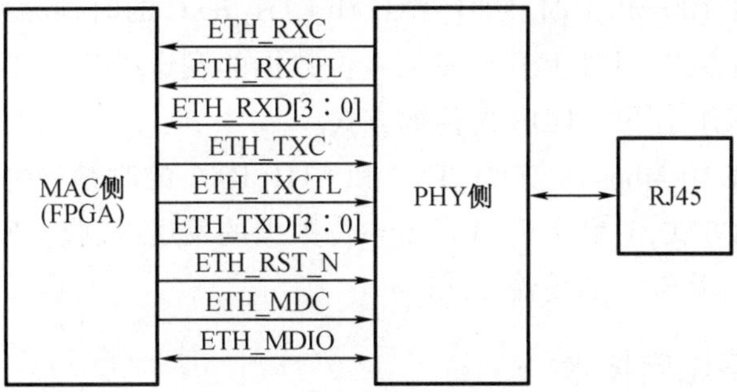

图 3-13　RGMII 接口连线图

①ETH_RXC:接收数据参考时钟,1 000 Mbps 速率下,时钟频率为 125 MHZ,时钟为上下沿同时采样;100 Mbps 速率下,时钟频率为 25 MHz;10 Mbps 速率下,时钟频率为 2.5 MHz,ETH_RXC 由 PHY 侧提供。

②ETH_RXCTL:接收数据控制信号。

③ETH_RXD[3:0]:四位并行的接收数据线。

④ETH_TXC:发送数据参考时钟,1 000 Mbps 速率下,时钟频率为 125 MHZ,时钟为上下沿同时采样;100 Mbps 速率下,时钟频率为 25 MHz;10 Mbps 速率下,时钟频率为 2.5 MHz,ETH_TXC 由 MAC 侧提供。

⑤ETH_TXCTL:发送数据控制信号。

⑥ETH_TXD[3:0]:四位并行的发送数据线。

⑦ETH_RST_N:芯片复位信号,低电平有效。

⑧ETH_MDC:数据管理时钟(Management Data Clock),该引脚对 ETH_MDIO 信号提供了一个同步的时钟。

⑨ETH_MDIO:数据输入/输出管理(Management Data Input/Output),该引脚提供了一个双向信号,用于传递管理信息。

其中 ETH_RXC、ETH_RXCTL 和 ETH_RXD 为 MAC 接收侧引脚;ETH_TXC、ETH_TXCTL 和 ETH_TXD 为 MAC 发送侧引脚;ETH_MDC 和 ETH_MDIO 为 MDIO 接口引脚,用于配置 PHY 芯片内部寄存器;ETH_RST_N 为 PHY 芯片硬件复位信号。

RGMII(精简千兆介质无关接口)是一种采用 4 位数据总线的高效千兆以太网接口标准,通过 DDR(双倍数据速率)技术实现数据压缩传输。在千兆模式下,接口使用 125 MHz 时钟,在时钟上升沿传输数据低 4 位(0~3),下降沿传输高 4 位(4~7),从而实现每个时钟周期传输 8 位数据。控制信号 ETH_TXCTL 和 ETH_RXCTL 同样采用 DDR 编码:上升沿传输数据使能信号(TX_EN/RX_DV),下降沿传输使能信号与错误信号的异或值(TX_EN⊕TX_ERR 或 RX_DV⊕RX_ERR)。只有当控制信号的上升沿和下降沿同时为高电平时,才表示数据有效且无错误。该接口相比传统 GMII 将数据线数量从 8 位减少到 4 位,显著降低了 PCB 布线复杂度,同时保持对 10/100/1 000 Mbps 三速的兼容性,并满足 IEEE 802.3 标准中严格的时序要求(建立/保持时间分别≥1.5 ns/0.8 ns),是当前千兆以太网 PHY-MAC 连接的优选方案。

当 RGMII 工作在 100 Mbps 时,ETH_TXC 和 ETH_RXC 的时钟频率为 25 MHz,采用单数据速率(SDR)传输方式,时钟上升沿完成 4 位数据的发送/接收。ETH_TXCTL 和 ETH_RXCTL 控制信号仍采用上下沿 DDR 的传输方式。

当 RGMII 工作在 10 Mbps 时,ETH_TXC 和 ETH_RXC 的时钟频率为 2.5 MHz,采用单数据速率(SDR)传输方式,时钟上升沿完成 4 位数据的发送/接收。ETH_TXCTL 和 ETH_RXCTL 控制信号也采用 SDR 的传输方式。

3.3.2 无线局域网技术

1. 无线局域网概述

(1)无线局域网简介

在这个互联网、移动互联网的时代,有线网络已经得到了广泛应用,以快捷高效、组网灵活为优势的无线网络技术正在飞速发展,且在部分场合已经体现出取代有线网络的迹象。之前计算机组网的传输媒介通常是双绞线、铜缆和光纤,构成有线局域网。但在某些场合,有线网络要受到布线的限制,布线、改线工程量大,线路容易损坏,网中的各节点不可移动。特别是当要把相距较远的节点连接起来时,敷设专线的布线施工难度大、费用高、耗时长,无线局域网正好能很好地解决有线网络的这些问题。无线局域网是计算机网络与无线通信技术相结合的产物。从专业角度讲,无线局域网利用了无线多址信道的一种有效方法来支持计算机之间的通信,并为通信的移动化、个性化和多媒体应用提供了可能。通俗地说,无线局域网就是在不采用传统线缆的同时,提供以太网或者令牌网络的功能。

无线网络的初步应用,可以追溯到 60 多年前的第二次世界大战期间,当时美国陆军采用无线电信号作为资料的传输。他们研发出了一套无线电传输科技,并且采用相当高强度的加密技术,当时美军和盟军都广泛使用这项技术。这项技术让许多学者得到了灵感,在 1971 年,夏威夷大学的研究员创造了第一个基于封包式技术的无线电通信网络,这被称作 ALOHNET 的网络,可以算是相当早的无线局域网络。这最早的 WLAN 包括了 7 台计算机,它们采用双向星型拓扑,横跨四座夏威夷的岛屿,中心计算机放置在瓦胡岛上。从这时开始,无线网络可说是正式诞生了。无线局域网的通信范围较少受到环境条件的限制,网络范围大大拓宽,最大传输距离可以达到几十千米。在有线局域网中,即使采用单模光纤,两个节点间的距离一般也不能超过 3 千米,而无线局域网两个节点间的距离可以达到几十千米。经过近几年的发展,无线局域网的数据传输速率提升迅猛,最高的传输速率可以达到 1.3 Gbps。相对于有线局域网,无线局域网组网、配置和维护都比较容易,网络维护的难度和工作量都大为降低。

(2)无线局域网的优点

①安装便捷

一般在网络建设中,施工周期最长、对周边环境影响最大的,就是网络布线施工工程。在施工过程中,往往需要破墙掘地、穿线架管。而无线局域网最大的优势就是免去或减少了网络布线的工作量,一般只要安装一个或多个接入点 AP(Access Point)设备,就可建立覆盖整个建筑或地区的局域网络。

②使用灵活

在有线网络中,网络设备的安放位置受网络信息点位置的限制,而一旦无线局域网建成后,在无线网的信号覆盖区域内任何一个位置都可以接入网络。

③经济节约

由于有线网络缺少灵活性,有线网络要求网络规划者尽可能地考虑未来发展的需要,这往往导致预设大量利用率较低的信息点。而一旦网络的发展超出了设计规划,又要花费较多费用进行网络改造,而无线局域网可以避免或减少以上情况的发生。

④易于扩展

无线局域网有多种配置方式,能够根据需要灵活选择。这样,无线局域网就能胜任从只有几个用户的小型局域网到上千用户的大型网络,并且能够提供像"漫游"等有线网络无法提供的特性。

(3)无线局域网的应用

基于无线局域网具有的诸多优点,它可广泛应用于下列领域:

①接入网络信息系统:电子邮件、文件传输和终端仿真。

②难以布线的环境:老建筑、布线困难或昂贵的露天区域、城市建筑群、校园和工厂。

③频繁变化的环境:频繁更换工作地点和改变位置的零售商、生产商,以及野外勘测、试验、军事、公安和银行等。

④使用笔记本电脑等可移动设备进行快速网络连接。

⑤专项工程或高峰时间所需的暂时局域网:学校、商业展览、建设地点等人员流动较大的地方,零售商、空运和航运公司高峰时间所需的额外工作站等。

⑥流动工作者可得到信息的区域:需要在医院、零售商店或办公室区域流动时得到信息的医生、护士、零售商、白领工作者。

⑦办公室和家庭办公室用户,以及需要方便快捷地安装小型网络的用户。

(4)无线局域网的技术要点

①可靠性

无线局域网应保证误码率尽可能低,否则大量检错重发的分组会使网络拥塞,吞吐量下降。

②兼容性和传输速率

无线局域网要尽可能与现有的有线局域网兼容,保证现有的网络系统及资源能够无缝地在无线局域网中使用。无线局域网的数据传输速率要能和有线局域网基本匹配,满足整个局域网的工作要求。

③通信安全

由于无线局域网采用公共的电磁波作为载体,因此对越权存取和窃听的行为也更不容易防备。无线局域网必须考虑的安全要素有三个:信息保密、身份验证和访问控制。只有这三个要素做到了,不仅能保护传输中的信息免受危害,还能保护网络和移动设备免受危害。具体措施是:

通过扩频、跳频无线传输技术使监听者难以捕获有用的数据;

采取网络隔离或设置网络认证措施,防止不同局域网之间干扰和数据泄露;

通过设置用户口令和认证措施,防止非法用户的入侵;

设置数据加密方案,在发送前加密,接收后只有拥有正确秘钥的用户才能解密,保证信息安全。

(5)无线局域网的标准 IEEE 802.11

IEEE 802.11 协议组是 IEEE 为无线局域网络制定的标准。1997 年,工作在 2.4 GHz 的 IEEE 802.11 发布,其中定义了无线局域网的介质访问控制层(MAC 层)和物理层,数据传输速率为 2 Mbps。1999 年 8 月,802.11 标准得到了进一步完善和修订,IEEE 802.11 协议组发布了两个补充版本,其中 802.11a 定义了一个在 5 GHz ISM 频段上的数据传输速率可达 54 Mbps 的物理层,802.11b 定义了一个在 2.4 GHz 的 ISM 频段上数据传输速率达到 11 Mbps 的物理层。因为 2.4 GHz 的 ISM 频段为世界上绝大多数国家通用,因此 802.11b 得到了更为广泛的应用。1999 年,工业界成立了 Wi-Fi 联盟,致力于解决符合 802.11 标准的产品生产和设备兼容性问题。最近几年,IEEE 802.11 系列发展很快,802.11g、IEEE 802.11n、IEEE 802.11ac 相继发布。IEEE 802.11 系列标准的参数比较如表 3-8 所示。

表 3-8 IEEE 802.11 系列标准的参数比较

标准	频段/GHz	带宽/MHz	调制	最大数据速率
802.11	2.4 GHz	20 MHz	DSSS,FHSS	2 Mbps
802.11b	2.4 GHz	20 MHz	DSSS	11 Mbps
802.11a	5 GHz	20 MHz	OFDM	54 Mbps
802.11g	2.4 GHz	20 MHz	DSSS,OFDM	54 Mbps
802.11n	2.4 GHz,5 GHz	20 MHz,40 MHz	OFDM	600 Mbps
802.11ac	5 GHz	40/80/160 MHz	OFDM	6.93 Gbps

IEEE 802.11 系列标准工作在 2.4 GHz 和 5.8 GHz 两个频段上。其中 2.4 GHz 频段使用的工作频率范围为 2 400~2 483.5 MHz,属于无须申请的 ISM 频段。因为使用的是 2.4 GHz 的 ISM 频段,所以频率干扰不可避免。在 2.4 GHz 频段的 83.5 MHz 的带宽中,共划分 13 个信道,每个信道的带宽为 22 MHz,所以相邻的信道间有重叠,尽量不要同时使用,避免造成干扰。如果同时使用的话,最多可以同时使用 3 个互不重叠的信道。5.8 GHz 频段使用的工作频率范围为 5 725~5 850 MHz,可用带宽为 125 MHz,划分为 5 个信道,每个信道的带宽为 20 MHz,所以相邻信道互不重叠。802.11n 版本,信道带宽开始支持 20/40 MHz,802.11ac 版本支持 20/40/80/160 MHz,有兴趣的可以查询 IEEE 802.11 系列标准相关规范,了解详细情况,这里不再赘述。

2. Wi-Fi 技术

(1)Wi-Fi 技术及行业状况

Wi-Fi 属于无线局域网的一种,可以将个人电脑、智能手机、平板电脑、网络打印机等终端以无线方式互相连接。人们常把 Wi-Fi、IEEE 802.11、无线局域网混为一谈,实际上 Wi-Fi 是一个无线网络通信技术的品牌,由 Wi-Fi 联盟所持有,目的是改善基于 IEEE 802.11 标准的无线网络产品之间的互通性。所以,Wi-Fi 的正确理解是 IEEE 802.11 标准的具体实现。

Wi-Fi 技术作为全球主流的无线网络接入方式,其应用已渗透到消费、商业、工业等多个领域。以下从用户规模、设备出货、行业应用等维度用数据描述其现状(数据截至 2023 年底)。

①用户规模与网络覆盖

全球活跃 Wi-Fi 设备数:约 180 亿台(Wi-Fi Alliance 2023),平均每人拥有 2.3 台 Wi-Fi 设备。

家庭渗透率:发达国家超 85%(如美国 89%、德国 87%),全球家庭覆盖率约 71%(Statista 2023)。

公共热点数量:全球超 6.5 亿个,中国(超 2 亿)、美国(1.4 亿)、欧洲(1.8 亿)占主导(Motorola Solutions 2023)。

②设备出货与技术标准

年出货量:2023 年 Wi-Fi 设备出货量达 42 亿台(IDC),其中智能手机占比超 50%,物联网设备增速最快(年增 24%)。

技术标准分布:

Wi-Fi 6/6E 占比达 58%(2023 年新出货设备),较 2022 年提升 22 个百分点。

Wi-Fi 7 设备出货量首年突破 1.2 亿台(ABI Research),主要来自高端路由器和旗舰手机。

③行业应用数据

智能家居:约 70%的智能家居设备依赖 Wi-Fi 连接(2023 年出货量 14 亿台,Omdia)。

企业网络:全球 83%的企业采用 Wi-Fi 6 作为办公网络基础(Cisco 年度报告),企业级 AP(Access Point)出货量同比增长 18%。

工业物联网:制造业中 45%的无线连接基于 Wi-Fi(HARTING 2023),Wi-Fi 6 的低延迟特性推动工业自动化应用。

零售与医疗:90%的零售 POS 系统支持 Wi-Fi,医疗物联网设备中 Wi-Fi 占比达 65%(Frost&Sullivan)。

④流量与经济效益

全球流量占比:Wi-Fi 承载了约 62%的互联网流量(CiscoVNI 2023),移动数据分流依赖度达 59%。

经济价值:Wi-Fi 产业链年产值超 3.3 万亿美元(Wi-Fi Alliance),预计到 2025 年底将贡献全球 GDP 的 4.8%。

⑤区域差异

北美:Wi-Fi 6E 普及率最高(占新设备 40%),人均热点数达 1.2 个/千人。

亚太:中国和印度贡献全球 43%的 Wi-Fi 设备出货量,但农村覆盖率仅 52%(GSMA)。

欧洲:GDPR 推动企业级 Wi-Fi 安全投资,2023 年相关支出增长 31%(IDC)。

(2)Wi-Fi 系统

Wi-Fi 系统至少需要一个接入点(Access Point,AP)和一个或一个以上的终端(Client)。

接入点每 100 ms 将 SSID(Service Set Identifier,服务单元标识)广播 1 次,广播封包的传输速率是 1 Mbit/s,并且广播封包的长度相当短,所以这个广播动作对网络影响不大。因为 Wi-Fi 规定的最低传输速率是 1 Mbit/s,所以可以确保所有的 Wi-Fi 终端都能收到这个 SSID 广播封包,终端可以借此决定是否要和这一个 SSID 的 AP 连线,使用者可以设定要连线到哪一个 SSID。

Wi-Fi 网络成员由以下几部分组成:

①站点(Station,STA)

网络最基本的组成部分,也称为节点。由站点提供的服务称为站点服务。

②基本服务单元(Basic Service Set,BSS)

最小的网络服务单元,可由单个接入点与至少一个站点组成。站点可以动态地连接到基本服务单元中。站点只能在同一个基本服务单元内进行通信。

③分配系统(Distribution System,DS)

分配系统用于连接不同的基本服务单元。分配系统使用的媒介在逻辑上和基本服务单元使用的媒介是截然分开的,尽管它们物理上可能会是同一个媒介,例如同一个无线频段。

④接入点

接入点既有普通站点的身份,又有接入到分配系统的功能。接入点是一种特殊的能提供分配系统服务的站点。

⑤扩展服务单元(Extended Service Set,ESS)

扩展服务单元由分配系统和基本服务单元组合而成。这种组合是逻辑上而非物理上的——不同的基本服务单元极有可能在地理位置相去甚远。

⑥关口(Portal)

关口也是一个逻辑成分,用于将无线局域网和有线局域网或其他网络联系起来。

(3)组网方式

在 Wi-Fi 组网中,不同的组网方式适用于不同的网络需求。以下是针对点对点模式(P2P)、点对多点模式(P2MP)、多接入点漫游模式(AP Roaming)、桥接模式(Bridge)和路由模式(Router) 五种 Wi-Fi 组网方式的详细解析,涵盖原理、应用场景、优缺点及典型设备。

①点对点模式

原理:两个设备(如路由器、无线网桥)直接通过 Wi-Fi 建立专用连接,形成一条独立的通信链路。通常使用定向天线(如抛物面天线)增强信号强度,适用于远距离传输。

应用场景:远距离无线连接(如两栋建筑之间的网络共享);监控摄像头回传(无布线环境);临时网络搭建(如野外作业、活动场所)。

优点:延迟低,带宽稳定(专用链路,无干扰);适合长距离传输(可达数千米,配合高增益天线)。

缺点:仅支持两个设备互联,无法扩展更多节点;需精确对准天线方向,安装复杂。

典型设备:无线网桥(如 Ubiquiti NanoBeam、TP-Link CPE 系列)。

②点对多点模式

原理：一个中心设备（如 AP 或无线路由器）同时与多个终端设备（客户端）通信，形成星型拓扑结构。类似蜂窝网络，中心节点管理所有连接。

应用场景：企业 Wi-Fi 覆盖（多个终端连接同一个 AP）；无线 ISP（WISP）（基站为多个用户提供宽带接入）；校园/园区无线网络（一个主 AP 覆盖多个区域）。

优点：支持多设备接入，扩展性强；适合大规模终端覆盖（如商场、学校）。

缺点：中心节点故障会导致整个网络瘫痪（单点故障）；带宽共享，终端数量过多时可能拥堵。

典型设备：商用 AP（如 Cisco Aironet、Huawei AC+AP 方案）。

③接入点漫游模式

原理：多个 AP 部署在同一网络下，终端设备（如手机）在不同 AP 间无缝切换，保持连续连接。

实现方式：相同 SSID+密码，终端自动选择信号最强的 AP；802.11k/v/r 协议——优化漫游决策（需设备支持）；AC 控制器管理（企业级方案）——强制终端切换 AP。

应用场景：大型场所（酒店、医院、校园）；智能家居（全屋 Wi-Fi 无死角覆盖）；企业办公（移动办公设备无缝漫游）。

优点：无感知切换，避免网络中断；负载均衡，提升整体网络性能。

缺点：需统一管理（AC 控制器或 Mesh 系统）；普通路由器手动配置可能出现漫游延迟。

典型设备：企业级——AC+AP（如 Aruba、Ruckus）；家用级——Mesh 路由器（如 TP-Link Deco、华为 Q6）。

④桥接模式

原理：两个或多个网络设备通过 Wi-Fi 连接，使不同局域网合并为一个逻辑网络。设备仅做数据透传，不进行 NAT 或路由决策。

应用场景：扩展有线网络（如通过无线连接两个办公室的交换机）；无网线环境下的局域网扩展（如仓库、工厂设备互联）。

变种模式：WDS（无线分布式系统）——多个路由器通过无线桥接，扩大覆盖范围（需设备支持）；Client Bridge——设备作为客户端连接到另一个 Wi-Fi 网络（如电视盒子连接主路由）。

优点：无须布线，灵活组网；保持同一子网，适合局域网设备互通（如 NAS、打印机共享）。

缺点：带宽可能减半（因数据需多次转发）；兼容性问题（不同品牌设备桥接可能不稳定）。

典型设备：支持 WDS 的路由器（如 ASUS、TP-Link 部分型号）。

⑤路由模式

原理：设备作为独立路由器，执行 NAT、DHCP 分配、防火墙等功能。通常用于连接不同网络（如家庭光猫→路由器→终端设备）。

应用场景：家庭/办公室主路由（连接 ISP 并分配 IP）；多层级网络（如企业核心路由→部门子网）。

优点：提供完整的网络管理功能（QoS、端口转发等）；隔离内外网，提升安全性。

缺点：多级路由可能导致双重 NAT，影响某些应用（如游戏、P2P 下载）。

典型设备：家用路由器（如 TP-Link Archer 系列）、企业级路由器（如 MikroTik、Cisco ISR）。

3. Ad-hoc 网络技术

（1）Ad-hoc 网络简介

人们经常提到的无线网络一般都是有中心的，要基于预设的网络设施才能运行。例如，蜂窝移动通信系统要有基站的支持，无线局域网一般也工作在有 AP 接入点和有线局域网的模式下。但对于有些特殊场合来说，这样的中心不易建立，无法建立起有中心的无线网络。比如，战场上部队要在快速推进中建立其无线网络，地震或水灾后的现场营救需要建立的无线网络。这些场合的通信不能依赖于任何预设的网络设施，而需要一种能够临时快速自动组网的无线网络。Ad-hoc 网络可以满足这样的要求。

Ad-hoc 网络的前身是分组无线网（Packet Radio Network）。对分组无线网的研究源于军事通信的需要。早在 1972 年，美国国防部高级研究计划局就启动了分组无线网项目，研究分组无线网在战场环境下数据通信中的应用。项目完成之后，DARPA 又在 1993 年启动了高残存性自适应网络（SURAN）项目，研究如何将分组无线网的成果加以扩展，以支持更大规模的网络，还要开发能够适应战场快速变化环境下的自适应网络协议。1994 年，DARPA 又启动了全球移动信息系统项目，在分组无线网已有成果的基础上对能够满足军事应用需要、可快速展开、高抗毁性的移动信息系统进行全面深入的研究。

Ad-hoc 源于拉丁语，原意是“for this”，引申为“for this purpose only”，即“为某种目的设置的，特别的”意思，所以 Ad-hoc 网络是一种有特殊用途的网络。IEEE 802.11 标准委员会采用了“Ad-hoc 网络”一词来描述这种特殊的自组织、对等式、多跳移动通信网络，Ad-hoc 网络因此诞生。Ad-hoc 结构是一种省去了无线接入点而搭建起来的对等网络结构，只要安装了无线网卡，计算机彼此之间就可实现无线互联。其原理是，网络中的一台计算机（站点，也称节点）建立站点服务，相当于虚拟 AP，而其他计算机就可以直接通过这个站点服务进行网络互联与共享。

在 Ad-hoc 网络中，节点具有报文转发能力，节点间的通信可能要经过多个中间节点的转发，即经过多跳，这是 Ad-hoc 网络与其他移动网络的最根本区别。节点通过分层的网络协议和分布式算法相互协调，实现了网络的自动组织和运行。因此 Ad-hoc 网络也被称为多跳无线网、自组织网络或无固定设施的网络。前面学习的用 ZigBee 技术实现的无线传感器网络也是多跳和自组织式的，所以也是 Ad-hoc 网络。

（2）Ad-hoc 网络技术特点

Ad-hoc 网络是一种特殊的无线网络。网络中所有节点的地位平等，无须设置任何的中心控制节点。网络中的节点不仅具有普通移动终端所需的功能，而且具有报文转发能力。与通常的无线网络和固定网络相比，它具有以下特点：

①无中心

Ad-hoc 网络没有严格的控制中心。所有节点的地位平等，是一个对等式网络。节点可以随时加入和离开网络，任何节点的故障不会影响整个网络的运行，具有很强的抗毁性。

②自组织

网络的布设或展开无须依赖于任何预设的网络设施。节点通过分层协议和分布式算法协调各自的行为,节点开机后就可以快速、自动地组成一个独立的网络。

③多跳路由

当节点要与其覆盖范围之外的节点进行通信时,需要中间节点的多跳转发。与固定网络的多跳不同,Ad-hoc 网络中的多跳路由是由普通的网络节点完成的,而不是由专用的路由设备(如路由器)完成的。

④动态拓扑

Ad-hoc 网络是一个动态的网络。网络节点可以随处移动,也可以随时开机和关机,这些都会使网络的拓扑结构随时发生变化。该特点使得 Ad-hoc 网络在体系结构、网络组织、协议设计等方面都与普通的蜂窝移动通信网络和固定通信网络有着显著的区别。

⑤带宽有限

Ad-hoc 网络没有有线网络基础设施作为支撑,节点之间的通信均通过无线传输完成。由于无线网络本身的技术特点,所提供的带宽和有线相比要低很多。另外,考虑到无线通信所产生的碰撞、信号衰减、噪声干扰等多种因素,最终节点能得到的实际带宽比较有限。

⑥能量有限

Ad-hoc 网络中的节点往往都是移动设备,例如平板电脑、智能手机、笔记本电脑、智能设备等,这些节点设备由电池提供能量,所以 Ad-hoc 网络具有节点能量有限的特点。

(3)Ad-hoc 网络体系机构

Ad-hoc 网络的体系结构可以从节点结构和网络结构两个方面说起。

首先从节点结构开始说起。Ad-hoc 网络中的节点不仅要具备普通移动终端的功能,还要具有报文转发能力,即要具备路由器的功能。因此,就完成的功能而言可以将节点分为主机、路由器和电台三部分。其中主机部分完成普通移动终端的功能,包括人机接口、数据处理等应用软件;而路由器部分主要负责维护网络的拓扑结构和路由信息,完成报文的转发功能。电台部分为信息传输提供无线通信支持。从物理结构上分,节点结构可以被分为以下几类:单主机单电台、单主机多电台、多主机单电台和多主机多电台。手持机一般采用单主机单电台的简单结构。作为复杂的车载台,一个节点可能包括通信车内的多个主机。另外,多电台节点不仅可以用来构建叠加的网络,还可以用作网关节点来互联多个 Ad-hoc 网络。

Ad-hoc 网络结构包括两种形式:平面结构和分级结构。在平面结构中,所有节点的地位平等,所以又可以称为对等式结构。在分级结构中,网络被划分为簇,每个簇由一个簇头和多个簇成员组成,这些簇头形成了高一级的网络。在高一级网络中,又可以分簇,再次形成更高一级的网络,直至最高级。在分级结构中,簇头节点负责簇间数据的转发。簇头可以预先指定,也可以由节点使用算法自动选举产生。分级结构的网络又可以被分为单频率分级和多频率分级两种。单频率分级网络中,所有节点使用同一个频率通信。为了实现簇头之间的通信,要有网关节点(同时属于两个簇的节点)的支持。而在多频率分级网络中,不同级采用不同的通信频率。低级节点的通信范围较小,而高级节点要覆盖较大的范围。高级节点同时处于多个级中,有多个频率,用不同的频率实现不同级的通信。在两级网络中,簇头节点有两个频率,频率 1 用于簇头与簇成员的通信,而频率 2 用于簇头之间的通信。

平面结构的网络比较简单,网络中所有节点是完全对等的,原则上不存在瓶颈,所以比较健壮。它的缺点是可扩充性差,每一个节点都需要知道到达其他所有节点的路由,维护这些动态变化的路由信息需要大量的控制消息。在分级结构的网络中,簇成员的功能比较简单,不需要维护复杂的路由信息。这大大减少了网络中路由控制信息的数量,因此具有很好的可扩充性。由于簇头节点可以随时通过选举产生,分级结构也具有很强的抗毁性。分级结构的缺点是,维护分级结构需要节点执行簇头选举算法,簇头节点可能会成为网络的瓶颈。

(4)Ad-hoc 应用领域

由于 Ad-hoc 网络的特殊性,它的应用领域与普通的通信网络有着显著的区别。Ad-hoc 网络适合于那些无法或不便预先敷设网络设施的场合,或者是需要快速自动组网的场合等。针对 Ad-hoc 网络的研究是因军事应用而发起的,因此,军事应用仍是 Ad-hoc 网络的主要应用领域,但是在民用方面,Ad-hoc 网络也有非常广泛的应用前景。Ad-hoc 网络的应用场合主要有以下几类:

①军事应用

军事应用是 Ad-hoc 网络技术的主要应用领域。因其特有的无须架设网络设施、可快速展开、抗毁性强等特点,成为战场通信的首选技术。Ad-hoc 网络技术已经成为美军战术互联网的核心技术。

②紧急场合

在发生地震、水灾、台风或遭受其他灾难打击后,固定的通信网络设施(如有线通信网络、蜂窝移动通信网络的基站等网络设施、卫星通信地球站以及微波接力站等)可能被损坏而无法工作,对于抢险救灾来说,这时就需要 Ad-hoc 网络这种不依赖任何固定网络设施又能快速布设的自组织网络技术。Ad-hoc 网络技术因其无中心和自组织特点,成为这些场合通信的最佳选择。

③传感器网络

传感器网络是 Ad-hoc 网络技术的另一大应用领域。对于很多应用场合来说,传感器网络只能使用无线通信技术。又因为一些场合只能使用电池供电,所以传感器节点的发射功率不可能很大。使用 Ad-hoc 网络实现多跳通信,成为这种场合下非常实用的解决方法。分散在各处的传感器节点组成 Ad-hoc 网络,可以实现传感器之间和与控制中心之间的通信。

④个人通信

个人通信是 Ad-hoc 网络技术的另一应用领域。Ad-hoc 网络不仅可用于实现平板电脑、智能手机、笔记本电脑等个人电子设备之间的通信,还可用于个域网之间的多跳通信,其中蓝牙技术中的散射网就是一个典型的例子。

3.4 无线城域网技术

1. 无线城域网技术简介

无线局域网技术如今已经得到了非常广泛的应用。多年来,无线局域网技术一直与许多其他技术一起被用于宽带无线接入(Broadband Wireless Access,BWA)市场,并获得了很大成功,但 WLAN 的总体设计及其提供的特点并不能很好地适用于室外的宽带无线接入应用。当 WLAN 用于室外时,在带宽和用户数方面将受到限制,同时还存在着通信距离等其他一些问题。基于上述情况,IEEE 决定制定一种新的、更复杂的全球标准,这个标准应能同时解决物理层环境(室外射频传输)和 QoS(服务质量)两方面的问题,以满足宽带无线接入和“最后一千米”接入市场的需要,无线城域网(WMAN)技术应运而生。

无线城域网标准的开发主要由 IEEE 802.16 工作组负责,具体开发用于无线城域网的 802.16 系列标准。为了解决符合 802.11 标准的产品的生产和设备兼容性问题,业界成立了 Wi-Fi 联盟,为无线局域网的推广起到了至关重要的作用。无线城域网领域成立了 WiMAX(全球微波互联接入)论坛,希望借此推动 WiMAX 技术成为业界使用 802.16 系列产品的标准。

2. IEEE 802.16 标准

宽带无线接入技术包括 3.5 GHz 固定无线接入技术、5.8 GHz 固定无线接入技术和 26 GHz 本地多点分配系统(LMDS)等,它们一般均采用点到多点的拓扑结构,根据各自所用频段的无线信道性能可提供不同的无线覆盖范围,并主要为商业用户和集团用户提供数据业务和语音业务的接入服务。由于市场上这三种技术的空中接口均属于私有接口,标准化程度很低,不同厂商的产品无法实现互通,这限制了无线接入产品的大规模商业化。因此,IEEE 802.16 技术应运而生。1999 年,IEEE 成立了 IEEE 802.16 工作组来专门研究适用于城域网的宽带无线接入技术规范,目标就是要建立全球统一的宽带无线接入标准。

IEEE 802.16 又称为 IEEE Wircless MAN 空中接口标准,它对 2~66 GHz 频率范围内无线接入系统的底层标准(包括物理层和媒体接入控制层)做出规范,并分析了系统共存性背景,给出了系统的设计、配置和频率使用解决方案。由于它所规定的无线接入系统覆盖范围可达 50 km,因此 802.16 系统主要应用于城域网范围,以解决高速接入家庭和企业的“最后一千米”的问题。

IEEE 802.16 标准委员会于 1999 年 7 月开始公开讨论全球统一的无线宽带城域网接入标准,到目前为止已经建立了包括 802.16、802.16a、802.16c、802.16d、802.16e、802.16f、802.16g、802.16h、802.16i、802.16k 十个标准。根据使用频段高低的不同,802.16 系统可分为应用于视距和非视距两种,其中使用 2~11 GHz 频段的系统应用于非视距范围,而使用 10~66 GHz 频段的系统应用于视距范围。而根据是否支持移动特性,IEEE 802.16 标准系列又可分为固定宽带无线接入空中接口标准和移动宽带无线接入空中接口标准,其中的 802.16、802.16a、802.16d 属于固定宽带无线接入空中接口标准,而 802.16e 属于移动宽带无线接入空中接口标准。

(1)IEEE 802.16d

IEEE 802.16d 是 WiMAX 技术的基础标准之一,它定义了固定宽带无线接入(BWA)系统的 MAC 层和多个物理层。其主要针对 2~66 GHz 频段的空中接口物理层和 MAC 层做了详细规定,支持多种业务类型的固定宽带无线接入系统。这个标准对 IEEE 802.16——2001 和 IEEE 802.16a 进行了整合和修订,属于固定宽带无线接入规范,是相对成熟并且最具实用性的一个标准版本。

(2)IEEE 802.16e

IEEE 802.16e 是支持移动性的宽带无线接入空中接口标准,工作在 2~6 GHz 频段。

802.16e 的目的是实现既能提供高速数据业务又使用户具有移动性的宽带无线接入解决方案。这个标准被业界视为能与 3G 竞争的下一代宽带无线技术，目标是能够向下兼容 IEEE 802.16d。802.16e 支持移动性，传输速率可达 15 Mbps，使用 OFDMA（正交频分多址）技术，提高了频谱利用率，可支持更多用户。

（3）IEEE 802.16m

IEEE 802.16m 标准也被称为 WiMAX Advanced，是 802.16e 的后继版本，被称为 Mobile WiMAX Release 2 或 Wireless MAN-Advanced。802.16m 旨在提供更高的数据传输速率和改善移动性支持，峰值速率在下行链路可达 350 Mbps、上行链路可达 200 Mbps。802.16m 支持更高的移动速度，可达 350km/h，使得 WiMAX 技术更适合对延迟敏感的 VoIP 服务，延迟小于 10 ms，切换时间为 20 ms。802.16m 工作在 TDD（时分双工）和 FDD（频分双工）模式，频道带宽目标达到 20 MHz 甚至 40 MHz。802.16m 已被国际电信联盟批准为 IMT-Advanced 技术，意味着它可以作为 4G 技术的一部分。

3. WiMAX 技术

（1）WiMAX 定义

WiMAX（Worldwide Interoperability for Microwave Access，全球微波接入互操作性）是一种宽带无线接入技术，它基于 IEEE 802.16 系列标准。这项技术能够提供高速的互联网连接，数据传输距离最远可达 50 千米。WiMAX 具有 QoS 保障、传输速率高、业务丰富多样等优点。

（2）WiMAX 标准体系

在 WiMAX 框架下，IEEE 委员会制定了 802.16 系列标准，称为 IEEE Wireless MAN 标准。对工作于不同频带的无线接入系统空中接口、一致性和共存问题进行了规范。由于它所规定的无线系统覆盖范围在千米量级，因而 802.16 系统主要应用于城域网。实际上，人们常用 WiMAX 表示无线城域网，这和用 Wi-Fi 表示无线局域网是类似的。

（3）WiMAX 的技术特点

总体来说，WiMAX 技术特点主要体现在物理层、MAC 层、QoS 性能以及网络结构 4 个方面。

①物理层特点

WiMAX 工作频段可从 2~66 GHz，信道带宽可在 1.75~20 MHz 范围内灵活调整，有利于在所分配的信道带宽内充分利用频谱资源。WiMAX 采用宏小区方式，最大覆盖范围达 50 km，当在 20 MHz 信道带宽时，支持高达 70 Mbit/s 的共享数据传输速率（此时，最大覆盖范围为 3~5 km）。可采用多扇区技术来提高系统容量，一个扇区可同时支持 60 多个采用 EI/TI 的企业用户或数百个家庭用户。WiMAX 采用了 OFDM、收/发分集、自适应调制等多种先进技术来实现非视距 NLOS 和阻挡视距 ONLOS 传输，有效提高了城市内无线传输的效能。

物理层支持 DD/TDMA 和 FDD/TDMA 两种无线双工多址方式，以适应不同国家或地区电信体制要求。支持单载波（SC）、OFDM（256 点）、OFDMA（2 048 点）3 种调制方式，可根据需要灵活选择。物理层可以根据传输信道性能变化，动态调整调制方式和物理层参数（例如：调制参数、FEC 参数、功率电平、极化方式等），以保证较好的传输质量。

②MAC 层特点

支持 QoS 管理，满足对不同业务质量的要求。MAC 层根据业务 QoS 要求和业务参数，以轮询方式请求连接带宽或进行带宽调整，以保证语音和视频等实时业务的低延迟要求。

同时,针对无线信道环境下较高的误码率和丢包率,定义了基于每个应用流的 ARQ,保证 MAC 层业务数据单元 MSDU 的自动重发,确保端到端包的传输质量。

MAC 层具有 ATM 业务和分组业务汇聚子层 CS,能方便地实现以 ATM 业务或 IP 业务为特征的网络应用。同时,MAC 层具有安全子层,支持 MAC 层安全机制,实现鉴权、加密等安全管理。

③QoS 性能特点

WiMAX 可以向用户提供具有 QoS 性能的数据、视频、话音(VoIP)业务。在 IEEE 802.16 标准中,MAC 层定义了较为完整的 QoS 机制,还定义了 4 种不同的业务,分别为非请求的带宽分配业务(UGS)、实时轮询业务(RTPS)、非实时轮询业务(NRTPS)、尽力而为业务(BE),分别可以用来向用户提供高质量的视频和语音业务、普通质量的视频和语音业务,以及质量无保证的诸如 Internet 等业务。

④网络结构特点

支持的点到多点(PMP)体系结构,可构建以 WiMAX 基站为中心的星型接入网结构。IEEE 802.16a 同时也支持网状网(Mesh)体系结构,该结构中允许多个 WiMAX 节点采用无线互连方式构建网状网。

(4) WiMAX 物理层的关键技术

IEEE 802.16 标准定义的空中接口由物理层和 MAC 层组成,MAC 层独立于物理层,能支持多种不同的物理层规范,以适应各种应用环境。而物理层由传输汇聚子层(TCL)和物理媒质依赖子层(PMD)组成,通常说的物理层主要是指其中的 PMD。TCL 将收到的 MAC 层数据分段,封装成 TCL 协议数据单元(PDU)。PMD 则具体执行信道编码、调制解调等一系列处理过程。

根据使用频段的不同,WiMAX 物理层的关键技术有:信道编码技术、自适应调制编码技术、混合自动重传(H-ARQ)、正交频分复用(OFDM)、正交频分多址接入(OFDMA)及多天线技术等。

①信道编码技术

在实际信道上传输数字信号时,由于信道传输特性的不理想以及信道中噪声、干扰等因素的影响,所以收到的数字信号不可避免地会发生错误。为了保证通信系统的可靠性,其中重要的措施之一就是信道编码。

信道编码的基本做法是:在发送端给被传输的信息序列上(人为地)附加一些监督码元,当然这些多余的码元(冗余信息)与信息码元之间具有某种规则关联,这个过程被称为信道编码。这样由信息码元和监督码元共同组成一个由信道传输的码字。一旦传输过程中发生错误,则信息码元和监督码元间的约束关系被破坏。在接收端按照既定的规则校验这种约束关系,从而可达到发现和纠正错误的目的。例如,欲传输 k 位信息,经过编码后得到长为 $n(n>k)$ 的码元,则增加了 $n-k-r$ 位监督信息,我们定义 $x=k/n$ 为编码效率或码率。编码效率越高,即冗余信息越少,一定带宽内可传输的有效比特率越大。是不是编码效率越高越好呢?当然不是。随着编码效率的增加,其纠错能力会随之减弱。可见信道编码的作用就是进行差错控制,所以信道编码也称为差错控制编码。

②自适应调制编码技术

自适应调制编码技术(AMC)是以数据传输速率与误码率之间的最佳平衡为准则,在满足传输质量的要求下，根据瞬时信道质量状况，选择与信噪比相匹配的最佳调制和编码方案。其作用是根据信道的质量情况，选择最合适的调制和编码方式，通过编码和调制方式的组合，可以支持不同的传输速率。每个符号所传输的有效信息比特＝调制阶数×编码效率。

③混合自动重传

作为提高无线信道传输可靠性的主要手段，差错控制技术正在发挥越来越重要的作用。差错控制技术主要包括自动重传方案（ARQ）、分组编码、卷积编码和 Turbo 码等纯粹的前向差错编码（FEC）方案。所谓的 ARQ 就是指在接收端做检测，检测到误码就扔掉或者要求对方重发，而 FEC 不仅有检错的功能，而且有纠错的功能。H-ARQ 是将 FEC 和 ARQ 结合起来的一种差错控制方案，先对接收到的误码进行纠错，能纠正过来的就不需要重发，无法纠正的再要求对方重发。它综合了二者的优势，可以自适应地基于信道条件提供精确的编码速率调节，并补偿由于采用链路适配所带来的误码以提高系统性能。

④OFDM 技术与 OFDMA 技术

移动 WiMAX 系统根据频段的不同分别有不同的物理层技术与之相对应：单载波（SC）、OFDM（256）和 OFDMA（2048）三种物理层结构。其中，10～66 GHz 固定无线宽带接入系统主要采用单载波调制技术，对于 2～11 GHz 频段的系统，主要采用 OFDM/OFDMA 技术。OFDM/OFDMA 技术具有抗衰落、抗多径能力强，频谱效率高（码速率最高可达 100 MHz）以及成本低等优点，被认为是特别适合移动通信系统的一种技术。OFDM 和 OFDMA 也是 WiMAX 物理层的核心技术。

说到底，OFDM 可以归结为一种复用方式或传输技术。而 OFDMA 则是在这种复用技术的基础上来实现多用户的接入，也就是研究如何将 OFDM 的这些子载波分配给不同的用户使用，每个用户分几个子载波。严格地讲，OFDM 是一种调制方式，用于将信息比特调制成码片发送出去。而 OFDMA 是一种多址接入方式，类似于 FDMA 等，利用频率的不同，将同一小区的多个用户区分开来。

下面举个简单的例子来领会一下二者的不同（不考虑 TDMA）。

假设同一个小区内有 100 个子载波可用，有 10 个用户：可以有多种方案，下面举两种最简单的方案。

①将前 10 个子载波分给第一个用户，第 11～20 个子载波分给第二个用户，以此类推，每个用户的编码方式都采用了 10 载波的 OFDM 调制方式。

②将子载波 1、11、21、…、91 分给第一个用户，将子载波 2、12、22、…、92 分给第二个用户，同样每个用户的编码方式都采用了 10 载波的 OFDM 调制方式。

上述方案中每个用户分得的子载波数相同，也可根据需要的不同，分给不同用户的子载波数不同。

OFDM 虽然也是调制方式，但不同于 QPSK、16QAM 等基带数字调制，OFDM 的本质是射频模拟调制，属于载波调制，和 FDM、FM、AM 等类似，只不过它的各个子载波是重叠的，可以利用 FFT 等数字技术作为子载波预处理。经过 FFT 之后的信号虽然还是数字形式，但射频调制后只要设定一个中心，载频就可以马上发射了。

OFDM 是一种调制方式，所有宽带频率都给一个用户（业务或连接）使用，而 OFDMA 增加了灵活性，将整个频带划分成更小的颗粒单位，多个用户可以同时使用整个频带。

由此可见,OFDMA 技术是 OFDM 技术的延伸,二者虽技术基础相同,但侧重点不同,因此不能混为一谈。

(5)多天线技术

通俗地讲,多天线系统就是收发双方都采用多根天线进行收发。通过适当的发射信号形式和接收机设计,多天线技术可以在不显著增加无线通信系统成本的同时,提高系统容量。与单天线技术相比,多天线技术具有如下优势。

①阵列增益:使用多天线后增加了信号的相干性,从而获得阵列增益。

②分集增益:提高了分集增益。分集增益是通过利用多径来获得的,当某一条路径性能变坏时不会影响系统的性能。在无线衰落信道里,可以增加接收信号强度的稳定性从而提高传输信息的可靠性。分集增益可以在空间(天线)、时域(时间)和频域(频率)3 个维度上获得。

③共信道干扰消除:消除了共信道干扰。使用多天线后通过分析干扰的不同信道响应,消除共信道的干扰信号。

WiMAX 支持多种多天线技术,包括如自适应天线(AAS)、多输入多输出(MIMO)技术在内的多天线技术。

(6)WiMAX MAC 层协议

WiMAX 协议中两方面内容:PHY 层和 MAC 层。WiMAX MAC 层协议的主要任务是提供更高传输层和物理层之间的一个接口。MAC 层从上一层获取信息包,这些信息包称为 MAC 服务数据单元(SDU),并将之封装为 MAC 协议数据单元(PDU)以便在空中传输。对于接收到的数据包,接收端 MAC 层则对之进行相反的处理。WiMAX MAC 层协议如表 3-9 所示。

表 3-9　WiMAX MAC 层协议

MAC 层	服务特定收敛子层(SERVICE SPECIFIC CONVERGENCE SUB-LAYER,CS)
	MAC 共同部分子层(MAC COMMON PART SUB-LAYER)
	安全子层(SECURITY SUB-LAYER)
PHY 层	物理层(PHYSICAL LAYER)

①物理层:负责无线信号的传输。IEEE 802.16 标准定义了多种物理层规范,包括单载波(SC)、单载波附加(SCA)、正交频分复用(OFDM)、正交频分多址(OFDMA)等。这些规范支持不同的频段和传输技术,以适应不同的应用场景。

②安全子层:处理网络中的安全问题,包括数据加密和用户认证,确保数据传输的安全性。MAC 层还包含一个单独的加密子层来提供认证、密钥交换及加密。其主要功能就是为 BS 和 SS 间的通信提供强大的保护措施以阻止窃听服务。

③MAC 共同部分子层:负责管理无线接口的共享和分配,包括带宽请求、调度、连接管理等功能。MAC 公共子层用以完成 MAC 层的大部分核心功能,在不可靠的物理层传输上提供了可靠的、面向连接的、有服务质量保证的分组数据传输。其主要包括 MAC PDU 的构建和传送、服务

流的创建和管理、带宽请求授予机制、QoS管理和实现以及各种关键技术的实现等。因此，它不用理解或分析任何从CS层来的负荷信息，它包含了整个MAC层的核心功能。

④服务特定收敛(汇聚)子层：负责处理不同类型数据的封装和传输，例如ATM、IP等。即将外部网络读物数据(SDU)进行分类：CS层的具体功能包括：将SDU进行分类；将这些数据关联到正确的MAC服务流(SFID)及连接(CID)。它还可能包含负荷头压缩功能(PHS)。

(7)WiMAX的MAC层QoS机制

WiMAX/802.16系统定义其MAC层是面向连接的。然而，要在毫无保障的IP网络中提供面向连接的服务，就必须通过一系列的QoS保证机制来帮助达成这一目标，这一目标是通过对每个连接分别设置不同的QoS参数来实现的，包括速率、延时、抖动。

WiMAX/802.16系统对QoS的要求至少存在以下几项：

①提供参数配置与注册功能，可以预先对面向SS的服务流及业务参数进行配置；

②信令交换与控制功能，可以动态地建立支持QoS的服务流及其业务参数；

③对上行链路承载的服务流，适用MAC层调度服务和QoS参数，以提供QoS保证；

④对下行链路承载的服务流，只要求使用QoS参数进行控制。

将关系紧密的服务流属性统一映射到一个服务类别(Service Class)，使得上层实体以及外部应用程序对QoS参数有一致的认识，以便它们提出QoS要求。

在WiMAX/802.16系统中，提供QoS的基本原则是将通过MAC接口的分组数据与某一个通过CID唯一标识的服务流相关联。其中，一个服务流指的是单向的一组具有特殊QoS要求的分组数据。WiMAX/802.16系统中的SS和BS就是根据该服务流所定义的QoS参数集合(QoS Parameter Set)来提供QoS的。

(8)WiMAX网络体系结构

WiMAX系统架构是从固定到移动。WiMAX网络体系包括核心网络(CN)、用户基站(SS)、基站(BS)、接力站(RS)、用户终端设备(TE)和网管系统。

①核心网络：WiMAX连接的核心网络通常为传统交换网或因特网。WiMAX提供核心网络与基站间的连接接口，但WiMAX系统并不包括核心网。

②基站：基站提供用户基站与核心网络间的连接，通常采用扇形/定向天线或全向天线，可提供灵活的子信道部署与配置功能，并根据用户群体状况不断升级扩展网络。

③用户基站：属于基站的一种，提供基站与用户终端设备间的中继连接，通常采用固定天线，并被安装在屋顶上。基站与用户基站间采用动态自适应性信号调制模式。

④接力站：在点到多点体系结构中，接力站通常用于提高基站的覆盖能力，也就是说，充当一个基站和若干个用户基站(或用户终端设备)间信息的中继站。接力站面向用户侧的下行频率可以与其面向基站的上行频率相同，当然也可以采用不同的频率。

⑤用户终端设备：WiMAX系统定义用户终端设备与用户基站间的连接接口，提供用户终端设备的接入。但用户终端设备本身并不属于WiMAX系统。

⑥网管系统：用于监视和控制网内所有的基站和用户基站，提供查询、状态监控、软件下载、系统参数配置等功能。

3.5　无线广域网技术

3.5.1　无线广域网简介

无线广域网(Wireless Wide Area Network,WWAN)是一种用于提供长距离无线网络连接的技术,允许用户在广域范围内访问互联网和其他网络服务。WWAN 技术通常与移动网络运营商合作,通过无线电信号在较长的距离范围内传输数据。

相对于无线城域网而言,无线广域网络是一个更大区域的网络,满足更大范围内的无线接入,与无线个域网、无线局域网和无线城域网相比,WWAN 更加强调快速移动性。

WWAN 技术主要基于以下通信标准和技术,涵盖不同代际的移动网络技术:

1. 2G 标准

①GSM:全球主导的 2G 标准,主要用于语音和短信,数据业务通过 GPRS/EDGE 提供(速率约 100~400 kbps)。

②CDMA(Code Division Multiple Access):主要在美国等地区使用,代表标准为 IS-95。

2. 3G 标准

①UMTS(Universal Mobile Telecommunications System):基于 WCDMA 技术,是 GSM 的 3G 演进路径,理论速率可达 2 Mbps(HSPA+可达 42 Mbps)。

②CDMA2000:包括 1xRTT 和 EV-DO,是 CDMA(IS-95)的 3G 升级版本。

③TD-SCDMA:中国主导的 3G 标准,主要用于中国移动。

3. 4G 标准

①LTE(Long-Term Evolution):全球主流的 4G 技术,包括 FDD-LTE 和 TDD-LTE(如中国移动的 TD-LTE),理论速率 100 Mbps~1 Gbps。

②LTE-Advanced(LTE-A):LTE 的增强版,支持载波聚合和更高速度(理论峰值可达 1 Gbps)。

4. 5G 标准

5GNR(New Radio):由 3GPP 制定的全球统一标准,支持毫米波(mmWave)和 Sub-6 GHz 频段,提供超低延迟(1 ms)、高速率(10 Gbps 以上)和大规模物联网连接(mMTC)。

5. 其他 WWAN 技术

①IEEE 802.20(MBWA):早期高速移动宽带标准,但未商用,技术被 LTE/5G 吸收。

②NB-IOT(Narrowband IOT)&LTE-M:基于 LTE 的物联网专用标准,支持低功耗广域连接(LPWAN),适用于智能电表、远程监测等。

3.5.2　GSM 技术

GSM 是最早被广泛采用的第二代(2G)数字蜂窝通信标准,由欧洲电信标准协会(ETSI)制定,并于 1991 年首次商用。它取代了模拟 1G 网络(如 AMPS、TACS),提供了更清晰的语音通话、短信(SMS)和低速数据服务(如 GPRS)。

GSM 曾经是应用最为广泛的移动电话标准。当时全球有超过 100 个国家和地区的十多亿人在使用 GSM 电话,而如今,它已经被 5G 所取代。GSM 的一大特点是,其用户在同意了“漫游协定”之后,在移动电话运营商之间可以自由漫游。当初开发 GSM 的目的是让全球各地可以共同使用一个移动电话网络标准,让用户使用一部手机就能行遍全球,因此 GSM 还有一个很接地气的俗称——全球通。

1991 年 GSM 系统正式在欧洲问世,网络开通运行。中国于 1992 年在嘉兴建立和开通第一个 GSM 演示系统,并于 1993 年 9 月正式开放业务。2001 年 12 月 31 日我国关闭了模拟移动网络,从那时起,以 GSM 为首的数字蜂窝系统正式“统治”市场。

1. GSM 技术特点

GSM 与以前的标准相比较,其最大的不同是它的信令和语音信道都是数字式的,因此 GSM 被看作第二代(2G)移动电话系统。相较于使用蜂窝模拟移动技术的第一代移动通信技术,GSM 有着明显的技术优势:

①采用了高效调制器、信道编码、交织、均衡和语音编码技术,使系统具有高频谱效率。

②由于每个信道传输带宽增加,使同频复用载干比要求降低至 9 dB,故 GSM 系统的同频复用模式可以缩小到 4/12 或 3/9 甚至更小(模拟系统为 7/21);加上半速率话音编码的引入和自动话务分配以减少越区切换的次数,使 GSM 系统的容量效率(每兆赫每小区的信道数)比 TACS(一种模拟式移动电话系统)系统高 3~5 倍。

③GSM 标准所提供的开放性接口,不仅限于空中接口,而且包括网络子系统以及网络中的设备实体之间,例如 A 接口和 Abis 接口。

④通过鉴权、加密和 TMSI 号码的使用,达到安全的目的。鉴权用来验证用户的入网权利。加密用于空中接口,由 SIM 卡和网络 AUC 的密钥决定。TMSI 是一个由业务网络给用户指定的临时识别号,以防止有人跟踪而泄漏其地理位置。

⑤GSM 在使用体验上直观的优点是,防盗拷能力佳、网络容量大、手机号码资源丰富、通话清晰、稳定性强、不易受干扰、信息灵敏、通话死角少、手机耗电量低。

2. GSM 的频段规划

GSM 自 20 世纪九十年代投入商用以来,被全球超过 100 个国家使用。为适应各国无线电频率分配的不同情况,GSM 系统可以在多个不同的频段工作,常见的典型频段有:GSM 850、GSM 900、DCS 1800 及 PCS 1900。GSM 常见的典型频段如表 3-10 所示。

表 3-10　GSM 常见的典型频段

频段名称	信道号范围	上行频率/MHZ	下游频率/MHZ
GSM 850	128~251	824~849	869~894
P-GSM 900	1~124	890~915	935~960
E-GSM 900	0~124, 975~1 023	880~915	925~960
DCS 1800	512~885	1 710~1 785	1 805~1 880
PCS 1900	512~810	1 850~1 910	1 930~1 990

①GSM 850 主要用于北美、拉丁美洲。与 CDMA 850 频段部分重叠，部分运营商在 2G 退网后将其用于 4G LTE（Band 5）。覆盖范围较广，适合农村和郊区。

②P-GSM 900 是 GSM 最先实现的频段、全球最广泛使用的 GSM 频段，覆盖欧洲、亚洲、非洲、中东等地区。其穿透能力强，适合广域覆盖。部分国家已逐步关闭，频谱重耕用于 LTE（如 Band 8）。

③E-GSM 900 是在 P-GSM 基础上扩展了 10 MHz 低频段（880～890 MHz 上行/925～935 MHz 下行）。主要用于欧洲等频谱紧张的地区，可提高网络容量。部分国家用于 GSM-R（铁路通信）。

④GSM 1800 高容量频段，适用于城市密集区域。在欧洲、亚洲、中东被广泛使用，中国移动/联通早期大量部署。部分国家已将其用于 LTE（Band 3）。

⑤GSM 1900 是北美主流 GSM 频段，部分拉美国家也使用。高频段，覆盖范围较小，适合城市高容量需求。部分运营商已将其用于 3G（UMTS）或 LTE（Band 2）。美国联邦通讯委员会将该频段的 GSM 命名为 PCS 1900（Personal Communications Service at 1900 MHz）。

⑥中国主要使用 GSM-900、GSM-1800 频段。

3. GSM 的传输技术

GSM 采用数字传输技术，结合 TDMA 和 FDMA 实现多用户共享无线信道，同时通过数字编码和调制技术提高语音和数据传输效率。

GSM 有两个工作频段，上行链路用于移动台发射信号，下行链路用于基站发射信号。以下是其核心传输技术分析：

（1）多址技术：TDMA+FDMA

GSM 采用 FDMA+TDMA 的双重多址方式。

①FDMA：将可用频谱划分为多个载波频率，每个载波间隔 200 kHz。例如：GSM 900 频段：890～915 MHz（上行），935～960 MHz（下行），共 124 个载波。DCS 1800 频段：1 710～1 785 MHz（上行），1 805～1 880 MHz（下行），共 374 个载波。

②TDMA：每个载波频率进一步划分为 8 个时隙（Time Slot），构成一个 TDMA 帧（4.615 ms）。每个时隙时长 577 μs，用于传输用户数据或控制信息。用户仅在分配的时隙中发送/接收数据，其他时间休眠以省电。

（2）物理信道与逻辑信道

①物理信道：由频率+时隙唯一确定（如“载波频率 3，时隙 2”）。

每个时隙可传输 156.25 比特的数据（含保护间隔、同步信息等）。

②逻辑信道

GSM 将物理信道映射为不同的逻辑信道，如表 3-11 所示。

表 3-11　GSM 将物理信道映射分类

类型	功能
业务信道(TCH)	承载语音或用户数据(如全速率语音占用 1 时隙,数据业务可捆绑多时隙)
控制信道(CCH)	广播信道(BCCH):发送小区信息(如频点、网络 ID)
	寻呼信道(PCH):通知来电或短信
	随机接入信道(RACH):手机发起连接请求
	专用控制信道(DCCH):鉴权、切换等信令

(3)语音编码与调制

①语音编码

全速率(FR):13 kbps(采用 RPE-LTP 编码,音质一般);增强全速率(EFR):12.2 kbps(改进算法,接近有线电话音质);半速率(HR):5.6 kbps(牺牲音质,容量翻倍)。

②数字调制

采用 GMSK(高斯最小频移键控),抗干扰能力强,适合移动环境。频谱效率:1 bit/Hz(即 200 kHz 载波支持约 270 kbps 总速率,8 个用户共享)。

GSM 的传输技术以 TDMA/FDMA 为核心,通过数字编码、GMSK 调制和分层信道设计,实现了高效的语音与低速数据传输。尽管其数据能力已被 4G/5G 超越,但许多基础设计(如 SIM 卡、蜂窝结构)仍影响现代通信系统。

4. GSM 系统构成

GSM 系统主要由移动台(MS)、网络子系统(NSS)、基站子系统(BSS)和操作维护子系统(OSS)四部分组成。GSM 系统结构如图 3-14 所示。

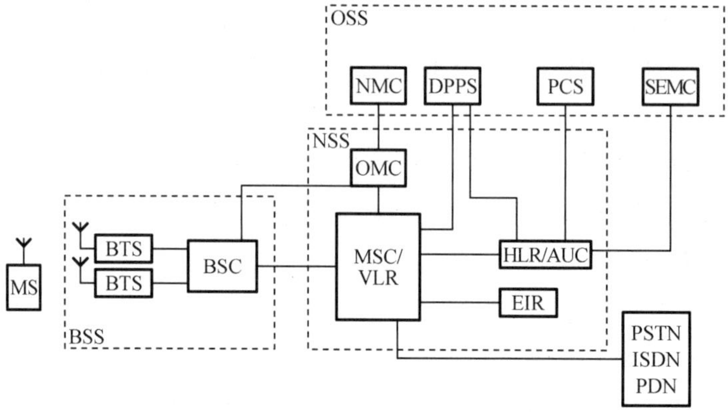

OSS—操作维护子系统；
NMC—网络管理中心；
PCS—用户识别卡个人化中心；
VLR—来访用户位置寄存器；
EIR—移动设备识别寄存器；
ISDN—综合业务数字网。
DPPS—数据后台处理系统；
OMC—操作维护中心；
HLR—归属用户位置寄存器；
BSC—基站控制器；
PDN—公用数据网；
SEMC—安全性管理中心；
MSC—移动业务交换中心；
AUC—鉴权中心；
BTS—基站收发信台；
PSTN—公用电话网；

图 3-14　GSM 系统结构

(1)移动台

移动台是GSM移动通信网中用户使用的设备,也是用户能够直接接触的整个GSM系统中的唯一设备。移动台的类型不仅包括手持台,还包括车载台和便携式台,不过还是以手持台为主。

(2)基站子系统

基站子系统是GSM系统中与无线蜂窝方面关系最直接的基本组成部分。它通过无线接口直接与移动台相接,负责无线发送接收和无线资源管理。基站子系统与网络子系统中的移动业务交换中心(MSC)相连,实现移动用户之间或移动用户与固定网络用户之间的通信连接,传送系统信号和用户信息等。当然,要对基站子系统部分进行操作维护管理,还要建立BSS与操作支持系统之间的通信连接。

(3)网络子系统

网络子系统主要包含有GSM系统的交换功能和用于用户数据与移动性管理、安全性管理所需的数据库功能,它对GSM移动用户之间通信、GSM移动用户与其他通信网用户之间通信起着管理作用。

(4)操作维护子系统

操作维护子系统需完成许多任务,包括移动用户管理、移动设备管理以及网络操作和维护。

3.5.3　3G技术

1.3G技术简介

3G是第三代移动通信技术,是支持高速数据传输的蜂窝移动通信技术,能够同时传送声音及数据信息,速率一般在几百kbps以上。国际电信联盟在1985年提出的第三代无线移动通信标准的名称,当时称为陆地移动系统(FPLMTS),1996年正式更名为国际移动通信2000(International Mobile Telecommunication 2000,IMT 2000)。国际电联原意是要把世界上的所有无线移动通信标准在公元2000年左右统一为全球统一的技术格式。IMT2000的目标是实现全球漫游,适应多种环境,提供高质量的多媒体业务、足够的系统容量和强大的用户管理能力。在速度方面,快速移动、步行环境和固定位置环境时,分组数据传输速率分别能达到144 kbps、384 kbps和2 Mbps。但是由于各种经济和政治的原因,最终形成了三个技术标准,即欧洲电信标准化协会(ETSI)的WCDMA、美国电信工业协会(TIA)的CDMA2000和中国电信科学技术研究院(CATT)的TD-SCDMA。在中国大陆,存在国际电联确定3个3G无线接口标准,分别是中国联通的WCDMA、中国电信的CDMA2000、中国移动的TD-SCDMA。

与第一代模拟移动通信和第二代数字移动通信相比,第三代移动通信是覆盖全球的多媒体移动通信。它的主要的特点之一是可实现全球漫游,使任意时间、任意地点、任意人之间的交流成为可能。也就是说,每个用户都有一个个人通信号码,带着手机,走到世界任何一个国家,人们都可以找到,而反过来,用户走到世界任何一个地方,都可以很方便地与国内用户或他国用户通信,与在国内通信时毫无差别。能够实现高速数据传输和宽带多媒体服务是第三代移动通信的另一个主要特点。这就是说,用3G手机除了可以进行普通的通话外，还可以上网查信息、下载文件和图片。由于带宽的提高，第三代移动通信系统还可以传输图像、提供可视电话业务等。

CDMA 是 Code Division Multiple Access（码分多址）的缩写，是第三代移动通信系统的技术基础。第一代移动通信系统采用频分多址（FDMA）的模拟调制方式，这种系统的主要缺点是频谱利用率低、信令干扰话音业务。第二代移动通信系统主要采用时分多址（TDMA）的数字调制方式，提高了系统容量，并采用独立信道传送信令，使系统性能大大改善，但 TDMA 的系统容量仍然有限，越区切换性能仍不完善。CDMA 系统以其频率规划简单、系统容量大、频率复用系数高、抗多径能力强、通信质量好、软容量、软切换等特点显示出巨大的发展潜力。下面分别介绍 3G 的三种标准：

（1）WCDMA（Wideband CDMA，也称 CDMA Direct Spread）

WCDMA 是基于 GSM/GPRS 网络发展起来的 3G 技术规范，是欧洲提出的宽带 CDMA 技术，它与日本提出的宽带 CDMA 技术基本相同（日本、韩国也在使用 WCDMA）。WCDMA 的支持者主要是以 GSM 系统为主的欧洲厂商，日本公司也或多或少参与其中，包括欧美的爱立信、阿尔卡特、诺基亚、朗讯、北电，以及日本的 NTT、富士通、夏普等厂商。该标准提出了 GSM（2G）—GPRS—EDGE—WCDMA（3G）的演进策略。这套系统能够架设在现有的 GSM 网络上，对于系统提供商而言可以较轻易地过渡。因为 WCDMA 是基于 GSM/GPRS 网络发展起来的 3G 技术规范，因此具有先天的市场优势。WCDMA 是当前世界上采用的国家及地区最广泛的、终端种类最丰富的一种 3G 标准，占据全球 80%以上市场份额。

（2）CDMA2000

CDMA2000 是由窄带 CDMA 技术发展而来的宽带 CDMA 技术，它是由美国高通北美公司为主导提出，摩托罗拉、朗讯和后来加入的韩国三星都有参与。这套系统是从窄频 CDMAOne 数字标准衍生出来的，可以从原有的 CDMAOne 结构直接升级到 3G，建设成本低廉。但因为之前使用 CDMA 的地区只有日本、韩国和北美，所以 CDMA2000 的支持者不如 WCDMA 多。该标准提出了从 CDMAIS95（2G）—CDMA2000 1x—CDMA2000 3x（3G）的演进策略，其中 CDMA20001x 被称为 2.5 代移动通信技术。CDMA20003x 与 CDMA20001x 的主要区别在于其应用了多路载波技术，通过采用三载波使带宽提高。在国内，中国电信在 CDMAIS95 网络的基础上，在 3G 技术上采用了 CDMA2000 的方案。

（3）TD-SCDMA

TD-SCDMA 全称为 Time Division-Synchronous CDMA（时分同步 CDMA），该标准是由中国大陆独自制定的 3G 标准，不过技术发明始于西门子公司。1999 年 6 月，中国原邮电部电信科学技术研究院（大唐电信）向国际电信联盟提出了该标准。相对于另两个主要 3G 标准 WCDMA 和 CDMA2000，TD-SCDMA 的起步较晚。TD-SCDMA 具有辐射低的特点，被誉为绿色 3G。该标准将智能无线、同步 CDMA 和软件无线电等领先技术融于其中，在频谱利用率、对业务支持具有灵活性及成本低廉等方面的具有独特优势。另外，由于中国大陆庞大的市场，该标准受到各大主要电信设备厂商的重视，全球一半以上的设备厂商都宣布支持 TD-SCDMA 标准。该标准不经过 2.5 代的中间环节，直接向 3G 过渡，非常适用于 GSM 系统向 3G 升级。

2. 网络架构的组成

(1)核心网的构成与功能

核心网(Core Network)是移动通信网络中的核心部分,负责处理呼叫建立、移动性管理、计费等功能。它是连接接入网和外部网络(如因特网、公共电话网络)的桥梁。核心网的构成包括移动交换中心(MSC)、服务 GPRS 支持节点(SGSN)、网关 GPRS 支持节点(GGSN)、归属位置寄存器(HLR)以及拜访位置寄存器(VLR)等关键组件。

MSC:负责电路交换(CS)域的呼叫处理和移动管理。它主要处理移动用户之间的语音通信和电路数据通信。

SGSN:服务 GPRS 支持节点,它在分组交换(PS)域中追踪终端位置和管理数据传输。SGSN 与移动台之间的接口称为 Gn 接口。

GGSN:网关 GPRS 支持节点,充当移动网络和外部 IP 网络之间的网关。它负责为移动用户提供 IP 地址,并在必要时进行路由和计费数据的生成。

HLR:归属位置寄存器,存储有关移动用户的信息,如服务订阅、移动台的国际移动用户身份(IMSI)等。

VLR:拜访位置寄存器,临时存储访问网络的移动台的数据。当移动台在归属网络以外的地方漫游时,VLR 会更新该移动台的位置信息。

核心网通过标准化的接口与接入网进行通信,保证了不同设备厂商提供的接入网设备能够无缝连接。核心网的升级通常更侧重于软件和协议的更新,以适应新的业务需求和技术标准。

(2)接入网的组成及作用

接入网(Access Network)是移动通信系统中连接用户终端(如手机)和核心网的网络部分,主要作用是为移动台提供接入到核心网的通道。它包含基站控制器(BSC)、基站收发台(BTS)等关键组件。接入网主要负责无线信号的接收和传输,实现用户数据的调制解调、无线信道的分配、信号的放大和发送等功能。

BSC:基站控制器,负责控制一个或多个 BTS,提供信道分配、功率控制、软切换等功能。它主要处理无线资源管理,优化无线网络性能。

BTS:基站收发台,是无线接入网中的关键设备,用于直接与移动台通信。它负责无线信号的发送和接收,以及执行信号的调制解调和频率转换。

接入网是实现移动通信网络覆盖和容量扩展的直接手段。随着技术的发展,接入网的组成部分也在不断演进,比如引入了 Node B 和无线网络控制器(RNC),用于支持 WCDMA 技术,以及 eNodeB 用于支持 LTE 技术。

接入网不仅需要满足无线通信的技术要求,还要适应不同的地理和环境条件,如城市、农村、室内、室外等。因此,接入网的设计和部署是实现移动通信覆盖的关键,也是网络运营商的主要成本和运营难点。

3.5.4 4G 技术

1.4G 技术简介

4G 是第四代移动通信技术标准，该技术包括 LTE－TDD（TDD 是 Time Division Duplexing 的缩写，含义为时分双工；也称为 TD－LTE）和 LTE－FDD（FDD 是 Frequency Division Duplexing 的缩写，含义为频分双工；也成为 FDD-LTE）两种制式。严格意义上来讲，LTE 只是 3.9G，尽管被宣传为 4G 无线标准，但它其实并未被 3GPP 认可为国际电信联盟所描述的下一代无线通信标准 IMT-Advanced，因此在严格意义上其还未达到 4G 的标准。只有升级版的 LTE-Advanced 才满足国际电信联盟对 4G 的要求。

2010 年是海外主流运营商规模建设 4G 的元年。2013 年 12 月 4 日，工业和信息化部正式向三大运营商发布 4G 牌照，中国移动、中国电信和中国联通均获得 TD-LTE 照。2013 年 12 月 18 日，中国移动在广州宣布，将建成全球最大 4G 网络。2013 年底前，北京、上海、广州、深圳等 16 个城市可享受 4G 服务。到 2014 年年底，4G 网络覆盖 300 多个城市。2014 年 1 月，京津城际高铁作为全国首条实现移动 4G 网络全覆盖的铁路，实现了 300 千米时速高铁场景下的数据业务高速下载，一部 2G 大小的电影只需要几分钟。2014 年 7 月，中国移动在召开的新闻发布会上又提出包括持续加强 4G 网络建设、实施清晰透明的订购收费、大力治理垃圾信息等六项服务承诺，并将继续降低 4G 资费门槛。2015 年 2 月 27 日，工业和信息化部正式向中国电信和中国联通发放 LTE-FDD 牌照，为 FDD 4G 网络正式商用拉开序幕。

2.4G 标准

在刚开始介绍 4G 技术时就已经提到，LTE 严格意义上来讲不能算作 4G 无线标准，只有升级版的 LTE Advanced 才满足国际电信联盟对 4G 的要求，接下来将分别介绍 4G 相关技术标准。

LTE 项目是 3G 的演进，它改进并增强了 3G 的空中接入技术，采用 OFDM 和 MIMO 作为其无线网络演进的唯一标准。LTE 主要特点是在 20 MHz 频谱带宽下能够提供下行 100 Mbps 与上行 50 Mbps 的峰值速率，相对于 3G 网络大大地提高了小区的容量，同时将网络延迟大大降低。

LTE 的演进历史：GSM：9 K—GPRS：42 K—EDGE：172 K—WCDMA：364 K—HSDPA/HSUPA：14.4 M—HSDPA+/HSUPA+：42 M—FDD-LTE：300 M。

由于 WCDMA 网络的升级版 HSPA 和 HSPA+均能够演化到 FDD-LTE 这一状态，所以这一 4G 标准在国际上获得了最大的支持，也是 4G 标准的主流。TD-LTE 与 TD-SCDMA 实际上没有关系，TD-SCDMA 不能直接向 TD-LTE 演进（除了沿用 TD-SCDMA 的时分双工方式之外）。

LTE-Advanced 从字面上看，LTE－Advanced 就是 LTE 技术的升级版。LTE－Advanced 满足 IMT-Advanced 的技术要求，是真正意义上的 4G 标准。LTE－Advanced 是一个兼容的

技术,完全兼容 LTE,是演进而不是革命。LTE-Advanced 的相关特性如下:

(1)带宽:100 MHz,有效支持新频段和大带宽;

(2)峰值速率:下行 1Gbps,上行 500 Mbps,峰值速率大幅提高;

(3)峰值频谱效率:下行 30bps/Hz,上行 15bps/Hz,频谱效率有限的改进。

Wireless MAN-Advanced 事实上就是 WiMAX 的升级版,即 IEEE 802.16m 标准。其中,802.16m 最高可以提供 1Gbps 无线传输速率,还将兼容未来的 4G 无线网络。802.16m 可在"漫游"模式或高效率/强信号模式下提供 1Gbps 的下行速率。该标准还支持"高移动"模式下提供 1Gbps 速率,解决了之前 WiMAX 存在的移动性的问题。2012 年 1 月,国际电信联盟在 2012 年无线电通信全会全体会议上,正式审议通过将 LTE-Advanced 和 WirelessMAN-Advanced(802.16 m)技术规范确立为 IMT-Advanced(俗称 4G)国际标准,TD-LTE-Advanced(中国主导制定的)和 FDD-LTE-Advance 同时并列成为 4G 国际标准。

3. 4G 核心技术

4G 所采用的关键技术较多,对通信技术接触较少的人,理解上也存在一定的难度,下面简要介绍 4G 所采用的部分核心技术。

(1)接入方式和多址方案

OFDM 正交频分复用是一种无线环境下的高速传输技术,其主要思想就是在频域内将给定信道分成许多正交子信道,在每个子信道上使用一个子载波进行调制,各子载波并行传输。尽管总的信道是非平坦的,即具有频率选择性,但是每个子信道是相对平坦的,在每个子信道上进行的是窄带传输,信号带宽小于信道的相应带宽。OFDM 技术的优点是可以消除或减小信号波形间的干扰,对多径衰落和多普勒频移不敏感,提高了频谱利用率,可实现低成本的单波段接收机。

(2)调制与编码技术

4G 移动通信系统采用新的调制技术,如多载波正交频分复用调制技术以及单载波自适应均衡技术等调制方式,以保证频谱利用率和延长用户终端电池的寿命。4G 移动通信系统采用更高级的信道编码方案、自动重发请求技术和分集接收技术等,从而保证系统足够的性能。

(3)高性能的接收机

4G 移动通信系统对接收机提出了很高的要求。香农定理给出了在带宽 BW 的信道中实现容量 C 的可靠传输所需要的最小信噪比 SNR。按照香农定理,可以计算出:对于 3G 系统如果信道带宽为 5 MHz,数据速率为 2 Mbps,所需的 SNR 为 1.2 dB。而对于 4G 系统,要在 5 MHz 的带宽上传输 20 Mbps 的数据,则所需要的 SNR 为 12 dB。可见对于 4G 系统,由于速率很高,对接收机的性能要求也要高得多。

(4)智能天线技术

智能天线具有抑制信号干扰、自动跟踪以及数字波束调节等智能功能,被认为是未来移动通信的关键技术。智能天线应用数字信号处理技术,产生空间定向波束,使天线主波束对准用户信号到达方向,旁瓣或零陷对准干扰信号到达方向,达到充分利用移动用户信号并消除或抑制干扰信号的目的。这种技术既能改善信号质量又能增加传输容量。

(5)MIMO 技术

MIMO 技术是指利用多发射、多接收天线进行空间分集的技术,它采用的是分立式多天线,能够有效地将通信链路分解成为许多并行的子信道,从而大大提高容量。信息论已经证明,当不同的接收天线和不同的发射天线之间互不相关时,MIMO 系统能够很好地提高系统的抗衰落和噪声性能,从而获得巨大的容量。在功率带宽受限的无线信道中,MIMO 技术是实现高数据速率、提高系统容量、提高传输质量的空间分集技术。在无线频谱资源相对匮乏的今天,MIMO 系统已经体现出其优越性,也会在 4G 移动通信系统中继续应用。

(6)软件无线电技术

软件无线电是将标准化、模块化的硬件功能单元经过一个通用硬件平台,利用软件加载方式来实现各种类型的无线电通信系统的一种具有开放式结构的新技术。软件无线电的核心思想是在尽可能靠近天线的地方使用宽带 A/D 和 D/A 变换器,并尽可能多地用软件来定义无线功能,各种功能和信号处理都尽可能用软件实现。其软件系统包括各类无线信令规则与处理软件、信号流变换软件、信源编码软件、信道纠错编码软件、调制解调算法软件等。软件无线电使得系统具有灵活性和适应性,能够适应不同的网络和空中接口。软件无线电技术能支持采用不同空中接口的多模式手机和基站,能实现各种应用的可变服务质量。

(7)基于 IP 的核心网

移动通信系统的核心网是一个基于全 IP 的网络,同已有的移动网络相比具有根本性的优点,即可以实现不同网络间的无缝互联。核心网独立于各种具体的无线接入方案,能提供端到端的 IP 业务,能同已有的核心网和 PSTN 兼容。核心网具有开放的结构,能允许各种空中接口接入核心网,同时核心网能把业务、控制和传输等分开。采用 IP 后,所采用的无线接入方式和协议与核心网络协议、链路层是分离独立的。IP 与多种无线接入协议相兼容,因此在设计核心网络时具有很大的灵活性,不需要考虑无线接入究竟采用何种方式和协议。

(8)多用户检测是宽带 CDMA 通信系统中抗干扰的关键技术

在实际的 CDMA 通信系统中,各个用户信号之间存在一定的相关性,这就是多址干扰存在的根源。由个别用户产生的多址干扰固然很小,可是随着用户数的增加或信号功率的增大,多址干扰就成为宽带 CDMA 通信系统的一个主要干扰。传统的检测技术完全按照经典直接序列扩频理论对每个用户的信号分别进行扩频码匹配处理,因而抗多址干扰能力较差;多用户检测技术在传统检测技术的基础上,充分利用造成多址干扰的所有用户信号信息对单个用户的信号进行检测,从而具有优良的抗干扰性能,解决了远近效应问题,降低了系统对功率控制精度的要求,因此可以更加有效地利用链路频谱资源,显著提高系统容量。随着多用户检测技术的不断发展,各种高性能又不是特别复杂的多用户检测器算法不断提出,在 4G 实际系统中采用多用户检测技术将是切实可行的。

4. 4G 技术特点

4G 是集 3G 与 WLAN 于一体,并能够快速传输数据、高质量、音频、视频和图像等。4G 通信技术并没有脱离以前的通信技术,而是以传统通信技术为基础,并利用了一些新的通信技术,来不断提高无线通信的网络效率和功能。如果说 3G 能为人们提供一个高速传输的无线通信环境的话,那么 4G 通信会是一种超高速无线网络,一种不需要电缆的信息超级高速公路。与传统的通信技术相比,4G 通信技术最明显的优势在于通话品质及数据通信速度。然而,在通话品质方面,移动电话消费者还是能接受的。4G 在数据通信速度的高速化的确是一个很大优点,它的数据传输速率达到 100 Mbps,能够满足几乎所有用户对于无线服务的要求。下面是 4G 通信技术部分优势的介绍。

(1)通信速度快

由于人们研究 4G 通信的最初目的就是提高蜂窝电话和其他移动装置无线访问互联网的速率,因此 4G 通信给人印象最深刻的特征莫过于它具有更快的无线通信速度。第四代移动通信系统传输速率可达到 100 Mbps,这种速度相当于 2009 年最新手机的传输速度的 1 万倍左右、第三代手机传输速度的 50 倍。

(2)通信灵活

从严格意义上说,4G 手机的功能已不能简单划归电话机的范畴,毕竟语音资料的传输只是 4G 移动电话的功能之一,因此未来 4G 手机更应该算得上是一只小型电脑了。另外,4G 手机从外观和式样上会有更惊人的突破,随着智能设备发展的突飞猛进,眼镜、手表、手环、甚至是旅游鞋都有可能成为 4G 终端。

(3)智能性高

4G 的智能性更高,不仅表现于 4G 通信的终端设备的设计和操作具有智能化,例如对菜单和滚动操作的依赖程度会大大降低,更重要的是,4G 手机可以实现许多难以想象的功能,例如 4G 手机能根据环境、时间以及其他设定的因素来适时地提醒手机的主人此时该做什么事,或者不该做什么事,4G 手机可以把电影院票房资料直接下载到 PDA 上,这些资料能够把售票情况、座位情况显示得清清楚楚,人们可以根据这些信息来进行在线购买自己满意的电影票。

5. 4G 技术应用领域

4G 技术在通信领域得到了很广泛的应用,缩短了人与人之间的距离,同时在电视直播或者智能手机中的应用也非常广。

(1)4G 技术在电视直播中的应用

利用 4G 网络进行电视信号的传输,一方面可以降低传输的成本,另一方面可以提高电视信号的质量和速度,甚至实现超长距离的传输。由于运营商架设了许多信号传输的中转站,同时传输的设备价格适中,所以运营商有能力在大中城市、城镇和农村进行用地规划并放置设备,这样一来,电视信号的传播基本没有盲区,能够实现家家户户都能看电视的目的。4G 通信技术能够突破山区复杂地形的制约,同时受自然灾害的影响比较小,所以在地形情况比较复杂、气候条件比较差的地区进行直播时,4G 通信技术是个很好的选择。

(2)4G 技术在移动医护中的应用

在大中型医院中,医院为了医护人员与病人之间建立比较完善的沟通系统,所以在医院内部设置了依靠移动医疗服务的综合信息化解决系统,也就是移动医护。利用移动医护系统,医护人员可以借助手持的智能终端设备更加准确并有效地开展对病人的诊疗工作,如果病人有需求或者有突发状况,可以直接通过手持设备对医生进行呼叫,这一切都是基于医院内部设立的无线通信信号和专门的信息传输线路来实现的。通过 4G 技术,医护人员和病人之间的沟通更加方便,一方面可以提高医护人员的工作效率和质量,另一方面可以避免延误病情,从根本上减少医院发生医患纠纷的现象,推动医院真正成为救死扶伤的机构,不会因为救治不及时而导致病人出现意外。

(3)4G 通信技术在智能手机中的应用

随着经济的不断发展,科技也日新月异。在中国,智能手机基本已经普及到大中小城市人民的手中。通过使用智能手机,人们可以了解到外部世界,同时可以认识到自己生活的环境和外界环境的差异。智能手机中大多采用了 4G 通信技术,通过使用该技术,手机的通话质量能够得到很好的提升。除在通话方面有了很大的进步之外,其他数据的传输质量和速度也有了很大的提高。比如,4G 智能手机可以进行互联网购票,同时智能地根据用户的出行信息为其安排更加合理的出行路线,还会提醒用户所到目的地的天气状况等。通过 4G 智能手机,使用者可以通过互联网进行查阅对自己有用的信息和资料,同时将这些资料下载到自己的手机上,能够随时随地阅读学习。

综上所述,在智能设备日益普及和互联网技术不断进步的情况之下,信息技术也迎来了一个很重要的发展机会。通过使用 4G 通信技术,人们的生活水平能够提升到一个新的层次,随着新技术的不断开发和运用,人们也会享受到更加优质的服务。

3.5.5 5G 技术

1.5G 技术概述

第五代移动通信技术(5th generation mobile networks、5th generation wireless systems、5th-Generation,5G 或 5G 技术)是最新一代蜂窝移动通信技术,也是继 4G(LTE-A、WiMax)、3G(UMTS、LTE)和 2G(GSM)系统之后的延伸。

2013 年 2 月,欧盟宣布,将拨款 5 000 万欧元用于加快 5G 移动技术的发展,计划到 2020 年推出成熟的标准。

2013 年 5 月 13 日,韩国三星电子有限公司宣布,已成功开发 5G 的核心技术,这一技术预计将于 2020 年开始推向商业化。

2015 年 9 月 7 日,美国移动运营商 Verizon 无线公司宣布,将从 2016 年开始试用 5G 网络,2017 年在美国部分城市全面商用。

中国 5G 技术研发试验在 2016—2018 年进行,分为 5G 关键技术试验、5G 技术方案验证和 5G 系统验证三个阶段实施。

2017 年 2 月 9 日,国际通信标准组织 3GPP 宣布了“5G”的官方 Logo。

2017 年 12 月 21 日,在国际电信标准组织 3GPP RAN 第 78 次全体会议上,5GNR 首发版本正式冻结并发布。

2019 年 10 月 31 日,三大运营商公布 5G 商用套餐,并于 11 月 1 日正式上线 5G 商用套餐。

2. 5G 技术特点

5G 是在人们不满足于 4G 的基础和飞速发展的物联网与移动互联网的促进下产生的。5G 横空出世,不仅要解决人们之间的通信,还要带来更快、更稳定、更安全的连接。在海量的连接面前,LTE 和 LTE-A 都无法满足,但 5G 的 MIMO 技术有效地解决了此问题,5G 真真实实地走进了我们的生活。

其主要特点是速度快、容量大、时延短和大连接服务。

①速度快:当 4G 最大峰值只有 100 Mbps 的时候,5G 已经到达了 1 Gbps,这是 4G 的 100 倍,这离谱的传输速率更符合当今的时代需求。

②容量大:5G 的频带范围有 30 GHz 左右,实现了更多的数据传输。

③时延短:5G 的时延只有 1 ms,这就说明两方之间的通信会非常流畅,这为生活带来了巨大的便捷,再也不会因延迟而丢数据。

④大连接服务:5G 的连接数极大,可达到 100 万/平方千米的连接数,满足物联网通信。

3. 5G 的关键技术

(1)高频段传输

移动通信传统工作频段主要集中在 3 GHz 以下,这使得频谱资源十分拥挤,而在高频段(如毫米波、厘米波频段)可用频谱资源丰富,能够解决拥堵的问题,实现高速传输数据,但距离受到限制,暂时满足 5G 容量和传输速率等方面的需求。

高频段在移动通信中的应用是未来的发展趋势,充足的带宽、小型化的天线和设备、较高的天线增益是高频段的特点,但也存在传输距离短、穿透和绕射能力差、容易受气候环境影响等缺点。如果 5G 用高频段,那么它最大的问题就是覆盖能力会大幅减弱。覆盖同一个区域,需要的基站数量将大大超过 4G,所以基站密度会增大。

(2)新型多天线传输

5G 的第二大技术就是 Massive MIMO,MIMO 就是“多进多出”(Multiple-Input Multiple-Output),多根天线发送、多根天线接收。频率越高,波长越短,天线也就跟着变短。毫米波,天线也变成毫米级。这就意味着,天线完全可以塞进手机里面,甚至可以塞很多根。不过,天线之间的距离也不能太近。因为天线特性要求,多天线阵列要求天线之间的距离保持在半个波长以上,防止电磁波发生冲突。

(3)同时同频全双工

利用该技术,在相同的频谱上,通信的收发双方同时发射和接收信号,与传统的 TDD 和 FDD 双工方式相比,从理论上可使空口频谱效率提高 1 倍。全双工技术能够突破 FDD 和 TDD 方式的频谱资源使用限制,使得频谱资源的使用更加灵活。然而,全双工技术具有自干扰的缺点,两个信号波不正交会产生 100 dB 的干扰。专家对于干扰的解决出于对天线和信号的模拟消除,研究团队进一步研究以解决此问题。

(4)D2D

在目前的通信网络中,即使是两个人面对面拨打对方的手机(或手机对传照片),信号都是通过基站进行中转的,包括控制信令和数据包。5G 时代,同一基站下的两个用户,如果互相进行通信,他们的数据将不再通过基站转发,而是直接手机到手机。由于短距离直接通信,信道质量高,D2D 能够实现较高的数据速率、较低的时延和较低的功耗。D2D 技术是基于 SDN、NFV 和云计算等先进技术,可以减轻基站的压力。

目前,D2D 采用广播、组播和单播技术方案,未来将发展其增强技术,包括基于 D2D 的中继技术、多天线技术和联合编码技术等。

(5)密集网络

5G 移动通信系统的发展不仅带动旧的系统升级,还会引发新的无线传输技术发展,5G 将会是多层、多种无线接入技术共存的多制式异构网络。在未来的发展中,随着用户的数量急剧增加,站点的计算压力也随之增加,所以构建密集型网络是必然的,每个站点间的距离会很短,只有几十米或更短,每个站点的服务范围较小,但满足每个区域的用户需求,就像一个个小火堆一样温暖每个扇区的用户。维护和运营这样的网络是很困难的,其中的原理也是十分复杂的,5G 必须发展自组织网络功能。

(6)新型网络架构

5G 移动通信网络中,最最重要的东西就是融合网络,将无线网络和移动通信结合起来,再通过 SDN/NFV 技术实现虚拟化、软件化,更好地管理数据、计算数据。切片将不同类型的网络数据分层处理,好比高速公路上不同类型的汽车在不同道路,优化网络资源分配。

C-RAN 的基本思想是通过充分利用低成本高速光传输网络,直接在远端天线和集中化的中心节点间传送无线信号,以构建覆盖上百个基站服务区域,甚至上百平方千米的无线接入系统。C-RAN 架构适于采用协同技术,能够减小干扰,降低功耗,提升频谱效率,同时便于实现动态使用的智能化组网,集中处理有利于降低成本、便于维护、减少运营支出。

目前的研究内容包括 C-RAN 的架构和功能,如集中控制、基带池 RRU 接口定义、基于 C-RAN 的更紧密协作。除了把 RRU 拉远外,还把 BBU 集中起来,使其更加强大,可以统一管理调度、灵活分配资源、虚拟化 BBU 降低成本。

网络架构的研究很深入,5G 的发展还在继续,顶层的技术人员努力奋进,研发更快更好的网络架构,让数据传输变得灵活、自由。

4. 5G 组网架构

随着 5G 时代的到来,其组网架构相较于以往的移动通信网络有了显著的创新与变革。5G 组网架构旨在满足多样化的业务需求,提供更高的性能、更低的延迟以及更大的容量,以支撑如工业互联网、智能交通、虚拟现实等新兴应用场景。

5G 网络采用了全新的架构设计理念,主要包括接入网(Radio Access Network,RAN)、核心网(Core Network,CN)以及承载网三个关键部分,且各部分之间相互协作、紧密配合,共同构建起高效稳定的 5G 通信网络。

(1)接入网

①基站形态与功能变化

在 5G 接入网中,基站的形态和功能发生了较大的转变。传统的 4G 基站主要分为宏基站和微基站等,而 5G 基站则引入了新的概念,如 gNB(下一代基站)。gNB 具备更强大的信号处理能力和更灵活的资源分配机制。它不仅支持传统的宏覆盖,还能够通过与小基站(如 pico 基站、femto 基站等)的协同工作,实现对不同场景下的精细化覆盖。例如,在城市高楼林立的区域,宏基站负责大范围的信号覆盖,而小基站则可以针对建筑物内部或信号盲区进行补充覆盖,有效提升网络的整体覆盖质量和容量。

5G 基站采用了大规模多输入多输出(MIMO)技术,通过在基站端配置大量的天线单元(如 64 天线甚至更多),能够同时与多个用户设备进行数据传输,显著提高频谱效率和系统容量。同时,波束赋形技术的应用使得基站可以根据用户设备的位置和信号传播环境,动态调整信号的发射方向和强度,进一步提升信号传输的质量和效率,减少干扰。

②CU-DU 架构

5G 接入网引入了 CU(集中单元)和 DU(分布单元)的分离架构。CU 主要负责处理非实时性的高层协议和功能,如无线资源控制(RRC)、分组数据汇聚协议(PDCP)等;而 DU 则专注于处理实时性要求较高的物理层协议和功能,如物理层处理、实时调度等。这种分离架构使得网络功能的部署更加灵活,可以根据不同的业务需求和场景,将 CU 和 DU 分别部署在不同的位置,例如将 CU 集中部署在中心机房,便于统一管理和维护;而将 DU 靠近基站天线侧部署,以降低传输延迟。同时,CU-DU 之间的接口(F1 接口)定义了标准化的通信协议,保证了两者之间的高效协作和数据交互。

(2)核心网

①5GC 的架构特点

5G 核心网(5GC)采用了基于服务化架构(Service-Based Architecture,SBA)的设计理念。与传统的 4G 核心网相比,5GC 更加灵活、可扩展和易于定制化。在 SBA 架构下,核心网的功能被拆分成多个独立的网络功能(Network Function,NF)模块,如接入与移动性管理功能(AMF)、会话管理功能(SMF)、用户面功能(UPF)等。这些 NF 模块通过服务化接口进行通信和交互,实现了网络功能的解耦合模块化部署。例如,当有新的业务需求出现时,可以灵活地部署相应的 NF 模块或对现有模块进行升级,而不会对整个核心网架构造成大规模改动,大大提高了网络的适应性和可演进性。

5GC 支持网络切片技术,这是 5G 核心网的一个重要特性。网络切片可以根据不同的业务场景和需求,创建多个逻辑上独立的网络切片实例,每个切片实例都具有独立的网络功能、资源配置和安全策略。例如,可以为工业控制应用创建一个低延迟、高可靠性的网络切片,为移动互联网用户创建一个高带宽、低成本的网络切片等。通过网络切片技术,运营商可以在同一物理网络基础设施上,为不同类型的用户和业务提供定制化的网络服务,实现网络资源的高效利用和精细化管理。

②与外部网络的交互

5GC 与外部网络之间的交互也更加丰富和多样化。它通过 N1 接口与接入网(RAN)进行连接,实现用户设备的接入控制和移动性管理;通过 N4 接口与用户面功能(UPF)进行交互,实现会话管理和数据转发;同时,5GC 还与其他外部网络(如互联网、企业网等)通过不同的接口进行连接,为用户提供广泛的网络服务。例如,通过与互联网的连接,用户可以访问各种在线应用和服务;通过与企业网的连接,企业用户可以实现远程办公、数据共享等功能,促进了企业数字化转型和智能化发展。

(3)承载网

①传输需求与技术选择

5G 承载网需要满足 5G 网络高速率、低延迟、大容量的传输需求。为了实现这一目标,承载网采用了多种先进的传输技术。在光传输方面,超高速光模块(如 100 G、200 G 甚至 400 G 光模块)被广泛应用,以提高光纤传输的速率和容量。同时,灵活栅格光网络技术的应用使得光网络的频谱资源分配更加灵活,可以根据不同业务的需求动态调整频谱带宽,提高频谱利用率。

在 IP 承载网方面,采用了分段路由(Segment Routing,SR)技术。SR 技术通过源节点为数据包指定路径,简化了网络路由的复杂性,提高了网络的灵活性和可扩展性。同时,网络切片技术在承载网中也有相应的应用,通过为不同的网络切片分配独立的传输资源和路径,保证了各个切片之间的隔离性和性能要求,确保不同业务的传输质量和安全性。

②前传、中传与回传

5G 承载网根据传输距离和功能的不同,分为前传、中传和回传三个部分。前传主要负责连接基站的射频单元(RRU)和 DU,通常采用光纤直连或基于无源波分复用(WDM)的无源光网络(PON)技术,以满足基站与 DU 之间高速、低延迟的数据传输需求。中传则连接 DU 和 CU,由于 DU 和 CU 之间的分离架构,中传需要具备一定的灵活性和可扩展性,通常采用基于分组交换的传输技术,如以太网等。回传主要负责将核心网与接入网连接起来,将用户数据传输到核心网进行处理和转发。回传网络需要具备大容量、高可靠性的特点,通常采用多种融合的传输技术,如将光传输和 IP 传输结合,以满足不同业务场景下的回传需求。

5. 5G 应用场景

(1)增强型移动宽带

增强型移动宽带(Enhanced Mobile Broadband,eMBB),是指在现有移动宽带业务场景的基础上,对于用户体验等性能的进一步提升。

美国时间 2016 年 11 月 17 日凌晨 0 点 45 分,在 3GPP RAN 187 次会议的 5G 短码方案讨论中,中国华为公司主推的 Polar Code(极化码)方案,成为 5G 控制信道 eMBB 场景编码最终方案。

目前来看,使用 4G 完成 4 k、8 k 的观影或者是玩一些 AR、VR 游戏时显得吃力,虽然流量问题不是很大,但是传输速率的问题让人头痛,5G 的到来会对这些问题不攻自破。在 2018 年的韩国平昌冬奥会上首次亮相,几百个运动员携带摄像机滑雪,同时在大屏幕上显示,每个动作都能做时间切片。VR 360 度渲染场景才是 emMBB 的主场。eMBB 的特点利用网络切片管理数据,可以达到 20Gbps 的速率。

(2)大规模机器通信

大规模机器通信(Massive Machine Type Communication,mMTC),顾名思义,大规模的物联网,3GPP 为了应对 mMTC 场景提出了一系列举措,其中最重要的是提出了嵌于蜂窝系统的窄带物联网(Narrow BandInternert of Things,NB-IOT)技术和 eMTC(enhanced MTC,增强机器类型通信)技术来支持 5G 通信的 mMTC 应用,主要面向低速率、超低成本、低功耗、广深覆盖、大连接需求的物联网业务,降低了设备的成本与复杂度,改善了通信服务覆盖距离与信号穿透性,减少了设备侧的功耗,延长了电池寿命。

在这个追求大数据、快速的时代,5G 不仅满足这些需求,也满足低功耗和低速率的需求。低功耗大连接场景主要面向智慧城市、环境监测、智能家居、森林防火等以传感和数据采集为目标的应用场景,具有小数据包、低功耗、海量连接等特点。

由此可见,5G 不仅拓宽了上层发展业务,还顾及了下层的业务,平衡了不同业务之间的成本差距,更加绿色环保。

(3)超高可靠性超低时延通信

超高可靠性超低时延通信(Ultra-reliable and Low Latency Communications,uRLLC),5G URLLC 被业界广泛认为可以应用于工业控制、工厂自动化、智能电网、设备、车联网通讯、远程手术等场景。根据前面的技术介绍,可以知道 5G 通过建设密集型微基站来弥补高频窄覆盖范围的缺点,运营商挤破脑袋建设低频基站从而提出 UDN(超密集组网)、UCNC(虚拟化小区和 CloudRAN)等的建设方案,其做法之一就是建设微基站,并且 SDR 技术发展使得建设微基站成本很小,频带和空中接口协议等功能可以通过软件编写和更新,不需要硬件更换。

3.6 低功耗广域网技术

在当代物联网组网场景中,随着传感器网络规模的不断扩大与入网设备数量的持续增长,信道拥挤、信道干扰与信号失真等现象已愈发凸显,且同一场景下往往还存在着多种通信速率需求,传统通信技术已越来越难以支撑规模化的物联网组网需求,因此在综合考虑建设成本、运行功耗、传输距离与网络容量等因素下,LPWAN(低功耗广域网)技术应运而生。

物联网作为战略性新兴产业的重要组成部分,已成为当前世界新一轮经济和科技发展的战略制高点之一。物联网通信技术有很多种,从传输距离上区分,可以分为两类:一类是短距离通信技术,代表技术有 ZigBee、Wi-Fi、Bluetooth、Z-Wave 等;一类是广域网通信技术,业界一般定义为 LPWAN(低功耗广域网),典型的应用场景如智能抄表。作为 LPWAN 的主要技术代表,NB-IOT 技术、LoRa 技术逐步成为物联网领域的研究热点。

LPWA(低功耗广域技术),指使用较低功耗实现远距离的无线信号传输。相较于熟悉的低功耗蓝牙(BLE)、ZigBee 和 Wifi 等技术,LPWA 的传输距离更远,一般在千米级,其链接预算(link budget)可达 160 dBm,而 BLE 和 ZigBee 等一般在 100 dBm 以下。和传统的蜂窝网络技术(2G、3G)相比,LPWA 的功耗更低,电池供电的设备使用寿命可达数年。基于这两个显著特点,LPWA 可以真正使能物物互联,助力和引领物联网革命。LPWAN,即使用 LPWA 技术搭建的无线连接网络。LPWAN 的网络连接形式可以多种多样,以数据上传为例,无线终端发送数据信号,基站或者网关接收并将数据传输到云平台,云平台根据设备 ID 将数据分发到对应的客户服务器。对于私有的 LPWAN 网络,云端和客户服务器可以是一体的。网络架构图如图 3-15 所示。

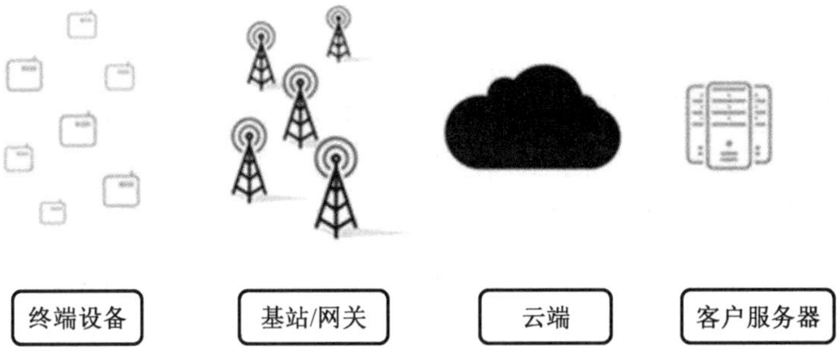

图 3-15 网络架构图

LPWA 针对物联网应用的需求,具备以下技术特性:

低功耗:一般的物联网设备无法使用电源直接供电,电池使用寿命即成为首要考虑需求,LPWA 对此进行技术优化,使得电池供电设备使用可达数年。

远距离:室内或短距离的物联网应用,可以使用低功耗蓝牙、ZigBee 等无线技术,LPWA

针对的是室外或者远距离的无线连接需求,传输速率要求较低,所以传输距离更远,至少在千米级。

低成本:新技术的普及离不开成本的持续降低,更低的成本可以使得技术应用在更多的领域,尤其是对价格敏感的应用。用于 LPWA 终端设备的射频模块,随着技术成熟度的提升、应用的普及、设备连接量的增加,其一般价格在 5 美元之下是可期的。

大容量:传统的无线蜂窝网络首要的连接对象是人,物联网的连接对象是物,而物的数量必将远远超过人的数量,这就要求 LPWA 网络有更大的容量,避免网络的拥挤和设备间的干扰。

LPWA 除了以上显著技术特性外,通常还有低速率、高延迟等特点。

无线网络技术如图 3-16 所示。

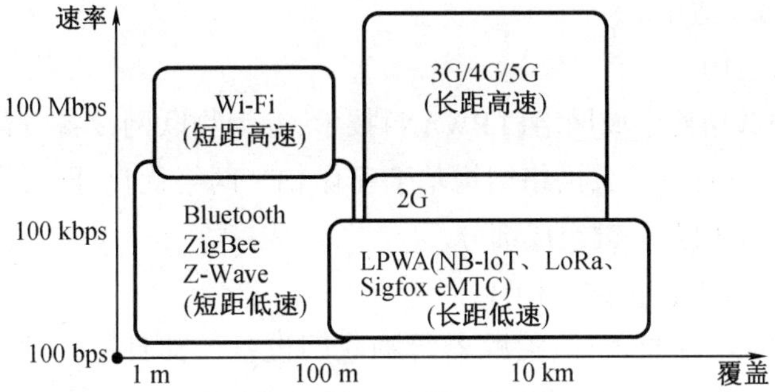

图 3-16　无线网络技术

3.6.1　NB-IOT 技术

NB-IOT 是指窄带物联网技术。NB-IOT 聚焦于低功耗广覆盖(LPWA)物联网市场,是一种可在全球范围内广泛应用的新兴技术。NB-IOT 使用 License 频段,可采取带内、保护带或独立载波等三种部署方式,与现有网络共存。

2013 年,业内相关厂商、运营商展开窄带蜂窝物联网发展,起名为 ITE-M。

2014 年,由沃达丰、中国移动、Orange、意大利电信、华为、诺基亚等公司支持的 LTE-M 在 3GPP GERAN 工作组立项,被重新命名为 Cellular IOT。

2015 年,华为和高通共同宣布了 NB-CIOT 方案;同年 8 月,爱立信联合几家公司提出了 NB-LTE 概念。

2015 年 9 月,NB-CIOT 和 NB-LTE 两个技术方案进行融合,NB-IOT 正式诞生。

NB-IOT 从 2015 年 9 月 3GPP 在 RAN 全会达成一致以后,得到全球大多数的运营商、通信设备厂商、芯片厂商、终端厂商的支持和响应,这标志着世界范围的物联网通信标准已经产生,并将为整个产业链带来巨大商机。

1. NB-IOT 的特点

低功耗:低功耗特性是物联网应用的一项重要指标,特别对于一些不能经常更换电池的设备和场合。NB-IOT 聚焦小数据量、小速率应用,因此 NB-IOT 设备功耗可以做到非常小,设备续航时间可以从过去的几个月大幅提升到几年。

低成本:NB-IOT 是基于 LTE 网络的技术,所以在现网 LTE 网络的基础上进行改造,就可以很快组网,很快扩大覆盖范围。目前各大运营商仍在大力推动 LTE 网络建设,有利于 NB-IOT 的覆盖改善。

强连接:在同一基站的情况下,NB-IOT 可以比现有无线技术提供 50~100 倍的接入数。一个扇区能够支持 10 万个连接,支持低延时敏感度、超低的设备成本、低设备功耗和优化的网络架构。在一个不太大的空间,放置更多设备而互相又不会有干扰,NB-IOT 足以轻松满足未来智慧家庭中大量设备联网需求。

广覆盖:NB-IOT 室内覆盖能力强,比 LTE 提升 20 dB 增益,相当于提升了 100 倍覆盖区域能力。这不仅可以满足农村这样的广覆盖需求,对于厂区、地下车库、井盖这类对深度覆盖有要求的应用同样适用。

2. NB-IOT 网络结构

NB-IOT 是一种低功耗广域网络(LPWAN)技术,专为物联网设备设计,具有低功耗、广覆盖、大连接、低成本等特点。其网络结构基于现有 LTE 网络优化,同时支持独立部署。以下是 NB-IOT 的网络架构及关键组成部分。

(1)终端设备(User Equipment,UE)

指 NB-IOT 传感器、智能表计、追踪器等物联网设备。其具有低功耗(电池寿命可达 10 年)、低成本、支持深度覆盖(如地下室、偏远地区)等特点。

(2)无线接入网(E-UTRAN)

eNodeB(基站)负责无线信号收发,支持 NB-IOT 的三种部署方式如下:

①独立(Standalone)部署:不依赖 LTE,与 LTE 可以完全解耦,适用于重耕 GSM 频段(如 GSM 退网频段)。

②保护带(Guard-band)部署:适用于 LTE 频段。不占 LTE 资源,利用 LTE 边缘保护频带中未使用的 180 KHz 带宽的资源块利。

③带内(In-band)部署:占用 LTE 载波的部分资源块(如 LTE 的 PRB)。

NB-IOT 的三种部署方式如图 3-17 所示。

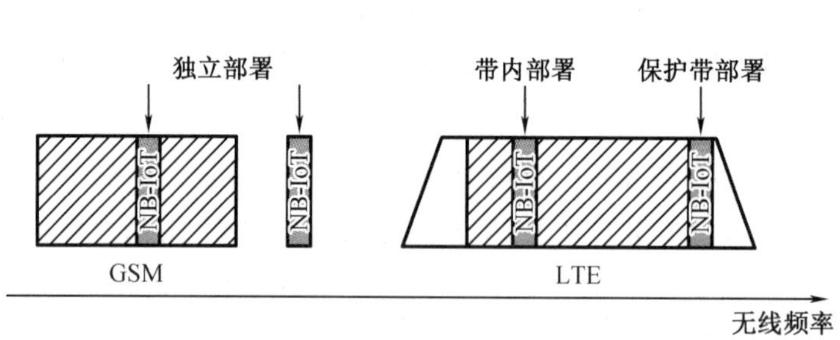

图 3-17 NB-IOT 的三种部署方式

NB-IOT 优化技术:窄带传输(180 kHz 带宽),提升信号穿透能力;重复传输,增强覆盖(适用于地下、农村等弱信号场景);低功耗模式(PSM、eDRX),减少设备能耗。

(3)核心网(EPC或5GC)

NB-IOT可基于4G EPC(演进分组核心网)或5G核心网(5GC)部署,主要网元包括:

①MME(Mobility Management Entity):负责信令控制、设备鉴权、移动性管理。

②SGW(Serving Gateway):数据包路由和转发。

③PGW(PDN Gateway):连接外部网络(如互联网或企业专网)。

④HSS(Home Subscriber Server):存储用户签约信息。

⑤SCEF(Service Capability Exposure Function):用于非IP数据传输(如CoAP协议)。

⑥5G核心网(5GC)支持:NB-IOT可接入5GC,利用UPF(用户面功能)和AMF(接入管理功能),实现更灵活的网络切片(如低时延物联网业务)。

(4)物联网平台(IOT Platform)

负责设备管理、数据存储、业务逻辑处理等,如华为OceanConnect、阿里云IOT平台、AWS IOT Core。支持协议有CoAP、MQTT、LWM2M等轻量级协议。物联网平台结构如图3-18所示。

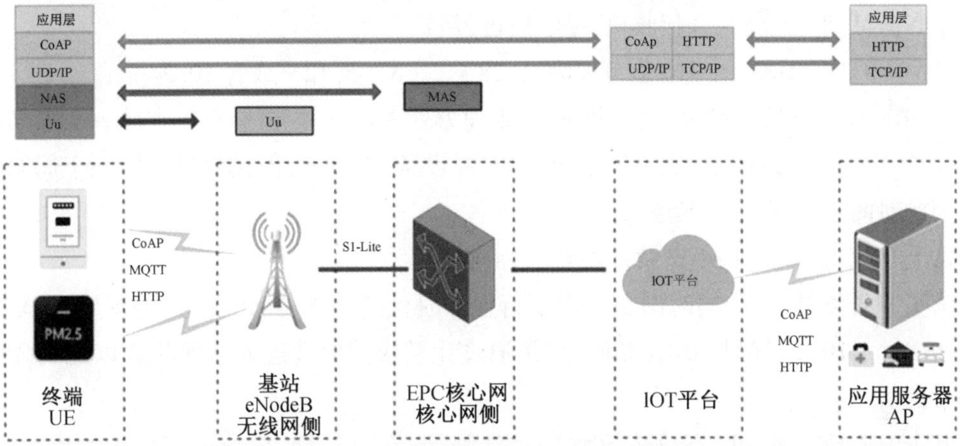

图3-18　物联网平台结构

3.三种工作状态

NB-IOT设备的工作状态设计以低功耗为核心,通过优化连接方式、减少通信频率,使设备在电池供电下可工作数年甚至数十年。其工作状态主要包括:

(1)Connected(连接态、工作态)

模块注册入网后处于该状态,可以发送和接收数据,无数据交互超过一段时间后会进入Idle(空闲态、轻休眠态)模式,时间可配置。

(2)Idle(空闲态、轻休眠态)

可收发数据,且接收下行数据会进入Connected态,无数据交互超过一段时间会进入PSM模式,时间可配置。空闲状态可配置执行DRX或eDRX模式。

(3)PSM(节能态、深睡眠态)

不可收也不可发数据,此模式下终端关闭收发信号机,不监听无线侧的寻呼,因此虽然依旧注册在网络,但信令不可达,无法收到下行数据,功率很小。持续时间由核心网配置(T3412),有上行数据需要传输或 TAU 周期结束时会进入 Connected 态。

4. NB-IOT 的省电技术

(1)DRX 模式(不连续接收)

DRX 即非连续接收,是指终端仅在必要的时间段打开接收机进入激活态,用以接收下行数据,而在剩余时间段关闭接收机进入休眠态,停止接收下行数据的一种节省终端电力消耗的工作模式。

DRX 是一种节省终端功耗的工作模式,其基本原理是让模块周期性地进入休眠模式;休眠期间,模块将不监听 PDCCH、关闭收发单元,以降低其功耗。

DRX 作用于 Idle 态中,通过在 Idle 状态中周期性监听寻呼的方式来降低模块功耗。但 DRX 参数由网络决定,模块无法修改也无法建议网络修改。

注意:

①在激活期,UE 将打开接收机,寻呼信道,判断是否有下行业务。

②NB-IOT 的 DRX 周期取值范围为:1.28 s、2.56 s、5.12 s 或者 10.24 s。

③DRX 周期时长确定后,激活期越长,则业务处理越及时,但接收机在同一个周期内工作时间长,UE 耗电量越大。激活期越短,则 UE(设备)越省电,但接收机在同一个周期内保持关闭的时间越长,业务时延越长。

(2)eDRX 模式(扩展不连续接收)

为了节省终端功耗,同时满足一定下行业务时延的要求,3GPP 引入了扩展 DRX 的概念(eDRX)。eDRX 目的与 DRX 相同,均是通过让模块周期性进入休眠状态以达到降低功耗的目的。

基本的原理是将 Idle 态分成寻呼期和休眠期:在寻呼期,模块的工作模式和 LTE 的 DRX 一致;在休眠期,模块不监听下行寻呼。相比 DRX,eDRX 可支持更长的寻呼周期,以达到进一步降低功耗的目的。

eDRX 模式下,模块只在 PTW 内按 DRX 周期监听下行寻呼、接收下行业务(打开接收机);如果在休眠期有数据发给模块,模块并不能及时接收,只能等到当前 eDRX 周期完毕后再次进入 PTW 监听寻呼。因此,eDRX 模式下,模块功耗的降低以实时性为“代价”,实际应用时需要根据业务模型,确定合适的 eDRX 周期和 PTW 值,以达到功耗与实时性的平衡。

对下行业务时延有较高要求,可根据设备是否处于休眠状态缓存消息或者立即下发消息,如智能穿戴设备。

(3)模式(省电模式)

PSM(Power Saving Mode)技术原理非常简单,在 PSM 状态下,终端射频关闭,相当于关机状态,终端非业务期间深度休眠,不接收下行数据,只有终端主动发送上行数据时可接收物联网平台缓存的下行数据。

模块进入 PSM 的过程如下：

①模块在与网络端建立连接或跟踪区更新(TAU)时,网络会下发 T3324 和 T3412 定时器配置到模块,UE 在进入 Idle 状态后会启动 T3324 和 T3412 定时器。当 T3324 定时器超时后,模块进入 PSM。

②模块在针对紧急业务进行联网或初始化 PDN(公共数据网络)时,不能申请进入 PSM。

③当模块处于 PSM 模式时,将关闭联网活动,包括搜寻小区消息、小区重选等。但是 T3412 定时器(与周期性 TAU 更新相关)仍然继续工作。

模块退出 PSM 的方式：

①T3412 定时器超时后,模块将自动退出 PSM。

②当模块处于 PSM 模式时,拉低 PSM_EINT(下降沿)可将模块从 PSM 唤醒。

3.6.2　LoRa 技术

LoRa(Long Range,远距离)是一种低功耗广域网络无线通信技术,专为远距离、低功耗、低数据速率的物联网应用设计。LoRa 是美国 Semtech 公司的专有技术,实际是一种采用扩频方案的无线调制解调技术。

Semtech 在 2012 年通过并购法国 Cycleo 公司获得 LoRa 的 IP 产权,以此设计制造射频芯片并进行市场销售,是一家纯半导体公司,垄断 LoRa 芯片的供货。目前 Semtech 虽然也进行少量 LoRa 的 IP 授权,如国内的阿里,但 IP 是 Semtech 专有,没有授权任何公司而无法设计制造 LoRa 芯片,所以客户的选择余地很小。LoRa 使用的也是公共频段进行射频信号传输,上层协议及规范由 LoRaWan 定义,LoRa 联盟负责发布和维护。任何人可以购买 LoRa 芯片或者模块来设计 LoRa 终端和网关设备,也可以设计或者购买设备来搭建 LoRa 网络,所以目前多数的 LoRa 网络都是小区域和私有的,很少有全国性的通用物联网络,而设备和网络间的兼容也是一个很大的挑战。

LoRa 通过扩频技术实现高灵敏度,从而能够进行远距离传输,但是网络容量有限,无法高效实现大批量设备信息的并行接收和处理,这对于大面积或全国性的部署是个巨大挑战。

LoRa 技术从覆盖范围来看,它属于无线广域网(WWAN),但相比传统蜂窝网络(如 4G/5G),其覆盖和架构更接近无线城域网(WMAN)的扩展形态。

1. LoRa 无线技术的主要特点

①超远距离通信：城市覆盖 2~5km,郊区可达 15km 以上,农村/开阔地区可达 50 km。

②低功耗：采用休眠模式(如 Class A/B/C),电池供电设备可工作 5~10 年。

③低数据速率：传输速率 0.3~50 kbps,适合小数据包传输(如传感器数据)。

④强抗干扰能力：基于扩频技术,线性调制扩频(CSS)的一个变种,具有前向纠错(FEC)能力,在噪声环境中仍能稳定通信。

⑤低成本：终端模块价格低,网络部署和维护成本远低于蜂窝网络。

⑥大容量:单个网关可连接数千个终端设备,适合大规模物联网部署。

⑦工作频率:LoRa 工作在 ISM(工业、科学和医疗)频段,常见的频段包括 868 MHz(欧洲)、915 MHz(美国)和 470 MHz(中国)。

⑧安全性高:LoRa 采用端到端 AES128 加密、双向认证等技术,实现完整性保护和保密性。

2. LoRaWAN 网络

LoRa 是物理层调制技术,而 LoRaWAN(LoRa Wide Area Network)是基于 LoRa 技术的通信协议和系统架构,定义了 LoRa 网络的 MAC 层协议。LoRaWAN 是基于 LoRa 的低功耗广域网,它主要包括 2 个部分:通信协议和体系结构。它能提供一个低功耗、可扩展、高服务质量、安全的长距离无线网络。LoRaWAN 的通信协议栈如图 3-19 所示。

LoRaWAN 采用星型拓扑,LoRaWAN 网络和其他网络之间的主要区别在于,终端设备与网络本身配对,而非专用于单个网关。相反,终端设备会向范围内的所有网关广播信号。每个接收网关会将数据包传递到网络服务器,然后网络服务器对消息进行重复数据删除,最后将单一版本的消息发送到应用服务器。典型架构包括以下组件:

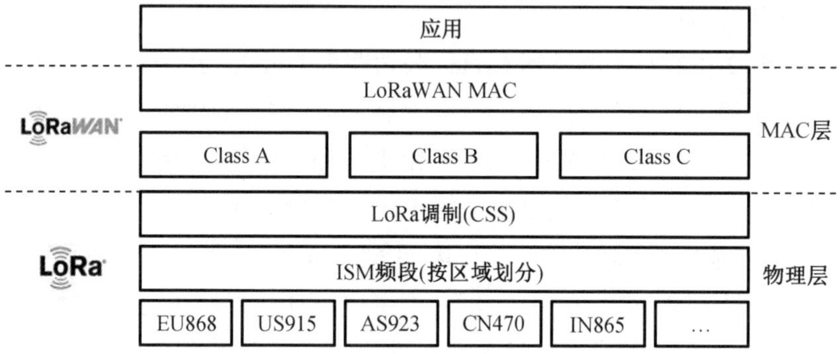

图 3-19 LoRaWAN 的通信协议栈

(1)终端节点(End Nodes)

支持 LoRaWAN 的终端设备是使用 LoRa 调制通过 RF 连接到 LoRaWAN 网络的传感器或设备。在大多数应用中,终端设备是一种自主的、通常由电池供电的传感器,例如水阀、电表等等。

(2)网关(Gateway)

LoRaWAN 网关从终端设备接收 LoRa 调制射频数据,并将这些数据消息转发到 LoRaWAN 网络服务器。终端设备和网关之间没有一一对应关系,相反,同一终端设备可以由该区域的多个网关提供服务,终端设备上行链路数据包将被所有能收到的网关接收,这样的安排可降低丢包率。

LoRaWAN 网关可以通过 Wi-Fi、网线等方式连接到网络服务器。

LoRaWAN 网关完全在物理层上运行,本质上只是负责转发 LoRa RF 消息。接收到 LoRa 信号后,会进行物理层上校准,如果无误,则会附带一些数据(时间戳、RSSI、SNR 等)

一起通过上行链路发给网络服务器。对于下行链路,即受到网络服务器的传输请求,则直接转发。

由于多个网关可以从单个终端设备接收相同的 LoRa RF 消息,由网络服务器执行重复数据消除并删除所有副本。根据相同消息的 RSSI 级别,网络服务器通常在传输下行链路消息时选择接收具有最佳 RSSI 的网关,因为该网关是最接近相关终端设备的网关。

(1)网络服务器(Network Server)

LoRaWAN 网络服务器(LNS)管理整个网络,动态控制网络参数以使系统适应不断变化的条件,并建立安全的 128 位 AES 连接,用于端到端数据的传输(从 LoRaWAN 终端设备到最终用户云中的应用程序)以及控制从 LoRaWAN 终端设备流向(和返回)LNS 的流量。

网络服务器确保网络上每个传感器的真实性以及每条消息的完整性。同时,网络服务器无法查看或访问应用程序数据。

(2)应用服务器(Application Server)

应用服务器负责安全地处理、管理和解释终端设备的应用数据。它们还会生成到所连接终端设备的所有应用层下行链路有效负载。

3. 终端设备分类

LoRaWAN 网络中的终端设备分为三类:A 类、B 类和 C 类。终端设备始终可以随意发送上行链路,而设备的类别决定了它何时可以接收到下行链路。类别也决定了设备的能源效率。设备的能源效率越高,电池寿命就越长。

(1)A 类设备

此类设备大部分时间处于 Sleep 下,当终端设备需要上报(比如检测某个数据超过阈值)时,它会自动唤醒并主动发起上行链路。A 类设备工作时序图如图 3-20 所示。

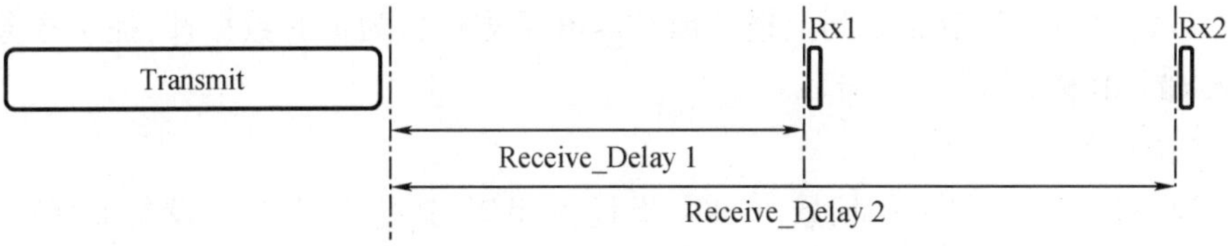

图 3-20　A 类设备工作时序图

发完数据后再次进入 Sleep,在 Receive_Delay1(该时间可配置)后再次唤醒,启动监听窗口 Rx1。如果在 Rx1 窗口内未接收到数据,会再次进入 Sleep。在 Receive_Delay2(该时间可配置)后唤醒,并最后一次启动监听窗口 Rx2。

终端设备不会发送另一条上行链路,直至它在 Rx1 期间收到下行链路消息或者最后一次传输后的第二个接收窗口已完成。

(2)B 类设备

作为 A 类的增强功能,LoRaWAN B 类模式为终端设备提供了固定的时间窗口,以接收来自网络的下行链路,使 B 类终端设备既适用于监控传感器,也适用于执行器。所有基于 LoRa 的终端设备均以 A 类模式启动;但是,B 类设备是在使用过程中会被应用层切换到 B

类模式。

①Beacon 和 PingSlot

熟悉 B 类设备的工作方式，首先要了解 Beacon 和 PingSlot 的意义。

Beacon 作为信标，是由网关周期的广播信标，用于终端设备同步时间。这个周期一般设置为 128 s。PingSlot 是在 128 s 周期内，作为终端设备划分的 2^N 个接收窗口。N 取值为 0~7 可配置。

②如何切换至 B 类

A 类设备首次同步时间：

设备以 A 模式启动，如果需要切换至 B 类设备，会先首次同步时间。节点上行 DeviceTimeReq，配备 GPS 的网关接收到数据时，会同时打上 GPS 时间戳及 SX1301 时间戳。服务器接收到数据后，将 GPS 时间戳编码进 DeviceTimeAns，通过 RX1 或 RX2 下发给节点。节点接收到 DeviceTimeAns 后，结合上次发射结束的时间换算出当前的 GPS 时间，完成同步。

同步 Beacon：

LoRaWAN 协议定义支持 ClassB 的网关每 128 s 广播一次 Beacon，供节点同步时间。节点首次同步时间后，可以快速换算出下一个 Beacon 的发射时间，既加快时间同步过程，也避免持续接收而影响功耗。节点接收到第一个 Beacon 后，完成第二次时间同步，后续会每 128 s 打开一次接收窗口，持续从网关同步时间，确保时间不会漂移。

上报 PingSlotPeriod & 切换 B 类设备：

B 类设备的接收窗口，按 PingSlotPeriod 大小 N 划分为 2^N 个接收窗口，称为 PingSlot。128 s 的周期由 2^N 个 PingSlot 和 Beacon 接收窗口组成。N 取值范围是 0~7，即节点可根据配置，在 128 s 的周期内开放 1~128 个 B 类接收窗口。节点在这一步做确认上行，上报的 PingSlotInfoReq 必须得到服务器的 PingSlotInfoAns，确保双方完成同步。获取 PingSlotInfoAns 成功后，节点立刻上报一帧 ClassB 标志位置为 1 的数据帧，提示服务器节点已经进入 ClassB 模式。

(3) C 类设备

C 类设备是基于长供电的场景。和 A 类设备相似，其差别是 A 类设备睡眠时，C 类设备打开接收窗口 RC。

3.7 本章小结

本章主要对物联网网络层技术进行全面的梳理研究，从个域网、局域网、城域网、广域网四个方面全面介绍物联网网络层涉及的技术，同时对物联网独有的低功耗广域网技术进行了全面的研究讲解。

第4章　物联网平台层技术

平台层是物联网的数据处理中心，负责数据的存储、处理、分析和挖掘。它利用云计算、大数据、人工智能等技术，对海量数据进行深度分析和挖掘，提取有价值的信息和洞察。

平台层的关键技术有：

云计算技术：提供弹性可扩展的计算和存储资源，支持物联网设备的大规模接入和数据处理。云平台如 AWS、Azure、阿里云等，提供了丰富的服务和工具，简化了物联网应用的开发和部署。

大数据处理技术：包括 Hadoop、Spark 等大数据处理框架，能够处理 PB 级的数据量，实现数据的快速分析和挖掘。

人工智能与机器学习：通过算法和模型对数据进行智能分析，发现数据中的规律和趋势，为决策提供有力支持。

4.1　云　计　算

如前面所述，物联网可以看作互联网通过传感网向物理世界的延伸，其最终目标是实现物理世界的智能化管理。信息技术的发展在不断效仿人类社会的发展模式，计算机领域的很多思想和方法都直接受到了人类社会的影响。物联网从概念的提出到如今各种应用实例的出现，表明了人们迫切需要实现人类社会与物理系统的整合，物联网技术将新一代 IT 技术充分运用到各行各业之中。计算机设备行业的迅猛发展为互联网高速化、智能化发展注入了强大动力。云计算以其超大的规模、虚拟化、高可靠性、通用性、高可扩展性、按需报务、廉价及方便等特点，成为互联网发展的新主题。在物联网与互联网的整合中需要一个或多个强有力的计算中心，能够对整合网络内的人员、机器、设备和基础设施实施实时的管理和控制。物联网与云计算的结合势必是一种趋势。从拟人化的角度考虑，如果把物联网比喻为人的五官、四肢和神经系统，那么云计算就像人的大脑。

4.1.1　云计算的基本概念

计算能力云计算是一种基于互联网的计算方式，通过这种方式，共享的软硬件资源和信息可以按需求提供给计算机和其他设备，主要是基于互联网的相关服务的增加、使用和交付模式，通常涉及通过互联网来提供动态易扩展且经常是虚拟化的资源。云是网络、互联网的一种比喻说法。过去往往用云来表示电信网，后来也用来表示互联网和底层基础设施。狭义云计算指 IT 基础设施的交付和使用模式，指通过网络以按需、易扩展的方式获得所需资源；广义云计算指服务的交付和使用模式，指通过网络以按需、易扩展的方式获得所需服务。这类服务不仅涵盖 IT、软件和互联网相关领域,也可延伸至其他服务。它意味着计算也可作为一种商品通过互联网进行流通。

Wiki 定义:云计算是一种通过 Internet 以服务的方式提供动态可伸缩的虚拟化的资源的计算模式。

美国国家标准与技术研究院(NIST)定义:云计算是一种按使用量付费的模式,这种模式提供可用的、便捷的、按需的网络访问,进入可配置的计算资源共享池(资源包括网络、服务器、存储、应用软件、服务),这些资源能够被快速提供,只需投入很少的管理工作,或与服务供应商进行很少的交互。“云计算”概念被大量运用到生产环境中,国内的“阿里云”与云谷公司的 XenSystem,以及在国外已经非常成熟的 Intel 和 IBM,各种“云计算”的应用服务范围正日渐扩大,影响力也无可估量。

人们常将云计算与网格计算、效用计算、自主计算相混淆。

网格计算:分布式计算的一种,由一群松散耦合的计算机组成的一个超级虚拟计算机,常用来执行一些大型任务。

效用计算:IT 资源的一种打包和计费方式,比如按照计算、存储分别计量费用,像传统的电力等公共设施一样。

自主计算:具有自我管理功能的计算机系统。

事实上,许多云计算部署依赖于计算机集群(但与网格的组成、体系结构、目的、工作方式大相径庭),也吸收了自主计算和效用计算的特点。

4.1.2 云计算背景

云计算由一系列可以动态升级和被虚拟化的资源组成,这些资源被所有云计算的用户共享并且可以方便地通过网络访问,用户无须掌握云计算的技术,只需要按照个人或者团体的需要租赁云计算的资源。云计算是继 20 世纪 80 年代大型计算机到客户端服务器的大转变之后的又一种巨变。云计算的出现并非偶然,早在 20 世纪 60 年代,麦卡锡就提出了把计算能力作为一种像水和电一样的公用事业提供给用户的理念,这成为云计算思想的起源。在 20 世纪 80 年代网格计算、90 年代公用计算,21 世纪初虚拟化技术、SOA、SaaS 应用的支撑下,云计算作为一种新兴的资源使用和交付模式逐渐为学界和产业界所认知。中国云发展创新产业联盟评价云计算为“信息时代商业模式上的创新”。

继个人计算机变革、互联网变革之后,云计算被看作第三次 IT 浪潮,是中国战略性新兴产业的重要组成部分。它将带来生活、生产方式和商业模式的根本性改变,云计算将成为当前全社会关注的热点。

云计算是分布式计算、并行计算、效用计算、网络存储、虚拟化、负载均衡等传统计算机和网络技术发展融合的产物。

4.1.3 云计算特征

通过使计算分布在大量的分布式计算机上,而非本地计算机或远程服务器中,企业数据中心的运行将与互联网更相似。这使得企业能够将资源切换到需要的应用上,根据需求访问计算机和存储系统。互联网上的云计算服务特征和自然界的云、水循环具有一定的相似性,因此,云是一个相当贴切的比喻。根据美国国家标准和技术研究院的定义,云计算服务应该具备以下几个特征:随需自助服务、随时随地用任何网络设备访问、多人共享资源池、快速重新部署灵活度、可被监控与量测的服务。

一般认为其还有如下特征:基于虚拟化技术快速部署资源或获得服务、减少用户终端的处理负担、降低了用户对于 IT 专业知识的依赖。

此外,云计算具有以下几个主要特征:

(1)资源配置动态化

根据消费者的需求动态划分或释放不同的物理和虚拟资源,当增加一个需求时,可通过增加可用的资源进行匹配,实现资源的快速弹性提供;如果用户不再使用这部分资源时,可释放这些资源。云计算为客户提供的这种能力是无限的,实现了 IT 资源利用的可扩展性。

(2)需求服务自助化

云计算为客户提供自助化的资源服务,用户无须同提供商交互就可自动得到自助的计算资源能力。同时云系统为客户提供一定的应用服务目录,客户可采用自助方式选择满足自身需求的服务项目和内容。

(3)以网络为中心

云计算的组件和整体构架由网络连接在一起并存在于网络中,同时通过网络向用户提供服务。而客户可借助不同的终端设备,通过标准的应用实现对网络的访问,从而使得云计算的服务无处不在。

(4)资源的池化和透明化

对云服务的提供者而言,各种底层资源(计算、储存、网络、资源逻辑等)的异构性(如果存在某种异构性)被屏蔽,边界被打破,所有的资源可以被统一管理和调度,成为所谓的"资源池",从而为用户提供按需服务;对用户而言,这些资源是透明的、无限大的,用户无须了解内部结构,只关心自己的需求是否得到满足即可。

4.1.4　云计算的服务

1. 核心技术

云计算系统核心技术:并行计算。并行计算是指同时使用多种计算资源解决计算问题的过程。通过并行计算集群完成数据的处理,再将处理的结果返回给用户。

具体有如下核心技术:

①编程模式;

②海量数据分布存储技术;

③海量数据管理技术;

④虚拟化技术;

⑤云计算平台管理技术;

⑥信息安全管理技术。

2. 服务形式

云计算包括以下几个层次的服务:基础设施即服务(IaaS),平台即服务(PaaS)和软件即服务(SaaS)。这里所谓的层次,是分层体系架构意义上的层次。IaaS、PaaS、SaaS分别在基础设施层、软件开放运行平台层、应用软件层实现。IaaS、PaaS、Saas的区别如图4-1所示。

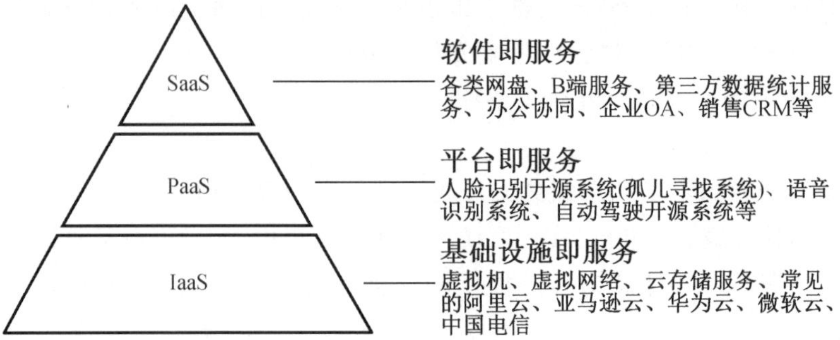

图4-1 IaaS、PaaS、Saas的区别

①IaaS(基础设施即服务):消费者通过Internet可以从完善的计算机基础设施获得服务。

IaaS前途:Iaas通过网络向用户提供计算机(物理机和虚拟机)、存储空间、网络连接、负载均衡和防火墙等基本计算资源;用户在此基础上部署和运行各种软件,包括操作系统和应用程序。

Iaas平台产品:华胜天成IaaS管理平台;OPENStack、Cloudstack、Rackspace和NASA联手推出的云计算平台。

②PaaS(平台即服务):PaaS实际上是指将软件研发的平台作为一种服务,以SaaS的模式提交给用户。因此,PaaS也是SaaS模式的一种应用。但是,PaaS的出现可以加快SaaS的发展,尤其是加快SaaS应用的开发速度。

平台通常包括操作系统、编程语言的运行环境、数据库和Web服务器,用户在此平台上部署和运行自己的应用。用户不能管理和控制底层的基础设施,只能控制自己部署的应用。

③SaaS(软件即服务):它是一种通过Internet提供软件的模式,用户无须购买软件,而是向提供商租用基于Web的软件,来管理企业经营活动。SaaS不仅减少了或取消了传统的软件授权费用,而且厂商将应用软件部署在统一的服务器上,免除了最终用户的服务器硬件、网络安全设备和软件升级维护的支出,客户不需要除了个人电脑和互联网连接之外的其他IT投资就可以通过互联网获得所需要软件和服务。此外,大量的新技术提供了更简单、更灵活、更实用的SaaS。

云提供商在云端安装和运行应用软件,云用户通过云客户端(通常是Web浏览器)使用软件。云用户不能管理应用软件运行的基础设施和平台,只能做有限的应用程序设置。

4.1.5 云计算与物联网

云计算和物联网之间的关系可以用一个形象的比喻来说明:云计算是互联网中的神经系统的雏形,物联网是互联网正在出现的末梢神经系统的萌芽。

"物联网就是物物相连的互联网"。这有两层意思:第一,物联网的核心和基础仍然是互联网,是在互联网基础上的延伸和扩展的网络;第二,其用户端延伸和扩展到了任何物品与物品之间,进行信息交换和通信。

物联网的两种业务模式如下:

①机器对机器应用集成(M2M Application Integration),属于企业内物联网部署方案,聚集于设备与系统间的封闭式协同;

②机器即服务,基于多租户云平台的开放式物联网服务,本质是Paas层的能力输出。

随着物联网业务量的增加,对数据存储和计算量的需求将带来对云计算能力的要求:

①云计算:从计算中心到数据中心在物联网的初级阶段,PoP即可满足需求;

②在物联网高级阶段,可能出现MVNO/MMO营运商(国外已存在多年),需要虚拟化云计算技术、SOA等技术的结合以实现互联网的泛在服务。

4.2　大数据技术

数字经济浪潮下,数据已成为当今最为核心的资源之一,数据成为推动企业和社会发展、转型、创新的新型生产要素。

大数据技术在物联网中的应用广泛且深入,通过实时采集、存储、分析和挖掘海量物联网设备产生的数据,能够优化决策、提升效率并创造新价值。

4.2.1　大数据相关概念

1. 大数据定义

大数据:指无法在一定时间范围内用常规软件工具进行捕捉、管理和处理的数据集合,是需要新处理模式才能具有更强的决策力、洞察发现力和流程优化能力的海量、高增长率和多样化的信息资产。其主要解决海量数据的存储和海量数据的分析计算问题。

大数据是指数据规模巨大、类型多样、传统数据处理工具无法高效处理的数据集合。它可以通过多种方式生成,包括互联网、社交媒体、传感器、金融交易等。

大数据通常具有三个特点:数据规模大、数据类型多样和数据处理速度快。

大公司对大数据的定义如下:

(1)Oracle的定义

Oracle的大数据定义:简而言之,大数据指非常庞大、复杂的数据集,特别是来自新数据源的数据集,其规模之大令传统数据处理软件束手无策,却能帮助我们解决以往非常棘手的业务难题。

(2)研究机构

对于大数据,研究机构Gartner给出了这样的定义:大数据是需要新处理模式才能具有更强的决策力、洞察发现力和流程优化能力来适应海量、高增长率和多样化的信息资产。

(3)麦肯锡全球研究所

麦肯锡全球研究所的大数据定义:一种规模大到在获取、存储、管理、分析方面大大超出了传统数据库软件工具能力范围的数据集合，具有海量的数据规模、快速的数据流转、多样的数据类型和价值密度低四大特征。

2. 大数据的特征

大数据的特征通常用 5 V 模型概括（部分扩展至 7 V），这些特征定义了大数据与传统数据的本质区别，也决定了其技术挑战和应用价值。大数据 5 V 特征如图 4-2 所示。

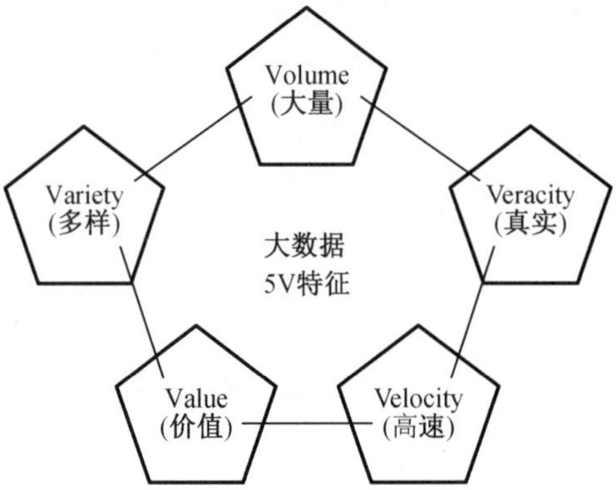

图 4-2　大数据 5 V 特征

（1）大数据的大量（Volume）特征

大数据的大量特性指的是数据量的巨大。这些数据通常由传感器、移动设备、社交媒体、金融数据、医疗记录等数据来源产生。

大数据的大量特征包括以下几个方面：

①数据量巨大：数据量从几个 GB 到数百 PB 不等，规模非常巨大。

②数据增长快速：数据以指数级增长，需要使用不断升级的技术和架构才能处理大规模数据。

③数据来源多样：数据来源包括传感器、移动设备、社交媒体、金融数据、医疗记录等多个领域。

④数据类型多样：数据不仅包括结构化数据，还包括非结构化数据和半结构化数据，如文本、图像、音频和视频等多种类型。

⑤数据复杂度高：数据往往是高度复杂的，包含大量的关联、交互和变化，因此需要高效的处理与分析技术。

大量的数据给数据处理和分析带来了很大的挑战，需要使用高级技术和工具来处理与分析这些数据。

（2）大数据的高速（Velocity）特征

大数据的高速（Velocity）特征是指大数据在产生、传输、存储和处理的速度非常快，数据量巨大，常常是以毫秒或微秒级别计算的。

大数据的高速特征主要体现在以下几个方面：

①数据实时产生：大数据往往是实时生成的，例如社交媒体上的用户行为、物联网设备产生的传感器数据等，这些数据需要实时获取和处理。

②数据传输速度快:随着网络带宽和数据传输技术的不断提升,大量数据能够在短时间内快速传输到目标系统,如云端存储和数据处理平台。

③数据存储速度快:将大客户端数据快速地写入数据库、实时处理数据等。

④数据处理速度快:大数据处理采用分布式计算和并行计算技术,能够快速地处理大量数据,例如实时数据挖掘、实时分析和报告等。

⑤数据更新速度快:大数据处理需要非常高的数据更新速度,从而保证数据的实时性和准确性。

综上所述,大数据的高速特征是指数据产生、传输、存储和处理的速度非常快,能够快速响应用户需求,实现实时的数据分析和决策。

(3)大数据的多样化(Variety)特征

大数据的多样化主要体现在以下几个方面:

①数据来源多样化:大数据可以来自各种各样的来源,如传感器、社交媒体、日志、传统数据库等。

②数据类型多样化:大数据类型可以是结构化数据(如关系型数据库中的表格数据)、半结构化数据(如 XML 文件)和非结构化数据(如图片、视频和声音等)。

③数据格式多样化:大数据可以采用各种不同的标准和格式进行存储与传输,如 CSV、JSON、XML、Avro、ORC 等。

④数据内容多样化:大数据可以包含各种类型的信息,如文本、数字、图像、音频等,甚至包括无形的事物,如声音、情感、意见等。

⑤数据规模多样化:大数据可以是海量、超大量、甚至是呈指数级别的数据,这也给数据分析和处理带来了很大的挑战。

(4)大数据的价值(Value)特征

大数据的价值特征包括以下几个方面:

①体量:大数据具有庞大的数据量,这使得人们可以更全面、更准确地了解和预测事物的变化趋势,从而更好地做出决策。

②多样性:大数据可以来自各种来源,如传感器、社交媒体、移动设备等等,因此可以包含不同类型的数据,如文本、图像、视频等,这种多样性促进了数据的整合和分析,从而产生更精确的结论。大数据包括结构化数据(如数据库中的数据)和非结构化数据(如社交媒体、日志和图片等),这些数据来源不同、类型不同、格式不同,为决策提供了更全面的信息基础。

③速度:大数据的速度特征是指数据的处理速度和更新速度非常快,甚至是实时的。大数据具有高速处理数据的能力,可以在短时间内处理大量数据,从而快速地获取信息,这样的数据可以帮助企业快速做出决策、抢占市场,获得市场的竞争优势。

④规模:大数据的规模非常大,包含了数十亿或数百亿的数据点。这种数据规模使得企业可以从更大的数据集中获取更好的信息,从而更好地预测市场和客户需求。

⑤价值:大数据的真正价值在于从数据中提取出有用信息,进行分析和应用。这对企业来说非常重要,因为它可以帮助企业做出更好的商业决策,改进产品和服务,优化市场营销等。

⑥精确性:大数据的精确性是指数据的准确性和可信度。保证数据的质量将有助于企业做出更好的决策,提高效率和效益。

⑦可视化:数据可视化可以让人们更好地理解数据,从而发现数据中的模式和趋势。

⑧开放性:大数据需要以开放的方式进行共享和访问,以便更多的人可以使用和分析数据。

总体来说,大数据价值特性的综合作用是帮助企业更好地理解他们的业务、客户和市场,并根据数据分析结果进行策略制定和执行,从而获得更大的商业价值。

(5)大数据的真实性(veracity)特征

大数据的真实性(veracity)特征指的是数据的精确性和可靠性。由于大数据通常来自各种不同的来源和格式,因此它们可能存在质量问题,例如错误、缺失、重复、歧义等。因此,对于大数据系统来说,以确保数据的真实性非常重要,以确保系统的准确性和可靠性。

为了保证数据的真实性,可以采取以下措施:

①数据清洗:通过清洗数据来去除错误、重复和不必要的信息,以提高数据的质量和准确性。

②数据验证:对数据进行验证以确保其符合业务规则和标准,确保数据的正确性和可靠性。

③数据监控:对数据源进行监控,及时发现和纠正数据质量问题,以保证数据的真实性。

④数据库管理:对数据库进行管理,包括备份、恢复和维护,以确保数据的安全和一致性。

⑤数据共享:对外共享数据时需要确保数据的真实性和安全性,以确保数据不会被篡改或滥用。

总之,大数据的真实性特征是确保数据的质量和可靠性,保证大数据系统的正确性和可靠性的关键要素。

3. 大数据的来源

①传统企业数据:包括 CRM 用户数据、ERP 数据、库存数据、人事数据、财务数据等。

②机器和传感器数据:包括设备日志、智能仪表、工业传感器、环境传感器、摄像头等。

③社交数据:包括用户行为记录、访问记录、UGC 内容、反馈数据等。

4. 大数据的类型

大数据根据其来源、结构和处理方式的不同,可以分为多种类型。以下是常见的分类方式及具体类型:

(1)按数据结构分类

①结构化数据(Structured Data)

定义:具有固定格式和关系,可直接用二维表(行和列)存储。

特点:易于用 SQL 查询,适合传统关系型数据库。

示例:数据库表格(MySQL、Oracle 存储的销售记录)、Excel 文件、CSV 文件。

②半结构化数据(Semi-structured Data)

定义:无须预定义字段结构,但包含自描述标签(如 JSON 的键值对 XML 的标签)。

特点：灵活，适合嵌套或非平面数据。

示例：JSON/XML 文件（传感器元数据、网页爬取数据）；电子邮件（含标头、正文、附件等嵌套结构）；NoSQL 数据库（MongoDB、Cassandra 存储的日志数据）。

③非结构化数据（Unstructured Data）

定义：无固定格式，无法直接用传统数据库存储。

特点：占比最高（约 80%大数据），需 NLP、CV 等技术处理。

示例：文本（社交媒体评论、PDF 文档）；多媒体（图像、视频、音频）；传感器原始二进制流（工业设备振动信号）。

(2)按数据来源分类

①机器生成数据（Machine-generated Data）

来源：物联网设备、服务器日志、卫星遥感等。

特点：高频、自动化产生，规模庞大。

示例：智能电表实时用电数据；自动驾驶汽车传感器数据。

②人工生成数据（Human-generated Data）

来源：人类通过交互或创作产生。

特点：语义复杂，需自然语言理解。

示例：社交媒体帖子（Twitter、微博）；用户评价（电商平台评论）。

③业务交易数据（Transactional Data）

来源：企业业务流程（ERP、CRM 系统）。

特点：高一致性要求，需 ACID 事务支持。

示例：银行转账记录；电商订单流水。

(3)按数据时效性分类

①实时数据（Real-time Data）

特点：需毫秒级响应，通常通过流处理技术处理。

示例：股票市场交易数据；急诊室患者生命体征监测。

②近实时数据（Near-real-time Data）

特点：延迟在秒到分钟级，适合增量处理。

示例：推荐系统用户行为分析（如抖音实时推荐）。

③批处理数据（Batch Data）

特点：按小时/天/周周期处理，适合深度分析。

示例：企业月度财务报表统计。

(4)按数据用途分类

①操作型数据（Operational Data）

用途：支持日常业务运行。

示例：物流系统中的包裹跟踪信息。

②分析型数据（Analytical Data）

用途：用于决策支持、趋势预测。

示例：用户画像数据（基于历史行为聚类）。

(5)其他特殊类型

①时序数据(Time-series Data)

特点:按时间戳有序记录,需高效压缩和查询。

示例:股票价格走势;气象传感器数据。

②空间数据(Spatial Data)

特点:含地理信息(经纬度、GIS 坐标)。

示例:共享单车位置数据;地震监测点分布。

③图数据(Graph Data)

特点:以节点和关系表示复杂网络。

示例:社交网络好友关系;金融反欺诈交易图谱。

4.2.2 大数据处理的基础技术

1. 大数据的处理流程

一般而言,大数据处理流程分为四个步骤:数据采集、数据导入和清洗处理、数据统计分析和挖掘、结果可视化。大数据的处理流程如图 4-3 所示。

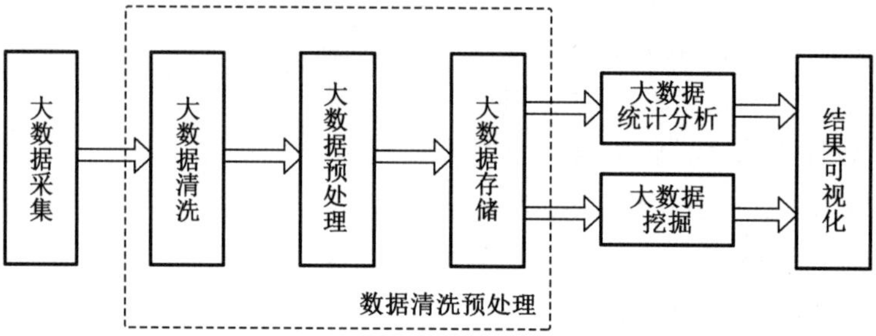

图 4-3 大数据的处理流程

(1)数据采集

大数据的采集一般采用 ETL(Extract-Transform-Load)工具负责将分布的、异构数据源中的数据如关系数据、平面数据以及其他非结构化数据等抽取到临时文件或数据库中。

(2)数据清洗和预处理

采集好数据,肯定不少是重复或是无用的数据,此时需要对数据进行简单的清洗和预处理,使得不同来源的数据整合成一致的,适合数据分析算法和工具读取的数据,如数据去重、异常处理和数据归一化等,然后将这些数据存到大型分布式数据库或者分布式存储集群中。

(3)数据统计分析和挖掘

统计分析需要用到工具来处理,比如 SPSS 工具、一些结构算法模型,进行分类汇总以满足各种数据分析需求。

(4)结果可视化

大数据分析的使用者有大数据分析专家,同时还有普通用户,但是他们二者对于大数据分析最基本的要求就是可视化分析,因为可视化分析能够直观地呈现大数据特点,同时能够非常容易被读者所接受,就如同看图说话一样简单明了。

2. 大数据处理的基础技术

(1)分布式计算

分布式计算是相对于集中式计算而言的,将需要进行大量计算的项目数据分割成小块,由分布式系统中多台计算机节点分别计算,再合并计算结果并得出统一数据结论。

分布式程序可以基于通用的并行分布式程序开发接口进行设计,例如 MPI、Corba、OpenMP、MapReduce 和 Spark 等。

SETI@ home 是比较有代表性的分布式计算项目。该项目通过互联网进行数据传输,利用世界各地志愿者计算机的闲置计算能力,分析地外无线电信号,搜索外星生命迹象。他们通过运行一个免费程序下载并分析从射电望远镜传来的数据。

由于计算需要拆分在多个计算机上并行运行,也会出现一致性、数据完整性、通信、容灾、任务调度等一系列问题。

术语“分布式计算”与“并行计算”没有特别明确的区别,同一个系统可能同时被特指为“并行的”和“分布式的”。

一个典型的分布式系统中的各处理器是以并行的形式运作的,可以称为并行分布式计算。此时,并行计算也可能以分布式计算的一种密集形式出现,而分布式计算也可能以并行计算的一种较松散形式出现。不过,可利用下列标准粗略地将“并行系统”与“分布式系统”区分开:

①若所有的处理器共享内存,共享的内存可以让多个处理器彼此交换信息,是并行计算。

②若每个处理器都有其独享的内存(分布式内存),数据交换通过处理器跨网络完成信息传递,则为分布式计算或分布式并行计算。

(2)分布式文件系统

分布式文件系统是将数据分散存储在多台独立的设备上,采用可扩展的系统结构,多台存储服务器分担存储负荷,利用元数据定位数据在服务器中的存储位置,具有较高的系统可靠性、可用性和存取效率,并且易于扩展。分布式文件系统结构图如图 4-4 所示。

分布式文件系统利用分布式技术将标准 X86 服务器的本地 HDD、SSD 等存储介质组织成一个大规模存储资源池,同时,对上层的应用和虚拟机提供工业界标准的 SCSI、iSCSI 和对象访问接口,进而打造一个虚拟的分布式统一存储产品。

常见的分布式存储系统有谷歌的 GFS 系统、Hadoop 的 HDFS 系统、加州大学圣克鲁兹分校提出的 Ceph 系统等。

分布式文件系统的关键技术有元数据管理、系统高可扩展技术、存储层级内的优化技术、针对应用和负载的存储优化技术。

集中式元数据管理采用单一的元数据服务器框架,实现简单,但是存在单点故障等问题。

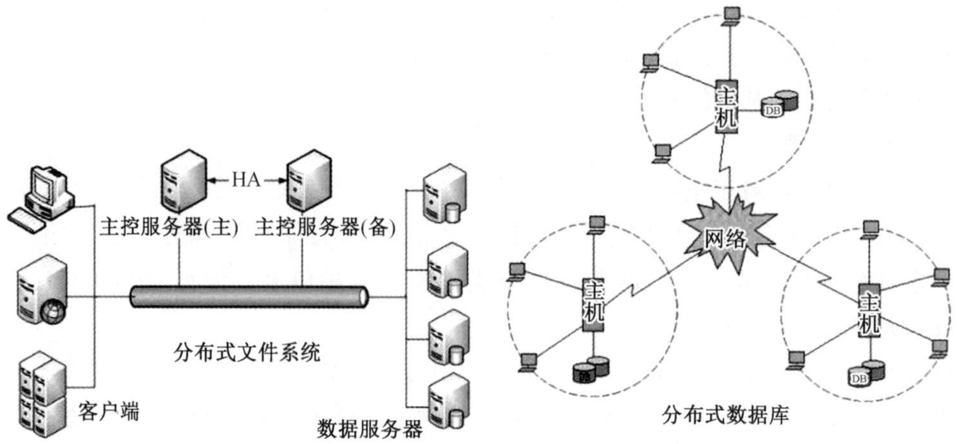

图 4-4　分布式文件系统结构图

分布式元数据管理则将元数据分散在多个节点上,解决了元数据服务器的性能瓶颈等问题,并提高了元数据管理的可扩展性,但实现较为复杂,并引入了元数据一致性的问题。

可以通过在线算法组织数据,建立无元数据服务器的分布式架构,但是该架构实现复杂,而且很难保证数据一致性,文件目录遍历操作的效率低下,缺乏文件系统全局监控管理功能。

实现存储系统的高可扩展性需要解决元数据的分配和数据的透明迁移两个方面的问题。元数据的分配主要通过静态子树划分技术实现,透明迁移则侧重数据迁移算法的优化。

从性能和成本两个角度对存储层次进行优化,数据访问局部性原理是进行这两方面优化的重要依据,通常采用多层不同性价比的存储器件组成存储层次结构。

针对应用和负载来优化存储,就是将数据存储与应用耦合,简化或扩展分布式文件系统的功能,根据特定应用、特定负载、特定的计算模型对文件系统进行定制和深度优化,使应用达到最佳性能。

(3)分布式数据库

分布式数据库的基本思想是将原来集中式数据库中的数据分散存储到多个通过网络连接的数据存储节点上,以获取更大的存储容量和更高的并发访问量。

为了快速处理海量的数据,分布式数据库系统在数据压缩和读写方面进行了优化。并行加载技术和行列压缩存储技术是两种常用技术。

并行加载技术利用并行数据流引擎,数据加载完全并行,并且可以直接通过 SQL 语句对外部表进行操作。

行列压缩存储技术的压缩表通过利用空闲的 CPU 资源而减少 I/O 资源占用,除了支持主流的行存储模式外,还支持列存储模式。

如果常用的查询中只取表中少量字段,则列模式效率更高;如果需要取表中的大量字段,则行模式效率更高。

(4)数据库和数据仓库

数据库和数据仓库在概念上有很多相似之处,但是有本质上的差别。

数据仓库是一个面向主题的、集成的、相对稳定的、反映历史变化的数据集合,用于支持管理决策。

数据库是按照一定数据结构来组织、存储和管理数据的数据集合。

数据仓库所在层面比数据库更高,换言之,一个数据仓库可以采用不同种类的数据库实现。两者的差异如下:

①在结构设计上,数据库主要面向事务设计,数据仓库主要面向主题设计。所谓面向主题设计,是指数据仓库中的数据按照一定的主题域进行组织。

②在存储内容上,数据库一般存储的是在线数据,对数据的变更历史往往不存储,而数据仓库一般存储的是历史数据,以支持分析决策。

③在冗余上,数据库设计尽量避免冗余以维持高效快速的存取,数据仓库往往有意引入冗余。

④在使用目的上,数据库的引入是为了捕获和存取数据,数据仓库是为了分析数据。

⑤在大数据处理分析方面,往往沿着从非结构数据中抽取特定结构化数据存储在关系数据库中,再从关系数据库抽取数据形成数据仓库,以支持最终的决策与分析,从而体现大数据的价值。

4.2.3　主流大数据技术

主流的大数据技术可以分为两大类。

一类面向非实时批处理业务场景,着重用于处理传统数据处理技术在有限的时空环境里无法胜任的 TB 级、PB 级海量数据存储、加工、分析、应用等。如用户行为分析、订单防欺诈分析、用户流失分析、数据仓库等,这类业务场景的特点是非实时响应。通常,一些单位在晚上交易结束时,抽取各类数据进入大数据分析平台,在数小时内获得计算结果,并用于第二天的业务。比较主流的支撑技术为 HDFS、MapReduce、Hive 等。

另一类面向实时处理业务场景,如微博应用、实时社交、实时订单处理等,这类业务场景的特点是强实时响应,用户发出一条业务请求,在数秒钟之内要给予响应,并且确保数据完整性。比较主流的支撑技术如下。

1. HDFS

HDFS 指 Hadoop 分布式文件系统,是 Apache Hadoop 项目的核心组成部分,是一种高可用性、高可靠性、高扩展性、高容错性的分布式文件系统。它可以在一组廉价的计算机上存储和处理大规模数据集,通过在多个节点之间分布数据和计算任务,实现了大规模数据的并行处理。

HDFS 是 Hadoop 的核心子项目,是整个 Hadoop 平台数据存储与访问的基础。基于 Linux 本地文件系统上的文件系统,承载其他如 MapReduce、HBase 等子项目的运转。它是易于使用和管理的分布式文件系统。

HDFS 是一个高度容错性的系统,适合部署在廉价的机器上。HDFS 能提供高吞吐量的数据访问,非常适合在大规模数据集上的应用。HDFS 放宽了一部分 POSIX 约束,来实现流式读取文件系统数据的目的。

HDFS 技术有以下特点:

①大规模存储:HDFS 可以处理 PB 级别的大规模数据集,支持数据文件的分布式存储和管理。

②高可靠性:HDFS 是基于冗余的数据存储方式,将数据分散到不同的节点上,任意一台服务器死机都不会影响数据的完整性和可用性。

③高可扩展性:HDFS 可以在成百上千台机器上运行,支持动态扩展,方便用户随着数据量的增长进行扩容。

④高容错性:HDFS 通过数据块的多副本备份来实现数据的容错,如果某个节点死机,其他节点可以继续提供数据服务。

⑤高效性:HDFS 支持数据的批量读写,提供了高效的数据传输机制,能够在集群中实现数据的快速传输和处理。

⑥高吞吐量(high throughput)。

⑦HDFS 放宽了 POSIX 的要求,这样可以实现以流的形式访问文件系统中的数据。

总之,HDFS 技术是实现大数据存储、管理、处理的必备技术之一,它可以为不同行业的企业提供高效可靠的数据存储解决方案。

2. MapReduce

MapReduce 是一个软件架构,在数以千计的普通硬件构成的集群中以平行计算的方式处理海量数据,该计算框架具有很高的稳定性和容错能力。MapReduce 对负责逻辑进行高度归约,抽象为 Mapper 和 Reducer 类,复杂逻辑通过理解,转化为符合 MapReduce 函数处理的模式。

MapReduce job 会划分输入数据集为独立的计算块,这些分块被 map 任务以完全并行、独立的模式处理。MapReduce 框架对 maps 的输出进行排序,排序后,数据作为 reduce 任务输入数据。job 的 input 和 output 数据都存储在 HDFS 文件系统中。计算框架管理作业调度、监控作业、重新执行失败任务。

MapReduce 是一个用于大规模数据处理的分布式计算框架,MapReduce 软件架构可以分为以下三个层次:

①应用层:MapReduce 应用程序开发人员使用 MapReduce API 编写应用程序,将问题分解为一个个独立且可并行处理的任务。这些任务被分为两个阶段:map 阶段和 reduce 阶段,在 map 阶段将数据拆分成小块并作为键值对其进行处理,然后将处理好的数据按照键进行分组处理和合并,最终生成想要的结果。

②计算层:MapReduce 计算集群由两种类型的节点组成:一个 Master 节点和一组 Worker 节点。Master 节点负责协调整个计算过程,包括任务的划分、Worker 节点的监控和数据传输等。Worker 节点执行分配给它们的任务,并将结果返回给 Master 节点。计算层中的每个节点都是一台物理计算机或虚拟机,并且都可以在系统范围内通信。

③存储层:MapReduce 存储层使用 HDFS 存储大量数据。HDFS 是一种可扩展且容错的文件系统,可以将数据复制到不同的节点上,以保证数据的可靠性。HDFS 为 MapReduce 提供了高效的数据存储和管理方式。

以上就是 MapReduce 软件架构的三个层次。MapReduce 通过将数据分解成小块并在计算节点之间分配任务,实现了大规模数据的高效处理。

3. YARN

Apache Hadoop YARN(另一种资源协调者)是从 Hadoop 0.23 进化来的一种新的资源管理和应用调度框架。基于 YARN,可以运行多种类型的应用程序,例如 MapReduce、Spark、Storm 等。YARN 不再具体管理应用,资源管理和应用管理是两个低耦合的模块。

从某种意义上来说,YARN 是一个云操作系统(Cloud OS)。基于该操作系统之上,程序员可以开发多种应用程序,例如批处理 MapReduce 程序、Spark 程序以及流式作业 Storm 程序等。这些应用可以同时利用 Hadoop 集群的数据资源和计算资源。

YARN 的主要功能包括:

①资源管理:YARN 可以管理集群中不同节点的资源,并为不同的应用程序分配资源,保证应用程序的正常运行。

②调度管理:YARN 可以根据不同应用程序的需求,按照指定的策略和规则对集群资源进行调度,并保证应用程序的公平共享资源。

③应用程序管理:YARN 可以自动管理应用程序的生命周期,包括应用程序启动、监控、重启和关闭等操作。

④安全管理:YARN 可以提供强大的安全管理功能,包括用户认证、授权和数据加密等,保证集群的安全性和稳定性。

总之,YARN 作为 Hadoop 生态系统中的重要组件,为多个应用程序的运行提供了可靠的资源管理和调度功能,广泛应用于互联网、金融、医疗等各个行业。

4. HBase

HBase 是 Hadoop 平台中重要的非关系型数据库,它通过线性可扩展部署,可以支撑 PB 级数据存储与处理能力。

作为非关系型数据库,HBase 适合于非结构化数据存储,它的存储模式是基于列的。

HBase 是一个开源的分布式 NoSQL 数据库,在 Hadoop 生态系统中,它是 Hadoop 数据库、MapReduce 和 HDFS 的组件之一。HBase 基于 Google 的 BigTable 论文而来,它是一个高可靠性、高可扩展性、高性能的数据库,设计用于在大规模数据集上运行。HBase 具有以下特点:

①以列簇为基本存储单位,支持动态列。

②支持自动分区、自动负载均衡、自动故障转移。

③支持半结构化数据和非结构化数据,没有固定的表模式。

④支持高并发读写操作、多版本数据、数据压缩、数据缓存。

⑤HBase 高度可伸缩,可以支持数千亿行数据,每行可以有数万个列。

HBase 通常用于存储半结构化数据,例如日志、社交媒体数据、传感器数据、网络数据、图像和音频等。它可以根据需要动态调整存储和处理容量,可以承载大规模数据集的查询和分析,是处理大数据的理想选择。

5. Hive

Apache Hive 是一个建立在 Hadoop 架构之上的数据仓库。它能够提供数据的精炼、查询和分析。Apache Hive 起初由 Facebook 开发,目前也有其他公司使用和开发,例如 Netflix 等。

Hive 是 Apache 基金会下面的开源框架,是基于 Hadoop 的数据仓库工具,它可以把结构化的数据文件映射为一张数据仓库表,并提供简单的 SQL 查询功能,后台将 SQL 语句转换为 MapReduce 任务来运行。

使用 Hive,可以满足一些不懂 MapReduce 但懂 SQL 的数据库管理员的需求,让他们能够平滑地使用大数据分析平台。

Hive 是基于 Hadoop 的数据仓库工具,是一个数据仓库基础设施,能够将结构化的数据文件映射为一张数据库表,并提供了一套类似 SQL 查询语言 HiveQL 来查询数据。Hive 是为了方便 SQL 开发人员来处理大型数据集而设计的,它可以通过 HQL 将类 SQL 的语法转换成 MapReduce 任务来执行,从而利用 Hadoop 集群处理海量数据。

Hive 支持多种数据源,包括 HDFS、HBase、本地文件系统等。它可以通过内置的数据存储格式,如文本、序列化、ORC 等,存储海量数据,并提供了数据压缩、数据分区、数据桶等特性来优化性能。

Hive 拥有良好的扩展性和生态系统,可以通过 UDF(用户自定义函数)、UDAF(用户自定义聚合函数)等方式扩展功能,并且支持很多第三方工具的集成,如 JDBC、ODBC、Tableau 等。

总之,Hive 是一个强大的数据仓库工具,对于需要处理大量数据的场景具有很大的实用价值。

6. Kafka

Apache Kafka 是分布式“发布-订阅”消息系统,最初,它由 LinkedIn 公司开发,而后成为 Apache 项目。Kafka 是一种快速、可扩展的,设计时内在地就是分布式的、分区的和可复制的提交日志服务。

Kafka 是一个分布式系统,易于向外扩展,可为发布和订阅提供高吞吐量,并且支持多订阅者,当失败时,能自动平衡消费者;Kafka 可将消息持久化存储,既可面向非实时业务,也可面向实时业务。

Apache Kafka 是由 Apache 软件基金会开发的一种分布式流处理平台,它具有高可靠性、高扩展性和高吞吐量的特点。Kafka 基于发布/订阅模式,主要用于记录流式数据,例如日志、事件和指标等。

Kafka 的架构包括以下几个组件:

Broker:Kafka 集群中的每个节点都称为 Broker,负责存储和处理数据。

Topic:数据记录存储在一个或多个 Topic 中。每个 Topic 分为多个 Partition,每个 Partition 都可以在不同的 Broker 上分布。

Producer：Producer 负责将数据发送到 Kafka 集群中的 Topic，可以指定数据发送到哪个 Partition。

Consumer：Consumer 从 Kafka 集群中的 Topic 订阅数据，并处理这些数据。Consumer 可以组成 Consumer Group，每个 Group 中的 Consumer 共同消费一个或多个 Partition 中的数据。

Kafka 被广泛应用于各种场景，例如日志收集、实时数据流处理、事件驱动架构等。它与 Hadoop、Spark 等开源技术紧密结合，成为大数据生态系统中不可或缺的一部分。

7. Storm

Storm 是一个免费开源、分布式、高容错的实时计算系统。它能够处理持续不断的流计算任务，目前，比较多地被应用到实时分析、在线机器学习、ETL 等领域。

Storm 是一个开源的分布式实时计算系统，主要用于处理大量的流式数据。它可以实时地获取数据、处理数据，并将处理过的数据发送到其他系统。Storm 具有高可扩展性、容错性和可靠性，能够在分布式集群中运行。

Storm 的核心概念是 Topology（拓扑），一个 Topology 是一种数据流处理的方式，它由 Spout 和 Bolt 组成。Spout 是用于数据源输入的组件，负责将数据输入到 Topology 中；Bolt 则是用于数据处理和数据传递的组件，将接收 Spout 发送过来的数据，处理后再将处理过的数据传递给下一个 Bolt 或者 Sink。Topology 中的每个 Bolt 都可以并行运行，让数据处理更加高效。

Storm 还拥有内置的容错机制，能够在集群节点出现故障时自动重启或者切换到其他节点上运行，实现了高可靠性的分布式计算。同时，Storm 还支持多种数据源（如 Kafka、RabbitMQ 等）和数据存储（如 HDFS、Cassandra、Redis 等），可以处理不同类型的数据，并将结果存储到不同的数据存储中。

总之，Storm 是一个功能强大的实时计算框架，被广泛应用于各行各业的实时数据处理领域。

4.3　数据存储技术

在当今世界，大数据时代的来临带来了信息技术发展的巨大变革，并深刻影响着社会生产和人民生活的方方面面。

如今，随着互联网以及物联网等技术的不断发展，越来越多的数据被生产出来。根据最新的统计，每天大约有超过 2.5 万亿字节的各种各样数据产生，这些数据需要被存储起来且能够被方便地分析和利用。

4.3.1　数据库概述

数据库（Database）是结构化数据的集合，用于高效地存储、组织、管理和检索信息。它通过数据库管理系统（DBMS）进行管理，确保数据的持久性、安全性和一致性。

数据库的概念实际包括两层意思：

①数据库是一个实体，它是能够合理保管数据的“仓库”，用户在该“仓库”中存放要管理的事务数据，“数据”和“库”两个概念结合成为数据库。

②数据库是数据管理的新方法和技术，它能更合适地组织数据、更方便地维护数据、更严密地控制数据和更有效地利用数据。

数据库作为最重要的基础软件，是确保计算机系统稳定运行的基石。

1. 数据库的特点

(1)持久化存储数据

数据库允许用户将产品信息和订单数据持久地存储在硬盘上。这意味着即使在关机或断电后，数据也不会丢失，并且可以在需要时重新加载。

(2)方便数据检索和更新

数据库提供了强大的查询语言和索引功能，使得用户可以轻松地检索和更新存储的数据。例如，你可以使用 SQL 查询语言来查找特定类型的产品，或者更新订单状态为“已发货”。

(3)保证数据完整性

数据库提供了机制来确保数据的完整性。用户可以定义约束条件，例如主键约束、唯一约束和外键约束，以防止数据的重复、不一致或无效。

(4)保证数据安全性

数据库提供了安全性功能，以确保只有授权用户可以访问数据。用户可以设置访问权限和用户身份验证机制，以控制谁可以读取、写入或修改数据库中的数据。

2. 数据库管理系统

数据库管理系统(DBMS)是实现对数据库资源有效组织、管理和存取的系统软件。数据库管理系统是数据库系统的核心组成部分，主要完成对数据库的操作与管理功能，实现数据库对象的创建，数据库存储数据的查询、添加、修改与删除操作和数据库的用户管理、权限管理等。它在操作系统的支持下，支持用户对数据库的各项操作。

数据库管理系统三个层次：

在数据库管理系统中，数据、表和数据库是三个层次不同的概念，它们之间有着明确的层次结构和关系。

(1)数据(Data)

定义：数据是数据库中存储的基本信息单位，是数据库的内容。数据可以是数字、文本、日期、图像、声音等形式，表示现实世界中的实体或事件的特定属性。

(2)表(Table)

定义：表是数据库中存储数据的结构化集合。表由行(记录)和列(字段)组成，每一行代表一个数据记录(数据项)，每一列代表一个特定的属性或字段。

组成：列(Column)——列是表的垂直部分，每列存储特定类型的数据；行(Row)——行是表的水平部分，每行代表一个完整的数据记录。

数据与表的关系：表格中的每个单元格存储的是具体的数据，即表格的行和列交叉处的值。

(3)数据库

定义:数据库是一个存储多个表及其相关数据的容器,是更高一级的数据组织形式。数据库不仅包含表,还包括视图、索引、存储过程、触发器等数据库对象,以及管理这些对象的元数据(如表结构定义)。

表与数据库的关系:数据库包含了多个表,每个表存储特定类型的数据。一个数据库可以看作数据表的集合,而每个表又是数据记录的集合。

组织结构:数据库中的表之间可能存在关系,例如通过外键实现的表间关联,反映了数据的逻辑关系。

数据是数据库中最小的存储单元,是表中记录的内容。表是数据库中存储数据的结构化单位,由行和列组成,每个表保存了一类相关的数据记录。数据库就是表的集合。它是以一定的组织方式存储的相互有关的数据集合。

3. DBMS 的核心功能

①数据定义:创建和修改数据库结构,如表格、视图、索引等。

②数据操控:执行数据的插入、更新、删除和查询操作。

③事务管理:确保一系列操作(事务)的完整性和一致性。

④并发控制:管理多个用户同时访问数据,防止数据冲突。

⑤安全性管理:控制对数据的访问权限,保护数据安全。

⑥数据备份和恢复:提供数据的备份和恢复功能,以防止数据丢失。

4. DBMS 的工作模式

DBMS 的工作模式图如图 4-5 所示。

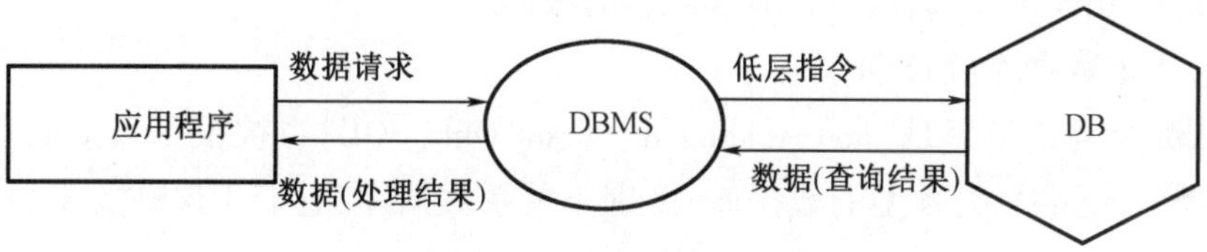

图 4-5　DBMS 的工作模式图

①将用户的数据请求(高级指令)转换为复杂机器代码(底层指令)。

②实现对数据库的操作。

③从数据库的操作中接受查询结果。

④对查询结果进行处理(格式转换)。

⑤将处理结果返回给用户。

4.3.2　常用数据库

关于数据库的分类其实可以从各个纬度来进行划分,但是我们最常使用的分类还是根据他们存取数据的特点来进行划分,主要分为关系型数据库和非关系型数据库。

1. 关系型数据库

关系型数据库管理系统(RDBMS)是指包括相互联系的逻辑组织和存取这些数据的一套程序(数据库管理系统软件)。

关系型数据库是指采用关系模型来组织数据的数据库。关系模型是在 1970 年由 IBM 首先提出,几十年来关系模型得到充分发展并逐渐成为数据库架构的主流模型。简单地说,关系模型就是二维表格模型,一个关系型数据库就是由二维表及其之间的联系组成的一个数据组织。

关系型数据库具有如下特点:

①容易理解。二维表结构是非常贴近逻辑世界的一个概念,关系模型相对于网状、层次等其他模型来说更容易理解。

②使用方便。通用的 SQL 语言使得操作关系型数据库非常方便,程序员和数据管理员可以方便地在逻辑层面操作数据库,而完全不必理解其底层实现。

③易于维护。丰富的完整性(实体完整性、参照完整性和用户定义的完整性)大大降低了数据冗余和数据不一致的概率。目前,关系数据库广泛应用于各个行业,是构建管理信息系统、存储及处理关系数据不可缺少的基础软件。

关系型数据库有 MySQL、Oracle、PostgreSQL、Access、SQL Server、Sqllite、DB2、MariaDB、Percona Server、Google Fusion Tables、FileMaker、Sybase、dBASE、Clipper、FoxPro、foshub 等。

①MySQL:开源,支持大容量数据,常用于 Web 应用。

②PostgreSQL:开源,支持特殊数据类型,如 GIS、JSON 等。

③SQL Server:由 Microsoft 出品,为 Windows 平台数据库。

④Oracle:付费的数据库,支持高并发和海量数据应用。

⑤DB2:由 IBM 出品,高度可扩展和兼容的数据库。

2. 非关系型数据库(NoSQL)

NoSQL 最常见的解释是“non-relational”,“Not Only SQL”也被很多人接受。NoSQL 仅仅是一个概念,泛指非关系型的数据库,区别于关系数据库,它们不保证关系数据的 ACID 特性。

NoSQL 是对不同于传统的关系型数据库的数据库管理系统的统称。两者存在许多显著的不同点.其中最重要的是 NoSQL 不使用 SQL 作为查询语言,而是使用如 key-value 存储、文档型、列存储、图型数据库、XML 等方式存储数据的模型。目前使用最多的是 key-value 存储方式。

与传统的关系型数据库相比,NoSQL 数据库的存储数据方式发生了变化。例如,当你需要存储发票的数据时,在传统的关系数据模型中,需要设计表的结构,然后使用服务器端语言将其转化为实体对象,再传递到用户端(这就是所谓的 ORM 对象关系映射),而在 NoSQL 中,你只要保存发票数据就可以了。NoSQL 不需要预先设计表和结构就可以存储新的数值。当然,NoSQL 也不是万能的,如果项目中要保存的数据的确需要关系型数据库模型才能完成,那么应该坚持使用关系型数据库。

NoSQL 的出现主要是为了解决数据库读写性能的问题。随着越来越庞大的 Web 应用系统的出现,如微博等应用需要大量对数据进行读和写,并且要求进行分布式的部署,而传统的关系数据模型在大数据访问量和分布式环境下,由于关系模型中经常要对多表进行连接操作,因此性能有时会有所降低。NoSQL 数据存储不需要固定的表结构,通常也不存在连接操作。在大数据存取上具备关系型数据库无法比拟的性能优势。目前 Google 的 BigTable 与 Amazon 的 Dynamo 是非常成功的商业 NoSQL 实现。另外一些开源的 NoSQL 体系,如 Facebook 的 Cassandra、Apache 的 HBase,也得到了广泛认同。NoSQL 数据库拥有三“高”特征,即 High performance(满足对数据库高并发读写的需求)、Huge Storage(满足列海量数据的高效率存储和访问的需求)、High Scalability&High Avail ability(满足对数据库的高可扩展性和高可用性的需求)。能够满足物联网应用的大数据的需求,将会随着物联网应用的发展展现新的应用和发展空间。

非关系型数据库有 MongoDB、Redis、Memcache、BigTable、Cassandra、CouchDB、Apache Cassandra、Dynamo、LevelDB 等。

3. 关系型数据库与非关系型数据库的区别

关系型数据库与非关系型数据库区别如表 4-1 所示。

表 4-1 关系型数据库与非关系型数据库区别

类型	简介	优点	缺点
关系型数据库	关系型数据库最典型的数据结构是表,由二维表及其之间的联系所组成的一个数据组织	1. 易于维护:都使用表结构,格式一致; 2. 使用方便:SQL 语言通用,可用于复杂查询; 3. 复杂操作:支持 SQL,可用于一个表以及多个表之间非常复杂的查询	1. 读写性能比较差,尤其是海量数据的高效率读写; 2. 固定的表结构,灵活度稍欠; 3. 高并发读写需求,从传统关系型数据库来说,硬盘 I/O 是一个很大的瓶颈
非关系型数据库	非关系型数据库严格上不是一种数据库,应该是一种数据结构化存储方法的集合,可以是文档或者键值对等	1. 格式灵活:存储数据的格式可以是 key-value 形式、文档形式、图片形式等等,使用灵活,应用场景广泛; 2. 速度快:NoSQL 可以使用硬盘或者随机存储器作为载体; 3. 高扩展性:线性扩展,通过分片+多副本技术,可支撑业务量指数; 4. 成本低:NoSQL 数据库部署简单,基本都是开源软件	1. 不提供 sql 支持,学习和使用成本较高; 2. 无事务处理; 3. 数据结构相对复杂,复杂查询方面稍欠

4.3.3 数据库在开发中的作用

从数据库系统应用角度来看,数据库系统常见的运行与应用结构有:客户端/服务器结构、浏览器/服务器结构。

在客户端/服务器结构中,数据库的使用者(如DBA、程序设计者)通过命令行客户端、图形化界面管理工具或应用程序等连接到数据库管理系统,可以通过数据库管理系统查询和处理存储在底层数据库中的各种数据。

数据库使用者与命令行客户端、图形化界面管理工具或应用程序等直接交互,而不与数据库管理系统直接联系。

在这种结构中,命令行客户端、图形化界面管理工具或应用程序等称为"客户端"或"前台",主要完成与数据库使用者的交互任务;而数据库管理系统则称为"服务器"或"后台",主要负责数据管理。这种结构经常被称为"C/S"结构。

在客户端/服务器模式中,客户端和服务器可以同时工作在同一台计算机上,这种工作方式称为"单机方式";也可以"网络方式"运行,即服务器被安装和部署在网络中某一台或多台主机上。对于客户端应用程序的开发,目前常用的语言工具主要有Visual C++、Delphi、NET框架、Visual Basic、Python等。

数据库能有效存储数据,读取数据、查找数据更是方便,其实那些管理软件就是通过软件的界面向内部的数据库进行数据的增、删、改、查操作。

数据库:数据库是面向交易的处理系统(业务系统),它是针对具体业务在数据库联机的日常操作,通常对记录进行查询、修改。

用户较为关心操作的响应时间、数据的安全性、完整性和并发支持的用户数等问题。传统的数据库系统作为数据管理的主要手段,主要用于操作型处理,也被称为联机事务处理OLTP(On-Line Transaction Processing)。

4.3.4 数据仓库

1. 数据仓库概述

数据仓库,英文名称为Data Warehouse,可缩写为DW或DWH。数据仓库,顾名思义,是一个很大的数据存储集合,出于企业的分析性报告和决策支持目的而创建,对多样的业务数据进行筛选与整合。它为企业提供一定的BI(商业智能)能力,指导业务流程改进、监视时间、成本、质量以及控制。

数据仓库本身并不"生产"任何数据,同时自身也不需要"消费"任何数据,数据来源于外部,并且开放给外部应用,这也是为什么叫"仓库"而不叫"工厂"的原因。

数据仓库是一个面向主题的、集成的、相对稳定的、反映历史变化的数据集合,用于支持管理中的决策制定。对于数据仓库的概念我们可以从两个层次予以理解:首先,数据仓库用于支持决策,面向分析型数据处理,它不同于企业现有的操作型数据库;其次,数据仓库是对多个异构的数据源有效集成,集成后按照主题进行了重组,并包含历史数据,而且存放在数据仓库中的数据一般不再修改。

数据仓库将各个异构的数据源数据库的数据统一管理起来,并且完成了质量较差的数据的剔除、格式转换,最终按照一种合理的建模方式来完成源数据组织形式的转变,以更好地支持到前端的可视化分析。数据仓库的输入方式是各种各样的数据源,最终的输出用于企业的数据分析、数据挖掘、数据报表等方向。

2. 主要特征

数据仓库是面向主题的(Subject-Oriented)、集成的(Integrated)、稳定的(Non-Volatile)和时变的(Time-Variant)数据集合,面向数据分析,用以支持管理决策。

(1)主题性

不同于传统数据库对应于某一个或多个项目,数据仓库根据使用者实际需求,将不同数据源的数据在一个较高的抽象层次上做整合,所有数据都围绕某一主题来组织。

(2)集成性

数据仓库中存储的数据是来源于多个数据源的集成,原始数据来自不同的数据源,存储方式各不相同。要整合成为最终的数据集合,需要从数据源经过一系列抽取、清洗、转换的过程。

(3)稳定性

数据仓库中保存的数据是一系列历史快照,不允许被修改。用户只能通过分析工具进行查询和分析。这里说明一点,数据仓库基本上是不许允许用户进行修改、删除操作的。大多数的场景是用来查询分析数据。

(4)时变性

数据仓库会定期接收新的集成数据,反映出最新的数据变化,这和稳定特点并不矛盾。另外需要说明,上面我们已经说了数据仓库中的历史数据是不能修改的,那我们每天修改或新增的数据,从业务数据库中导入数据仓库中,可以以时间戳标记版本来标记最新数据,老旧的数据就可以定期删除,以保证数据分析的准确性。

3. 数据仓库架构

星型模型:星型模型是一种多维数据模型,它通过一个中心的事实表和多个维度表来组织数据。星型模型优化了查询性能,适用于需要快速响应的多维数据业务分析场景。

雪花模型:雪花模型是星型模型的扩展,它进一步规范化了维度表,通过多级维度表来存储更详细的数据。雪花模型适用于需要更细粒度数据分析的场景,尤其是复杂的维度关系。

数据湖:数据湖是一个集中式存储和处理大量非结构化与半结构化数据的平台。它允许存储各种格式的数据,并支持多种数据格式和处理方式,适用于需要处理多样化数据格式和进行大数据分析的场景。

4. 数据仓库技术

数据抽取、转换和加载(ETL):ETL 是数据仓库的核心过程,用于从不同数据源系统中抽取数据,进行必要的转换和清洗,然后加载到数据仓库中。ETL 过程保证了数据的质量和一致性。

数据挖掘与分析:数据挖掘和分析技术用于从数据仓库中提取有价值的信息和知识,支持决策制定和业务优化。数据仓库提供了丰富的数据存储和查询能力,支持各种数据挖掘和分析算法的应用。

5. 数据仓库与数据库的区别

数据库与数据仓库的区别实际讲的是 OLTP 与 OLAP 的区别。

操作型处理,又叫联机事务处理(On-Line Transaction Processing,OLTP),也可以称面向交易的处理系统,它是针对具体业务在数据库联机的日常操作,通常对少数记录进行查询、修改。用户较为关心操作的响应时间,数据的安全性、完整性和并发支持的用户数等问题。传统的数据库系统作为数据管理的主要手段,主要用于操作型处理,像 MySQL、Oracle 等关系型数据库一般属于 OLTP。

分析型处理,又叫联机分析处理(On-Line Analytical Processing,OLAP),一般针对某些主题的历史数据进行分析,支持管理决策。

首先要明白,数据仓库的出现并不是要取代数据库。数据库是面向事务的设计,数据仓库是面向主题设计的。数据库一般存储业务数据,数据仓库存储的一般是历史数据。

数据库设计是尽量避免冗余,一般针对某一业务应用进行设计,比如一张简单的 User 表,记录用户名、密码等简单数据即可,符合业务应用,但是不符合分析。数据仓库在设计上是有意引入冗余,依照分析需求,分析维度、分析指标进行设计。数据库是为捕获数据而设计,数据仓库是为分析数据而设计。

以银行业务为例,数据库是事务系统的数据平台,客户在银行做的每笔交易都会写入数据库,被记录下来,这里,可以简单地理解为用数据库记账。数据仓库是分析系统的数据平台,它从事务系统获取数据,并做汇总、加工,为决策者提供决策的依据。比如,某银行分行一个月发生多少交易,该分行当前存款余额是多少。如果存款多、消费交易又多,那么该地区就有必要设立 ATM 了。

显然,银行的交易量是巨大的,通常以百万甚至千万次来计算。事务系统是实时的,这就要求时效性,客户存一笔钱需要几十秒是无法忍受的,这就要求数据库只能存储很短一段时间的数据。而分析系统是事后的,它要提供关注时间段内所有的有效数据。这些数据是海量的,汇总计算起来也要慢一些,但是,只要能够提供有效的分析数据就达到目的了。

数据仓库是在数据库已经大量存在的情况下,为了进一步挖掘数据资源、为了决策需要而产生的,它绝不是所谓的"大型数据库"。

4.3.5 存储技术

1. 存储技术概述

存储技术是指将数据保存在某种存储介质上,以便后续访问和使用。它可以根据不同的分类标准进行划分,如按存储介质可分为磁盘存储、磁带存储、固态硬盘存储等;按访问方式可分为直接访问存储和顺序访问存储。存储技术在数据管理中起着至关重要的作用,它决定了数据的存取速度、可靠性和成本。在数据管理中,存储技术不仅需要考虑数据的安全性和可靠性,还需要考虑数据的访问速度和存储成本。

2. 常用存储模式技术

(1)直接附加存储(DAS)

定义与工作原理:DAS 是指存储设备直接连接到服务器上,通过服务器的操作系统进行管理和访问,通常用于单一服务器或工作站。它通过 SCSI 或 SAS 接口连接到服务器。

优缺点分析:DAS 的优点是简单易用,成本较低,适合小型应用。缺点是扩展性差,数据共享困难,且数据安全性较低。

(2)网络附加存储(NAS)

定义与工作原理:NAS 是一种通过局域网连接的存储设备,它拥有自己的文件系统,可以独立地管理数据,可以为多个客户端提供文件级存储服务。它使用 NFS 或 CIFS 协议进行数据传输。

优缺点分析:NAS 的优点是易于扩展,数据共享方便,适合文件服务器。缺点是性能可能受限于网络带宽,且管理复杂度较高。

(3)存储区域网络(SAN)

定义与工作原理:SAN 是一种高速、专用的网络,用于连接服务器和存储设备。它提供了块级的数据访问,具有高性能和可扩展性,通常用于数据中心,使用光纤通道或 iSCSI 协议进行数据传输。

优缺点分析:SAN 的优点是高性能、高可靠性和易于扩展,适合大规模数据存储。缺点是成本较高,管理复杂度大。

(4)云存储

定义与工作原理:云存储是指将数据保存在远程的服务器上,通过互联网访问的存储服务,用户可以根据需要购买存储空间。它使用 RESTful API 或 Web 服务进行数据访问。

优缺点分析:云存储的优点是灵活性高、可扩展性强、成本可控,适合分布式应用。缺点是数据传输速度可能受限于网络条件,且数据安全性依赖于云服务提供商,可能面临数据安全和隐私保护的问题。

(5)存储模式技术对比

性能对比:SAN 通常提供最高的性能,其次是 DAS 和 NAS,云存储的性能则取决于网络条件。

成本效益分析:DAS 的成本最低,但扩展性差;NAS 和 SAN 的成本较高,但提供了更好的扩展性和性能;云存储的成本效益最高,但可能存在数据传输和安全性问题。

应用场景适用性:DAS 适合小型应用,NAS 适合文件服务器,SAN 适合数据中心,云存储适合分布式应用和数据备份。

4.4　物联网中间件技术

4.4.1　中间件技术

中间件是处于操作系统和应用程序之间的软件,也有人认为它应该属于操作系统中的一部分。人们在使用中间件时,往往是一组中间件集成在一起,构成一个平台(包括开发平台和运行平台),但在这组中间件中必须要有一个通信中间件,即中间件=平台+通信,这个定义也限定了只有用于分布式系统中才能称为中间件,同时还可以把它与支撑软件和实用软件区分开来。

具体地说,中间件屏蔽了底层操作系统的复杂性,使程序开发人员面对一个简单而统一的开发环境,减少程序设计的复杂性,将注意力集中在自己的业务上,不必再为程序在不同系统软件上的移植而重复工作,从而大大减少了技术上的负担。中间件带给应用系统的,不只是开发的简便、开发周期的缩短,也减少了系统的维护、运行和管理的工作量,还减少了计算机总体费用的投入。

为解决分布异构问题,人们提出了中间件的概念。中间件是位于平台(硬件和操作系统)和应用之间的通用服务,中间件技术如图 4-6 所示,这些服务具有标准的程序接口和协议。针对不同的操作系统和硬件平台,它们可以有符合接口和协议规范的多种实现形式。

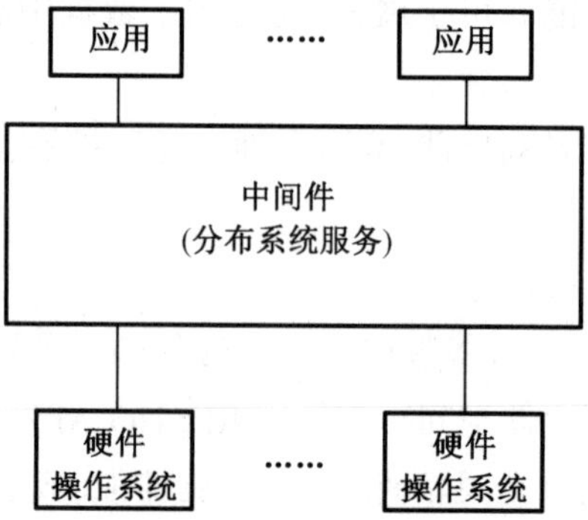

图 4-6　中间件技术

也许很难给中间件下一个严格的定义,但中间件应具有如下一些特点:满足大量应用的需要、运行于多种硬件和 OS 平台、支持分布计算,提供跨网络、硬件和 OS 平台的透明性的应用或服务的交互,支持标准的协议,支持标准的接口。

由于标准接口对于可移植性和标准协议对于互操作性的重要性,中间件已成为许多标准化工作的主要部分。对于应用软件开发,中间件远比操作系统和网络服务更为重要,中间件提供的程序接口定义了一个相对稳定的高层应用环境,不管底层的计算机硬件和系统软件怎样更新换代,只要将中间件升级更新,并保持中间件对外的接口定义不变,应用软件几乎不需任何修改,从而保护了企业在应用软件开发和维护中的重大投资。

4.4.2　物联网中间件

物联网中间件是中间件技术在物联网中的应用,可以涉及物联网的各个层面,一般处于物联网集成服务器、感知层和传输层的嵌入式设备中。

图 4-7 显示了一种物联网中间件示意图,中间件位于物联网网络层和应用层之间。主要屏蔽感知层硬件及网络平台的差异,实现互操作和信息的预处理,支持物联网应用开发、运行时共享和开放互联互通,保障物联网相关系统的可靠部署与管理等任务。

物联网中间件的必要性有以下几点：

(1)屏蔽异构性

物联网的异构性主要表现在物联网底层信息采集设备种类多，如各种传感器、RFID电子标签、二维码、摄像头等，不同的信息采集设备及网关拥有不同的硬件结构、驱动程序和操作系统等。此外，这些设备采集的数据格式也不相同，需要对这些不同的数据格式进行转化统一，以方便应用系统的处理。

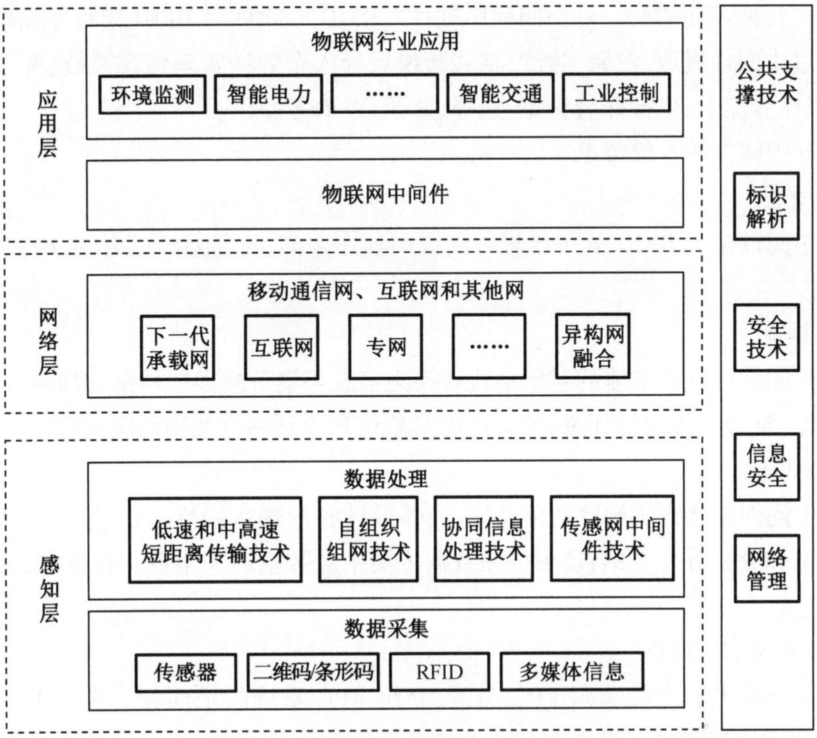

图4-7　物联网中间件示意图

(2)实现互操作

在物联网应用中，一个采集设备采集的信息往往供多个应用系统使用。另外，不同的系统之间也需要数据互通与共享。物联网本身涉及技术种类繁多，为解决各种异构性，使不同应用系统的处理结果不依赖于各自的计算环境，使不同系统能够根据应用需要有效地相互集成，需要使用中间件作为一种通用的交互平台。

(3)数据预处理

物联网感知层往往要采集海量的信息，这些原始信息本身也有一定错误率，如果直接将这些信息传输给应用系统. 不仅仅会导致应用系统处理困难而濒临崩溃边缘，还有可能得到错误结果，因此需要中间件对原始数据进行各种过滤、融合、纠错等处理，然后再传送给应用系统。

物联网中间件是快速构建大规模物联网应用的架构支撑与工具手段，有利于物联网应用的规范化和标准化，可大幅降低物联网应用建设的成本。利用感知事件高效处理技术、海量数据挖掘与综合智能分析技术等核心技术的中间件,能够提高物联网应用的效益。因此发展物联网应用中间件有利于支撑大规模物联网应用,加快物联网应用的发展。

物联网中间件有很多种类,主要有 RFID 中间件、嵌入式中间件、通用中间件和 M2M 物联网中间件等。下面主要介绍 RFID 中间件。

4.4.3 RFID 中间件技术

RFID 中间件位于 RFID 硬件设备与 RFID 应用系统之间,是可以实现数据传输、数据过滤、数据格式转换等功能的一种中间程序软件。RFID 中间件将 RFID 读写器读取的各种数据信息,经过中间件提取、解密、过滤、格式转换后导入企业的管理信息系统,并通过应用系统反映在程序界面上,供操作者浏览、选择、修改、查询等操作。

1. RFID 中间件的一般特点

(1)独立性

RFID 中间件位于 RFID 读写器与后端应用程序之间,不依赖于具体的 RFID 系统和应用系统。

(2)数据流

RFID 中间件可以将实体的对象格式转换为信息环境下的虚拟列象,因此可以完成数据的采集、过滤、整合与传递等任务,使正确的对象信息传到用户使用的应用系统。

(3)处理流

RFID 中间件能够提供顺序的信息流,能够设计和管理数据流,包括维护数据的传输路径、数据路由和数据分发规则,还可以在数据传输中对数据的安全性进行管理,保证数据的安全传输。

2. EPC 系统的中间件

下面,以全球电子产品编码 EPC 为例,介绍 EPC 系统的中间件。全球电子产品编码 EPC 体系(由美国麻省理工学院(MIT)的自动识别实验室提出,即对每个对象都赋予一个 96 位的全球唯一的 EPC 编码。2003 年国际物品编码协会和美国统一代码协会成立非营利性组织 EPCGlobal,将 EPC 纳入了全球统一标识系统,实现了全球统一标识系统中的 GTIN 编码体系与 EPC 概念的完美结合。

如图 4-8 所示,EPC 体系主要由 EPC 电子产品编码、射频识别系统(RFID 电子标签和读写器)和信息网络系统三个部分组成。EPC 电子产品编码实现全球物品的统一编码。射频识别系统包括射频标签和读写器。当 EPC 标签贴在物品上或内嵌在物品中时,该物品与标签中的电子产品代码就建立起了一对一的映射关系,通过读写器可以对 EPC 标签内的信息进行读写,并将读取到的信息传递给 EPC 中间件系统,经处理后存储在本地或远程数据库中。用户可以在任何地方通过终端或浏览器查询到物品的状况。

信息网络系统包括对象名称解析服务 ONS、实体标记语言 PML、EPC 信息服务和 EPC Savant 中间件系统。

为实现物品的全球性追踪,EPC 码除存储在标签中外,还要有将 EPC 码与相应商品信息进行匹配的方法。这个功能由对象名称解析服务(ONS)来实现。EPC 对象名称解析服务，通过电子产品编码获得物品的对象名称，继而通过EPC信息服务的各种接口获得物品信息的各种相关服务。当一个解读器读取一个EPC标签的信息时，EPC码就传递给了Savant系统。Savant系统再在局域网或因特网上利用ONS对象名称解析服务找到这个产品信息所存储的位置。ONS给Savant系统指明了存储这个产品的有关信息的服务器，因此就能够在Savant系统中找到这个文件，并且将这个文件中的关于这个产品的信息传递过来，从而应用于供应链的管理。

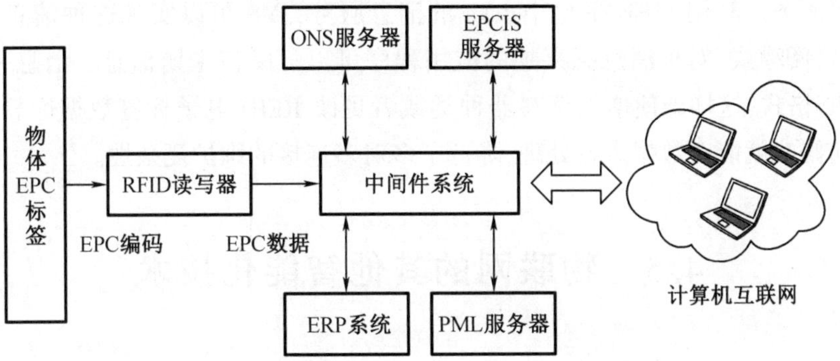

图4-8 EPC体系中间件示意图

实体标记语言(PML)提供了一个通用的方法来描述自然物体，是一种基于可扩展标记语言(XML)发展而来的交流产品数据的交换式语言，提供通用的标准词汇表来分配直接由自动标识基础设施获得的信息，如物品的位置、组成以及其他可感知的信息等。

EPC信息服务定义了物联网中的一系列事件和服务。事件包括对象事件、聚合事件、统计事件、交易事件等；服务包括捕获服务和查询服务两种，其中捕获服务的作用是捕获底层的应用级事件，从而达到对标签的识读状况进行间接侦听的目的；查询服务又分为核心查询、查询订阅和查询控制等三种服务。

EPC Savant系统中间件是连接RFID读写器和信息网络系统的通用平台和接口，主要实现RFID读写器与后端应用系统之间的信息交互。EPC Savant系统中间件用于捕获实时信息和事件，并将信息和事件向上传递给后端应用系统或向下传递给RFID读写器。

EPC Savant系统采用分布式的结构，以层次化进行组织、管理数据流，主要具有数据过滤、数据聚合和信息传递功能。

(1)数据过滤

Savant接收来自读写器的海量EPC数据，这些数据里存在大量冗余信息和错读的信息。比如一台读写器对同一个货物进行重复上报，或者多台位置临近的读写器对同一货物进行上报等。Savant采用各种过滤器解决这个问题，比如产品过滤器、时间过滤器、EPC码过滤器和平滑过滤器等。

(2)数据聚合

数据聚合可以解决临时错误读取的问题而实现数据平滑。采用诸如复杂事件处理技术对RFID数据进行处理，可以通过读写器接收的原始简单零散的单一信息，转换为更有意义的复杂事件,比如通过一个标签的首次出现和随后的消失,可以判断标签的进入事件和离开事件。

(3)信息传递

Savant 中间件将经过数据过滤和聚合处理后的数据通过消息传递的方式传递给那些需要它们的应用程序、EPC 信息服务系统或者其他中间件。这些消息可以以异步的方式传递,即传递者不必等待回应。

除了信息传递,Savant 还能完成诸如解释数据、保证安全性、数据广播、错误恢复、定位网络资源等服务。利用 J2EE 平台中 Java 的消息服务,JMS 可以实现这种消息传递。JMS 采用发布/订阅模式.对于消息感兴趣的应用程序可以订阅该主题信息。消息采用物理标记语言 PML 格式,这样即使增加读写器种类或者更改 RFID 电子标签数据库软件,应用端不需要任何修改就能对数据进行处理,降低了多对多连接的维护复杂性。

4.5 物联网的其他智能化技术

物联网的智能数据处理虽然依赖于数据,但物联网数据处理是受服务驱动的。物联网的服务主要包括分析、决策与控制。为了实现这些服务,在数据层面需要进行一系列的数据处理工作。

1. 物联网数据的智能处理研究

(1)以融合和决策为目的的海量数据的实时挖掘

基于物联网服务的需求,物联网中的数据挖掘应包括两个方面:辅助常规决策的数据挖掘和辅助数据融合的数据挖掘。

鉴于物联网数据的异构、海量、分布性和决策控制的实时性,需要研究数据挖掘引擎的布局及多引擎的调度策略;需要研究时空数据的实时挖掘方案,海量数据的实时挖掘方法,不确定知识条件下的实时挖掘算法,数据挖掘算法的综合运用、改进和新算法,低时空复杂度算法;需要考虑物联网隐私的重要性,需要研究隐私保护的数据挖掘方法等。

(2)以情境感知为不确定性数据建模和推理

针对数据本身的不确定性,需要研究感知数据本身的不确定性表达和推理、实体数据的不稳定性表达和推理、决策数据的不确定性表达和推理。

针对语义映射的不确定性,需要研究融合感知数据获取实体数据过程中的不确定性表达和推理、融合实体数据获得决策数据过程中的不确定性表达和推理。

针对查询分析的不确定性,需要研究物联网高维数据在松散模式下查询的不确定性表达、查询结果的不确定性表达和推理、联机分析处理(OLAP)和数据挖掘如何从不确定性数据中获取合理结果等内容。

2. 物联网的智能化技术

物联网的智能化技术是将智能技术的研究成果应用到物联网中,实现物联网的智能化;比如物联网可以结合智能化技术如人工智能等应用到物联网中。物联网的目标是实现一个智慧化的世界，它不仅仅感知世界，关键在于影响世界、智能化地控制世界。物联网根据具体应用结合人工智能，可以实现智能控制和决策。

人工智能是用人工方法在计算机上实现的智能，或称机器智能，是研究如何用计算机来表示和执行人类的智能活动，以模拟人脑所从事的推理、学习、思考和规划等思维活动，并解决需要人类的智力才能处理的复杂问题，如医疗诊断、管理决策等。

人工智能一般有两种不同的方式：一种是采用传统的编程技术，使系统呈现智能的效果，而不考虑所用方法是否与人或动物机体所用的方法相同，这种方法叫工程学方法。另一种是模拟法，它不仅要看效果，还要求实现方法，和人类或生物机体所用的方法相同或相类似。

采用工程学方法，需要人工详细规定程序逻辑，在已有的实践中被多次采用。从不同的数据源（包含物联网的感知信息）收集的数据中提取有用的数据，对数据进行滤除以保证数据的质量，将数据经转换、重构后存入数据仓库或数据集市，然后寻找合适的查询、报告、分析工具和数据挖掘工具，对信息进行处理，最后转变为决策。模拟法应用于物联网的一个方向是专家系统，这是一种模拟人类专家解决领域问题的计算机程序系统，不但采用基于规则的推理方法，而且采用了诸如人工神经网络的方法与技术。根据专家系统处理的问题的类型，专家系统分为解释型、诊断型、调试型、维修型、教育型、预测型、规划型、设计型和控制型等。

另外一个方向为模式识别，通过计算机用数学技术方法来研究模式的自动处理和判读，如用计算机实现模式（文字、声音、人物、物体等）的自动识别。计算机识别的显著特点是速度快、准确性好、效率高。

物联网要实现智能化，需要结合人工智能的成果，如问题求解、逻辑推理证明、专家系统、数据挖掘、模式识别、自动推理、机器学习、智能控制等技术。

3. 物联网专家系统

物联网专家系统是指在物联网上的一类具有专门知识和经验的计算机智能程序系统或智能机器设备。通过网络化部署专家系统来实现物联网数据的基本智能处理，对用户提供智能化的专家服务功能。物联网专家系统可实现对多用户的专家服务，其决策数据来源于物联网智能终端的采集数据，如图4-9所示，智能终端采集的数据提交到物联网应用数据库，数据反映了当前问题求解状态的集合。

（1）推理机是实施问题求解的核心执行机构，是对知识进行解释的程序，它按照一定策略对找到的知识进行解释执行，并把结果记录到数据库中。

（2）解释器用于对求解过程做出说明，并回答问题的提问。

（3）知识库是问题求解所需要的行业领域知识的集合，包括基本事实、规则等信息。

（4）知识获取负责建立、修改和扩充知识库，是专家系统中把问题求解的各种专门知识从专家头脑中或者其他知识源转换到知识库的重要机构。在物联网中引入专家系统使物联网对其接入的数据具有分析判断并提供决策依据的能力，使物联网实现初步的智能化。

4. 物联网的智能化处理

图4-10显示了物联网的智能化要体现数据层和智能处理层。数据层主要包括实时数

据库、知识库、模型库、神经网络、历史数据库。智能处理层包括数据查询、数据分析、预测、决策、指令下达、报告生成等信息处理。其中数据分析需要统计模型、神经网络、交叉分析等智能分析工具。预测需要统计学模型、神经网络等手段支持。

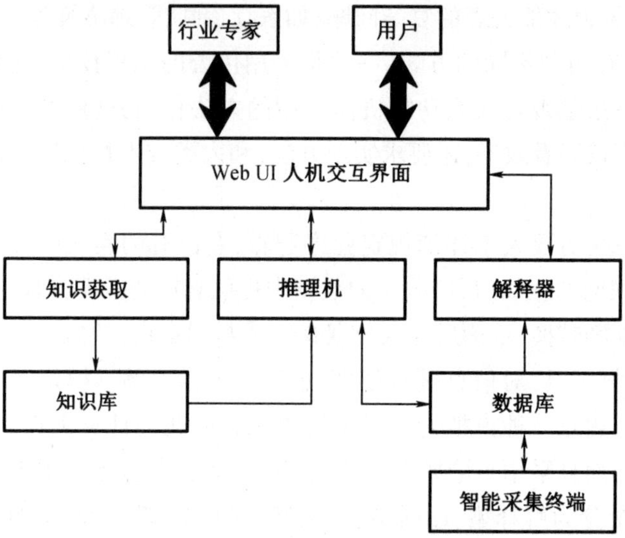

图 4-9　物联网专家系统示意图

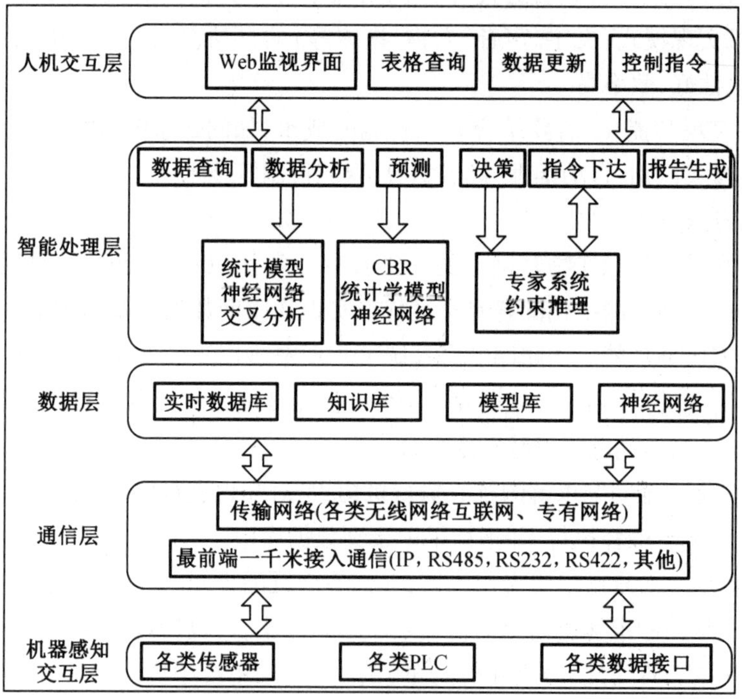

图 4-10　物联网智能化示意图

4.6　物联网平台

4.6.1　物联网平台概述

物联网平台是连接物理设备、传感器、数据存储和业务应用的核心枢纽，负责设备管理、数据采集、协议转换、分析和应用集成。它充当物联网系统的“大脑”，将分散的终端设备与上层业务系统无缝衔接。

物联网平台可为设备提供安全可靠的连接通信能力，向下连接海量设备，支撑数据上报至云端，向上提供云端 API，服务端通过调用云端 API 将指令下发至设备端，实现远程控制。

物联网平台主要包含设备接入、设备管理、安全管理、消息通信、监控运维以及数据应用等。物联网管理平台基本架构如图 4-11 所示。

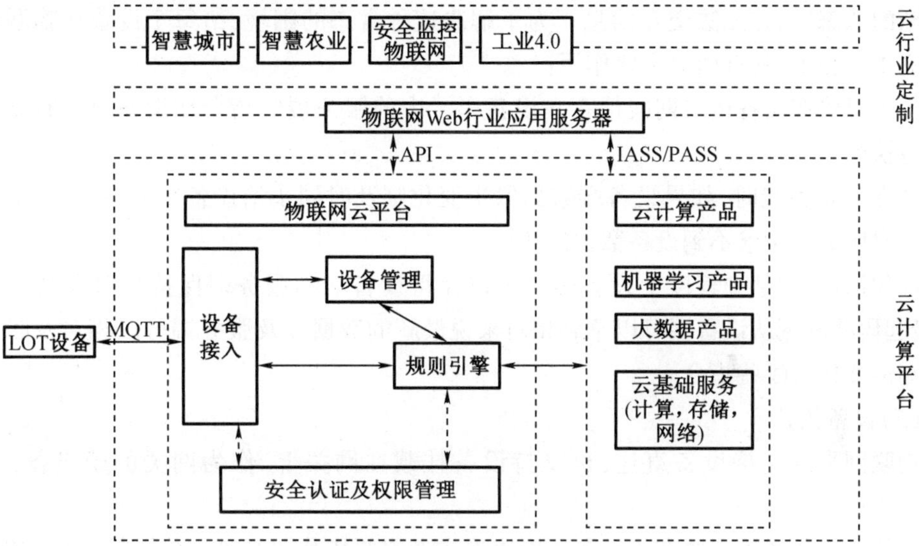

图 4-11　物联网管理平台基本架构

设备接入主要是指设备端如何跟物联网平台进行连接通信，主要表现在：

设备端开发：提供 MQTT、CoAP、HTTP、HTTPS 等多种协议的设备端 SDK 开发等，帮助不同设备轻松接入。

设备网络接入管理：提供基于蜂窝（2G、3G、4G、5G）、NB-IOT、LoRaWAN、Wi-Fi 等不同网络接入方案。

1. 设备管理

主要包含设备创建、维护、数据转换、数据同步、设备分布等内容，具体表现在：

(1) 物模型管理

物联网中的物是物理世界的实体，如果我们想开发一套数字化系统，那这个实体肯定不能缺席，这个时候就会涉及一个问题：如何把线下的实体变成线上的呢？而这正是物模型的价值。物模型通俗的解释就是用数字世界的方式将物理世界的物体表征出来，用数字世界的规则来描述这个物体是什么、它有什么作用，这也就是我们经常听到的产品的功能。

物联网平台都会提供多种物模型的建立方式，我们可以根据不同的需求来选择合适的模型。

(2)设备生命周期管理

主要涉及创建设备、设备上下线、禁用/启用、删除设备等。物模型建立好之后，相当于定义好了产品的母版，这时候我们可以在该产品下面创建设备，该设备也会具有该产品的功能。

(3)数据解析

对于低配置且资源受限或者对网络流量有要求的设备，不适合构造 JSON 格式与物联网平台通信，这时候可以将原数据透传到物联网平台，物联网平台再根据原数据转化的脚本规则，将其转换为 JSON 格式。

(4)设备影子

物联网中联网是一个很重要的环节，如果设备不联网的话，则设备端和服务端处于通信中断的状态，双方无法交互信息。为了解决这种常态的困境，给每个设备在物联网平台都建立 1 个影子，其有两个主要作用：

①可以将在设备离线期间保存在设备影子中的服务端的指令在设备上线时立即下发给设备执行；

②在设备在线时，如果设备端数据发生变化则及时同步给设备影子，这可以解决当设备离线时服务端请求不到设备数据的情况。

换句话说，在某种程度上设备影子可以使得设备端和服务端保持相对及时的交互通信，最起码服务端从设备端可以拿到相对来说最新的数据以及服务端可以相对及时地告诉设备端需要执行哪些指令。

(5)设备拓扑

物联网平台支持设备直连，也支持设备挂载在网关上，作为网关的子设备，由网关直连。

网关直连的场景主要有子设备不能直连或者需要拓扑关系管理的场景，比如 Wi-Fi 网关、ZigBee 网关以及蓝牙网关等。设备拓扑管理可以帮助管理子设备、子设备与网关的拓扑关系、对子设备进行监控运维等，同时服务端可以直接面向子设备收发消息。

2. 安全管理

主要是从设备安全认证和通信安全两个方面来保证物联网数据传输的安全性。

(1)设备安全认证

设备接入物联网平台之前，需要通过身份认证来保证设备的安全性。

目前，物联网平台支持使用设备密钥、ID 和 X. 509 证书等方式进行身份认证，在此仅以设备密钥为例，来简要说明设备身份认证的实现方式(生成、获取、使用)。

在物联网平台创建设备的时候会给设备颁发密钥，密钥的种类有多样，比如一机一密、一型一密等，密钥生成之后，有两种方式可以将密钥放到设备端：一种是事先将密钥烧录在设备端程序里面,另一种是当设备首次联网时向物联网平台请求设备密钥,这时如果该设备有注册过,则会把相应的密钥传给设备。在设备都有密钥之后就相当于拿到了通行证,可以和物联网平台进行正常的通信。

(2)通信安全

通信安全主要是指数据传输层面的安全管理,支持 MQTT、HTTPS、CoAP 数据传输通道,保证数据的机密和完整性,支持设备权限管理机制,保障设备与云端安全通信;支持设备级别的通信资源(Topic 等)隔离,防止设备越权等问题。

3. 消息通信

主要包括设备端发送数据到物联网平台,物联网平台将数据流转到服务端/其他云产品,服务端远程控制设备这三种消息传送方式。

设备管理主要定义了设备是什么,消息通信主要解决的就是信息传输机制:怎样将物联网平台配置的设备信息与设备端、服务端、其他云产品进行传递。机制里面涉及的一个很重要的概念就是 Topic,通过对 Topic 的定义和使用来进行信息传输。

(1)基于 Topic 的上下行通信可以将设备端数据发送至物联网平台或实现服务端远程控制设备

设备端跟物联网平台通信用的是 MQTT 协议,该协议是基于主题的发布和订阅机制,其所有的信息传递都是通过主题这一中介来完成。

设备可以发布某一主题也可以订阅某一主题,设备发布的话其实就是设备发送数据的消息模式,设备订阅的话其实就是设备接收数据的消息模式。对于物联网设备来说,上报和接收是两个基本且重要的消息交互模式,那怎样来定义主题呢?

主题的定义有两种方式:一种是自定义数据模式,一种是利用物模型建立的标准化的数据模式。

主题的定义是基于产品功能的,当产品功能确定好之后,那怎样将这些功能跟设备通信进行关联是一个很重要的问题。

这个时候就需要对产品进行主题的设置。选定产品功能之后,可以根据需要来设置不同的主题,比如上报、接收、更新、删除等。在产品层面定义好主题类之后,该产品下的所有设备都会具备该主题的特性,设备就可以利用主题来进行上下行通信。

(2)基于服务端订阅、云产品流转的将物联网平台数据传输至服务端/其他云产品的传输模式

服务端可以直接订阅产品下多种类型的消息:设备上报消息、设备状态变化通知、设备生命周期变更、设备拓扑关系变更等。

配置服务端订阅之后,物联网平台就会将产品下所有设备的已订阅的消息转发至服务器。使用物联网平台的数据流转功能,可将 Topic 中的数据消息转发至其他云产品中进行存储或处理,这就是所谓的云产品流转。

4. 监控运维

监控运维主要涉及设备监控和运维两个部分,具体内容如下。

①监控诊断:物联网平台提供在线设备数量、上下行消息数量、规则引擎流转消息次数、设备网络状态等指标数据的实时监控功能;

②OTA 升级:设备投放出去后如果发生应用程序升级,则可以通过 OTA 升级与管理服务,实现远程升级程序的工作;

③在线调试:在线调试主要用于程序开发阶段,一是设备端开发完成后,可以使用物联网平台的在线调试功能,从控制台下发至指令到设备端进行功能测试;二是物联网提供虚拟设备功能,供云端应用开发测试使用;

④日志服务:可以将云端或设备端的运行日志保存下来供故障查询等使用,并且可以将日志数据导出存放起来进行长期存储。开通日志转储后,支持在物联网控制台查询分析日志,并提供日志报表、报表订阅、告警通知等功能。

5. 数据应用

数据应用主要涉及数据的存储、分析和应用。

①数据备份:可为海量数据提供分发和备份服务;

②数据分析:为开发者提供了设备智能分析,全链路覆盖了对设备数据生成、管理(存储)、清洗、分析及可视化等环节;

③数据应用:可以跟第三方或者其他云产品进行结合,解决不同的问题,比如将温湿度计上报数据到钉钉群机器人,或者通过大数据平台搭建设备监控大屏等。

4.6.2 物联网平台分类

1. 云服务商提供的物联网平台

国内外知名物联网平台如表 4-2 所示。

表 4-2 国内外知名物联网平台

厂商	产品	特点	适用场景
亚马逊(Amazon)	AWSIOT Core	全球覆盖,支持亿级设备连接; 深度集成 Lambda/S3 等 AWS 服务; 提供设备影子(Device Shadow)功能; 支持 MQTT/HTTP/LoRaWAN 协议	全球化部署、需要与 AWS 生态整合的项目
微软	Microsoft AzureIOT Hub	与 Azure Digital Twins 深度集成; 支持边缘计算(AzureIOT Edge); 提供设备孪生(Device Twins)功能; 内置设备配置服务(DPS)	制造业数字孪生、混合云部署
Google	CloudIOT Core	强在 AI 数据分析(BigQuery 集成); 原生集成 Vertex AI 机器学习; 支持 HTTP/MQTT 协议; 全球负载均衡	需要 AI 预测分析的场景

表 4-2(续)

厂商	产品	特点	适用场景
阿里云	阿里云物联网平台	支持阿里云生态(钉钉/支付宝对接); 提供物联网市场解决方案; 支持 LoRa/NB-IOT 等国内常用协议; 符合中国网络安全法要求	国内智慧城市、工业物联网项目
华为	华为云 IOT	5G+边缘计算能力突出; 提供 Ocean Connect 车联网方案; 支持鸿蒙 OS 设备接入; 全球部署,符合 GDPR	5G 场景、车联网、全球化项目
腾讯	腾讯云物联网开发平台	与微信生态深度整合; 提供 IOT Explorer 低代码工具; 支持腾讯连连小程序快速对接; 内置物联网操作系统 Tencent OS Tiny	消费级物联网产品、智能家居

2. 工业物联网平台

工业物联网平台如表 4-3 所示。

表 4-3　工业物联网平台

厂商	产品	特点	适用场景
西门子	西门子 MindSphere	工业设备原生支持(PLC/SCADA); 提供工业 APP 开发框架; 支持 OPC UA 协议; 具备预测性维护套件	高端制造业、自动化生产线
通用电气	GEPredix	工业大数据分析能力突出; 提供资产性能管理(APM); 支持时间序列数据库; 工业微服务架构	能源、航空等重工业领域
PTC	PTC ThingWorx	AR/VR 与物联网深度结合; 低代码开发环境; 提供数字孪生可视化工具; 支持 Creo/CAD 数据集成	产品全生命周期管理

3. 开源物联网平台

开源物联网平台如表 4-4 所示。

表 4-4　开源物联网平台

产品	特点	适用场景
ThingsBoard	支持设备管理/规则引擎/可视化； 社区版免费、专业版收费； 支持 MQTT/CoAP/HTTP； 提供 OTA 升级功能	中小企业自建 IOT 平台
EdgeX Foundry	边缘计算框架； 模块化微服务架构； 支持工业协议(Modbus/OPC UA)； 与 Kubernetes 兼容	工业边缘计算场景
Home Assistant	智能家居设备集成平台； 支持 1000+品牌设备； 本地化部署保障隐私； 社区提供丰富插件	个人/家庭智能家居系统

4.6.3　ThingsBoard 平台

1. Thingsboard 简介

ThingsBoard 是一个基于 Java 的开源物联网平台，旨在实现物联网项目的快速开发、管理和扩展。它使用行业标准的物联网协议(MQTT、CoAP 和 HTTP)实现设备连接，并支持云和本地部署。ThingsBoard 结合了可扩展性、容错性和高性能，确保数据不会丢失。

ThingsBoard 集群可以处理数百万个设备，提供高可用性和可扩展性。该平台还支持多种数据采集方式，包括从设备直接采集、通过网关采集以及使用其他云服务采集。用户可以在云服务器上通过可自定义的仪表板查看或共享来自任意数量设备的数据。此外，ThingsBoard 还提供了 30 多个可自定义的小部件，允许用户为大多数物联网用例构建最终用户自定义仪表板。

Thingsboard 分为专业版和社区版，社区版是开源的、专业版是收费的。Thingsboard 提供了 30 多个可自定义的小部件，允许为大多数物联网用例构建最终用户自定义仪表板。其官网地址为 http://thingsboard.io/。

2. Thingsboard 基本特点

提供设备、资产和客户，并定义它们之间的关系。

①警报管理：分析传入的遥测数据并通过复杂的事件处理触发警报。

②设备管理：使用远程过程调用(RPC)控制设备。根据设备生命周期事件、REST API 事件、RPC 请求等构建工作流。

③可扩展性：可水平扩展的平台，使用领先的开源技术进行构建。

④数据可视化：从设备和资产收集并可视化数据。提供了现成的 30 个可配置小部件，并能够使用内置编辑器创建自己的小部件。内置线图、数字和模拟仪表、地图等等。

⑤容错：没有单点故障，集群中的每个节点都是相同的。自动检测到节点故障。可以

在不停机的情况下更换故障节点。使用可靠的 NoSQL 数据库复制持久数据。

⑥强大而高效：单个服务器节点可以处理成千上万个设备，具体取决于用例。ThingsBoard 集群可以处理数百万个设备。

⑦可自定义的：通过可自定义的小部件和规则引擎节点，轻松添加新功能。使用可自定义的规则链、窗口小部件和传输实现来扩展默认平台功能。除了 MQTT、CoAP 和 HTTP 支持之外，ThingsBoard 用户还可以使用自己的传输实现或自定义现有协议的行为。

⑧持久：永远不会丢失用户的数据。

⑨遥测数据收集功能：设计动态且响应迅速的仪表板，并向您的客户提供设备或资产遥测和见解。可以可靠地收集和存储遥测数据，以应对网络和硬件故障。使用可自定义的 Web 仪表板或服务器端 API 访问收集的数据。

3. 系统环境

(1)操作系统

Thingsboard 兼容多种操作系统，包括 Linux、Windows 和 macOS。

(2)Java 环境

Thingsboard 需要 Java 运行环境。推荐使用 Java11(OpenJDK11)，确保 Java 环境正确安装并配置环境变量。

(3)数据库系统

ThingsBard 平台目前支持三种数据库选项：

①SQL 模式(纯关系型数据库)：将所有实体和遥测存储在 SQL 数据库中，建议使用 PostgreSQL 数据库，HSQLDB 数据库可用于本地开发和测试，不建议用于任何其他用途。

②NoSQL 模式(纯非关系型数据库)：所有实体数据库和遥测数据均存储在 NoSQL 数据库中。

③混合模式(Hybrid)：将所有实体存储在 PostgreSQL 数据库中，并将遥测数据存储在 Cassandra 数据库中。

4. 主架构

(1)ThingsBoard 设计

①扩展性：可水平扩展的平台使用领先的开源技术构建。

②容错性：没有单点故障集群中的每个节点都是相同的。

③健壮性：单个服务器节点可以根据使用情况处理万级别的设备，集群可以处理数百万级别的设备。

④持久化：永远不会丢失用户的数据。

⑤自定义：使用可自定义的部件和规则引擎节点，可以轻松添加新功能。

(2)规则引擎

ThingsBoard 规则引擎是系统的心脏，负责处理传入的消息。

①规则引擎使用 actor 来实现。主要实体的 actor：规则链和规则节点。

②规则引擎节点可以加入集群，其中每个节点负责传入消息的某些分区。

③在隔离模式下规则引擎处理特定租户的消息。

④在共享模式下规则引擎处理多个租户的消息。

⑤ThingsBoard 规则引擎可能以两种模式运行——共享和隔离。

⑥规则引擎从队列中订阅传入的数据,并且仅在处理完消息后才对其进行确认。

5. 内置功能

①设备管理:提供了对物联网设备的注册、分组、监控和远程控制功能。

②数据收集和存储:负责从各类物联网设备高效地收集和存储大量数据。

③数据可视化:通过自定义仪表板和小部件,实现数据的实时可视化和分析。

④规则引擎:使用户能够定义复杂的业务逻辑,自动化处理和响应数据。

⑤安全:提供了全面的安全机制,包括数据加密和设备鉴权,确保平台和数据的安全。

⑥集成和 API:支持与外部系统和服务的广泛集成,增强平台的功能和灵活性。

⑦提供了丰富的 API 和集成选项,可以轻松地与其他系统和应用程序集成。

4.6.4 Home Assistant 平台

Home Assistant 是一个基于 Python 开发的开源智能家居管理平台,注重隐私和本地控制。用户可将各种品牌、类型的智能设备汇集到一个平台中进行管理,还能通过丰富的插件、自动化规则和脚本,自定义个性化的智能家居体验。

Home Assistant 完全开源免费,社区活跃且更新频繁;支持上千种智能设备,能兼容绝大多数智能品牌和协议;可本地运行,数据存储在本地保障隐私安全;提供多种自动化工具,能实现设备联动;支持 YAML 文件进行个性化配置。

2013 年 9 月,荷兰软件工程师 Paulus Schoutsen 为解决家中智能设备互联互通问题,创建了 Home Assistant,并将其作为个人项目在 GitHub 上发布,最初仅支持 Philips Hue 和 Belkin WeMo 等少数品牌。

2024 年 4 月,Home Assistant 的源代码和品牌名转移到新成立的"Open Home Foundation"非营利组织。小米官方宣布正式支持 Home Assistant,进一步拓展了其在智能家居市场的应用范围。

1. Home Assistant 的特点

(1)高度可定制化

用户可以根据自己的需求和喜好,自由配置各种智能家居设备和自动化规则,实现个性化的智能家居体验。

(2)开源性

开源的特性使得其代码可以被广大开发者自由获取、修改和贡献。这不仅促进了平台的不断发展和完善,还让用户能够深入了解平台的运行机制,根据自身需求进行定制开发。

(3)跨平台兼容性

Home Assistant 可以在多种操作系统上运行,包括 Linux、Windows、macOS 等,还支持在树莓派等小型设备上部署,方便用户根据自己的硬件条件选择合适的运行环境。

(4)用户界面

具有简洁直观的用户界面,采用图形化的操作方式,用户可以通过鼠标点击、拖拽等操作轻松完成设备添加、规则设置、场景创建等任务。

(5)移动端应用

支持 iOS 和 Android 系统的移动端应用,用户可以通过手机或平板随时随地远程控制智能家居设备,查看设备状态和运行日志等。

2. Home Assistant 的核心功能

(1)设备管理

可以方便地添加、删除和管理各种智能家居设备,无论是智能灯、智能插座、智能门锁还是智能摄像头等,都能统一纳入平台进行集中控制。

(2)自动化规则设置

用户能够通过直观的界面创建各种自动化规则,例如根据时间、设备状态、传感器数据等条件来自动控制设备的开关、调节设备的参数等,实现智能家居的自动化运行。

(3)场景模式创建

支持创建不同的场景模式,如"回家模式""睡眠模式""起床模式"等。在不同的场景模式下,可以同时控制多个设备进入相应的状态,为用户提供便捷的操作体验。

(4)能源管理

能够监测和分析智能家居设备的能源消耗情况,帮助用户了解设备的用电情况,实现节能减排,降低能源成本。

(5)语音控制集成

与多种语音助手集成,如亚马逊 Alexa、谷歌 Assistant、小爱同学等,用户可以通过语音指令方便地控制智能家居设备。

3. 支持的设备与协议

(1)支持的设备类型

几乎涵盖了所有常见的智能家居设备类型,包括照明设备、家电设备、安防设备、环境传感器、智能窗帘等。

(2)支持的通信协议

支持 Z-Wave、ZigBee、Wi-Fi、蓝牙等多种通信协议,能够与不同协议的智能家居设备进行通信和集成,实现设备之间的互联互通。

4. Home Assistant 的不足

(1)技术门槛较高

对于非技术专业的普通用户,初次使用和配置 Home Assistant 可能具有一定难度。需要了解一些网络知识、设备通信协议等,在进行复杂的自动化规则设置和插件开发时,还需要具备一定的编程能力,这可能会让部分用户望而却步。

(2)设备兼容性问题

尽管支持大量设备,但由于智能家居市场设备种类繁多,仍可能存在一些设备与平台兼容性不佳的情况,导致部分功能无法正常使用或设备连接不稳定,需要用户花费时间和精力去调试与解决。

(3)系统稳定性挑战

由于用户可以自由安装各种插件和进行定制化开发,不当的配置或插件冲突可能会影响系统的稳定性,导致平台出现崩溃、卡顿等问题,需要用户具备一定的故障排查和解决能力。

(4)初始设置复杂

在添加和配置多个智能家居设备时,过程可能较为烦琐,需要用户对每个设备进行详细的参数设置和功能匹配,尤其是对于不熟悉技术的用户,可能需要花费较多时间来完成初始设置。

(5)依赖硬件性能

随着连接设备数量的增加和功能的不断扩展,对硬件设备的性能要求也会相应提高。如果硬件配置较低,可能会导致平台运行缓慢,影响用户体验。

5. 应用领域

(1)家庭住宅

日常便利控制:用户能通过 Home Assistant 对家中各种智能设备进行集中管理与控制。例如,在清晨起床时,可设置自动化场景,让智能窗帘缓缓拉开、卧室灯光逐渐亮起,同时开启咖啡机煮好咖啡。在下班途中,还能通过手机远程控制家中空调提前开启,使其调节到适宜温度。

安全监控防护:连接各类安防设备,如智能门锁、门窗传感器、摄像头等。当门窗被异常打开或检测到有陌生人闯入时,系统会立即发出警报,并将信息推送到用户手机上,用户还能实时查看摄像头画面,保障家庭安全。

能源管理优化:借助电力监测设备,实时掌握家中电器的能耗情况。通过设置自动化规则,在电器闲置时自动切断电源,或者根据电价峰谷时段,自动调整高耗能设备的运行时间,从而降低能源消耗和用电成本。

(2)商业场所

办公环境智能化:在办公室中,利用 Home Assistant 可以实现灯光、空调、窗帘等设备的智能化控制。根据室内人员的存在情况和光线强度自动调节灯光亮度,根据室内温度和人员数量自动调节空调的运行模式,营造舒适的办公环境,同时降低能源消耗。

店铺运营管理:对于零售店铺,可通过集成智能照明系统,根据不同的促销活动和营业时间设置不同的灯光场景,吸引顾客注意力。还能连接监控摄像头和门禁系统,加强店铺的安全管理,并且可以通过系统实时查看店铺内的客流情况和销售数据。

(3)养老与医疗保健

老年人生活关怀:在养老机构或老年人居住的家中,安装各类传感器和智能设备,并通过 Home Assistant 进行管理。例如,通过人体传感器监测老人的活动情况,当老人长时间静止不动时,系统会自动通知护理人员;还可以连接智能床垫,实时监测老人的睡眠质量和生命体征。

医疗设备集成:与一些家用医疗设备如智能血压计、血糖仪等集成,方便患者和医护人员实时获取健康数据。患者可以将数据上传至 Home Assistant 平台,医护人员可以远程查看数据,及时给予健康建议和干预。

(4)智能农业

温室环境控制:在温室种植中,通过连接温湿度传感器、光照传感器、通风设备、灌溉系统等,Home Assistant 可以实时监测温室环境参数,并根据预设的规则自动调节通风、灌溉和光照等设备的运行，为作物生长创造最佳环境条件。

畜牧养殖管理：应用于畜牧养殖场景，通过安装温度、湿度、氨气浓度等传感器，实时监测养殖环境。当环境指标超出正常范围时，系统自动启动通风、降温、增湿等设备，保障牲畜的健康生长。同时，还可以通过摄像头实时监控牲畜的活动情况。

4.7　本章小结

物联网平台层技术涵盖的范围比较广泛，主要是负责数据的存储、处理、分析和挖掘。如果说感知层和网络层属于硬件技术，那么平台层则为软件技术。本章主要讲解了云计算技术、大数据技术、数据存储技术以及市场主流的应用平台，平台层为应用层的决策提供了数据基础支撑。

第 5 章　物联网应用层技术

在物联网的四层体系结构(感知层、网络层、平台层、应用层)中,应用层是直接面向用户和行业需求的核心层级,应用层是物联网的最终目的地,它将平台层处理后的数据转化为具体的服务和应用,满足用户的各种需求。应用层涵盖了智能家居、智能城市、工业 4.0、智慧医疗等众多领域。本章从物联网应用和部署的角度,论述与物联网应用层的相关技术。本章主要介绍物联网系统用于与用户交互的应用程序开发和数据的存储技术。

5.1　移动端应用程序开发

在物联网体系中,移动端应用程序是应用层的重要组成部分,直接面向终端用户,提供设备控制、数据可视化、告警管理等功能。

目前物联网移动端开发方式主要有以下三种方式,如表 5-1 所示。

表 5-1　移动端开发方式

方式	特点	适用场景
原生开发	高性能,完整访问硬件(如蓝牙、GPS)	高复杂度应用(工业控制、AR)
跨平台开发	一套代码多端运行(iOS/Android),开发效率高	消费级物联网(智能家居、穿戴设备)
混合开发	WEBVIEW 嵌套 H5 页面,成本低但性能较弱	简单数据展示类应用

根据智能手机操作系统市场占有率,本书以原生开发方式中 Android 开发为例,进行应用层移动端开发讲解。

5.1.1　Android 系统概述

Android 是一种基于 Linux 的自由及开放源代码的操作系统,主要使用于便携设备,如智能手机和平板电脑。最早是由 Andy Rubin 等人开发,2005 年由 Google 公司收购注资,并组建开放手机联盟开发改良,随后逐渐扩展到平板电脑及其他领域。开放手机联盟(Open Handset Alliance)是美国 Google 公司与众多科技公司组建的一个全球性的联盟组织,该联盟涵盖了手机制造商、芯片厂商、移动运营商、软件公司等多个领域的核心企业,其中包括摩托罗拉、三星、HTC、中国移动、华为、小米、联想等知名公司。

目前,Android 的最新正式版本是 Android14(API34),其代号为 Upside Down Cake(倒置蛋糕)。此外,Google 已发布 Android 15 Beta。Android 部分版本如表 5-2 所示。

表 5-2　Android 部分版本

版本	关键特性	发布时间
Android 14	锁屏自定义、Ultra HDR 图像支持、隐私沙盒	2023 年 10 月
Android 15	卫星通信、应用归档、通知冷却	2024 年 9 月
Android 16	AI 增强、折叠屏生态完善	2025 年

Android 之所以在 iOS 和 WP 的竞争中越来越强,直到占据整个智能手机半数以上份额,是因为其具有如下特点:

(1)开放性

Android 最大的特性就是源代码全部开放,从 Google 的官方网站上可以免费下载到 Android 系统的源代码。开放的平台允许任何移动终端厂商加入 Android 联盟,共同致力于制定标准使得 Android 成为一个开放式的生态系统。

(2)广泛性

Android 系统除了可以安装在手机这个通讯终端设备外,我们还可以把 Android 操作系统安装到 PAD、车载导航仪 GPS、MP4 上,包括一些笔记本电脑,应用非常广泛。

(3)可扩展性

广泛支持 GSM、CDMA、3G 和 4G 的语音和数据业务,提供了地图服务强大的 API 函数,提供组件复用和内置程序替换的应用程序框架,提供基于 WebKit 的浏览器,广泛支持各种流行的音视频和图像格式,并为 2D 和 3D 图形图像处理提供专用的 API 函数。用户可以充分发挥想象力,创造自己的 Android 王国。

(4)硬件调用

内置重力感应器、加速度感应器及温度、湿度感应器等硬件传感器,另外 GPS 模块、Wi-Fi 模块也让更多的硬件调用更为方便。

(5)易开发性

Android 应用程序使用 Android Studio+Android SDK+JDK 的开发环境,非常容易集成,开发和调试也更加方便。另外,由于 NDK 的支持,即使对 Java 不熟悉的开发者也可以方便地使用 C 和 C++语言开发应用程序。

除此之外,Android 支持最新的 HTML5 和 JavaScript 脚本、Android 不断更新的 SDK、Android 的个性支持,在 Widget、Shortcut、Live Wallpapers 上体现出华丽和时尚。

5.1.2　Android 系统架构

1. Android 体系结构

Android 的体系结构和其操作系统一样,采用了分层的架构。

Android 体系包括 5 个结构部分,从下至上,依次是 Linux 内核层、硬件抽象层、本地库和运行时环境、应用框架层和应用层。以下分别对各个层次进行简单介绍。

(1)Linux 内核层(Linux Kernel)

Android 系统的核心系统服务基于 Linux 内核层,在此基础上添加了部分 Android 专用驱动。系统的安全性、网络协议、内存管理、进程管理、驱动程序都由 Linux 内核所提供。使用 Linux 内核可以让 Android 利用主要的安全功能,并且允许设备制造商为内核开发硬件驱动程序。

Linux 内核层包括以下组件:

①音频驱动(Audio Driver):基于 ALSA 的高级 Linux 声音体系驱动;

②Binder 驱动(IPC)Driver:Android 的一个特殊的驱动程序,具有单独的设备节点,提供进程间通信的功能;

③显示驱动(Display Driver):基于 Linux 的帧缓冲驱动;

④键盘驱动程序(KeyBoard Driver):为输入设备提供支持;

⑤蓝牙驱动(Bluetooth Driver):基于 IEEE 802.15.1 标准的无限传输技术;

⑥照相机驱动(Camera Driver):常用的基于 Linux 的 V412(Video for Linux)驱动;

⑦USB 驱动(USB Driver):提供 USB 设备的连接支持;

⑧Wi-Fi 驱动(Wi-Fi Driver):基于 IEEE 802.11 标准的驱动程序,可以连接无线网络;

⑨Flash 内存驱动(Flash Memory Driver):基于 MTD 的 Flash 驱动程序区;

⑩电源管理(Power Management):对电池电量的监控。

另外,Android Runtime(ART)就是依靠 Linux 内核来执行底层功能的,其中包括线程和低层内存管理。

(2)硬件抽象层(HAL)

HAL 是 Google 开发对底层硬件操作屏蔽的一个层次结构,简单来说就是,上层应用不需要关心底层硬件是如何工作的,只需要调用底层提供的统一接口即可。

其实,Android 系统完全可以没有 HAL,访问硬件可以通过调用 Linux 内核的标准函数来实现,但是,如何访问 Linux 内核就涉及技术专利和商业机密,厂商不想公开源代码,只愿提供二进制代码。而 Linux 内核采用了 GPL 协议,任何人都可以获取或者修改其源代码,因此 Google 在 Android 系统架构中增加了一个 HAL,不想公开的代码可以放在这个位置。

另外,HAL 提供标准界面,向更高级别的 Java API 框架显示设备硬件功能。HAL 包含多个库模块,其中每个模块都为特定类型的硬件组件实现一个界面,例如,相机或蓝牙模块。当框架 API 要求访问设备硬件时,Android 系统将为该硬件组件加载库模块。

严格来说,Linux 只是一个操作系统内核,大部分 Linux 发行版都是由操作系统内核加上 GNU 的软件或者工具形成的完整的操作系统,也就是 GNU/Linux。GNU/Linux 是一种 Unix Like 操作系统。

(3)Android 运行时库

Android 运行时库又分为核心库和 ART(Android 5.0 系统之后,Dalvik 虚拟机被 ART 取代)。核心库提供了 Java 语言核心库的大多数功能,包括 Java 8 语言功能,这样开发者可以使用 Java 语言来编写 Android 应用。

与 JVM 相比,Dalvik 虚拟机(DVM)是专门为移动设备定制的,允许在有限的内存中同时运行多个虚拟机的实例,并且每一个 Dalvik 应用作为一个独立的 Linux 进程执行。

每个应用都在自己的进程中运行,并且有其自己的 ART 实例。独立的进程可以防止在虚拟机崩溃的时候所有程序都被关闭。

ART 执行的是 DEX 文件。DEX 文件是专门为 Android 设计的字节码文件格式,使用的内存很少。

ART 的机制与 DVM 不同,DVM 中的应用在每次运行时,字节码都需要通过即时编译器(Just In Time,JIT)转换为机器码,这会使得应用的运行效率降低。而在 ART 中,系统在安装应用时会进行一次预编译(Ahead Of Time,AOT),将字节码预先编译成机器码并存储在本地,这样应用每次运行时就不需要执行编译了,运行效率也大大提高。

(4)应用框架层(Java API Framework)

应用框架层是为开发人员提供了开发应用程序所需要的 API,可以通过调用 Java API 来使用 Android 操作系统的整个功能集。这些 API 通过简化核心、模块化系统组件和服务的重用,构成了创建 Android 应用程序所需的构建块,其中包括:

①View System:丰富且可扩展的 View 系统,可用于构建应用程序的 UI,包括列表、网格、文本框、按钮,甚至是可嵌入的 Web 浏览器。

②Resource Manager:一个(资源管理器),提供对非代码资源的访问,例如本地化字符串、图形和布局文件。

③Notificatioin Manager:一个(通知管理器),使所有应用程序都可以在状态栏中显示自定义通知。

④Activity Manager:是 Android 系统中的核心组件之一,负责管理应用程序的 Activity(活动)的生命周期、任务栈和进程调度。

⑤Content Provider:使应用程序能够访问来自其他应用程序(例如联系人应用程序)的数据或共享自己的数据提供程序。

Android 系统程序使用的 Framework API,开发人员也可以完全访问。

(5)应用层

Android 随附一套用于电子邮件、短信、日历、互联网浏览和联系人等核心应用。平台随附的应用与用户可以选择安装的应用一样,没有特殊的状态。因此,第三方应用可成为用户的默认网络浏览器、短信 Messenger 甚至默认键盘(也有一些例外,例如系统的"设置"应用)。

系统内置的应用程序以及非系统级别的应用程序都属于应用层,负责与用户进行直接交互,通常都是用 Java 进行开发的。

系统应用可作为用户的应用,开发者也可以在自己的应用中访问其中的功能。例如,如果我们的应用要发送短信,我们无须构建该功能,直接就可以调用已经安装的短信应用向制定的接收者发送消息。

2. Android 常用系统库

在这里,介绍一下 Android 体系结构中的系统运行库中比较常用的系统库。

(1)SGL

2D 图形引擎的主要作用就是做 2D 图形渲染。比如我们平时玩的一些 2D 游戏,游戏里边会涉及一些图片,包括文字、矩形、多边形等等,这些内容的绘制实际上都是由这个引擎所提供的，受这个引擎的支持。

(2) OpenGL ES

OpenGL 为开放式图形库，它提供了性能卓越的 3D 图形标准，该套标准，跨编程语言，跨操作系统。而 OpenGL ES 是专门为嵌入和移动设备设计的 3D 轻量图形库，它基于 OpenGL API 设计的，该库可以使用硬件 3D 加速或者使用高度优化的 3D 软加速。

(3) WebKit

浏览器引擎，支持 Android 浏览器和一个可嵌入的 web 视图，WebKit 是一个非常成熟的浏览器的引擎。现在 Android 系统里的浏览器和 iPhone 的浏览器用的都是 WebKit。

(4) SQLite

数据库引擎，是一个优秀的轻量级关系型数据库。SQLite 虽然是轻量级，但是在执行某些简单的 SQL 语句时甚至比 MySQL 和 Postgresql 还快，在 Symbain、Mobile、Android 系统中都是支持嵌入式数据库，也就是 SQLite，它是 Android 存储方案的核心。

(5) 媒体库

基于 PacketVideo OpenCORE，该库支持多种常用的音频、视频格式回放和录制，同时支持静态图像文件。这些库支持播放和录制许多流行的音频和视频格式，以及静态图像文件，包括 MPEG4、h. 264、MP3、AAC、AMR、JPG、PNG。

3. 应用程序框架

了解了系统库之后，再来了解一下 Android 体系中另一部分组成——应用程序框架。

(1) Activity Manager(活动管理器)：Activity 是 Android 的核心类，它相当于 C/S 程序中的窗体或 Web 界面，而 Activity Manager 用来负责管理当前程序中所有的 Activity 从创建直到销毁的全过程。

(2) Window Manager(窗口管理器)：管理屏幕窗口的布局和显示；处理窗口的层级(Z-order)；管理触摸事件的分发。

(3) View System(视图系统)：提供 UI 控件(Button、TextView 等)；处理用户交互(点击、滑动等)；支持自定义 View 和布局(LinearLayout、ConstraintLayout)。

(4) Package Manager(包管理器)：管理应用的安装、卸载和更新；检查应用权限；查询已安装应用信息。

(5) Resource Manager(资源管理器)：管理应用的非代码资源(图片、字符串、布局等)；支持多语言和不同屏幕尺寸适配。

(6) Notification Manager(通知管理器)：管理系统通知的显示；允许应用发送状态栏通知。

(7) Content Providers(内容提供者)：管理应用间的数据共享；提供标准接口访问数据库、文件等。

(8) Telephony Manager(电话管理器)：提供电话和短信功能接口；管理 SIM 卡和网络信息。

(9) Location Manager(位置管理器)：提供 GPS 和网络定位服务；管理位置更新和地理围栏。

(10) Sensor Manager(传感器管理器)：访问设备传感器(加速度计、陀螺仪等)；监听传感器数据变化。

5.1.3　Android 系统开发环境搭建

1. 安装 Android Studio

谷歌开发者的中文网站可以直接下载 Android Studio，下载网址：https://developer.android.google.cn/studio。也可以在 https://www.androiddevtools.cn/下载自己需要的 Android Studio 版本。

2. 下载 SDK

SDK 全称为 Software Development Kit，即软件开发工具包，它可将 App 编码编译为可执行的 App 应用。

3. 安装 Device 模拟器

所谓模拟器，指的是在电脑上构造一个演示窗口，模拟手机屏幕的 App 运行效果。App 通过编译之后，只说明代码没有语法错误，若想验证 App 能否正确运行，还得让它在 Android 设备上跑起来。这个设备可以是真实手机，也可以是电脑里的模拟器。依次选择菜单 Run→Run（也可按快捷键 Shift+F10），或者选择菜单 Run→Run…，在弹出的小窗中选择待运行的模块名称，Android Studio 会判断当前是否存在已经连接的设备，如果已有连接上的设备就在该设备上安装测试 App。

5.1.4　应用程序构成

1. Android 程序目录结构

Android 项目（Android Studio 默认结构）包含多个目录和文件，每个部分都有特定的用途。以下是典型的 Android 程序目录结构及其功能说明。

（1）项目根目录（Project Root）

目录/文件	作用
app/	主模块，包含应用代码、资源、清单文件等（核心开发目录）
gradle/	gradle 构建工具的配置文件（如 wrapper）
build. gradle	项目级构建配置（定义所有模块的公共依赖，如 repositories）
settings. gradle	定义项目包含哪些模块（如 include':app'）
local. properties	本地环境配置（如 android SDK 路径）

（2）应用模块目录（app/）

①src/-源代码

子目录	内容
main/	主源代码目录(开发主要在此进行)
test/	单元测试(运行在 JVM 上,不依赖 Android 环境)
androidTest/	Android 设备测试(需运行在真机或模拟器上)

②main/内部结构

子目录	内容
java/	Java/Kotlin 源代码(按包名组织,如 com. example. myapp)
res/	资源文件(图片、布局、字符串等)
AndroidManifest. xml	应用清单文件(声明组件、权限、应用信息)
Assets/	原始资源文件(如字体、JSON 数据,需通过 AssetManager 访问)

③res/-资源文件

子目录	内容
drawable/	图片和矢量图(. png, . jpg, . xml)
layout/	UI 布局文件(. xml,如 activity_main. xml)
values/	字符串、颜色、样式等(如 strings. xml, colors. xml)
mipmap/	应用图标(适配不同分辨率,如 mipmap-hdpi)
raw/	原生资源(如音频文件,直接通过 R. raw. filename 访问)
anim/	动画文件(. xml,如淡入淡出)
menu/	菜单定义文件(用于 OptionsMenu)

2. Android 应用程序构成

一个 Android 应用程序通常是由以下 5 个组件构成的。

(1)活动(Activity)

活动是最基本的 Android 应用程序组件。在应用程序中,一个活动通常就是一个单独的屏幕。每个活动都通过继承活动基类而被实现为一个独立的活动类。活动类将会显示由视图控件组成的用户接口,并对事件做出响应。

(2)意图(Intent)

Intent 用来描述应用程序的功能。Intent 是利用消息实现应用程序间的交互机制,能够在程序运行的过程中连接两个不同的组件。Intent 描述了应用中一次操作的动作、数据以及附加数据,向 Android 表达某种请求或者意愿,Android 系统会根据 Intent 描述的内容来选择适当的组件来响应,并将 Intent 传递给该组件,完成组件的调用。

(3)服务(Service)

服务是 Android 应用程序中具有较长的生命周期但是没有用户界面的程序。

Service 运行在后台,并且可以与其他程序进行交互。

Service 与 Activity 的级别差不多,但是不能独立运行,需要通过某一个 Activity 来调用。

Android 应用程序的生命周期是由 Android 系统来决定的,不由具体的应用程序线程来控制。

如果应用程序要求在没有界面显示的情况还能正常运行(要求有后台线程,而且直到线程结束,后台线程才会被系统回收),此时就需要用到 Service。

(4)内容提供器(Content Provider)

Android 应用程序可以使用文件或 SQLite 数据库来存储数据。

Content Provider 提供了一种多应用间数据共享的方式。

一个 Content Provider 类实现一组标准的方法,能够让其他的应用保存或读取此内容提供器处理的各种数据类型,即一个应用程序可以通过实现一个 Content Provider 的抽象接口将自己的数据暴露出去。外界根本看不到,也不用看到该应用程序暴露的数据是如何存储的,但是外界可以通过这一套标准及统一的接口和应用程序里的数据打交道,可以读取应用程序的数据,也可以删除应用程序的数据。

(5)广播接收者(Broadcast Receiver)

Broadcase Receiver 不执行任何任务,仅仅是接受并响应广播通知的一类组件。大部分广播通知是由系统产生的,例如改变时区、电池电量低,用户选择了一幅图片或者改变了语言首选项。一个程序可以有好几个 Broadcast Receivers 来接收它认为重要的通知。Broadcast Receivers 没有用户界面,但是可以打开一个 Activity 来对接收到的信息做出反应,或者利用 Notification Manager 来警告用户。Notifications 可以用很多方法来引起用户的注意,一般是在状态栏显示一个图标,以便用户打开信息。

5.2　嵌入式系统

5.2.1　嵌入式系统概述

嵌入式系统是一种将先进的计算机技术、半导体技术和电子技术与各个行业的具体应用相结合后的产物。它是以应用为中心,以现代计算机技术为基础,能够根据用户需求(功能、可靠性、成本、体积、功耗等)灵活裁剪软硬件模块的专用计算机系统。嵌入式系统通常是嵌入到目标设备中的,为特定的任务提供计算和控制功能。

物联网是提供物与物相连的系统,要想实现物与物相连,必须在相连的物体中嵌入智能化部件,这也是一种嵌入式智能终端的网络化形式。更多的嵌入式智能终端产品有了联网的需求,导致了嵌入式系统及相关技术的发展,从而有力地推动了物联网的应用。嵌入式系统是物联网产业发展的核心推动力。

1. 嵌入式系统的特点

嵌入式系统具有以下一些典型的特点：

①专用性：嵌入式系统是为特定的应用而设计的，不强调通用性和可扩展性，而是注重满足用户的特定需求。

②实时性：嵌入式系统通常需要在规定的时间内完成任务，对响应速度和可靠性有较高的要求。

③可裁剪性：嵌入式系统可以根据应用的不同，灵活裁剪软硬件，以达到最优的性能和成本的平衡。

④小型化：嵌入式系统的体积和质量通常比较小，方便嵌入到目标设备中，也有利于节省空间和资源。

⑤低功耗：嵌入式系统的功耗通常比较低，以延长电池寿命和降低散热问题。

⑥高可靠性：嵌入式系统的可靠性通常比较高，因为它们可能工作在恶劣的环境下，或者涉及人身安全和国家利益等重要事务。

2. 嵌入式系统的分类

嵌入式系统可以根据不同的标准进行分类，例如按照形态、复杂度、功能、应用领域等。这里我们简单介绍一种常见的分类方法，即按照核心处理器的不同，将嵌入式系统分为以下四类。

(1)嵌入式微处理器(EMPU)

嵌入式微处理器的基础是通用计算机中的 CPU。在应用中，将微处理器装配在专门设计的电路板上，只保留和嵌入式应用有关的母板功能，这样可以大幅度减小系统体积和功耗。为了满足嵌入式应用的特殊要求，嵌入式微处理器虽然在功能上和标准微处理器基本是一样的，但在工作温度、抗电磁干扰、可靠性等方面都做了各种增强。

和工业控制计算机相比，嵌入式微处理器具有体积小、质量轻、成本低、可靠性高的优点，但是在电路板上必须包括 ROM、RAM、总线接口、各种外设等器件，从而降低了系统的可靠性，技术保密性也较差。

嵌入式处理器目前主要有 ADVANCED RISC MACHINES 公司的 ARM、SILICON GRAPHICS 公司的 MIPS、IBM、MOTOROLA 公司的 POWER PC 、INTEL 公司的 x86 和 I960 芯片、AMD 公司的 AM386EM、HITACHI 公司的 SH RISC 芯片。

(2)嵌入式微控制器

嵌入式微控制器又称单片机。嵌入式微控制器一般以某一种微处理器内核为核心，芯片内部集成 ROM、EPROM、RAM、Flash RAM、总线、总线逻辑、定时/计数器、WatchDog、串行口、脉宽调制输出、A/D 等各种必要功能和外设。与嵌入式微处理器相比，微控制器的最大特点是单片化，体积大大减小，从而使功耗和成本下降、可靠性提高。

与嵌入式微处理器相比，微控制器的最大特点是单片化、体积大大减小，从而使功耗和成本下降、可靠性提高。微控制器是目前嵌入式系统工业的主流，占整个嵌入式市场份额的 70%。微控制器的片上外设资源一般比较丰富，适合于控制，因此称微控制器。

通用系列：8051、P51XA、MCS－251、MCS－96/196/296、C166/167、MC68HC05/11/12/16、68300 等。

半通用系列：支持 USB 接口的 MCU 8XC930/931、C540、C541。

专用系列：支持 I2C、CAN-Bus、LCD 的 MCU 及兼容系列。

目前有许多微处理器逐渐演化为微控制器（MCU），比如 ARM，因此这些概念开始交叉融会。

（3）嵌入式 DSP 处理器

DSP 处理器对系统结构和指令进行了特殊设计，使其适合于执行 DSP 算法，编译效率较高，指令执行速度也较高。在数字滤波、FFT、谱分析等方面，DSP 算法正在大量进入嵌入式领域，DSP 应用正从在通用单片机中以普通指令实现 DSP 功能，过渡到采用嵌入式 DSP 处理器。

嵌入式 DSP 处理器的来源如下：

①DSP 处理器经过单片化、EMC 改造、增加片上外设成为嵌入式 DSP 处理器，TI 的 TMS320C2000/C5000 等属于此范畴；

②在通用单片机或嵌入式片上系统（System On Chip）SOC 中增加 DSP 协处理器，例如 Intel 的 MCS-296 和 Infineon（Siemens）的 TriCore。

嵌入式系统的智能化是推动嵌入式 DSP 处理器发展的另一个因素，如：各种带有智能逻辑的消费类产品，生物信息识别终端，带有加解密算法的键盘，ADSL 接入、实时语音压解系统、虚拟现实显示等。这类智能化算法一般运算量较大，特别是向量运算、指针线性寻址等较多，而这些正是 DSP 处理器的长处所在。

嵌入式 DSP 处理器有代表性的是：TI 的 TMS320 系列和 Motorola 的 DSP56000 系列。

（4）嵌入式片上系统

SOC 是嵌入式系统的一种新形式，是将微处理器、模拟 IP 核、数字 IP 核和存储器（或片外存储控制接口）集成在单一芯片上。它通常是客户定制的，或是面向特定用途的标准产品，在一块硅片里实现了能完成一个计算机系统功能所需要的硬件集成电路和嵌入式软件，属于计算机与微电子的新兴交叉学科。

SOC 的设计基础是 IP 复用技术。IP 模块是一种预先设计好，已经过验证，具有某种确定功能的集成电路、器件或部件。两种不同形式包括软 IP 核（soft IP core）和硬 IP 核（hard IP core）。

SOC 的优势：降低耗、减少体积、丰富系统功能、提高速度、节省成本。

3. 嵌入式系统的组成

嵌入式系统由硬件和软件两大部分组成，用于实现对其他设备的控制、监视或管理等功能。前者是整个系统的物理基础，它提供软件运行平台和通信接口；后者实际控制系统的运行。

（1）硬件

硬件包含嵌入式微处理器、外围电路、外围硬件设备。嵌入式硬件系统组成如图 5-1 所示。

①CPU 是嵌入式系统的核心处理器，又称为嵌入式微处理器，负责控制整个嵌入式系统的执行。

②外围电路包括嵌入式系统的内存、I/O 端口、复位电路、ADC/DAC（模数转换器/数模

转换器)和电源等,与核心处理器一起构成一个完整的嵌入式目标系统。

③SRAM 为静态随机存储器。

④FLASH 为闪存器、固态存储器。

⑤DRAM 为动态随机存储器。

⑥外部设备指嵌入式系统与真实环境交互的各种设备,包括通用串行总线 USB、存储设备、鼠标、键盘、液晶显示器、红外线数据传输和打印设备等。

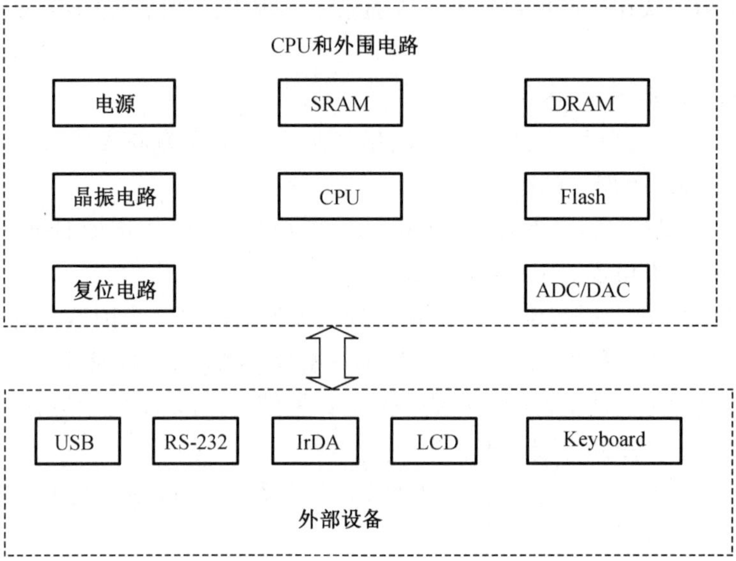

图 5-1　嵌入式硬件系统组成

(2)软件

软件包含 BOOTLOADER、嵌入式操作系统、用户的应用程序。

BOOTLOADER 完成硬件环境的初步初始化,为固件库或操作系统设置一个可以运行、工作的环境。

操作系统控制着应用程序与硬件的交互,完成实时和多任务操作;或者用户程序通过固件库与硬件进行交互。

应用程序控制着系统的运作和行为,完成各种设计功能。

嵌入式系统的软件可分成 4 个层次:

①设备驱动接口(DDI)负责嵌入式系统与外部设备的信息交互。

②实时操作系统(RTOS)分成基本和扩展两部分,基本功能是操作系统的核心,负责整个系统的任务调度,存储分配、时钟管理和中断管理,提供文件、图形用户界面(GUI)等基本服务;扩展功能是为用户提供操作系统的扩展功能,包括网络、数据库等。

③可编程应用接口(API)也称为编程中间件、应用中间软件,是为编制应用程序提供的各种编程接口库,它针对不同应用领域、不同的安全要求分别构建,从而减轻应用开发者的负担。

④应用软件是针对不同应用而由开发者自己编写的软件。

5.2.2　嵌入式微控制器的架构介绍

根据存储器结构可以分为哈佛(Harvard)结构和普林斯顿(Princeton)(又称为冯·诺依曼)结构。

哈佛结构是一种将程序指令存储和数据存储分开的存储器结构。中央处理器首先到程序指令存储器中读取程序指令内容,解码后得到数据地址,再到相应的数据存储器中读取数据,并进行下一步的操作(通常是执行)。

冯·诺依曼结构是一种将程序指令存储器和数据存储器合并在一起的存储器结构。程序指令存储地址和数据存储地址指向同一个存储器的不同物理位置。

根据指令结构可以分为 CISC 架构和 RISC 架构。

1. CISC

CISC 是一种为了便于编程和提高记忆体访问效率的晶片设计体系。早期的电脑使用组合语言编程,由于记忆体速度慢且价格昂贵,使得 CISC 体系得到了用武之地。在 20 世纪 90 年代中期之前,大多数的微处理器都采用 CISC 体系——包括 Intel 的 80×86 和 Motorola 的 68K 系列等。(直至现在笔记本和台式计算机中用的 Intel 和 AMD 生产的 CPU 也都是 x86 以及 x86-64 架构的。)

(1) 指令特征

使用微代码:指令集可以直接在微代码记忆体(比主记忆体的速度快很多)里执行,新设计的处理器,只需增加较少的电晶体就可以执行同样的指令集,也可以很快地编写新的指令集代码。

庞大的指令集:可以减少编程所需要的代码行数,减轻代码开发者的负担。

高阶语言对应的指令集:包括双运算元格式、寄存器到寄存器、寄存器到记忆体以及记忆体到寄存器的指令。

(2) CISC 体系的优缺点

优点:能够有效缩短新指令的微代码设计时间,允许设计师实现 CISC 体系机器的向上相容。新的系统可以使用一个包含早期系统的指令超集合,也就可以使用较早电脑上使用的相同软体。另外微程式指令的格式与高阶语言相匹配,因而编译器并不一定要重新编写。

缺点:指令集以及晶片的设计比上一代产品更复杂,不同的指令需要不同的时钟周期来完成,执行较慢的指令将影响整台机器的执行效率。

2. RISC

RISC 是为了提高处理器运行的速度而设计的晶片体系。它的关键技术在于流水线操作:在一个时钟周期里完成多条指令,而超流水线以及超标量技术已普遍在晶片设计中使用。RISC 体系多用于非 x86 阵营高性能微处理器 CPU,像 HOLTEK MCU 系列等。(现在手机平板等大多数嵌入式设备中用到的 ARM——Advanced RISC Machine 就是 RISC 架构的。)

(1)RISC 体系的指令特征

精简指令集:包含了简单、基本的指令,透过这些简单、基本的指令,就可以组合成复杂指令。

同样长度的指令：每条指令的长度都是相同的，可以在一个单独操作里完成。

单机器周期指令：大多数的指令都可以在一个机器周期里完成，并且允许处理器在同一时间内执行一系列的指令。

(2)RISC 体系的优缺点

优点：在使用相同的晶片技术和相同运行时钟下，RISC 系统的运行速度将是 CISC 的 2~4 倍。由于 RISC 处理器的指令集是精简的，它的记忆体管理单元、浮点单元等都能设计在同一块晶片上。RISC 处理器比相对应的 CISC 处理器设计更简单，所需要的时间将变得更短，并可以比 CISC 处理器应用更多先进的技术，开发更快的下一代处理器。

缺点：多指令的操作使得程式开发者必须小心地选用合适的编译器，而且编写的代码量会变得非常大。另外就是 RISC 体系的处理器需要更快记忆体，这通常都集成于处理器内部，就是 L1 Cache（一级缓存）。

5.2.3 常见的嵌入式实时 RTOS 操作系统

1. 嵌入式 Linux

uClinux 是一个完全符合 GNU/GPL 公约的操作系统，完全开放代码，现在由 Lineo 公司支持维护。uClinux 的名字来自希腊字母“mu”和英文大写字母“C”的结合。“mu”代表“微小”之意，字母“C”代表“控制器”，所以从字面上就可以看出它的含义，即“微控制领域中的 Linux 系统”。

为了降低硬件成本及运行功耗，很多嵌入式 CPU 没有设计内存管理单元（Memory Management Unit，MMU）功能模块。

uClinux 从 Linux 2.0/2.4 内核派生而来，沿袭了主流 Linux 的绝大部分特性。它是专门针对没有 MMU 的 CPU，并且为嵌入式系统做了许多小型化的工作，适用于没有虚拟内存或 MMU 的处理器。

2. Windows CE

Windows CE 是微软开发的一个开放的、可升级的 32 位嵌入式操作系统，是基于掌上型电脑类的电子设备操作。它是精简的 Windows 95。Windows CE 的图形用户界面相当出色。

3. VxWorks

VxWorks 操作系统是美国 WindRiver 公司于 1983 年设计开发的一种嵌入式实时 RTOS 操作系统，是嵌入式开发环境的关键组成部分。（VxWorks 是硬实时的，Linux 是软实时的，所以在航空等实时性要求很强的地方 VxWorks 确实没法用 Linux 代替。）

在嵌入式实时操作系统领域占据一席之地。它以其良好的可靠性和卓越的实时性被广泛地应用在通信、军事、航空、航天等高精尖技术及实时性要求极高的领域中，如卫星通信、军事演习、弹道制导、飞机导航等。

在美国的 F-16、FA-18 战斗机，B-2 隐形轰炸机和爱国者导弹上，甚至连 1997 年 4 月在火星表面登陆的火星探测器上也使用到了 VxWorks。

VxWorks 的特点：

(1)可靠性

操作系统的用户希望在一个稳定、可以信赖的环境中工作，所以操作系统的可靠性是用户首先要考虑的问题。而稳定、可靠一直是 VxWorks 的一个突出优点。自从对中国的销售解禁以来,VxWorks 以其良好的可靠性在中国赢得了越来越多的用户。

(2)实时性

实时性是指能够在限定时间内执行完规定的功能并对外部的异步事件做出响应的能力。实时性的强弱是以完成规定功能和做出响应时间的长短来衡量的。VxWorks 的实时性做得非常好,其系统本身的开销很小,进程调度、进程间通信、中断处理等系统公用程序精练而有效,它们造成的延迟很短。VxWorks 提供的多任务机制中 对任务的控制采用了优先级抢占(Preemptive Priority Scheduling)和轮转调度(Round-Robin Scheduling)机制,也充分保证了可靠的实时性,使同样的硬件配置能满足更强的实时性要求,为应用的开发留下更大的余地。

(3)可裁减性

用户在使用操作系统时,并不是操作系统中的每一个部件都要用到。例如图形显示、文件系统以及一些设备驱动在某些嵌入系统中往往并不使用。VxWorks 由一个体积很小的内核及一些可以根据需要进行定制的系统模块组成。VxWorks 内核最小为 8 KB,即便加上其他必要模块,所占用的空间也很小,且不失其实时、多任务的系统特征。由于它的高度灵活性,用户可以很容易地对这一操作系统进行定制或做适当开发,来满足自己的实际应用需要。

4. OSE

OSE 主要是由 ENEA Data AB 下属的 ENEA OSE Systems AB 负责开发和技术服务,一直以来都充当着实时操作系统以及分布式和容错性应用的先锋。公司建立于 1968 年,由大约 600 名雇员专门从事实时应用的技术支持工作。ENEA OSE Systems AB 是现今市场上一个飞速发展的 RTOS 供应商,在过去三年中,该公司的税收以每年 70%的速度递增。

5. Nucleus PLUS

Nucleus PLUS 是为实时嵌入式应用而设计的一个抢先式多任务操作系统内核,其 95%的代码是用 ANSI C 写成的,因此非常便于移植并能够支持大多数类型的处理器。从实现角度来看,Nucleus PLUS 是一组 C 函数库,应用程序代码与核心函数库连接在一起,生成一个目标代码,下载到目标板的 RAM 中或直接烧录到目标板的 ROM 中执行。在典型的目标环境中,Nucleus PLUS 核心代码区一般不超过 20 K Byte 大小。

6. eCos

eCos 是 RedHat 公司开发的源代码开放的嵌入式 RTOS 产品,是一个可配置、可移植的嵌入式实时操作系统,设计的运行环境为 Red Hat 的 GNUPro 和 GNU 开发环境。eCOS 的所有部分都开放源代码,可以按照需要自由修改和添加。

7. μC/OS-II

一个源码公开、可移植、可固化、可裁剪、占先式的实时多任务操作系统。其绝大部分源码是用 ANSI C 写的,世界著名嵌入式专家 Jean J. Labrosse(μC/OS-II 的作者)出版了多本图书,详细分析了该内核的几个版本。μC/OS-II 通过了美国联邦航空管理局(FAA)商用航行器认证,符合 RTCA(航空无线电技术委员会)DO-178B 标准,该标准是为航空电子设备所使用软件的性能要求而制定的。自 1992 年问世以来,μC/OS-II 已经被应用到数以百计的产品中。μC/OS-II 在高校教学使用是不需要申请许可证的,但将 μC/OS-II 的目标代码嵌入产品中,应当购买目标代码销售许可证。

μC/OS-II 的特点:

(1)可移植性

μC/OS-II 的源代码绝大部分是使用移植性很强的 ANSI C 编写,与微处理器硬件相关的部分是使用汇编语言编写。汇编语言写的部分已经压缩到最低限度,以使 μC/OS-II 便于移植到其他微处理器上。目前,μC/OS-II 已经被移植到多种不同架构的微处理器上。

(2)可固化

只要具备合适的软硬件工具,就可以将 μC/OS-II 嵌入产品中成为产品的一部分。

(3)可剪裁

μC/OS-II 使用条件编译实现可剪裁,用户程序可以只编译自己需要的(μC/OS-II)功能,而不编译不需要的功能,以减少 μC/OS-II 对代码空间和数据空间的占用。

(4)可剥夺

μC/OS-II 是完全可剥夺型的实时内核,μC/OS-II 总是运行在就绪条件下优先级最高的任务。

(5)多任务

μC/OS-II 可以管理 64 个任务,然而,μC/OS-II 的作者建议用户保留 8 个任务 μC/OS-II。这样,留给用户的应用程序最多可有 56 个任务。

(6)可确定性

绝大多数 μC/OS-II 的函数调用和服务的执行时间具有确定性,也就是说,用户总是能知道 μC/OS-II 的函数调用与服务执行了多长时间。

(7)任务栈

μC/OS-II 的每个任务都有自己单独的栈,使用 μC/OS-II 的占空间校验函数,可确定每个任务到底需要多少栈空间。

(8)系统服务

μC/OS-II 提供很多系统服务,例如信号量、互斥信号量、时间标志、消息邮箱、消息队列、块大小固定的内存的申请与释放及时间管理函数等。

(9)中断管理

中断可以使正在执行的任务暂时挂起,如果优先级更高的任务被中断唤醒,则高优先级的任务在中断嵌套全部退出后立即执行,中断嵌套层数可达 255 层。

(10)稳定性与可靠性

μC/OS-II 是基于 μC/OS 的,μC/OS 自 1992 年以来已经有数百个商业应用。μC/OS-II 与 μC/OS 的内核是一样的,只是提供了更多的功能。另外,2000 年 7 月,μC/OS-II 在一个航空项目中得到了美国联邦航空管理局对商用飞机的、符合 RTCA DO - 178B 标准的认证。这一结论表明,该操作系统的质量得到了认证,可以在任何应用中使用。

5.2.4 嵌入式系统工作原理

嵌入式系统可以溯源到微处理器的诞生,微处理器提供了一个归一化的智力内核。在微处理器技术的基础上，后期发展的通用微处理器与嵌入式处理器形成了现代计算机时代的两大分支，即通用计算机与嵌入式系统的独立发展时代。通用计算机经历了从智慧平台到互联网的发展道路；嵌入式系统则经历了智慧物联到局域智慧物联的发展道路。物联网可以看成一个通用计算机的互联网与嵌入式系统单机或局域物联整合后的场景。图 5-2 描述了嵌入式系统的巨大应用市场，其在计算机手提设备到家电，以及日常消费品方面都有着广泛的应用需求。

嵌入式系统的诞生距今已有 30 多年历史，早期经历过电子技术领域独立发展的单片机时代，进入 21 世纪后才进入多学科支持下的嵌入式系统时代。嵌入式系统的具体表现就是将微处理器嵌入物理对象中，以实现物理对象的智能化。

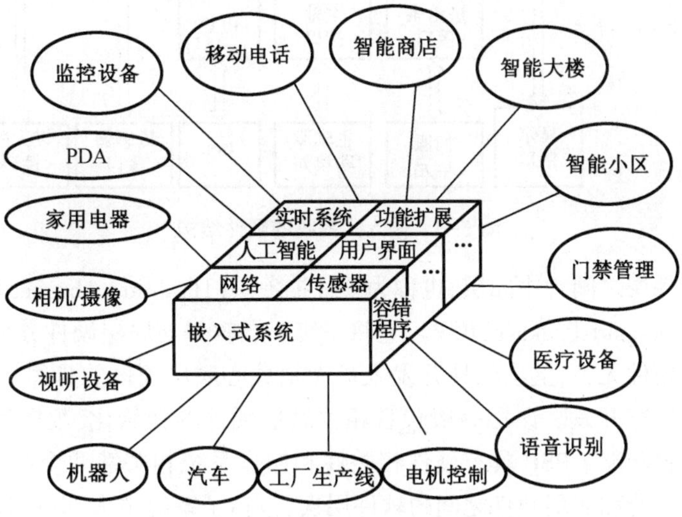

图 5-2　嵌入式系统的应用市场

嵌入式系统是控制、监视或辅助装置、机器和设备运行的装置。嵌入式系统是一个软件和硬件的综合体，还可以涵盖机械等附属装置。嵌入式系统是以应用为中心、以计算机技术为基础、软件硬件可裁剪，以及适应应用系统对功能、可靠性、成本、体积、功耗严格要求的专用计算机系统。

嵌入式系统的硬件层包含嵌入式微处理器、存储器（RAM、ROM、Flash 等）、外部设备接口、电源/时钟/复位等。在一片嵌入式微处理器基础上添加电源电路、时钟电路和存储器电路，就构成了一个嵌入式核心控制模块，其中操作系统和应用程序都可以固化在 ROM 中。嵌入式系统的硬件结构如图 5-3 所示。嵌入式系统硬件层的核心是嵌入式微处理器，嵌入式微处理器与通用 CPU 最大的不同在于嵌入式微处理器大多工作在为特定用户群所专用设计的系统中，它将通用 CPU 许多由板卡完成的任务集成在芯片内部，从而有利于嵌入式系统在设计时趋于小型化，同时还具有很高的效率和可靠性。嵌入式系统和外界交互需要一定形式的通用设备接口，外设通过和片外其他设备或传感器的连接来实现微处理的输入/输出功能。每个外设通常都只有单一的功能，它可以在芯片外也可以内置在芯片中。外设的种类很多，可从一个简单的串行通信设备到非常复杂的 802.11 无线设备。目前，嵌入式系统中常用的通用设备接口有USB(通用串行总线接口)、LED(发光二极管)、A/D(模数转换接口)、DA(数模转换接口)、RS-232接口(串行通信接口)、Ethernet(以太网接口)、音频接口、VGA视频输出接口、I2C(现场总线接口)、SPI(串行外围设备接口)和IrDA(红外线接口)等。

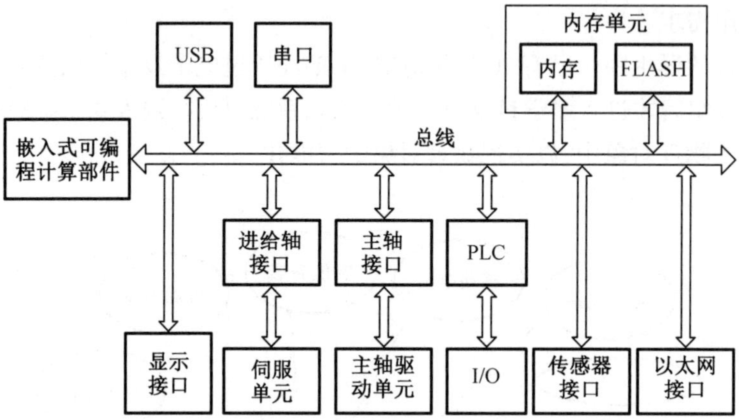

图5-3 嵌入式系统的硬件结构

硬件层与软件层之间为中间层,也称为硬件抽象层(Hardware Abstract Layer,HAL)或板级支持包(Board Support Package,BSP),它将系统上层软件与底层硬件分离开来,使系统的底层驱动程序与硬件无关,上层软件开发人员无须关心底层硬件的具体情况,根据BSP层提供的接口即可进行开发。该层一般包含相关底层硬件的初始化、数据的输入/输出操作和硬件设备的配置功能。BSP具有硬件相关性和操作系统相关性两个特点。实际上,BSP是一个介于操作系统和底层硬件之间的软件层次,包括了系统中大部分与硬件联系紧密的软件模块。设计一个完整的BSP需要完成两部分工作,一部分是嵌入式系统的硬件初始化及BSP功能,另一部分是设计硬件相关的设备驱动。

系统软件层由实时多任务操作系统(RTOS)、文件系统、图形用户接口(GUI)、网络系统及通用组件模块组成。RTOS是嵌入式应用软件的基础和开发平台。嵌入式操作系统(EOS)是一种用途广泛的系统软件。EOS负责嵌入操作系统的全部软硬件资源的分配和任务调度,控制与协调并发活动。EOS体现了其所在系统的特征,能够通过装卸某些模块来达到系统所要求的功能。

随着物联网技术的发展、信息家电的普及与应用及EOS的微型化和专业化,EOS开始从单一的弱功能向高专业化的强功能方向发展,已经成为智能化物联网中物件的有效途径。嵌入式操作系统在系统实时高效性、硬件的相关依赖性、软件固化及应用的专用性等方面具有较为突出的特点。EOS所具有的特殊特性,如可装卸性、强实时性、统一的接口、提供强大的网络功能、强稳定性与弱交互性、固化代码和更好的硬件适应性等,十分适合物联网应用环境中的物与物相连的场景,同时也是很好的技术手段。

5.2.5 嵌入式系统的应用

嵌入式系统技术在物联网的应用环境中具有非常广阔的前景,微控制器是为物与物相连而生的，物联方式是微控制器与生俱来的本质特性。早在微处理器诞生时期，通用处理器与嵌入式处理器两大分支的历史性分工中，就赋予了嵌入式处理器实施物与物相连的使命。嵌入式系统发展到了今天，无论是单机物联、局域物联或是以太网接入、GPS 时空标定技术都已成熟。对于嵌入式系统而言，物联网时代不是挑战而是新的机遇。嵌入式系统具有以下应用领域。

1. 工业控制

工业控制是传统的嵌入式系统应用领域。随着物联网技术的应用发展，基于嵌入式芯片的工业自动化设备将获得更加长足的发展。网络化是提高生产效率和产品质量、减少人力资源的主要途径，如工业过程控制、数字机床、电力系统、电网安全、电网设备监测、石油化工系统，在这些工业控制场景中，存在大量的物联网应用需求。

2. 交通管理

在车辆导航、流量控制、信息监测与汽车服务方面，嵌入式系统技术已经获得了广泛的应用，内嵌 GPS 模块、GSM 模块的移动定位终端已经在各种运输行业获得了成功的使用。通过物联网平台，嵌入式系统将智能化设备从尖端产品带入了普通百姓的家庭，如随时随地找到你的位置等。

3. 信息家电

这将成为嵌入式系统最大的应用领域，冰箱、空调等的网络化、智能化将引领人们的生活步入一个崭新的空间，这些应用的部署充分体现了物联网的概念。例如，即使你不在家里，也可以通过电话、网络进行远程控制。在这些设备中，嵌入式系统是必不可少的。

4. 家庭智能管理

家庭智能管理是一个典型的物联网应用场景。水、电、煤气表的远程自动抄表，安全防火、防盗系统，其中嵌入的专用控制芯片将代替传统的人工检查，并实现更高、更准确和更安全的性能。

5. POS 网络及电子商务

公共交通无接触智能卡（Contactless Smart Card，CSC）发行系统、公共电话卡发行系统、自动售货机、各种智能 ATM 终端将全面走入人们的生活，到时手持一卡就可以行遍天下。

6. 环境工程与自然

人们在进行水文资料实时监测、防洪体系及水土质量监测、堤坝安全、地震监测网、实时气象信息网时，在很多环境恶劣、地况复杂的地区，借助于嵌入式系统实物与计算机的远程互联，实现无人监测与监控。

7. 机器人

嵌入式芯片的发展将使机器人在微型化、高智能方面的优势更加明显，同时会大幅降低机器人的价格，使其在工业领域和服务领域获得更广泛的应用，通过机器人可以实现物与物在不需要人的干预下互联互通和信息共享。物联网是一个全球化、无限时空、无限领域、多学科的科技工程。在这些重大工程项目中，嵌入式系统以形形色色的知识平台方式参与其中，并着重于控制方面的应用，所有基于网络的远程控制器件都需要与嵌入式系统之间实现接口，然后再由嵌入式系统来控制并通过网络实现控制。所以，嵌入式系统是在物联网应用中的一种十分重要的技术方法和表现形式。

5.3 Qt 技术

5.3.1 Qt 技术概述

Qt 是一个跨平台的 C++应用程序开发框架。它由 Qt Company(前身为 Nokia)开发,用于开发图形用户界面、嵌入式系统,以及其他应用程序,支持 Windows、macOS、Linux、Android 和 iOS 等多个操作系统。

Qt 框架提供了丰富的功能和工具,包括图形用户界面设计、数据库操作、网络编程、文件处理等。它还包括了一个广泛的类库,开发者可以使用这些类来加速应用程序的开发过程。Qt 还具有良好的文档和社区支持,因此广泛用于各种类型的应用程序开发,包括桌面应用、移动应用、嵌入式系统等。

1. Qt 的发展史

Qt 的发展史可以追溯到 1991 年,由挪威的程序员 Haavard Nord 和 Eirik Chambe-Eng 共同创建。起初,Qt 是一个用于开发 X Window 系统上的应用程序的工具集。在 1994 年,Qt 被 Nokia 收购,并在此基础上继续发展。

以下是 Qt 的主要发展阶段和事件:

1991 年:Haavard Nord 和 Eirik Chambe-Eng 创建了 Qt 工具集。

1994 年:Qt 被 Nokia 收购,成为 Nokia 的子公司。Nokia 推动了 Qt 的跨平台特性,使其能够在不同的操作系统上运行。

2008 年:Qt 的所有权由 Nokia 转移到了 Qt Software(之后更名为 Qt Company)。Qt Company 继续发展 Qt,将其打造成一个跨平台的应用程序开发框架。

2011 年:Qt 的开发遭遇了一些波折,包括 Nokia 的战略变化和 Qt 的开发者社区担忧 Qt 的未来。这一时期,Qt 的发展由社区驱动。

2012 年:Qt Project 成立,该项目由 Qt 的爱好者和开发者组成,致力于 Qt 的开发和推广。

2014 年:Digia 宣布收购 Qt 商业版的所有权,成为 Qt 的新所有者。

2016 年:The Qt Company 宣布 Qt 的开源版本将采用 GPLv3 协议。Qt 5.6 发布,引入了许多新特性。

2017 年:Qt 5.9 发布,增加了对 3D 图形的支持和 Qt Quick Controls 2。

2018 年:Qt 5.11 发布,引入了 Qt Quick 2D Renderer,提供了在没有 OpenGL 支持的系统上运行 Qt Quick 应用的能力。

2019 年:Qt 5.12 发布,引入了 Qt for Web Assembly,使得开发者可以将 Qt 应用程序编译成 Web Assembly 格式,可以在现代 Web 浏览器中运行。

2020 年:Qt 6 发布,这是 Qt 的一个重大版本,引入了许多新特性,包括模块化架构、C++17 支持、图形 API 的改进等。

2021 年:Qt 6.2 发布,引入了 Qt Quick 3D,使得开发者可以更轻松地在 Qt 应用中添加

3D 图形。

Qt 的发展一直在不断推进，它仍然是一个受欢迎的跨平台应用程序开发框架，在桌面、移动设备、嵌入式系统等多个领域得到了广泛应用。

2. Qt 的优势

Qt 拥有许多优势，使其成为一个受欢迎的应用程序开发框架。以下是一些 Qt 的主要优势：

(1)跨平台性

Qt 是一个跨平台框架，可以在多个操作系统上运行，包括 Windows、macOS、Linux、Android 和 iOS。这意味着开发者可以编写一份代码，然后在不同的平台上部署应用程序，减少了开发的工作量。

(2)丰富的类库

Qt 提供了丰富的类库，涵盖了图形用户界面、网络、数据库、文件处理、XML 处理等多个领域。这些类库可以帮助开发者加速应用程序的开发过程，减少了从头开始编写代码的需求。

(3)易用性

Qt 提供了直观且易用的 API，使得开发者能够快速上手，并且能够高效地开发功能丰富的应用程序。

(4)强大的社区和支持

Qt 拥有一个庞大的开发者社区和支持团队，开发者可以在社区中获取帮助、分享经验，并且有大量的文档、示例和教程可供参考。

(5)灵活性

Qt 是一个非常灵活的框架，允许开发者使用 C++编程语言进行开发，同时也提供了 Qt Quick，这是一个基于 QML 的框架，用于快速开发移动应用和嵌入式应用的用户界面。

(6)开源和商业许可

Qt 提供了开源版本（遵循 LGPL 协议），同时也提供了商业版本，开发者可以根据项目的需求选择合适的许可类型。

(7)高性能

Qt 框架经过优化，能够提供高性能的应用程序，同时它还提供了内置的工具和 API，用于性能分析和调优。

总的来说，Qt 是一个功能强大、易用性高、跨平台性好、支持广泛的应用程序开发框架，适用于各种规模和类型的项目。

应用 Qt 进行开发的项目有很多，成功案例有：

KDE 桌面环境：KDE 是一个使用 Qt 构建的开源桌面环境，它是 Linux 系统中最受欢迎的桌面环境之一。

Autodesk Maya：Autodesk Maya 是一款专业的 3D 计算机图形应用程序，用于建模、动画、仿真和渲染。它的用户界面是使用 Qt 构建的。

Virtual Box：Virtual Box 是一款由 Oracle 开发的开源虚拟机软件，它的用户界面也是使用 Qt 开发的。

VLC 媒体播放器:VLC 是一个流行的开源媒体播放器,它的 Qt 界面版本被广泛用于不同平台。

Telegram 桌面客户端:Telegram 是一个知名的即时通讯应用,它的桌面客户端使用 Qt 进行开发。

Autodesk AutoCAD:AutoCAD 是一款专业的计算机辅助设计(CAD)软件,它的 Mac 版本使用 Qt 构建用户界面。

Adobe Photoshop Elements:Adobe Photoshop Elements 是 Adobe 公司的一款图像编辑软件,它的某些版本的用户界面是使用 Qt 构建的。

MATLAB Simulink:Simulink 是 MATLAB 的一部分,用于进行多域仿真和模型驱动的设计,它的用户界面使用了 Qt 技术。

这些成功案例表明了 Qt 框架在各种领域中的应用广泛性,包括图形设计、媒体播放、虚拟化、通讯等。Qt 的跨平台性和易用性使得它成为许多开发者的首选框架之一。

3. Qt 版本

Qt 6 是 Qt 框架的一个重大版本,引入了许多新特性。在 Qt 6 发布之前,Qt 5 系列也是非常常用的,特别是 Qt 5.12 和 Qt 5.15 版本。

以下是 Qt 的一些主要版本:

Qt 1.x 系列:最早的版本,于 1995 年发布。

Qt 2.x 系列:于 1999 年发布,引入了许多新特性。

Qt 3.x 系列:于 2001 年发布,引入了跨平台的支持和更多功能。

Qt 4.x 系列:于 2005 年发布,引入了 Qt 的现代外观和更多功能,也是第一个支持 Windows Vista 的版本。

Qt 5.x 系列:于 2012 年发布,引入了 Qt Quick 框架,使得开发者能够更容易地创建现代化的用户界面。Qt 5.6、5.9、5.12 和 5.15 等版本是该系列的一些重要版本。

Qt 6.x 系列:于 2020 年发布,引入了模块化架构、C++17 支持、图形 API 的改进等新特性。

5.3.2 Qt 类关系

1. Qt 父子关系

在 Qt 中,对象之间的父子关系是非常重要的概念,它对于对象的内存管理和事件传递有着重要的影响。以下是关于 Qt 类的父子关系的知识点。

(1)父子关系的建立

①通过在对象的构造函数中传递父对象的指针,可以建立父子关系。

②QObject 的子类通常在构造函数中传入父对象指针,以建立父子关系,这样父对象会负责管理子对象的内存。

```
MyChildClass::MyChildClass(QObject *parent)
    : QObject(parent) {
    // 构造函数中传入父对象指针
}
```

(2)父子关系的影响

①当父对象被销毁时,它的所有子对象也会被自动销毁。

②父对象的位置和大小变化也会影响到子对象。

(3)QObject 的 parent()函数

通过 parent()函数可以获取对象的父对象指针。

```
QObject * parent = myObject->parent();
```

(4)父子关系的适用范围

①父子关系通常在 GUI 编程中用得比较多,例如在窗口和窗口上的控件之间建立父子关系。

②父子关系在对象的内存管理方面非常有用,能够简化内存释放的过程。

(5)QObject 的 findChild 函数

通过 findChild 函数可以在父对象的子对象中查找特定名称的子对象。

```
QObject * childObject = parentObject->findChild<QObject * >("childObjectName");
```

(6)事件传递中的父子关系

在事件传递中,父子关系也很重要。事件通常从父对象传递到子对象,父对象可以拦截事件,也可以选择传递给子对象处理。

```
bool MyObject::event(QEvent * event) {
    if (event->type() ==QEvent::KeyPress) {
        // 处理键盘事件
        return true;
    }
    returnQObject::event(event); // 默认事件处理方式
}
```

通过建立父子关系,Qt 能够有效地管理对象的生命周期,简化内存管理的复杂性。这种关系也使得事件的传递和处理更加方便与灵活。

2. Qt 坐标系

在 Qt 中,有两种主要的坐标系:窗口坐标系(或者称为客户区坐标系)和屏幕坐标系。理解这两种坐标系非常重要,因为它们在窗口绘制、事件处理和布局等方面有着重要作用。

(1)窗口坐标系(客户区坐标系)

窗口坐标系是相对于窗口的左上角而言的,窗口坐标系用于描述窗口内部的位置和大小。在窗口坐标系中,窗口的左上角是原点(0, 0)。当你绘制窗口的内容、布局控件或者处理鼠标事件时,通常会使用窗口坐标系。

Qt 中的大部分坐标系统默认使用窗口坐标系。

(2)屏幕坐标系

屏幕坐标系是相对于屏幕左上角而言的,用于描述整个屏幕上的位置和大小。在屏幕坐标系中,屏幕的左上角是原点(0, 0)。当你需要获取鼠标在屏幕上的位置、进行截图,或者进行窗口的全屏和移动等操作时,通常会使用屏幕坐标系。

坐标系转换：

在 Qt 中，你可以使用 QWidget 类的成员函数进行窗口坐标系和屏幕坐标系之间的转换。例如：

①QWidget::mapToGlobal(const QPoint &)：将窗口坐标转换为屏幕坐标。

②QWidget::mapFromGlobal(const QPoint &)：将屏幕坐标转换为窗口坐标。

这些函数允许你在不同坐标系之间进行转换，使得你可以在需要时轻松地在窗口坐标系和屏幕坐标系之间切换。

3. Qt 对象树模型

Qt 中的对象树模型是一种管理 QObject 及其派生类对象关系的模型。对象树模型用于管理对象的父子关系，即一个 QObject 对象可以有一个父对象和多个子对象。Qt 的对象树模型是一种递归的结构，其中一个对象可以拥有多个子对象，而每个子对象又可以拥有自己的子对象，以此类推。

在对象树模型中，父对象的销毁会导致所有子对象的自动销毁。当一个 QObject 对象被销毁时，它的所有子对象也会被递归地销毁。这种自动内存管理机制使得在 Qt 中不需要手动管理对象的生命周期，提高了代码的简洁性和可维护性。

以下是 Qt 对象树模型的关键概念和特点：

(1) QObject 及其子类的继承关系

所有使用 Qt 对象模型的类都必须继承自 QObject 类，包括 QWidget、QMainWindow 等。

(2) 父子关系的建立

通过在对象的构造函数中传递父对象的指针，可以建立父子关系。

父对象的销毁会导致所有子对象的自动销毁。

```
MyChildClass::MyChildClass(QObject *parent)
    : QObject(parent) {
    // 构造函数中传入父对象指针
}
```

(3) parent() 函数

通过 parent() 函数可以获取对象的父对象指针。

```
QObject *parent = myObject->parent();
```

(4) 对象树的遍历

通过 children() 函数可以获取对象的所有子对象，从而实现对象树的遍历。

```
QList<QObject *> children = parentObject->children();
```

(5) QObject 的 findChild 和 findChildren 函数

通过 findChild 函数可以在父对象的子对象中查找特定名称的子对象。

通过 findChildren 函数可以获取符合特定条件的所有子对象。

```
QObject *childObject = parentObject->findChild<QObject *>("childObjectName");
QList<QObject *> children = parentObject->findChildren<QObject *>("childObjectName");
```

(6) 事件传递中的父子关系

在事件传递中,父子关系也很重要。事件通常从父对象传递到子对象,父对象可以拦截事件,也可以选择传递给子对象处理。

```
bool MyObject::event(QEvent *event) {
    if (event->type() == QEvent::KeyPress) {
        // 处理键盘事件
        return true;
    }
    returnQObject::event(event); // 默认事件处理方式
}
```

Qt 的对象树模型提供了一种方便的方式来管理对象的生命周期和组织对象的关系,特别适用于 GUI 编程和事件处理。

5.3.3　信号与槽机制

1. 默认信号和槽

在 Qt 中,可以使用默认信号和槽的机制,它允许你不需要手动声明信号和槽,而是使用 Qt 提供的默认信号和槽来进行连接。默认信号和槽的机制在 Qt 的部分组件中内置,例如 QPushButton 的点击事件等。

(1)默认信号和槽的连接

对于某些 Qt 组件,比如 QPushButton,它们内置了一些默认的信号和槽,无须手动声明,可以直接连接它们的信号和槽。

示例:

```
QPushButton *button = new QPushButton("Click Me");
QObject::connect(button, &QPushButton::clicked, [=]() {
    qDebug() << "Button Clicked!";
});
```

在这个例子中,QPushButton 的 clicked 信号与 Lambda 表达式连接,当按钮被点击时,Lambda 表达式内的代码会执行。

(2)其他组件的默认信号和槽

其他一些组件也有默认的信号和槽,例如 QLineEdit 的 textChanged 信号。

示例:

```
QLineEdit *lineEdit = new QLineEdit();
QObject::connect(lineEdit, &QLineEdit::textChanged, [=](const QString &text) {
    qDebug() << "Text Changed:" << text;
});
```

这里,QLineEdit 的 textChanged 信号与 lambda 表达式连接,当文本内容发生变化时,lambda 表达式内的代码会执行。

完整示例:

以下是一个完整的示例,演示了如何使用默认信号和槽的机制连接 QPushButton 和

QLineEdit 的信号与槽：

```
#include <QApplication>
#include <QPushButton>
#include <QLineEdit>
#include <QDebug>
int main(intargc, char * argv[]) {
    QApplication app(argc, argv);
    //QPushButton 的默认信号(clicked)与槽的连接
    QPushButton * button = new QPushButton("Click Me");
    QObject::connect(button, &QPushButton::clicked, [=]() {
      qInfo() << "Button Clicked!";
    });
    //QLineEdit 的默认信号(textChanged)与槽的连接
    QLineEdit * lineEdit = new QLineEdit();
    QObject::connect(lineEdit, &QLineEdit::textChanged, [=](const QString &text) {
      qInfo() << "Text Changed:" << text;
    });
    // 显示窗口
    button->show();
    lineEdit->show();
    return app.exec();
}
```

在这个示例中，当按钮被点击或文本框的文本发生变化时，对应的信号和槽会自动触发。这种方式简化了信号和槽的连接过程，使得代码更加简洁和易读。

2. Qt 自定义信号和槽

在 Qt 中，你可以自定义信号和槽，使得不同对象之间可以进行自定义的事件通信。自定义信号和槽的使用步骤如下：

(1)在类的声明中声明信号

在类的声明中使用 signals 关键字声明信号。信号可以带参数，参数类型可以是任何 Qt 支持的数据类型。

示例：

```
class MyObject : publicQObject {
    Q_OBJECT
public:
    MyObject() {}
signals:
    void mySignal(int value);
};
```

(2)在类的声明中声明槽

在类的声明中使用 slots 关键字声明槽。槽函数可以是任何成员函数,用于处理信号触发时的操作。

示例:

```
class MyObject : publicQObject {
    Q_OBJECT
public:
    MyObject() {}
public slots:
    void mySlot(int value) {
qDebug() << "Received value:" << value;
    }
};
```

(3)在类的实现中使用信号

在类的成员函数中使用 emit 关键字来触发信号。当槽函数与信号连接后,信号被触发时,连接的槽函数将被调用。

示例:

```
class MyObject : publicQObject {
    Q_OBJECT
public:
    MyObject() {}
signals:
    void mySignal(int value);
public slots:
    void triggerSignal() {
        emitmySignal(42);   // 触发信号并传递参数
    }
};
```

(4)信号与槽的连接

使用 QObject::connect()函数将信号与槽连接起来。连接成功后,当信号被触发时,与之连接的槽函数将被调用。

示例:

```
MyObject *obj = new MyObject();
QObject::connect(obj, &MyObject::mySignal, obj, &MyObject::mySlot);


// 当信号触发时, mySlot 函数将被调用
obj->triggerSignal();
```

在上述示例中,MyObject 类中定义了一个自定义信号 mySignal 和一个自定义槽函数 mySlot。然后,使用 connect()函数将 mySignal 和 mySlot 连接起来。当 triggerSignal()函数被

调用时，mySignal 信号被触发，随后连接的槽函数 mySlot 将被执行，输出"Received value:42"。

这种自定义信号和槽的机制使得不同对象能够在特定事件发生时进行通信，是 Qt 中事件驱动编程的核心机制之一。

3. Qt 中的 lambda 表达式

Lambda 表达式在 Qt 中非常常用，特别是在信号与槽的连接、算法和 STL 容器的使用等方面。以下是与 Qt 相关的 Lambda 表达式知识点：

(1) Lambda 表达式基本语法

[捕获列表](参数列表) -> 返回类型 { 函数体 }。

(2) 捕获列表

①[=]：以传值方式捕获所有局部变量。

②[&]：以引用方式捕获所有局部变量。

③[变量]：捕获特定变量，可以使用"="或"&"指定捕获方式。

(3) Lambda 表达式作为匿名函数

可以在需要函数的地方使用 Lambda 表达式，不需要显示声明函数。

(4) Lambda 表达式用于信号与槽的连接

在 Qt5 中，可以使用 Lambda 表达式连接信号与槽，提供了一种更为简洁的语法。

```
QObject::connect(sender, &SenderClass::signalName, [=]() {
    // Lambda 表达式内的代码
});
```

(5) Lambda 表达式用于 STL 算法

Lambda 表达式可以用于 STL 算法，例如 std::for_each、std::transform 等，提供了一种方便的操作方式。

```
std::vector<int> numbers = {1, 2, 3, 4, 5};
std::for_each(numbers.begin(), numbers.end(), [](int number) {
    qDebug() << number;
});
```

(6) Lambda 表达式用于 STL 容器的排序

Lambda 表达式可以用于 STL 容器的排序，提供了一种灵活的比较方式。

```
std::vector<int> numbers = {5, 2, 8, 1, 3};
std::sort(numbers.begin(), numbers.end(), [](int a, int b) {
    return a < b;
});
```

(7) Lambda 表达式用于 Qt 算法

Qt 提供了一些基于 Lambda 表达式的算法，例如 QtConcurrent::map、QtConcurrent::filter 等。

```
QVector<int> numbers = {1, 2, 3, 4, 5};
QVector<int> result = QtConcurrent::blockingMapped(numbers, [](int number) {
    return number * 2;
});
```

以上是 Lambda 表达式在 Qt 中的一些常见用法,它提供了一种简洁而强大的编程方式,使得代码更具可读性和灵活性。

5.3.4　QMainWindow

1. QMainWindow

QMainWindow 是 Qt 框架中的一个核心类,用于创建应用程序的主窗口。它提供了一个标准的应用程序主窗口结构,包括菜单栏、工具栏、状态栏等,并且可以容纳各种自定义的用户界面组件。以下是 QMainWindow 的一些主要特性和用法。

主要特性:

①菜单栏(Menu Bar):QMenuBar 对象用于创建菜单栏,菜单栏通常包含一个或多个菜单,每个菜单包含若干个菜单项。

②工具栏(Tool Bar):QToolBar 对象用于创建工具栏,工具栏通常包含一组快捷操作按钮,用于执行常用的功能。

③状态栏(Status Bar):QStatusBar 对象用于创建状态栏,用于显示应用程序的状态信息、提示信息等。

④中央部件(Central Widget):通常是一个自定义的 QWidget 派生类,作为主窗口的中央区域,用于放置应用程序的主要内容。

⑤Dock 窗口(Dock Widgets):QDockWidget 对象用于创建可停靠的面板,用户可以拖动和停靠这些面板。

⑥文档模型/视图架构(Document-View Architecture):QMainWindow 支持文档-视图架构,可以通过多文档界面(MDI)或单文档界面(SDI)的方式管理多个文档。

⑦布局管理(Layout Management):QMainWindow 支持布局管理,可以方便地安排各种子组件的位置和大小。

常用方法和函数:

①setMenuBar(QMenuBar *menuBar):设置菜单栏。

②addToolBar(QToolBar *toolbar):添加工具栏。

③setStatusBar(QStatusBar *statusBar):设置状态栏。

④setCentralWidget(QWidget *widget):设置中央部件。

⑤addDockWidget(Qt::DockWidgetArea area, QDockWidget *dockwidget):添加 Dock 窗口。

2. 菜单栏

在 Qt 中,菜单栏是由 QMenuBar 控件管理的。菜单栏通常包含一个或多个菜单,每个菜单包含若干个菜单项(QAction)。可以通过 QMenuBar、QMenu 和 QAction 类来创建和管理菜单栏及其菜单项。

创建一个菜单栏：

```
QMenuBar * menuBar = new QMenuBar(this);
setMenuBar(menuBar);
```

在菜单栏上添加一个菜单：

```
QMenu * fileMenu = menuBar->addMenu(tr("File"));
```

在菜单栏中添加菜单项：

```
QAction * openAction = new QAction(tr("Open"), this);
fileMenu->addAction(openAction);
connect(openAction, SIGNAL(triggered()), this, SLOT(openFile()));
```

这里，openFile() 是一个槽函数，当菜单项被点击时执行相应操作。

示例代码：

假设我们要创建一个简单的 Qt 应用程序，其中有一个主窗口，带有一个菜单栏，菜单栏上有一个“File”菜单，包含一个“Open”菜单项。点击“Open”菜单项时，弹出一个文件选择对话框，选择文件后在控制台输出文件的路径。

```
#include <QMainWindow>
#include <QMenuBar>
#include <QMenu>
#include <QAction>
#include <QFileDialog>
#include <QDebug>
#include <QApplication>
classMainWindow : public QMainWindow {
    Q_OBJECT
public:
    MainWindow(QWidget * parent = nullptr);
    ~MainWindow() {}
private slots:
    void openFile() {
        QString filePath = QFileDialog::getOpenFileName(this, tr("Open File"), "", tr("All Files
(*)"));
        if (!filePath.isEmpty()) {
```

```
            qDebug() << "Selected file: " << filePath;
        }
    }
};

MainWindow::MainWindow(QWidget *parent)
    : QMainWindow(parent)
{
    QMenuBar *menuBar = new QMenuBar(this);
    QMenu *fileMenu = menuBar->addMenu(tr("File"));

    QAction *openAction = new QAction(tr("Open"), this);
    fileMenu->addAction(openAction);
    connect(openAction, SIGNAL(triggered()), this, SLOT(openFile()));
    setMenuBar(menuBar);
}
#include "main.moc"
int main(intargc, char *argv[])
{
    QApplication a(argc, argv);
    MainWindow w;
    w.show();

    return a.exec();
}
```

在这个例子中，当用户点击菜单栏中的“Open”菜单项时，会弹出一个文件选择对话框。选择文件后，文件的路径会被输出到控制台。这个简单的示例演示了如何在 QMainWindow 中使用菜单栏和菜单项。

3. 工具栏

在 QMainWindow 中，工具栏（Tool Bar）用于提供快速访问应用程序的一些常用功能。工具栏通常包含了一系列按钮、工具和操作，用户可以通过单击这些按钮来执行相应的操作。以下是如何在 QMainWindow 中使用工具栏的说明和一个简单的实例讲解。

工具栏的使用说明：

在 QMainWindow 中，你可以通过以下步骤在工具栏上添加按钮和其他控件：

（1）创建一个工具栏

```
QToolBar *toolBar = new QToolBar("MyToolBar", this);
addToolBar(toolBar);
```

这里，“MyToolBar” 是工具栏的名称。

(2)在工具栏上添加按钮

```
QAction *openAction = new QAction(QIcon("open.png"), "Open", this);
connect(openAction, SIGNAL(triggered()), this, SLOT(openFile()));
toolBar->addAction(openAction);
```

这里,open.png 是按钮的图标文件。openFile() 是一个槽函数,当按钮被点击时执行相应的操作。

示例代码:

以下是一个简单的 Qt 应用程序,演示了如何在 QMainWindow 中使用工具栏。在这个例子中,单击工具栏上的按钮将打开一个文件选择对话框,选择文件后将文件路径显示在状态栏上。

```
#include <QMainWindow>
#include <QToolBar>
#include <QFileDialog>
#include <QLabel>
#include <QApplication>
#include <QStatusBar>

classMainWindow : public QMainWindow {
    Q_OBJECT

public:
    MainWindow(QWidget *parent = nullptr);
    ~MainWindow(){}
private slots:
    void openFile() {
        QString filePath = QFileDialog::getOpenFileName(this, tr("Open File"), "", tr("All Files
(*)"));
        if (!filePath.isEmpty()) {
            statusBarLabel->setText("Selected file: " + filePath);
        }
    }

private:
    QLabel *statusBarLabel;
};

MainWindow::MainWindow(QWidget *parent)
    : QMainWindow(parent) {
    QToolBar *toolBar = new QToolBar("MyToolBar", this);
    addToolBar(toolBar);
```

```
        QAction *openAction = new QAction("Open", this);
        connect(openAction, SIGNAL(triggered()), this, SLOT(openFile()));
        toolBar->addAction(openAction);

        statusBarLabel = new QLabel(this);

        statusBar()->addWidget(statusBarLabel);
    };
    #include "main.moc"
    int main(intargc, char *argv[]) {
        QApplication app(argc, argv);
        MainWindow mainWindow;
        mainWindow.show();
        return app.exec();
    }
```

当用户点击工具栏上的按钮时,将会弹出一个文件选择对话框,选择文件后,文件的路径将会显示在状态栏上。

4. 状态栏

在 QMainWindow 中,状态栏是一个用于显示应用程序状态信息、提示信息和用户交互的底部区域。状态栏通常用于向用户提供反馈、进度信息或一般性的应用程序状态。以下是如何在 QMainWindow 中使用状态栏的说明和一个简单的实例讲解。

状态栏的使用说明:

在 QMainWindow 中,你可以通过以下步骤在状态栏上添加标签、消息和控件。

(1)创建状态栏

QStatus Bar 类通常已经作为 QMainWindow 的一部分存在,你可以使用 Status Bar() 函数来获取当前的状态栏对象。

(2)添加标签或消息到状态栏

```
statusBar()->showMessage("Ready", 3000); // 在状态栏上显示消息,持续时间为3秒
```

(3)在状态栏上添加控件

```
QLabel *statusLabel = new QLabel("Status Label", this);
statusBar()->addPermanentWidget(statusLabel);
```

这将在状态栏的最右侧添加一个标签。

示例代码:

以下是一个简单的 Qt 应用程序,演示了如何在 QMainWindow 中使用状态栏。在这个示例中,状态栏会在应用程序启动时显示"Ready"消息,然后在用户点击按钮时显示相应的消息。

```
#include <QApplication>
#include <QMainWindow>
#include <QStatusBar>
#include <QPushButton>
#include <QLabel>

classMainWindow : public QMainWindow {
    Q_OBJECT
public:
    MainWindow(QWidget * parent = nullptr) : QMainWindow(parent) {
        // 创建一个标签并将其添加到状态栏
        statusLabel = new QLabel("Ready", this);
        statusBar()->addWidget(statusLabel);

        // 创建一个按钮
        QPushButton * button = new QPushButton("Show Message", this);
        connect(button, SIGNAL(clicked()), this, SLOT(showMessage()));
        setCentralWidget(button);
    }

private slots:
    void showMessage() {
        statusBar()->showMessage("Button clicked", 3000); // 显示消息,持续时间为 3 秒
    }

private:
    QLabel * statusLabel;
};
#include "main. moc"
int main(intargc, char * argv[]) {
    QApplication app(argc, argv);
    MainWindow mainWindow;
    mainWindow. show();
    return app. exec();
}
```

在这个示例中,当应用程序启动时,状态栏会显示"Ready"消息。当用户点击"Show Message"按钮时,状态栏会显示"Button clicked"消息,并在 3 秒后清除。这个示例演示了如何在 QMainWindow 中使用状态栏来提供应用程序的状态信息。

5. 停靠部件

在 QMainWindow 中，停靠部件(Dock Widgets)是指可以在主窗口中停靠、浮动和关闭的窗口部件。这些停靠部件通常用于显示工具、属性编辑器、文件导航器等，为用户提供更丰富的交互体验。以下是如何在 QMainWindow 中使用停靠部件的说明和一个简单的实例讲解。

(1)创建停靠部件

```
QDockWidget *dockWidget = new QDockWidget("Dock Widget", this);
```

这里，"Dock Widget" 是停靠部件的标题。

(2)设置停靠部件的内容

```
QWidget *dockWidgetContent = new QWidget(dockWidget);
dockWidget->setWidget(dockWidgetContent);
```

在 Dock Widget Content 中添加所需要的控件，例如按钮、标签等。

(3)将停靠部件添加到主窗口

```
addDockWidget(Qt::LeftDockWidgetArea, dockWidget);
```

Qt::LeftDockWidgetArea 指定了停靠部件的默认位置，你也可以选择其他位置，例如 Qt::RightDockWidgetArea、Qt::TopDockWidgetArea 或 Qt::BottomDockWidgetArea。

示例代码：

以下是一个简单的 Qt 应用程序，演示了如何在 QMainWindow 中使用停靠部件。在这个示例中，主窗口中包含一个按钮，点击按钮后会在左侧停靠一个带有标签的窗口。

```
#include <QMainWindow>
#include <QDockWidget>
#include <QPushButton>
#include <QLabel>

classMainWindow : public QMainWindow {
    Q_OBJECT

public:
    MainWindow(QWidget *parent = nullptr) : QMainWindow(parent) {
        // 创建一个按钮
        QPushButton *button = new QPushButton("Show Dock Widget", this);
        connect(button, SIGNAL(clicked()), this, SLOT(showDockWidget()));
        setCentralWidget(button);
    }

private slots:
    void showDockWidget() {
        // 创建停靠部件
        QDockWidget *dockWidget = new QDockWidget("Dock Widget", this);
```

```
        // 在停靠部件中添加一个标签
        QLabel *label = new QLabel("This is a dock widget", dockWidget);
        dockWidget->setWidget(label);

        // 将停靠部件添加到左侧停靠区域
        addDockWidget(Qt::LeftDockWidgetArea, dockWidget);
    }
};

#include <QApplication>
#include "main.moc"
int main(intargc, char *argv[]) {
    QApplication app(argc, argv);
    MainWindow mainWindow;
    mainWindow.show();
    return app.exec();
}
```

在这个示例中，当用户点击“Show Dock Widget”按钮时，一个带有标签的停靠部件会从左侧停靠。你可以将停靠部件放置在不同的停靠区域，并且可以通过用户界面手动调整它们的位置。这个示例演示了如何在 QMainWindow 中使用停靠部件提供额外的功能。

6. 中心部件

在 QMainWindow 中，中心部件(Central Widget)是主窗口的中间区域，通常用于显示应用程序的主要内容，例如绘图区域、文本编辑器、图形视图等。中心部件通常是一个继承自 QWidget 的自定义部件，但也可以是其他 QWidget 派生类的实例。以下是如何在 QMainWindow 中使用中心部件的说明和一个简单的实例讲解。

(1)创建中心部件

```
QWidget *centralWidget = new QWidget(this);
setCentralWidget(centralWidget);
```

这里，Central Widget 是一个继承自 QWidget 的自定义部件，或者是其他 QWidget 派生类的实例。

(2)将控件添加到中心部件

```
QVBoxLayout *layout = new QVBoxLayout(centralWidget);
QLabel *label = new QLabel("This is the central widget content", centralWidget);
layout->addWidget(label);
```

在这个示例中，我们创建了一个垂直布局管理器，并将一个标签添加到其中。这个布局将会显示在中心部件的中间区域。

示例代码：

以下是一个简单的 Qt 应用程序，演示了如何在 QMainWindow 中使用中心部件。在这个示例中,主窗口的中心部件包含一个标签,显示一条消息。

```
#include <QMainWindow>
#include <QWidget>
#include <QLabel>
#include <QVBoxLayout>

classMainWindow : public QMainWindow {
    Q_OBJECT

public:
    MainWindow(QWidget *parent = nullptr) : QMainWindow(parent) {
        // 创建中心部件
        QWidget *centralWidget = new QWidget(this);
        setCentralWidget(centralWidget);

        // 创建布局管理器
        QVBoxLayout *layout = new QVBoxLayout(centralWidget);

        // 在中心部件中添加标签
        QLabel *label = new QLabel("This is the central widget content", centralWidget);
        layout->addWidget(label);
    }
};
#include <QApplication>
int main(intargc, char *argv[]) {
    QApplication app(argc, argv);
    MainWindow mainWindow;
    mainWindow.show();
    return app.exec();
}
```

在这个示例中,主窗口的中心部件包含一个标签,标签显示文本“This is the central widget content”。你可以将任何需要显示的控件添加到中心部件中,从而在主窗口的中心区域显示应用程序的主要内容。

5.3.5 QDialog 对话框

1. 基本概念

QDialog 是 Qt 框架中的一个类,用于创建对话框窗口。对话框是一种与用户进行简短交互、提供特定信息或执行特定任务的窗口。QDialog 提供了一种方便的方式来创建标准对话框,例如消息框、输入框、文件选择框等。

以下是 QDialog 的一些基本概念和特点:

①模态和非模态：QDialog 可以是模态或非模态。模态对话框阻止用户与应用程序的其他部分进行交互，直到对话框关闭。非模态对话框允许用户同时与应用程序的其他部分进行交互。

②布局管理：可以使用布局管理器（如 QVBoxLayout、QHBoxLayout 等）来组织对话框中的控件。

③内建按钮：QDialog 可以包含内建的标准按钮，例如“确定”“取消”“应用”等。这些按钮通常用于执行常见的操作。

④自定义控件：可以将自定义的控件（例如标签、文本框、按钮等）添加到对话框中，以满足特定需求。

（1）创建对话框

```
QDialog *dialog = new QDialog(parent);
```

这里，parent 是可选的，表示对话框的父窗口。

（2）设置对话框的标题

```
dialog->setWindowTitle("Dialog Title");
```

（3）添加控件到对话框

```
QVBoxLayout *layout = new QVBoxLayout(dialog);
QLabel *label = new QLabel("Dialog Content", dialog);
layout->addWidget(label);
```

（4）显示对话框

```
dialog->exec(); // 模态对话框，阻塞用户输入，直到对话框关闭
// 或者
dialog->show(); // 非模态对话框，允许用户同时与应用程序的其他部分进行交互
```

示例代码：

以下是一个简单的 Qt 应用程序，演示了如何创建一个模态对话框。在这个示例中，点击按钮将会弹出一个对话框。

```
#include <QApplication>
#include <QDialog>
#include <QVBoxLayout>
#include <QLabel>
#include <QPushButton>

int main(intargc, char *argv[]) {
    QApplication app(argc, argv);

    QDialog dialog;
```

```
    dialog.setWindowTitle("Dialog Example");

    QVBoxLayout *layout = new QVBoxLayout(&dialog);
    QLabel *label = new QLabel("This is a dialog", &dialog);
    layout->addWidget(label);

    QPushButton *button = new QPushButton("Close", &dialog);
    layout->addWidget(button);

    QObject::connect(button, &QPushButton::clicked, [&dialog]() {
        dialog.close();
    });

    dialog.exec(); // 显示模态对话框

    return app.exec();
}
```

在这个示例中,点击按钮将会弹出一个包含标签和按钮的对话框。这个对话框是模态的,阻塞用户与主窗口的交互,直到对话框关闭。

2. 模态对话框

在 Qt 中,QDialog 是一个用于创建对话框的类。模态对话框是一种阻塞式对话框,当用户与对话框交互时,阻止用户与应用程序的其他部分进行交互。在用户关闭模态对话框之前,主窗口和其他窗口将无法响应用户输入。

以下是如何创建和使用模态对话框的基本步骤。

(1)创建 QDialog 对象

```
QDialog *dialog = new QDialog(parent);
```

这里,parent 是可选的,表示对话框的父窗口。

(2)设置对话框的标题和内容

```
dialog->setWindowTitle("Modal Dialog Example");
QLabel *label = new QLabel("This is a modal dialog.", dialog);
```

(3)添加按钮或其他控件

```
QPushButton *okButton = new QPushButton("OK", dialog);
```

你可以连接按钮的点击信号(clicked()信号)到一个槽函数,以便在用户点击按钮时执行相应的操作。

(4)显示对话框

```
int result = dialog->exec();
```

exec() 函数是一个阻塞函数,当对话框关闭时,它返回 QDialog::Accepted 或 QDialog::Rejected,分别表示用户点击了“确定”按钮或“取消”按钮。

完整示例：

以下是一个完整的 Qt 应用程序，演示了如何创建一个简单的模态对话框。

```
#include <QApplication>
#include <QDialog>
#include <QLabel>
#include <QPushButton>
#include <QVBoxLayout>
#include <QDebug>
int main(intargc, char * argv[]) {
    QApplication app(argc, argv);
    QDialog dialog;
    dialog.setWindowTitle("Modal Dialog Example");

    QVBoxLayout * layout = new QVBoxLayout(&dialog);
    QLabel * label = new QLabel("This is a modal dialog.", &dialog);
    layout->addWidget(label);

    QPushButton * okButton = new QPushButton("OK", &dialog);
    layout->addWidget(okButton);

    QPushButton * closeButton = new QPushButton("close", &dialog);
    layout->addWidget(closeButton);

    QObject::connect(okButton, &QPushButton::clicked, [&dialog]() {
        dialog.accept(); // 关闭对话框并返回 QDialog::Accepted
    });

    QObject::connect(closeButton, &QPushButton::clicked, [&dialog]() {
        dialog.reject(); // 关闭对话框并返回 QDialog::Rejected
    });
    int result = dialog.exec(); // 显示模态对话框

    if (result ==QDialog::Accepted) {
        qInfo() << "User clicked OK.";
    } else {
        qInfo() << "User closed the dialog.";
    }
    return app.exec();
}
```

在这个示例中，当用户点击“OK”按钮时，对话框将关闭，dialog.exec() 函数将返回

QDialog::Accepted,并输出"User clicked OK."。如果用户关闭对话框,dialog.exec()将返回 QDialog::Rejected,并输出"User closed the dialog."。

3. 标准对话框

Qt 提供了一些标准对话框(Standard Dialogs)来执行常见的任务,例如文件选择、颜色选择、字体选择等。这些标准对话框大大简化了与用户的交互,因为它们遵循操作系统的外观和行为,并提供了一致的用户体验。

以下是一些常见的标准对话框的使用方法。

(1)文件对话框(QFile Dialog)

文件对话框允许用户选择文件或文件夹。

```
#include <QFileDialog>
QString fileName = QFileDialog::getOpenFileName(this, "Open File", "", "Text Files (*.txt);;All Files (*)");
```

这个代码将打开一个文件选择对话框,允许用户选择文本文件。

(2)颜色对话框(QColorDialog)

颜色对话框允许用户选择颜色。

```
#include <QColorDialog>
QColor color = QColorDialog::getColor(Qt::red, this, "Choose Color");
```

这个代码将打开一个颜色选择对话框,默认颜色为红色。

(3)字体对话框(QFontDialog)

字体对话框允许用户选择字体。

```
#include <QFontDialog>
QFont font = QFontDialog::getFont(nullptr, this);
```

这个代码将打开一个字体选择对话框。

(4)消息框(QMessageBox)

消息框用于显示简单的消息,例如信息、警告、错误等。

```
#include <QMessageBox>
QMessageBox::information(this, "Information", "This is an information message.");
QMessageBox::warning(this, "Warning", "This is a warning message.");
QMessageBox::critical(this, "Error", "This is an error message.");
```

以上代码将分别显示信息框、警告框和错误框。

(5)输入对话框(QInputDialog)

输入对话框用于获取用户输入。

```
#include <QInputDialog>
QString text = QInputDialog::getText(this, "Input", "Enter your name:");
```

以上代码将打开一个输入对话框,获取用户输入的文本。

这些标准对话框提供了一种简便的方法,可根据需要在你的应用程序中集成用户交互。不同的对话框类型可以满足不同的需求,从而提供更好的用户体验。

4. Qt 自定义对话框

在 Qt 中,你可以创建自定义对话框(Custom Dialog)来满足特定需求,这允许你设计一个完全符合应用程序风格的对话框。通常,自定义对话框是通过创建一个继承自 QDialog 的自定义类,并在这个类中定义对话框的外观和行为。

以下是如何创建自定义对话框的基本步骤:

(1)创建一个自定义对话框类

```
#include <QDialog>
classCustomDialog : public QDialog {
    Q_OBJECT
public:
    CustomDialog(QWidget *parent = nullptr);
    // 添加自定义的成员函数和变量
};
```

(2)在自定义对话框类的实现中,设置对话框的外观和行为

```
#include "customdialog.h"
#include <QVBoxLayout>
#include <QLabel>
#include <QPushButton>

CustomDialog::CustomDialog(QWidget *parent) : QDialog(parent) {
    QVBoxLayout *layout = new QVBoxLayout(this);
    QLabel *label = new QLabel("This is a custom dialog.", this);
    layout->addWidget(label);

    QPushButton *okButton = new QPushButton("OK", this);
    layout->addWidget(okButton);

    connect(okButton, SIGNAL(clicked()), this, SLOT(accept()));
}
```

在这个例子中,我们创建了一个包含标签和"OK"按钮的自定义对话框。

(3)在应用程序中使用自定义对话框

```
CustomDialog dialog;
dialog.exec(); // 显示自定义对话框
```

这个代码将创建自定义对话框的实例,并显示它。

这是一个非常基本的例子,你可以根据需要在自定义对话框中添加更多的控件和逻辑。

完整示例:

以下是一个完整的 Qt 应用程序,演示了如何创建一个简单的自定义对话框。

```
#include <QApplication>
#include <QDialog>
#include <QVBoxLayout>
#include <QLabel>
#include <QPushButton>

classCustomDialog : public QDialog {
    Q_OBJECT
public:
    CustomDialog(QWidget * parent = nullptr);
    ~CustomDialog() {}
};

CustomDialog::CustomDialog(QWidget * parent ): QDialog(parent) {

        QVBoxLayout * layout = new QVBoxLayout(this);
        QLabel * label = new QLabel("This is a custom dialog. ", this);
        layout->addWidget(label);

        QPushButton * okButton = new QPushButton("OK", this);
        layout->addWidget(okButton);

        connect(okButton, SIGNAL(clicked()), this, SLOT(accept()));
};

int main(intargc, char * argv[]) {
    QApplication app(argc, argv);

    CustomDialog dialog;
    dialog. exec(); // 显示自定义对话框

    return app. exec();
}

#include "main. moc"
```

在这个示例中，当你运行应用程序时，它将显示一个自定义对话框，包含一个标签和一个“OK”按钮。当用户点击“OK”按钮时，对话框将关闭。你可以根据自己的需求进一步扩展和定制自定义对话框。

5.3.6 布局

在 Qt 中,布局(Layout)用于自动安排窗口部件(例如按钮、文本框、标签等)的位置和大小,以便在不同尺寸的窗口中保持良好的外观和用户体验。Qt 提供了几种常见的布局管理器,用于在窗口中创建各种复杂的布局。以下是一些常用的布局管理器。

1. 水平布局(QHBoxLayout)

在 Qt 中,水平布局是一种常用的布局管理器,用于将窗口部件水平排列。以下是如何使用水平布局的基本步骤:

(1)创建水平布局

```
#include <QHBoxLayout>


QWidget * widget = new QWidget();
QHBoxLayout * layout = new QHBoxLayout(widget);
```

在这个例子中,我们创建了一个 QWidget 实例,然后为这个窗口部件设置了一个水平布局。

(2)向水平布局中添加窗口部件

```
QPushButton * button1 = new QPushButton("Button 1");
QPushButton * button2 = new QPushButton("Button 2");
layout->addWidget(button1);
layout->addWidget(button2);
```

使用 addWidget 函数,将按钮 button1 和 button2 添加到水平布局中。这些按钮将会水平排列,从左到右。

(3)设置父窗口部件的布局为水平布局

```
widget->setLayout(layout);
```

将水平布局设置为 widget 窗口部件的布局管理器。

完整的示例代码如下:

```
#include <QApplication>
#include <QWidget>
#include <QPushButton>
#include <QHBoxLayout>
int main(intargc, char * argv[]) {
    QApplication app(argc, argv);
    QWidget * widget = new QWidget();
    QHBoxLayout * layout = new QHBoxLayout(widget);
    QPushButton * button1 = new QPushButton("Button 1");
    QPushButton * button2 = new QPushButton("Button 2");
    layout->addWidget(button1);
    layout->addWidget(button2);
```

```
    widget->setLayout(layout);
    widget->show();
    return app.exec();
}
```

在这个示例中,两个按钮 Button 1 和 Button 2 水平排列在窗口中。你可以根据需要在水平布局中添加更多的窗口部件,它们将会从左到右水平排列。

2. 垂直布局(QVBoxLayout)

在 Qt 中,垂直布局是一种常用的布局管理器,用于将窗口部件垂直排列。以下是如何使用垂直布局的基本步骤:

(1)创建垂直布局

```
#include <QVBoxLayout>
QWidget * widget = new QWidget();
QVBoxLayout * layout = new QVBoxLayout(widget);
```

在这个例子中,我们创建了一个 QWidget 实例,然后为这个窗口部件设置了一个垂直布局。

(2)向垂直布局中添加窗口部件

```
QPushButton * button1 = new QPushButton("Button 1");
QPushButton * button2 = new QPushButton("Button 2");


layout->addWidget(button1);
layout->addWidget(button2);
```

使用 addWidget 函数,将按钮 Button 1 和 Button 2 添加到垂直布局中。这些按钮将会垂直排列,从上到下。

(3)设置父窗口部件的布局为垂直布局

```
widget->setLayout(layout);
```

将垂直布局设置为 widget 窗口部件的布局管理器。

完整的示例代码如下:

```
#include <QApplication>
#include <QWidget>
#include <QPushButton>
#include <QVBoxLayout>


int main(intargc, char * argv[]) {
    QApplication app(argc, argv);


    QWidget * widget = new QWidget();
    QVBoxLayout * layout = new QVBoxLayout(widget);
```

```
    QPushButton *button1 = new QPushButton("Button 1");
    QPushButton *button2 = new QPushButton("Button 2");

    layout->addWidget(button1);
    layout->addWidget(button2);

    widget->setLayout(layout);
    widget->show();
    return app.exec();
}
```

在这个示例中,两个按钮 Button 1 和 Button 2 垂直排列在窗口中。你可以根据需要在垂直布局中添加更多的窗口部件,它们将会从上到下垂直排列。

3. 网格布局(QGridLayout)

在 Qt 中,网格布局是一种常用的布局管理器,用于将窗口部件按行和列排列在一个二维网格中。以下是如何使用网格布局的基本步骤:

(1)创建网格布局

```
#include <QGridLayout>


QWidget *widget = new QWidget();
QGridLayout *layout = new QGridLayout(widget);
```

在这个例子中,我们创建了一个 QWidget 实例,然后为这个窗口部件设置了一个网格布局。

(2)向网格布局中添加窗口部件

```
QPushButton *button1 = new QPushButton("Button 1");
QPushButton *button2 = new QPushButton("Button 2");
QPushButton *button3 = new QPushButton("Button 3");
layout->addWidget(button1, 0, 0); // 第一行, 第一列
layout->addWidget(button2, 0, 1); // 第一行, 第二列
layout->addWidget(button3, 1, 0, 1, 2); // 第二行, 从第一列开始, 占据两列
```

使用 addWidget 函数,将按钮 button 1、button 2 和 button 3 添加到网格布局中。这些按钮将会在网格的相应位置上排列。

(3)设置父窗口部件的布局为网格布局

```
widget->setLayout(layout);
```

将网格布局设置为 widget 窗口部件的布局管理器。

完整的示例代码如下:

```
#include <QApplication>
#include <QWidget>
```

```
#include <QPushButton>
#include <QGridLayout>

int main(intargc, char *argv[]) {
    QApplication app(argc, argv);

    QWidget *widget = new QWidget();
    QGridLayout *layout = new QGridLayout(widget);
    QPushButton *button1 = new QPushButton("Button 1");
    QPushButton *button2 = new QPushButton("Button 2");
    QPushButton *button3 = new QPushButton("Button 3");

    layout->addWidget(button1, 0, 0); // 第一行,第一列
    layout->addWidget(button2, 0, 1); // 第一行,第二列
    layout->addWidget(button3, 1, 0, 1, 2); // 第二行,从第一列开始,占据两列
    widget->setLayout(layout);
    widget->show();

    return app.exec();
}
```

在这个示例中,三个按钮按照网格布局排列在窗口中。可以根据需要在网格布局中添加更多的窗口部件,它们将会在网格的相应位置上排列。

4. 栈布局(QStackedLayout)

在 Qt 中,栈布局是一种布局管理器,用于在同一个位置上一次只显示一个窗口部件。只有当前可见的窗口部件会被显示,其他的窗口部件会被隐藏。栈布局类似于堆栈的行为,允许在同一区域快速切换不同的窗口内容。

以下是如何使用栈布局的基本步骤:

(1)创建栈布局

```
#include <QStackedLayout>
QWidget *widget = new QWidget();
QStackedLayout *layout = new QStackedLayout(widget);
```

在这个例子中,我们创建了一个 QWidget 实例,然后为这个窗口部件设置了一个栈布局。

(2)向栈布局中添加窗口部件

```
QPushButton *button1 = new QPushButton("Page 1");
QPushButton *button2 = new QPushButton("Page 2");
QPushButton *button3 = new QPushButton("Page 3");

layout->addWidget(button1);
```

```
layout->addWidget(button2);
layout->addWidget(button3);
```

使用 addWidget 函数，将按钮 button 1、button 2 和 button 3 添加到栈布局中，它们将会成为栈布局的页面。

(3)切换显示的窗口部件

```
layout->setCurrentIndex(1); // 显示第二个窗口部件(索引从 0 开始)
```

使用 setCurrentIndex 函数，你可以指定要显示的窗口部件的索引。在这个例子中，它将会显示第二个窗口部件。

(4)设置父窗口部件的布局为栈布局

```
widget->setLayout(layout);
```

将栈布局设置为 widget 窗口部件的布局管理器。

完整的示例代码如下：

```
#include <QApplication>
#include <QWidget>
#include <QPushButton>
#include <QStackedLayout>

int main(intargc, char *argv[]) {
    QApplication app(argc, argv);

    QWidget *widget = new QWidget();
    QStackedLayout *layout = new QStackedLayout(widget);

    QPushButton *button1 = new QPushButton("Page 1");
    QPushButton *button2 = new QPushButton("Page 2");
    QPushButton *button3 = new QPushButton("Page 3");

    layout->addWidget(button1);
    layout->addWidget(button2);
    layout->addWidget(button3);

    layout->setCurrentIndex(1); // 初始显示第二个窗口部件

    widget->setLayout(layout);
    widget->show();
    return app.exec();
}
```

在这个示例中，按钮 Page 1、Page 2 和 Page 3 成为栈布局的页面，初始时显示第二个页面(索引为 1)。你可以通过调用 setCurrentIndex 来切换显示不同的页面。

5. 表单布局(QFormLayout)

在Qt中,表单布局是一种常用的布局管理器,用于创建标签-字段的布局。表单布局通常用于显示标签和与之相关联的输入字段,提供一种简洁且易于阅读的界面设计。

以下是如何使用表单布局的基本步骤:

(1)创建表单布局

```
#include <QFormLayout>


QWidget *widget = new QWidget();
QFormLayout *layout = new QFormLayout(widget);
```

在这个例子中,我们创建了一个QWidget实例,然后为这个窗口部件设置了一个表单布局。

(2)向表单布局中添加标签和输入字段

```
QLabel *label1 = new QLabel("Label 1:");
QLineEdit *lineEdit1 = new QLineEdit();
QLabel *label2 = new QLabel("Label 2:");
QLineEdit *lineEdit2 = new QLineEdit();
layout->addRow(label1, lineEdit1);
layout->addRow(label2, lineEdit2);
```

使用addRow函数,将标签和输入字段作为一行添加到表单布局中。每一行的第一个参数是标签,第二个参数是相应的输入字段(例如文本框、下拉框等)。

(3)设置父窗口部件的布局为表单布局

```
widget->setLayout(layout);
```

将表单布局设置为widget窗口部件的布局管理器。

完整的示例代码如下:

```
#include <QApplication>
#include <QWidget>
#include <QFormLayout>
#include <QLabel>
#include <QLineEdit>

int main(intargc, char *argv[]) {
    QApplication app(argc, argv);

    QWidget *widget = new QWidget();
    QFormLayout *layout = new QFormLayout(widget);

    QLabel *label1 = new QLabel("Label 1:");
    QLineEdit *lineEdit1 = new QLineEdit();
```

```
    QLabel *label2 = new QLabel("Label 2:");
    QLineEdit *lineEdit2 = new QLineEdit();

    layout->addRow(label1, lineEdit1);
    layout->addRow(label2, lineEdit2);

    widget->setLayout(layout);
    widget->show();

    return app.exec();
}
```

在这个示例中,标签和输入字段被组织成为一个简单的表单布局。你可以根据需要添加更多的标签和输入字段,它们将会以表单的形式显示在窗口中。

5.3.7 Qt 消息事件机制

Qt 中的消息事件机制是事件驱动的编程模型的一部分,用于处理用户输入、系统事件等。在掌握 Qt 消息事件机制时,你需要了解以下几个重要知识点:

(1)事件类别

Qt 中的事件分为不同的类别,比如键盘事件、鼠标事件、定时器事件等。了解这些事件类别有助于你选择正确的事件处理函数。

(2)事件处理函数

Qt 中的每个 QWidget 派生类都有一组事件处理函数,用于处理特定类型的事件。例如,键盘事件可以在 keyPressEvent(QKeyEvent *event)函数中处理,鼠标事件可以在 mousePressEvent(QMouseEvent *event)函数中处理。了解这些函数的用途和调用时机是很重要的。

(3)事件过滤器

你可以使用事件过滤器来对特定类型的事件进行全局处理。事件过滤器允许你在应用程序级别拦截和处理事件。你需要了解如何使用 QObject::installEventFilter(QObject *filterObj)来安装事件过滤器,并在事件过滤器函数中处理特定类型的事件。

(4)事件分发

Qt 的事件系统会将事件传递给特定的控件,然后由控件的事件处理函数处理。如果你想在父对象中处理子对象的事件,你需要了解事件分发机制,包括事件的传递顺序和如何使用 event(QEvent *event)函数来分发事件。

(5)事件对象(QEvent)

Qt 中所有的事件都是 QEvent 的子类。了解不同类型的 QEvent,如 QKeyEvent、QMouseEvent 等,并知道如何使用这些事件对象的方法和属性来获取事件的相关信息。

（6）定时器事件

定时器事件是一种常见的事件类型，它允许你在一定时间间隔内执行特定的操作。了解如何使用 QTimer 类来创建和处理定时器事件。

（7）自定义事件

有时，你可能需要定义自己的事件类型，以便在应用程序中传递自定义信息。了解如何使用 QEvent 的子类来创建自定义事件，并在控件中处理这些自定义事件。

（8）事件循环

Qt 中的事件循环是一个非常重要的概念，它负责接收、分发和处理事件。了解事件循环的工作原理，以及如何使用 QCoreApplication::processEvents()来强制处理事件，是编写响应式应用程序的关键。

通过掌握这些知识点，你就能够更好地理解和利用 Qt 的消息事件机制，使你的应用程序能够高效地响应用户的输入和系统事件。

1. Qt 事件类别

在 Qt 中，事件类别是指不同类型的事件，例如键盘事件、鼠标事件、定时器事件等。每种事件类型都有相应的事件类别，你可以在相关的事件处理函数中处理这些事件。以下是不同事件类别的使用说明和示例讲解。

（1）键盘事件（QKeyEvent）

键盘事件是用户按下、释放键盘按键时产生的事件。

键盘事件处理函数为 keyPressEvent(QKeyEvent *event）和 keyReleaseEvent(QKeyEvent *event)。

示例：

```
void MyWidget::keyPressEvent(QKeyEvent *event) {
    if(event->key() == Qt::Key_Escape) {
        qDebug() << "Escape key is pressed!";
    }
}
```

（2）鼠标事件（QMouseEvent）

鼠标事件是用户在窗口上进行鼠标点击、移动等操作时产生的事件。

鼠标事件处理函数为 mousePressEvent(QMouseEvent *event)、mouseReleaseEvent(QMouseEvent *event)、mouseMoveEvent(QMouseEvent *event)。

示例：

```
void MyWidget::mousePressEvent(QMouseEvent *event) {
    qDebug() << "Mouse Pressed at (" << event->x() << ", " << event->y() << ")";
}
```

（3）定时器事件（QTimerEvent）

定时器事件是在一定时间间隔内周期性触发的事件。

定时器事件处理函数为 timerEvent(QTimerEvent *event)。

示例：

```
void MyWidget::timerEvent(QTimerEvent *event) {
    qDebug() << "Timer Event Triggered!";
}
```

(4)自定义事件（QEvent 的子类)

你可以创建自定义事件类别,继承自 QEvent 的子类,并在需要的时候发送和接收自定义事件。

①自定义事件类继承自 QEvent。

②使用 QCoreApplication::sendEvent() 发送自定义事件。

③在事件接收者处重载 event(QEvent *event) 函数,处理自定义事件。

示例:

```
classCustomEvent : public QEvent {
public:
    CustomEvent() : QEvent(QEvent::User) {}
};

// 发送自定义事件
void MyWidget::sendCustomEvent() {
    CustomEvent *event = new CustomEvent();
    QCoreApplication::sendEvent(this, event);
}
// 接收和处理自定义事件
boolMyWidget::event(QEvent *event) {
    if(event->type() ==QEvent::User) {
        qDebug() << "Custom Event Received!";
        return true;
    }
    returnQWidget::event(event);
}
```

这些是常见的事件类别和使用方法。根据具体需求,你可以选择相应的事件处理函数,并在这些函数中编写相应的事件处理逻辑。

2. Qt 事件处理函数

在 Qt 中,事件处理函数是用于处理特定类型事件的成员函数,每个 QWidget 派生类都有它自己的事件处理函数。这些函数被用来处理鼠标事件、键盘事件、定时器事件等。以下是 Qt 中事件处理函数的使用说明和一个简单的示例。

键盘事件处理函数为:

①keyPressEvent(QKeyEvent *event):处理按键按下事件。

②keyReleaseEvent(QKeyEvent *event):处理按键释放事件。

示例:

```
void MyWidget::keyPressEvent(QKeyEvent *event) {
    if (event->key() == Qt::Key_Escape) {
        qDebug() << "Escape key pressed!";
    }
}
```

鼠标事件处理函数为：

①mousePressEvent(QMouseEvent *event)：处理鼠标按键按下事件。

②mouseReleaseEvent(QMouseEvent *event)：处理鼠标按键释放事件。

③mouseMoveEvent(QMouseEvent *event)：处理鼠标移动事件。

示例：

```
void MyWidget::mousePressEvent(QMouseEvent *event) {
    qDebug() << "Mouse button pressed at (" << event->x() << ", " << event->y() << ")";
}
```

定时器事件处理函数为：

timerEvent(QTimerEvent *event)：处理定时器事件。

示例：

```
void MyWidget::timerEvent(QTimerEvent *event) {
    qDebug() << "Timer Event Triggered!";
}
```

自定义事件处理函数为：

event(QEvent *event)：处理自定义事件。在这个函数中，你可以检查事件的类型并处理它。

示例：

```
boolMyWidget::event(QEvent *event) {
    if (event->type() ==QEvent::User) {
        qDebug() << "Custom Event Received!";
        return true; // 表示事件已被处理
    }
    returnQWidget::event(event); // 如果事件未被处理，调用父类的事件处理函数
}
```

在这些事件处理函数中，你可以根据事件的类型和内容执行相应的操作。例如，在鼠标事件处理函数中，你可以获取鼠标的位置并作出响应。在键盘事件处理函数中，你可以检查特定的按键是否被按下。在自定义事件处理函数中，你可以处理自定义事件并做出相应的处理。

这些事件处理函数使得你能够响应用户输入、系统事件等，从而构建出交互式的用户界面。

3. Qt 事件过滤器

Qt 事件过滤器(Event Filter)允许你在 Qt 应用程序中捕捉和处理事件，而无须修改原始

的事件处理函数。使用事件过滤器,你可以在整个应用程序中截获和处理特定类型的事件,而不仅仅局限于单个控件。以下是 Qt 事件过滤器的使用说明和一个示例:

(1)安装事件过滤器

使用 QObject::installEventFilter(QObject * filterObj) 函数安装事件过滤器。这个函数将事件过滤器对象安装到指定的 QObject 上。

(2)重载事件过滤器函数

在事件过滤器类中,需要重载 QObject::eventFilter(QObject * watched, QEvent * event) 函数。这个函数将会在被安装事件过滤器的对象上的所有事件发生时被调用。

(3)处理特定类型的事件

在事件过滤器函数中,你可以通过 event->type() 检查事件的类型,并根据需要处理事件。

示例:

以下是一个简单的示例,演示了如何使用事件过滤器来截获和处理 QPushButton 的点击事件:

```
#include <QApplication>
#include <QWidget>
#include <QPushButton>
#include <QDebug>

classEventFilter : public QObject {
    Q_OBJECT

public:
    explicitEventFilter(QObject * parent = nullptr) : QObject(parent) {}

protected:
    booleventFilter(QObject * watched, QEvent * event) override {
        if (watched->isWidgetType() && event->type() == QEvent::MouseButtonPress) {
            qDebug() << "Mouse button pressed on widget:" << watched;
            return true; // 返回 true 表示事件已被处理
        }
        return false; // 返回 false 表示事件未被处理,继续传递
    }
};

int main(intargc, char * argv[]) {
```

```
        QApplication app(argc, argv);

        QWidget window;
        window.setWindowTitle("Event Filter Example");
        window.setGeometry(100, 100, 300, 200);

        QPushButton button("Click Me!", &window);
        button.setGeometry(100, 50, 100, 30);

        EventFilter eventFilter; // 创建事件过滤器对象
        button.installEventFilter(&eventFilter); // 安装事件过滤器

        window.show();

        return app.exec();
}
```

在这个示例中,我们创建了一个名为 EventFilter 的事件过滤器类,重载了 eventFilter()函数。在 eventFilter()函数中,我们检查事件的类型,如果是鼠标按下事件,就输出信息。然后,我们在 QPushButton 上安装了这个事件过滤器。

当你运行这个程序并点击按钮时,你会看到事件过滤器捕捉到了鼠标按下事件,输出了相关的信息。

4. Qt 事件分发

在 Qt 中,事件分发是指当一个事件发生时,Qt 系统决定应该把这个事件传递给哪个 QWidget 的过程。Qt 中的事件分发主要通过 event(QEvent * event)函数来实现。QWidget 的所有子类都继承了 event()函数,可以在该函数中处理不同类型的事件。

(1)重载 event()函数

在需要处理事件的 QWidget 子类中,可以重载 event(QEvent * event)函数。在该函数中,你可以根据 event->type()的值判断事件类型,并处理相应的事件。

(2)返回值

在 event()函数中,你可以根据需要处理事件,并返回 true 表示事件已被处理,不再传递,返回 false 表示事件未被处理,将被传递到父组件或者进一步传递给其他子组件。

示例:

以下是一个简单的示例,演示了如何在一个自定义的 QWidget 子类中重载 event()函数来处理鼠标按下事件:

```
#include <QApplication>
#include <QWidget>
#include <QMouseEvent>
#include <QDebug>
```

```
classCustomWidget : public QWidget {
public:
    CustomWidget(QWidget * parent = nullptr) : QWidget(parent) {}

protected:
    bool event(QEvent * event) override {
        if (event->type() = =QEvent: : MouseButtonPress) {
            QMouseEvent * mouseEvent = static_cast<QMouseEvent * >(event);
            if (mouseEvent->button() = = Qt: : LeftButton) {
                qDebug() << "Left mouse button pressed at (" << mouseEvent->x() << ", " <<
mouseEvent->y() << ")";
                return true; // 表示事件已被处理
            }
        }
        returnQWidget: : event(event); // 返回 false 表示事件未被处理,继续传递
    }
};
int main(intargc, char * argv[]) {
    QApplication app(argc, argv);

    CustomWidget widget;
    widget. setWindowTitle("Event Dispatching Example");
    widget. setGeometry(100, 100, 300, 200);
    widget. show();

    return app. exec();
}
```

在这个示例中,我们创建了一个自定义的 QWidget 子类 CustomWidget,并在其中重载了 event()函数。当鼠标左键按下时,event()函数将捕捉到鼠标按下事件,输出相应的信息。如果事件被处理,event()函数返回 true,事件将不再传递。如果事件未被处理,event()函数返回 false,事件会被传递给父组件或者其他子组件。

你可以在 event()函数中处理各种类型的事件,包括键盘事件、定时器事件等,具体的事件类型通过 event->type()来获取。

5. Qt 事件对象(QEvent)

在 Qt 中,事件对象是 QEvent 或其子类的实例用于封装事件的信息。不同的事件类型对应着 QEvent 的不同子类。你可以通过这些事件对象的方法和属性来获取事件的相关信息,例如鼠标坐标、键盘按键等。

①获取事件类型:通过 event->type()可以获取事件对象的类型。

②类型转换(如果需要):如果你知道事件是某个特定类型的事件,可以使用 static_cast

或 dynamic_cast 将 QEvent 对象转换为相应的事件子类，以便获取更多的事件信息。

③获取事件属性：事件对象的子类通常有特定的方法或属性，用于获取事件的相关信息，例如鼠标位置、键盘按键等。

示例：

以下是一个处理鼠标按下事件的示例，演示了如何使用事件对象获取鼠标坐标：

```
#include <QApplication>
#include <QWidget>
#include <QMouseEvent>
#include <QDebug>

classCustomWidget : public QWidget {
public:
    CustomWidget(QWidget *parent = nullptr) : QWidget(parent) {}

protected:
    void mousePressEvent(QMouseEvent *event) override {
        if (event->type() = =QEvent::MouseButtonPress) {
            // 获取鼠标按下事件对象的坐标
            int x = event->x();
            int y = event->y();
            qDebug() << "Mouse button pressed at (" << x << ", " << y << ")";
        }
    }
};

int main(intargc, char *argv[]) {
    QApplication app(argc, argv);

    CustomWidget widget;
    widget.setWindowTitle("Event Object Example");
    widget.setGeometry(100, 100, 300, 200);
    widget.show();

    return app.exec();
}
```

在这个示例中，我们创建了一个自定义的 QWidget 子类 CustomWidget，并在其中重载了 mousePressEvent 函数，处理鼠标按下事件。在事件处理函数中，我们使用了 static_cast 将事件对象转换为 QMouseEvent，然后获取了鼠标事件的坐标。

6. Qt 定时器事件

在 Qt 中，定时器事件是一种周期性触发的事件，通常用于执行一些重复性的操作，比如更新 UI、定期检查数据等。你可以使用 QTimer 类来创建定时器,并连接定时器事件的处理函数。以下是如何使用 Qt 的定时器事件的说明和示例:

①创建定时器:使用 QTimer 类创建一个定时器对象。

②设置定时器参数:使用 setInterval( )方法设置定时器的时间间隔,以毫秒为单位。

③连接定时器事件处理函数:使用 timeout 信号连接定时器事件的处理函数。

④启动定时器:使用 start( )方法启动定时器,使其开始计时。

示例:

以下是一个简单的示例,演示了如何创建一个定时器,以及在定时器事件处理函数中更新 UI 显示:

```
#include <QApplication>
#include <QWidget>
#include <QTimer>
#include <QLabel>

classTimerExample : public QWidget {
    Q_OBJECT

public:
    TimerExample(QWidget * parent = nullptr) : QWidget(parent) {
        timer = newQTimer(this);
        timer->setInterval(1000); // 1 秒的时间间隔

        label = newQLabel("Time: 0", this);
        label->setGeometry(50, 50, 100, 30);

        connect(timer, SIGNAL(timeout()), this, SLOT(updateTime()));
        timer->start(); // 启动定时器
    }

public slots:
    void updateTime() {
        static int time = 0;
        label->setText("Time: " + QString::number(time));
        time++;
    }

private:
    QTimer * timer;
    QLabel * label;
};
```

```
int main(intargc, char * argv[]) {
    QApplication app(argc, argv);

    TimerExample widget;
    widget. setWindowTitle("Timer Example");
    widget. setGeometry(100, 100, 300, 200);
    widget. show();

    return app. exec();
}
```

在这个示例中,我们创建了一个定时器 timer,设置了 1 秒的时间间隔。然后,我们连接了 timer 的 timeout 信号到 updateTime( )槽函数。updateTime( )槽函数在每次定时器事件触发时更新 UI 显示,显示一个递增的时间。

当你运行这个程序时,你会看到标签上的时间每秒钟递增一次,这是由定时器触发的定时器事件所引发的。

7. Qt 自定义事件

在 Qt 中,你可以创建自定义事件类型,以便在应用程序中传递自定义的信息。为了实现自定义事件,你需要继承自 QEvent 类,并定义你自己的事件类型。然后,你可以在需要的时候创建自定义事件对象,并将它们发送给事件接收者。以下是如何使用 Qt 的自定义事件的说明和示例:

①定义自定义事件类型:创建一个继承自 QEvent 的子类,并在子类中添加你需要的成员变量和方法。

②创建自定义事件对象:在需要的时候,创建自定义事件类型的对象,传入构造函数中的参数,以便在事件接收者处获取信息。

③发送自定义事件:使用 QCoreApplication::sendEvent( )或者 QCoreApplication::postEvent( )发送自定义事件对象。

④接收和处理自定义事件:在事件接收者处重载 event(QEvent * event)函数,检查事件的类型,并根据需要处理自定义事件。

示例:

以下是一个示例,演示了如何创建一个自定义事件类型 CustomEvent,并在两个窗口之间传递自定义事件:

```
#include <QApplication>
#include <QWidget>
#include <QEvent>
#include <QDebug>
#include <QTimer>


classCustomEvent : public QEvent {
```

```
public:
    CustomEvent(int data) : QEvent(QEvent::User), eventData(data) {}

    intgetData() const {
        returneventData;
    }

private:
    inteventData;
};

classSenderWidget : public QWidget {
public:
    SenderWidget() {
        QTimer::singleShot(2000, this, &SenderWidget::sendCustomEvent);
    }

    void sendCustomEvent() {
        CustomEvent *event = new CustomEvent(42);
        QCoreApplication::sendEvent(this, event);
    }
};

classReceiverWidget : public QWidget {
public:
    ReceiverWidget() {
        installEventFilter(this);
    }

    bool event(QEvent *event) override {
        if (event->type() ==QEvent::User) {
            CustomEvent *customEvent = static_cast<CustomEvent *>(event);
            int data =customEvent->getData();
            qDebug() << "Custom Event Received with data:" << data;
            return true; // 表示事件已被处理
        }
        returnQWidget::event(event); // 返回 false 表示事件未被处理,继续传递
    }
};

int main(intargc, char *argv[]) {
```

```
    QApplication app(argc, argv);

    SenderWidget sender;
    ReceiverWidget receiver;
    receiver.setGeometry(300, 100, 200, 150);

    sender.show();
    receiver.show();

    return app.exec();
}
```

在这个示例中,我们创建了一个自定义事件类 CustomEvent,该事件携带一个整数数据。SenderWidget 在两秒后创建了一个 CustomEvent 对象,并通过 QCoreApplication::sendEvent()发送给自身。ReceiverWidget 在 event(QEvent *event)函数中捕捉到 CustomEvent,并输出携带的数据。这样,我们成功地通过自定义事件在两个窗口之间传递了信息。

8. Qt 事件循环

在 Qt 中,事件循环(Event Loop)是一个重要的概念,它负责接收、分发和处理事件。Qt 应用程序的事件循环通常在 QCoreApplication 或 QApplication 的 exec()函数中开始。事件循环会不断地从事件队列中取出事件,分发给对应的窗口控件,然后调用相应的事件处理函数。

①启动事件循环:事件循环通常在主函数中的 app.exec()启动,它会一直运行,直到应用程序被关闭。

②事件分发:在事件循环中,Qt 会不断从事件队列中取出事件,然后将事件分发给相应的窗口或对象。

③事件处理函数:每个 QObject 派生类都有一个 event(QEvent *event)函数,用于处理所有类型的事件。你可以在这个函数中处理事件,或者调用特定事件处理函数。

示例:

以下是一个简单的示例,演示了如何使用 Qt 的事件循环和事件处理函数。在这个示例中,我们创建了一个窗口,当鼠标按下时,窗口会关闭。

```
#include <QApplication>
#include <QWidget>
#include <QMouseEvent>

classCustomWidget : public QWidget {
public:
CustomWidget(QWidget *parent = nullptr) : QWidget(parent) {}

protected:
    void mousePressEvent(QMouseEvent *event) override {
```

```
        if (event->button() == Qt::LeftButton) {
            close(); // 当鼠标左键按下时,关闭窗口
        }
    }
};

int main(intargc, char * argv[]) {
    QApplication app(argc, argv);

    CustomWidget widget;
    widget.setWindowTitle("Event Loop Example");
    widget.setGeometry(100, 100, 300, 200);
    widget.show();

    return app.exec(); // 启动事件循环
}
```

在这个示例中,我们创建了一个自定义的 QWidget 子类 CustomWidget,重载了 mousePressEvent 函数,当鼠标左键按下时,窗口会被关闭。app.exec()启动了事件循环,使得窗口能够响应鼠标事件并关闭窗口。当你点击窗口时,事件循环会不断地从事件队列中取出鼠标事件,将其分发给 CustomWidget,然后调用 mousePressEvent 函数处理事件。

5.4 物联网应用层协议

5.4.1 应用层协议概述

物联网应用层协议的功能和作用主要体现在设备间通信、数据交互、设备管理、安全控制等方面,是物联网系统实现智能化、自动化的关键。

1. 物联网应用层协议的特点

①轻量级:为了满足物联网设备计算和存储资源有限的特点,应用层协议通常采用轻量级设计,减小协议开销,提高传输效率。

②可靠性:物联网系统通常需要面对各种复杂环境和不稳定网络条件,因此应用层协议必须具有较高的可靠性和容错能力。

③可扩展性:随着物联网技术的不断发展,新的设备和应用场景不断涌现,应用层协议需要具有良好的可扩展性,以满足不断变化的需求。

④安全性:物联网系统中包含大量敏感信息,如个人隐私、设备控制等,因此应用层协议必须提供足够的安全保障措施,防止信息泄露和恶意攻击。

2. 物联网应用层协议的核心功能

(1)数据通信与交互

①设备与云端/平台通信:支持传感器、终端设备与云平台或应用服务器之间的数据传输(如 MQTT、HTTP)。

②设备间通信(M2M):实现设备之间的直接数据交换(如 DDS、CoAP)。

③数据格式标准化:定义统一的数据编码方式(如 JSON、XML、二进制格式)。

(2)设备管理与控制

①远程配置:动态调整设备参数(如 LwM2M)。

②固件升级(OTA):支持远程更新设备固件(如 MQTT+自定义 Topic)。

③状态监控:实时获取设备运行状态(如心跳包、异常报警)。

(3)安全与隐私保护

①身份认证:确保合法设备接入(如 MQTT 的 TLS/SSL、CoAP 的 DTLS)。

②数据加密:防止数据泄露(如 HTTPS、OPC UA 的安全模型)。

③访问控制:限制设备或用户的权限(如 MQTT 5.0 的 ACL 机制)。

(4)资源优化

①低功耗设计:适用于电池供电设备(如 CoAP、MQTT-SN)。

②低带宽适应:减少数据传输量(如 MQTT 的二进制报文、CoAP 的压缩头部)。

③缓存与离线处理:支持断网后数据暂存(如 MQTT 的 QoS 1/2)。

(5)实时性与可靠性

①低延迟通信:适用于工业控制(如 DDS、OPC UA)。

②可靠传输:确保数据不丢失(如 MQTT QoS、AMQP 的事务机制)。

3. 应用层协议的实际作用

(1)实现设备与云的协同

①数据采集:传感器通过 MQTT/CoAP 上报温湿度数据至云端。

②远程控制:用户通过 HTTP/MQTT 发送指令控制智能家居设备。

(2)支持不同业务需求

①实时监控:DDS 用于自动驾驶车辆的实时数据交换。

②离线处理:MQTT 的 QoS 2 确保关键数据不丢失(如电力监测)。

(3)提升系统可扩展性

①多协议兼容:网关可转换 Modbus 到 MQTT,适配不同设备。

②跨平台集成:OPC UA 实现不同厂商工业设备之间的互联。

(4)保障安全与隐私

①防止非法接入:MQTT+ TLS 防止中间人攻击。

②数据加密存储:OPC UA 提供端到端加密。

5.4.2　应用层协议分类

物联网应用层协议种类繁多,根据其特点和应用场景的不同,可以分为以下几类。

1. MQTT(Message Queuing Telemetry Transport)协议

MQTT 即消息队列遥测传输。MQTT 协议最初是在 1999 年由 IBM 公司开发的,用于将石油管道上的传感器与卫星相连接。2014 年正式成为 OASIS 开放标准。

MQTT 使用类似 MQ 常用的发布/订阅模式,起到应用程序解耦、异步消息、削峰填谷的作用。很多 MQ 中间件也支持 MQTT 协议,比如 ActiveMQ、RabbitMQ、Kafka 等。

适用范围:MQTT 协议非常适合计算能力有限、网络带宽低、信号不稳定的远程设备,在低带宽、不可靠的网络下提供基于云平台的远程设备的数据传输和监控,因此在智能家居、工业自动化、智能交通等领域得到了广泛应用。

MQTT 协议的优点:

①采用二进制的消息内容编码格式,支持二进制数据、JSON 和图片等负载内容的传输。

②协议头紧凑,协议交互简单,保证了网络传输流量很小。

③支持 3 种 QoS 级别,便于应用根据不同的场景需求灵活选择。

④使用发布/订阅模式,提供一对多的消息发布,使消息发送者和接收者在时间和时空上解耦。

MQTT 协议的缺点:

①集中化部署,服务端压力大,需要考虑流程控制及高可用。

②对于请求/响应模式的支持需要在应用层根据消息 ID 做发布主题和订阅主题之间的关联。

③MQTT 缺少存储转发队列功能。

2. CoAP(Constrained Application Protocol)协议

CoAP 是一种轻量级的应用层协议,专门为物联网设计。它采用 UDP 传输协议,支持在资源受限的环境中快速进行数据请求和响应。

适用范围:CoAP 协议在智能家居、工业自动化等领域得到了广泛应用,尤其是在需要低功耗和快速响应的场景中。

CoAP 协议的优点:

①支持类似 HTTP 的 RESTful 架构,使用 URI 表示资源。

②传输层基于 UDP 协议,比 TCP 数据包小,并不需要建立连接带来握手的开销。

③支持消息确认和重传机制,保证数据传输的可靠性。

CoAP 协议的缺点:

①基于 UDP 的不可靠传输,但通过四种报文类型的组合及重传机制提高了传输的可靠性。

②基于 UDP 的无连接传输,不利于不同网络间消息的回传。

3. HTTP(Hypertext Transfer Protocol)协议

HTTP 协议,即超文本传输协议,是一种详细规定了浏览器和万维网服务器之间互相通信的规则,通过因特网传送万维网文档得到数据传送协议。

目前 HTTP 协议作为 WEB 的标准协议已被广泛使用,它在一些物联网场景中同样可以使用,例如手机、PC 等终端设备。但是作为适应浏览器场景的 HTTP 协议,并不适用于物联网的其他设备。

适用范围：开放物联网中的资源，实现服务被其他应用所调用。

HTTP 协议的优点：

①简单的工作模式（请求 /响应）。

②完整的方法定义。

③合理的状态码设计。

④友好的媒体类型支持，如文本、图片、视频等。

HTTP 协议的缺点：

①单向传输，可以通过客户端轮询实现类似推送效果或者 HTTP2.0。

②安全性不高，HTTP 是明文协议，可以使用 HTTPS 传输。

③HTTP 是文本协议，冗长的协议头部对于运算、存储、带宽资源受限的设备来说开销大。

4. AMQP（Advanced Message Queuing Protocol）协议

AMQP 是高级消息队列协议，是一个进程间传递异步消息的网络协议。

（1）工作过程

发布者（Publisher）经由交换机（Exchange）发布消息（Message）。

交换机根据路由规则将收到的消息分发给与该交换机绑定的队列。

最后 AMQP 代理会将消息投递给订阅了此队列的消费者，或者消费者按照需求自行获取。

AMQP 定义了四种类型的交换机：

①直接交换机（点对点）：消息直接发送给绑定到交换机的指定队列。

②扇出交换机：消息发送给绑定到交换机的所有队列。

③主题交换机（发布-订阅）：消息根据路由键和交换机绑定的模式发送到相应的队列。

④头部交换机（发布-订阅）：消息根据消息头部的匹配规则发送到相应的队列。

（2）AMQP 传输和帧

AMQP 是一种基于 TCP/IP 的二进制协议，它在客户端和 Broker 之间建立可靠的、持久的、面向流的连接。一个单一的套接字连接上可以创建多个信道，实现多个数据流的同时传输。

AMQP 1.0 版本中的帧由一个 8 字节的固定头部、一个可选的扩展头部和一个长度可变的二进制有效载荷组成。固定头部包含了帧类型、信道号和有效载荷大小的信息。有效载荷包含了要传输的实际消息以及相关的元数据。

（3）AMQP 协议的优点

①支持存储转发队列：AMQP 支持存储转发队列，但相对于 MQTT 而言，降低了一些效率并增加了一些复杂度。

②灵活的消息路由：AMQP 提供多种消息路由方式，包括点对点、发布-订阅和扇出。

③安全：AMQP 支持 TLS 和 SASL 等加密和认证安全机制。

④成熟的生态系统：AMQP 生态系统拥有丰富而成熟的开源服务器实现和客户端库，

覆盖多种编程语言。

(4)AMQP 协议的缺点

①复杂:AMQP 的模型涉及了许多概念,可能不太容易理解、配置和管理。

②重量级:AMQP 在传输层通过“信道”实现了多路复用,而且每个 AMQP 帧都有 8 字节的头部开销。

③向后兼容性差:AMQP 的最大问题是 0.9.1 版本和 1.0 版本完全不兼容,增加了解决方案的复杂度。

④可扩展性和性能受限:AMQP 在一些场景中可能受到可扩展性和性能的限制。这是由于其架构相对于轻量级协议如 MQTT 而言,引入了更多的复杂性和开销。

5. LwM2M(Lightweight Machine to Machine)协议

LwM2M 是一种物联网协议,主要可以使用在资源受限(包括存储、功耗等)的嵌入式设备上。LwM2M 是一种轻量级的 M2M 协议,专为资源受限的终端(如 NB-IOT、LoRa 设备)设计,提供设备生命周期管理、数据上报、远程控制等功能。

LwM2M 协议的主要特点如下:

①轻量级:协议头极小,适合低功耗、低带宽网络(如 NB-IOT)。

②基于 CoAP:运行在 UDP 上,支持 DTLS 加密,默认端口 5683(非加密)或 5684(加密)。

③RESTful 架构:使用 CoAP 的 GET/PUT/POST/DELETE 方法操作资源。

④对象-资源模型:设备功能抽象为预定义或自定义的对象(Object)和资源(Resource)。

⑤安全机制:支持 PSK、RPK、X. 509 证书认证。

⑥多操作模式:支持设备自主上报(Observe)、服务器主动读写、批量操作(Bootstrap)。

⑦协议层次结构:LWM2M 属于应用层协议,位于 CoAP 协议之上,而 CoAP 可以进行 DTLS 加密处理,最后通过 UDP 或 SMS 方式传送。

6. DDS(Data Distribution Service)协议

DDS 是一种由对象管理组(OMG)为实时系统设计的中间件和数据分发协议。它主要用于分布式实时系统中的数据传输,确保数据在多个节点之间高效、可靠地流动。

DDS 协议的主要特点:

①数据中心性:DDS 是一种数据中心协议,这意味着它以数据为中心,而不是以服务或接口为中心。这种设计使得应用程序可以直接操作和分发数据,而不需要关注底层的通信机制。

②实时性:DDS 专为实时系统设计,支持低延迟和高吞吐量的数据传输,确保数据在严格的时限内得到处理和分发。

③灵活性:DDS 提供了多种数据分发模式,如发布/订阅和查询,这使得开发者可以根据应用需求选择合适的分发策略。

④可扩展性:DDS 支持从几个到成千上万个节点的可扩展性,这使得它适用于从小型系统到大型分布式系统的各种应用场景。

⑤容错性:DDS 提供容错机制,确保即使在部分网络或系统组件失败的情况下,也能保持数据的一致性和可用性。

DDS 协议在工业自动化、智能交通等领域得到了广泛应用,尤其是在需要实时数据交换和控制的场景中。

7. OPC UA(Open Platform Communications Unified Architecture)协议

OPC UA 协议是工业自动化领域的跨平台、安全、标准化通信协议,用于设备、传感器、PLC 与 IT 系统(如 MES、SCADA、云平台)之间的数据交互。它不仅是传统 OPC Classic 的升级版,还扩展了语义建模、复杂数据交互和高级安全机制。

OPC UA 协议的主要特点:

①跨平台:支持 Windows、Linux、嵌入式系统(如 Raspberry Pi、工业控制器)。

②统一架构:取代传统 OPC DA/HDA/AE,整合数据访问、历史数据和事件通知。

③信息建模:支持复杂数据建模(对象、变量、方法、事件),定义行业标准信息模型(如 PackML、AutomationML)。

④高安全性:内置 TLS/SSL 加密、X. 509 证书认证、用户权限控制(Role-Based Access Control)。

⑤实时与历史数据:支持实时数据订阅和历史数据查询(时间范围、聚合计算)。

⑥冗余与高可用性:支持服务器冗余、故障转移,适合关键工业场景。

8. 不同协议的核心作用

不同协议比较如表 5-3 所示。

表 5-3　不同协议比较

协议	主要作用	典型应用场景
MQTT	轻量级发布/订阅通信,低功耗设备上报数据	智慧农业、远程监控
CoAP	受限设备(如 NB-IOT)的 RESTful 交互	智能水表、低功耗传感器
HTTP	与 Web 服务集成,兼容传统系统	智能家居 APP、云平台 API
AMQP	企业级消息队列,高可靠性通信	金融支付、工业自动化
LwM2M	设备管理(配置、OTA、监控)	智慧城市、大规模设备运维
DDS	实时数据分发,低延迟通信	自动驾驶、医疗设备
OPC UA	工业设备数据建模与安全通信	智能制造、工业 4.0

5.5　物联网信息安全与隐私保护

物联网应用和发展很快会融入我们社会和生活的方方面面。据权威估计,预测到 2025 年,全球物联网设备数量在 500 亿至 750 亿将连接到网络中去,物联网通过感知与控制,将其融入我们的生活、生产和社会中去。物联网的安全问题不容忽视。如果忽视物联网的安全问题,我们的隐私会由于物联网的安全性薄弱而暴露无遗。另外,随着物联网逐渐渗透到我们的生产和生活的各个空间,一旦物联网的安全受到威胁,就会破坏正常的生产和生活秩序,从而严重影响我们的正常生活。因此,在发展物联网的同时,必须对物联网的安全及隐私问题更加重视,保证物联网的健康发展。

5.5.1 物联网的安全特点

与互联网不同,物联网的特点在于无处不在的数据感知、以无线为主的信息传输、智能化的信息处理。从物联网的整个信息处理过程来看,感知信息经过采集、汇聚、融合、传输、决策与控制等过程,体现了与传统的网络安全不同的特点。

物联网的安全特征体现了感知信息的多样性、网络环境的异构性和应用需求的复杂性,呈现出网络的规模和数据的处理量大、决策控制复杂等特点,对物联网安全提出了新的挑战。物联网除了面临传统 TCP/IP 网络、无线网络和移动通信网络等传统网络安全问题外,还存在着大量自身的特殊安全问题。具体地讲,物联网的安全主要有如下特点。

1. 物联网的设备、节点等无人看管,容易受到操纵和破坏

物联网的许多应用代替人完成一些复杂、危险和机械的工作,物联网中设备、节点的工作环境大都是无人监控。因此攻击者很容易接触到这些设备,从而对设备或嵌入其中的传感器节点进行破坏。攻击者甚至可以通过更换设备的软硬件,对它们进行非法操控。例如,在远程输电过程中,电力企业可以使用物联网来远程操控一些变电设备。由于缺乏看管,攻击者可轻易地使用非法装置来干扰这些设备上的传感器。如果变电设备的某些重要参数被篡改,其后果将会极其严重。

2. 信息传输主要靠无线通信方式,信号容易被窃取和干扰

物联网在信息传输中多使用无线传输方式,暴露在外的无线信号很容易成为攻击者窃取和干扰的对象,这会对物联网的信息安全产生严重的影响。例如攻击者可以通过窃取感知节点发射的信号来获取所需要的信息,甚至是用户的机密信息,并可据此来伪造身份认证,其后果不堪设想。同时,攻击者也可以在物联网无线信号覆盖的区域内通过发射无线电信号来进行干扰,从而使无线通信网络不能正常工作,甚至瘫痪。比如在物流运输过程中,嵌入在物品中的标签或读写设备的信号受到恶意干扰,很容易造成一些物品的丢失。

3. 出于低成本的考虑,传感器节点通常是资源受限的

物联网的许多应用通过部署大量的廉价传感器覆盖特定区域。廉价的传感器一般体积较小,使用能力有限的电池供电,其能量、处理能力、存储空间、传输距离、有线电频率和带宽都受到限制。因此传感器节点无法使用较复杂的安全协议,因而这些传感器节点或设备也就无法拥有较强的安全保护能力。攻击者针对传感器节点的这一弱点,可以通过采用连续通信的方式使节点的资源耗尽。

4. 物联网中物品的信息能够被自动地获取和传送

物联网通过对物品的感知实现物物相连,比如通过 RFID(射频识别)、传感器、二维识别码和 GPS 定位等技术能够随时随地且自动地获取物品的信息。同样这种信息也能被攻击者获取,在物品的使用者没有察觉的情况下,其将会不受控制地被扫描、定位及追踪,这

无疑对个人的隐私构成了极大的威胁。

物联网安全的总体需求是物理安全、信息采集的安全、信息传输的安全和信息处理的安全,而最终目标要确保信息的机密性、完整性、真实性和网络的容错性。物联网的安全性要求物联网中的设备必须是安全可靠的,不仅要可靠地完成设计规定的功能,更不能发生故障危害到人员或者其他设备的安全;另一方面,它们必须有能力防护自己,在遭受黑客攻击和外力破坏的时候仍然能够正常工作。物联网的信息安全建设是一个复杂的系统工程,需要从政策引导、标准制定、技术研发等多个方面向前推进,提出坚实的信息安全保障手段,保障物联网健康、快速地发展。

5.5.2　物联网各层安全问题

物联网会遇到各式各样的安全问题,如智能感知节点的自身安全问题、假冒攻击、数据驱动攻击、恶意代码攻击、拒绝服务、物联网业务的安全问题、信息安全问题、传输层和应用层的安全隐患等。综合而言,从安全上讲,物联网涉及信息安全感知、可靠感知数据传输和安全信息操控。从层面上讲,如图 5-4 所示,涉及感知层、网络层、支持层和应用层四个层面。

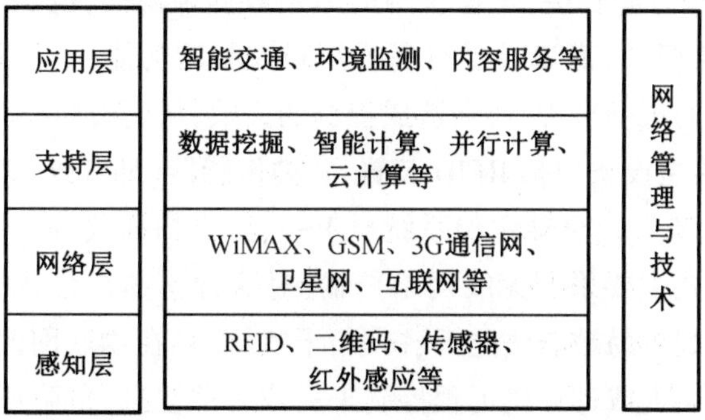

图 5-4　物联网的网络安全管理层次

一般认为,物联网系统的安全性主要有 8 个尺度:读取控制、隐私保护、用户认证、不可抵耐性、数据保密性、通信层安全、数据完整性、随时可用性。

前 4 项主要处在物联网的应用层,后 4 项主要位于网络层和感知层。其中“隐私权”和“可信度”(数据完整性和保密性)问题在物联网体系中尤其受关注。另外,对于物联网的安全,可以参照互联网所设计的安全防范体系,在感知层、网络层和应用层分别设计相应的安全防范体系,如图 5-5 所示。

在感知层,目前主要的安全技术包括基本安全框架、密钥分配、安全路由、入侵检测和加密技术等。入侵检测技术常常作为信息安全的第二道防线。由于物联网节点资源受限,不可能在每个节点上运行一个全功能的入侵检测系统,所以如何在传感网中合理地分布有待进一步研究。在传输层,物联网接入方式主要依靠移动通信网络,主要和移动网的安全相关,还与接入设备、接入方式有关,存在无线窃听、身份假冒和数据篡改等不安全的因素。

在应用层,海量数据信息处理和业务控制策略将在安全性和可靠性方面面临巨大挑战,特别是业务控制、管理和认证机制、中间件以及隐私保护等安全问题尤为突出。

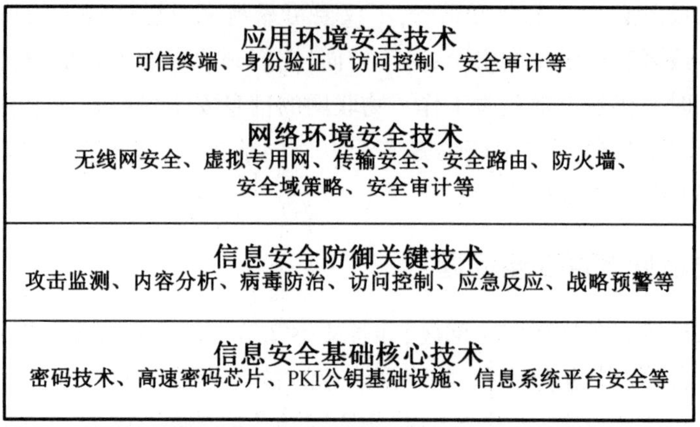

图 5-5　物联网安全技术架构

下面针对感知层、网络传输层、信息处理及应用层的安全问题分别进行阐述:

1. 感知层的安全问题

感知层处于物联网的最底层,是物联网的原始数据来源地,也是许多物联网应用层控制硬件实现端。因此,物联网感知层要实现感知和控制的功能,一旦感知层的节点受到攻击,不仅可以破坏数据的正确来源,还会造成控制的失败,从而破坏物联网的正常工作。

物联网感知层的典型设备包括 RFID 装置、各类传感器(如红外、超声、温度、湿度、速度等)、图像捕捉装置(摄像头)、全球定位系统(GPS)、激光扫描仪等。物联网在感知层采集数据时,其信息传输方式主要采用无线网络传输,对这种暴露在公共场所中的信号如果缺乏有效保护措施的话,很容易被非法监听、窃取、干扰;而且在物联网的应用中,大量使用传感器来标示物品设备,由人或计算机远程控制来完成一些复杂、危险或高精度的操作,在此种情况下,物联网中的这些物品设备大多部署在无人监控的地点完成任务,那么攻击者就会比较容易地接触到这些设备,从而可以对这些设备或其承载的传感器进行破坏,甚至通过破译传感器通信协议对它们进行非法操控。感知节点的另外一个问题是功能单一、能量有限、数据传输、消息也没有特定的标准,这也为提供统一的安全保护体系带来了障碍。

在感知层,一般感知信息要通过一个或多个与外界网连接的网关节点(sink 或 gateway)作为感知层和网络层的联系渠道,但一旦网关节点被破坏,感知层的信息将无法传递到网络层。

感知层的信息安全问题主要有以下几个方面:

①传感网的普通节点被敌手捕获,为入侵者对物联网发起攻击提供了可能性;

②传感网的网关节点被敌手控制,安全性全部丢失;

③尽管现有的互联网具备相对完整的安全保护能力,但由于互联网中存在着数量庞大的节点,将会导致大量的数据同时发送,使得传感网的节点(普通节点或网关节点)容易受到来自网络的拒绝服务(DOS)攻击;

④接入到物联网的超大量传感节点的标识、识别、认证和控制问题。

根据物联网本身的特点和上述列举的物联网感知层在安全方面存在的问题，需要采取有效的防护对策，主要有以下几点：

(1)加强对传感网机密性的安全控制

在传感网内部，需要有效的密钥管理机制，用于保障传感网内部通信的安全。机密性需要在通信时建立一个临时会话密钥以确保数据安全。例如，在物联网构建中选择射频识别系统，应该根据实际需求考虑是否选择有密码和认证功能的系统。

(2)加强节点认证

个别传感网(特别当传感数据共享时)需要节点认证，确保非法节点不能接入。认证性可以通过对称密码或非对称密码方案解决。使用对称密码的认证方案需要预置节点间的共享密钥，在效率上也比较高，消耗网络节点的资源较少，许多传感网都选用此方案；而使用非对称密码技术的传感网一般具有较好的计算和通信能力，并且对安全性要求更高。在认证的基础上完成密钥协商是建立会话密钥的必要步骤。

(3)加强入侵监测

一些重要传感网需要对可能被敌手控制的节点行为进行评估，以降低敌手入侵后的危害。敏感场合节点要设置判锁或自毁程序，发现节点离开特定应用和场所，启动封锁或自毁使攻击者无法完成对节点的分析。

2. 网络层的安全问题

处于网络末端的节点的传输如感知层的问题一样，节点功能简单、能量有限，使得它们无法拥有复杂的安全保护能力，这给网络层的安全保障带来困难。

物联网的传输层主要用于把感知层收集到的信息安全可靠地传输到信息处理层，然后根据不同的应用需求进行信息处理，而网络层是一个高度异构的网络。物联网的网络系统包括四大支撑网络：短距离无线通信网、长距离无线通信网、短距离有线通信网和长距离有线通信网。

物联网传输层的异构网络信息交换的安全性是其中的脆弱点，特别在网络认证方面，难免存在中间人攻击和其他类型的攻击。这些攻击都需要有更高的安全防护措施。目前局部的或小规模的物联网示范工程项目尚小，存在太多的信息安全问题，因为一方面这些示范工程一般自成体系，很少与其他网络互通，因此受到的攻击来源少；另一方面，由于示范工程使用规模有限，潜在的攻击者也不愿意为此投入太大，因此相对比较安全。一旦这些示范将来发展成为真正物联网的一部分，当前看似安全的体系可能在将来会面临重大安全隐患。如何在物联网建立初期就建立严格规范的信息安全架构，关系到这些系统能否在真正物联网系统下提供良好的安全措施，或能够对安全措施进行升级，以保障系统的可用性。

对于核心承载网络而言，虽然它具有相对完整的安全保护能力，但由于物联网中节点数量庞大，且常以集群方式存在。对于事件驱动的应用，大量数据的同时发送可以致使网络拥塞，产生拒绝服务攻击。物联网中的感知层所获取的感知信息，通常由无线网络传输至系统，相比 TCP/IP 网络，恶意程序在无线网络环境和传感网络环境中有无穷多的入口。对这种暴露在公开场所之中的信息如果没做合适保护的话更容易被入侵，如类似于蠕虫这样的恶意代码,一旦入侵成功,其传播性、隐蔽性、破坏性等更加难以防范,在这样的环境中检测和清除这样的恶意代码将很困难,这将直接影响到物联网体系的安全。物联网建立在互联网的基础上,对互联网的依赖性很高,在互联网中存在的危害信息安全的因素在一定程度上会造成对物联网的危害。随着互联网的发展,病毒攻击、黑客入侵、非法授权访问均会对互联网用户造成损害。物联网中感知层的传感器设备数量庞大,所采集的数据格式多种多样,而且其数据信息具有海量、多源和异构等特点,因此,在传输层会带来更加复杂的网络安全问题。大量节点的数据传输需求会导致网络拥塞,产生拒绝服务攻击。此外,现有通信网络的安全架构都是以人为主体的通信的角度设计的,对以物为主体的物联网需要建立新的传输与应用安全架构。网络层的安全要求:

①数据机密性:要保证数据在传输过程中不泄露内容;

②数据完整性:要保证数据在传输过程中不被非法篡改,并且被篡改的数据容易被检测出;

③数据流机密性:对数据流量进行保密,防止数据流量信息被非法窃取;

④DDOS 攻击检测与预防:DDOS 是网络中常见的攻击现象,在物联网中要能及时检测到 DDOS 攻击的发生,并能对脆弱节点如网关的 DDOS 攻击进行防护;

⑤移动网络中认证与密钥协商(AKA)机制的一致性或兼容性、跨越认证和跨网认证等,比如不同无线网络所使用的不同 AKA 机制对跨网认证不利。

网络的信息安全问题主要有以下几个方面:

①DOS 攻击、DDOS 攻击;

②假冒攻击、中间人攻击等;

③跨异构网络的网络攻击。

物联网传输层的信息安全防护:传输层的安全机制分为端到端的机密性和节点到节点的机密性。端到端的机密性的安全机制可以保证数据完整性,主要安全机制包括:端到端的认证机制;端到端的密钥协商机制;端到端的密钥管理机制;端到端的机密性算法选取机制等。对于节点到节点的安全性机制主要包括节点的认证和密钥协商机制。对于跨网络的安全形势需要建立不同网络环境的认证衔接机制。此外,网络传输可以根据需要分为单播通信、组播通信和广播通信,针对不同类型的通信模式,要有相应的认证机制和机密性保护机制。综合以上情况,传输层的安全架构主要包括以下几个方面:

①节点认证、数据机密性、完整性、数据流机密性、DDOS 攻击的检测与预防;

②移动网中 AKA 机制的一致性或兼容性、跨域认证和跨网认证;

③密钥管理、端对端加密和节点对节点加密、密码算法和协议等;

④组播和广播通信的认证性、机密性和完整性机制等。

3. 处理层的安全问题

物联网的处理层是信息技术与行业应用紧密结合的产物,充分体现了物联网智能处理的特点,涉及业务管理、中间件、云计算、分布式系统、海量信息处理等部分。上述这些支撑平台要为上层服务管理和大规模行业应用建立起一个高效、可靠和可信的系统,而大规模、多平台、多业务类型使物联网业务层次的安全面临新的挑战,比如针对不同的行业应用建立相应的安全策略,还是建立一个相对独立的安全架构。另外考虑到物联网涉及多领域、多行业。海量数据信息处理和业务控制策略将在安全性和可靠性方面面临巨大挑战，特别是业务控制、管理和认证机制、中间件以及隐私保护等安全问题显得尤为突出。

物联网处理层的智能信息处理主要包括如何从网络中接收信息，并判断哪些信息是真正有用的信息、哪些信息是垃圾信息甚至是恶意信息。实际上，智能处理就是按照一定的规则、定义或者计算模型，对数据信息进行过滤和判断的过程，在这个处理过程中，除病毒、蠕虫之外，攻击者还会利用系统漏洞实施拒绝服务攻击（DoS）、分布式拒绝服务攻击（DDoS）、木马程序、间谍软件、垃圾邮件以及网络钓鱼等攻击。应用层的系统本身还可能存在安全漏洞，这些系统安全漏洞是指系统在逻辑设计上的缺陷或错误，这个缺陷或错误可以被攻击者利用，通过植入木马、病毒等方式来攻击或控制整个系统，从而窃取重要资料和信息，甚至破坏系统。漏洞影响的范围很大，包括系统本身及其支撑软件，网络客户和服务器软件，网络路由器和安全防火墙等。在这些不同的软硬件设备中都可能存在不同的安全漏洞问题，在不同种类的软硬件设备、同种设备的不同版本之间，由不同设备构成的不同系统之间，以及同种系统在不同的设置条件下，都会存在各自不同的安全漏洞问题。

（1）处理层的安全挑战和安全需求

物联网处理层的智能技术需要自动处理技术，其目的是使处理过程方便迅速，而非智能的处理手段可能无法应对海量数据。但自动过程对恶意数据特别是恶意指令信息的判断能力是有限的，而智能也仅限于按照一定规则进行过滤和判断，攻击者很容易避开这些规则。因此处理层的安全挑战包括如下几个方向：

①来自超大量终端的海量数据的识别和处理；

②智能变为低能；

③自动变为失控（可控性是信息安全的重要指标之一）；

④灾难控制和恢复；

⑤非法人为干预（内部攻击）；

⑥设备（特别是移动设备）的丢失。

物联网需要处理的信息是海量的，需要处理的平台也是分布式的。当不同性质的数据通过一个处理平台处理时，该平台需要多个功能各异的处理平台协同处理。但首先应该知道将哪些数据分配到哪些处理平台，因此数据类别分类是必需的。同时，安全的要求使得许多信息都是以加密形式存在的，因此如何快速有效地处理海量加密数据也是智能处理阶段遇到的一个重大挑战。

计算技术的智能处理过程较人类的智力来说还是有本质的区别，但计算机的智能判断在速度上是人类智力判断所无法比拟的，由此，期望物联网环境的智能处理在智能水平上不断提高，而且不能用人的智力去代替。也就是说，只要智能处理过程存在，就可能让攻击者有机会躲过智能处理过程的识别和过滤，从而达到攻击目的。在这种情况下，智能与低能相当。因此，物联网的传输层需要高智能的处理机制。

如果智能水平很高，那么可以有效识别并自动处理恶意数据和指令。但再好的智能也存在失误的情况，特别在物联网环境中，即使失误概率非常小，因为自动处理过程的数据量非常庞大，因此失误的情况还是很多。在处理发生失误而使攻击者攻击成功后，如何将攻击所造成的损失降低到最小程度，并尽快从灾难中恢复到正常工作状态，是物联网智能处理层的另一重要问题,也是一个重大挑战。

智能处理层虽然使用智能的自动处理手段,但还是允许人为干预的。人为干预可能发生在智能处理过程无法做出正确判断的时候,也可能发生在智能处理过程有关键中间结果或最终结果的时候,还可能发生在其他任何原因而需要人为干预的时候。人为干预的目的是为了处理层更好地工作,但也有例外,那就是实施人为干预的人试图实施恶意行为。来自人的恶意行为具有很大的不可预测性,防范措施除了技术辅助手段外,更多地需要依靠管理手段。因此,物联网的信息保障还需要科学管理手段。智能处理平台的大小不同,大的可以是高性能工作站,小的可以是移动设备,如手机等。工作站的威胁是内部人员恶意操作,而移动设备的一个重大威胁是丢失。由于移动设备不仅是信息处理平台,而且其本身通常携带大量重要机密信息,因此,如何降低作为处理平台的移动设备丢失所造成的损失是重要的安全挑战之一。

(2)处理层的安全机制

①可靠的认证机制和密钥管理方案;

②高强度数据机密性和完整性服务;

③可靠的密钥管理机制,包括 PKI 和对称密钥的有机结合机制;

④可靠的高智能处理手段;

⑤入侵检测和病毒检测;

⑥恶意指令分析和预防,访问控制及灾难恢复机制;

⑦保密日志跟踪和行为分析,恶意行为模型的建立;

⑧密文查询、秘密数据挖掘、安全多方计算、安全云计算技术等;

⑨移动设备文件(包括秘密文件)的可备份和恢复;

⑩移动设备识别、定位和追踪机制等。

4. 应用层的安全问题

物联网应用层是综合的或有个体特性的具体应用业务,它所涉及的某些安全问题通过前面几个逻辑层的安全解决方案可能仍然无法解决。在这些问题中,隐私保护就是典型的一种。无论感知层、传输层还是处理层,都不涉及隐私保护的问题,但它却是一些特殊应用场景的实际需求,即应用层的特殊安全需求。物联网的数据共享有多种情况,涉及不同权限的数据访问。此外,在应用层还将涉及知识产权保护、计算机取证、计算机数据销毁等安全需求和相应技术。由于物联网需要根据不同应用需求对共享数据分配不同的访问权限,而且不同权限访问同一数据可能得到不同的结果。例如,道路交通监控视频数据用于城市规划时只需要很低的分辨率即可,因为城市规划需要的是交通堵塞的大概情况;而当用于交通管制时就需要清晰一些,因为需要知道交通实际情况,以便能及时发现哪里发生了交通事故,以及交通事故的基本情况等;当用于公安侦查时可能需要更清晰的图像,以便能准确识别汽车牌照等信息。因此如何以安全方式处理信息是应用中的一项挑战。

随着个人和商业信息的网络化,越来越多的信息被认为是用户隐私信息。物联网实现对物体的监控,比如位置信息、状态信息等,而这些信息与我们人本身密切相关。如当射频标签被嵌入人们的日常生活用品中,那么这个物品可能被不受控制地扫描、定位和追踪,这就涉及隐私问题,需要利用技术保障安全与隐私。另外,由物联网的应用带来的隐私问题,也会对现有的一些法律法规政策形成挑战，例如信息采集的合法性问题、公民隐私权问题等。比如你的信息在任何一个读卡器上都能随意读出，或者你的生活起居信息、生活习性都可以被全天候监视而暴露无遗，这不仅仅需要技术实现保障安全，也需要制定法律法规来保护物联网时代的安全与隐私问题。一般认为需要隐私保护的应用至少包括以下几种：

①移动用户既需要知道(或被合法知道)其位置信息，又不愿意非法用户获取该信息。

②用户既需要证明自己合法使用某种业务，又不想让他人知道自己在使用某种业务，如在线游戏。

③病人急救时需要及时获得该病人的电子病历信息，但又要保护该病历信息不被非法获取，包括病历数据管理员。事实上，电子病历数据库的管理人员可能有机会获得电子病历的内容，但隐私保护采用某种管理和技术手段使病历内容与病人身份信息在电子病历数据库内无关联。

④许多业务需要匿名性，如网络投票。很多情况下，用户信息是认证过程的必要信息，如何对这些信息提供隐私保护是一个具有挑战性的问题，但又必须要解决的问题。例如，医疗病历的管理系统需要病人的相关信息来获取正确的病历数据，但又要避免该病历数据跟病人的身份信息相关联。在应用过程中，主治医生知道病人的病历数据，这种情况下对隐私信息的保护具有一定困难性，但可以通过密码技术手段掌握医生泄露病人病历信息的证据。

在使用互联网的商业活动中，特别是在物联网环境的商业活动中，无论采取了什么技术措施，都难免发生恶意行为。如果能根据恶意行为所造成后果的严重程度给予相应的惩罚，那么就可以减少恶意行为的发生。在技术上这需要搜集相关证据。因此，计算机取证就显得非常重要，当然有一定的技术难度，主要是因为计算机平台种类太多，包括多种计算机操作系统、虚拟操作系统、移动设备操作系统等。与计算机取证相对应的是数据销毁。数据销毁的目的是销毁那些在密码算法或密码协议实施过程中所产生的临时中间变量，一旦密码算法或密码协议实施完毕，这些中间变量将不再有用。但这些中间变量如果落入攻击者手里，可能为攻击者提供重要的参数，从而增大成功攻击的可能性。因此，这些临时中间变量需要及时安全地从计算机内存和存储单元中删除。计算机数据销毁技术不可避免地会被计算机犯罪提供证据销毁工具，从而增大计算机取证的难度。因此如何处理好计算机取证和计算机数据销毁这对矛盾是一项具有挑战性的技术难题，也是物联网应用中需要解决的问题。

物联网的主要市场将是商业应用，在商业应用中存在大量需要保护的知识产权产品，包括电子产品和软件等。在物联网的应用中，对电子产品的知识产权保护将会提高到一个新的高度，对应的技术要求也是一项新的挑战。

应用层的安全挑战和安全需求主要有以下几个方面：

①如何根据不同访问权限对同一数据库内容进行筛选；

②如何提供用户隐私信息保护，同时又能正确认证；

③如何解决信息泄露追踪问题；

④如何进行计算机取证；

⑤如何销毁计算机数据；

⑥如何保护电子产品和软件的知识产权。

基于物联网综合应用层的安全挑战和安全需求,需要如下的安全机制:

①有效的数据库访问控制和内容筛选机制;

②不同场景的隐私信息保护技术;

③叛逆追踪和其他信息泄露追踪机制;

④有效的计算机取证技术;

⑤安全的计算机数据销毁技术;

⑥安全的电子产品和软件的知识产权保护技术。

针对这些安全机制,需要发展相关的密码技术,包括访问控制、匿名签名、匿名认证、门限密码、叛逆追踪、数字水印和指纹技术等。

5.6 本章小结

本章主要介绍了物联网应用层应用程序的开发及物联网安全问题。应用程序是人机交互的窗口、是物联网系统的大脑,这里介绍了 Android 应用程序的开发、嵌入式系统以及 QT 开发技术。

参 考 文 献

[1] 吴功宜,吴英. 物联网工程导论[M]. 北京: 机械工业出版社, 2012.

[2] 刘云浩. 物联网技术原理与应用[M]. 北京: 科学出版社, 2018.

[3] 王志良. 物联网:体系架构、关键技术及应用[M]. 北京: 清华大学出版社, 2021.

[4] 刘连钢. ZigBee 技术无线传感网应用[M]. 北京:北京理工大学出版社,2021.

[5] RAHIMI M, AMANATIDIS I. 无线传感器网络设计与应用[M]. 北京: 电子工业出版社, 2019.

[6] 国际电信联盟(ITU). ITU 互联网报告 2005:物联网[R]. 日内瓦: ITU, 2005.

[7] 德国联邦教育与研究部. 工业 4.0 战略实施建议[R]. 汉诺威: 汉诺威工业博览会, 2013.

[8] 中国电子技术标准化研究院. 物联网安全技术白皮书[R]. 北京: 中国电子技术标准化研究院, 2020.

[9] GARTNER. 2020 物联网技术成熟度曲线报告[R]. 斯坦福: Gartner Inc., 2020.

[10] IDC. 全球物联网设备数量预测报告(2021—2025)[R]. 马萨诸塞州: International Data Corporation, 2021.

[11] 中国信息通信研究院. 全球物联网发展态势与趋势分析(2023)[R]. 北京: 中国信息通信研究院, 2023.

[12] MIT 自动识别中心. 基于 RFID 与 EPC 的全球物品信息共享技术白皮书[R]. 剑桥: 麻省理工学院, 1999.

[13] 中国移动通信集团有限公司. 5G+工业互联网应用案例集[R]. 北京: 中国移动通信集团有限公司, 2022.

[14] 腾讯研究院. 智慧城市与物联网融合研究报告[R]. 深圳: 腾讯研究院, 2023.

[15] 华为技术有限公司. 5G 物联网行业解决方案白皮书[R]. 深圳: 华为技术有限公司, 2022.

[16] 国际标准化组织(ISO). ISO/IEC 30141:2018 物联网参考架构标准[S]. 日内瓦: ISO, 2018.

[17] LoRa 联盟. LoRa WAN 开放标准技术文档[S]. 弗里蒙特: LoRa 联盟, 2020.

[18] 中国物联网校企联盟. 物联网技术融合体模型与产业应用分析[J]. 中国物联网学报, 2015, 2(1): 12-18.

[19] ATZORI L, IERA A, MORABITO G. The internet of things: a survey[J]. Computer Networks, 2010, 54(15): 2787-2805.